卡莱-热尔曼
运动解剖书 ②

运动者受益一生的身体技能训练书

【法】布朗蒂娜·卡莱-热尔曼　安德烈·拉莫特◎著　张　丽◎译

ANATOMIE
POUR
LE MOUVEMENT

北京科学技术出版社

©1989, 2014 (for the third revised and reviewed edition)

by Éditions DESIRIS, Groupe ADVERBUM, Gap – France

Publié par l'intermédiaire de Mon Agent et Compagnie

6 rue Victor Hugo – 73000 Chambéry - France

Translation Copyright © 2017 by Beijing Science and Technology Publishing Co., Ltd.

All rights reserved.

著作权合同登记号　图字：01-2016-5797

图书在版编目（CIP）数据

运动解剖书.2 ／ （法）布朗蒂娜·卡莱-热尔曼，（法）安德烈·拉莫特著；张丽译 . —北京：北京科学技术出版社，2017.3（2024.10重印）

ISBN 978-7-5304-8718-1

Ⅰ. ①运… Ⅱ. ①布… ②安… ③张… Ⅲ. ①运动解剖 Ⅳ. ①G804.4

中国版本图书馆CIP数据核字(2016)第291684号

策划编辑：孔　倩	电　　话：0086-10-66135495（总编室）
责任编辑：邵　勇	0086-10-66113227（发行部）
责任校对：贾　荣	网　　址：www.bkydw.cn
图文制作：天露霖文化	印　　刷：保定市中画美凯印刷有限公司
责任印制：吕　越	开　　本：710mm×1000mm　1/16
出版人：曾庆宇	字　　数：332千字
出版发行：北京科学技术出版社	印　　张：19
社　　址：北京西直门南大街16号	版　　次：2017年3月第1版
邮政编码：100035	印　　次：2024年10月第11次印刷
ISBN 978-7-5304-8718-1	

定　价：89.00元

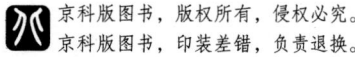

京科版图书，版权所有，侵权必究。
京科版图书，印装差错，负责退换。

前　言

　　本书是《运动解剖书：运动者最终要读透的身体技能解析书》(以下简称《运动解剖书》)的延续。

面向人群

　　本书主要面向形体技能的教学人员，尤其适用于基础课程教学（面向初学者、儿童以及非专业人士），那些希望在某类练习或某个训练级别中受益的人同样会从书中得到启发。

　　本书还面向所有形体技能领域的专业人士，可作为身体基础运动的工具书。

主要内容

　　本书立足于解剖学知识，提供了一系列既切实有效又不易对人体造成伤害的运动。它们包含全身运动以及身体某些部位的专项运动。

　　书中介绍了不同的练习方案，依照方案中详细的安排，我们可以针对各级运动强度进行有技巧的热身准备。书里提供的练习都是一些基础训练，适用于多种运动领域，但本书并不提供这些特定领域的专业训练。

　　确切地说，本书旨在为身体运动技能的丰富与强化提供帮助。

章节安排

介绍章节

这个章节主要介绍本书的使用方法，以及适用于全书各项练习的运动规则，并提供一些基本的与运动相关的生理学知识和术语。

接下来根据身体部位展开研究

这部分内容以《运动解剖书》的知识为基础，重点在于对基础练习的讲解与实践。书中的许多注释推荐读者参考《运动解剖书》的内容，但读者也可只阅读本书：通过对本书的学习与实践，读者可以掌握必要的基础练习。如果想要了解这些运动的解剖学基础知识，读者则需要去阅读《运动解剖书》的内容。本书对身体部位的研究遵循《运动解剖书》的顺序。

每个章节针对一个部位

- 躯干和颈部
- 肩
- 肘、手腕与手掌
- 髋
- 膝
- 踝与足

每个部位的研究遵循同一顺序

1) 该部位的介绍以及相关的运动特性。
2) 该部位运动状态的描述。
3) 该部位的柔韧性研究：僵直或松弛的特征，以及应对措施；成人僵直状况的预防，可从儿童期做起。
4) 该部位肌肉强化的研究：肌肉或肌群的概述；肌肉的专项强化。
5) 与该部位运动协调相关的研究。

书中常会围绕一个主题对多个身体部位进行综合概述。

在对身体部位进行解剖学的讲解之后，书中会推荐一系列实用练习（在页面中用竖直排列的圆点标注），分为以下几个方面：
- 柔韧性练习
- 肌肉强化练习
- 协调性练习

需要区分以下几种练习：
- 测试练习与系统练习
- 基础练习
- 频率相对略低的练习
- 适合在平时灵活安排时间进行的练习（例如，足部的细微练习）

使用说明

　　本书推荐的整套练习不宜在一段时间内集中进行，而应按月或按年循序渐进地进行练习。

　　书中会对各项练习进行系统介绍。在完成整套练习前，读者需依照章节练习。

　　在实用练习中，会标记出该练习的适用人群。

　　书中也会涉及一些其他运动的相关训练（武术、舞蹈、瑜伽、精神运动、竞技体育等）。

目 录

第一章 简 介 …………………… 1
- 柔韧性练习 …………………… 2
- 肌肉强化练习 ………………… 5
- 运动协调性练习 ……………… 7

第二章 躯干和颈部 …………… 9
- 运动及其名称 ………………… 10
- 解剖学概念 …………………… 12
- 脊柱的柔韧性 ………………… 22
- 躯干的肌肉力量 ……………… 30
- 脊柱各部位特征 ……………… 38

躯干（脊柱）实用练习 ……… 52
- 脊柱练习总表 ………………… 52
- 躯干关节及肌肉的柔韧性 …… 53
- 躯干肌肉的强化 ……………… 72
- 躯干肌肉的协调性 …………… 84
- 应该避免的动作 ……………… 90

第三章 肩 ……………………… 93
- 运动及其名称 ………………… 94
- 肩部的柔韧性 ………………… 101
- 肩部的肌肉力量 ……………… 108
- 肩部肌肉的协调性 …………… 109

肩部柔韧性实用练习 ………… 112
- 肩部柔韧性练习 ……………… 112
- 肩部浅层肌肉的强化 ………… 121
- 肩部的协调性 ………………… 124

第四章 肘与前臂的骨骼 ……… 129
- 肘的运动及其名称 …………… 130
- 肘的柔韧性 …………………… 131
- 肘的肌肉力量 ………………… 133
- 前臂两骨的运动及其名称 …… 134
- 前臂两骨的柔韧性 …………… 135
- 前臂部位的肌肉力量 ………… 136
- 肘与前臂的协调性 …………… 137

第五章 手腕与手掌 …………… 139
- 手腕的运动及其名称 ………… 140
- 手腕的柔韧性 ………………… 141
- 手腕的肌肉力量 ……………… 142
- 手腕肌肉运动的协调性 ……… 142
- 手和手指的运动及其名称 …… 143
- 手部的肌肉力量 ……………… 144
- 手部肌肉运动的协调性 ……… 144

肘、手腕、手掌实用练习 …… 145
- 上肢的整体柔韧性 …………… 145
- 肘、手腕、手部的强化训练 … 146
- 上肢的协调性 ………………… 148
- 手部练习 ……………………… 152

第六章 髋 ……………………… 155
- 运动及其名称 ………………… 156
- 骨盆骨骼的运动 ……………… 161
- 髋部的柔韧性 ………………… 162
- 髋部的肌肉力量 ……………… 172

髋部肌肉的协调性 …………… 175

　髋部柔韧性实用练习 **176**
　• 髋部的柔韧性 ……………… 176
　• 髋部肌肉的强化 …………… 189
　• 髋部肌肉的协调性 ………… 194

第七章　膝 ……………… 199
　　运动及其名称 ……………… 200
　　解剖学概念 ………………… 203
　　膝关节的柔韧性 …………… 206
　　膝关节的肌肉力量 ………… 210

　膝关节实用练习 ……………… **214**
　• 膝关节的柔韧性 …………… 214
　• 膝关节肌肉的强化 ………… 218
　• 膝关节的协调性 …………… 222

第八章　踝与足 ………… 225
　　运动及其名称 ……………… 226

　　踝的柔韧性 ………………… 230
　　足的柔韧性 ………………… 232
　　踝与足的肌肉力量 ………… 234
　　踝与足的协调性 …………… 236
　　支撑状态下踝、足的协调性 …… 240

　踝、足实用练习 ……………… **242**
　• 踝的柔韧性 ………………… 242
　• 足的柔韧性 ………………… 246
　• 踝和足部肌肉的强化 ……… 250
　• 踝、足部肌肉的协调性 …… 260

第九章　髋、膝、足的协调性 … 265
　髋、膝、足协调性实用练习 …… **266**
　• 下肢运动的引导 …………… 266
　• 屈膝 ………………………… 270
　• 平衡运动 …………………… 274
　• 足尖踮立 …………………… 276
　• 减震 ………………………… 278
　• 推动 ………………………… 288

第一章　简　介

练习章节会按照练习效果进行区分：
- 针对**柔韧性**
- 针对**肌肉强化**
- 针对**协调性**

在很多练习中，这3种练习目的经常被混淆。比如说，教练推荐一系列屈膝练习以使下肢变得柔软，然而，还有其他的练习比屈膝更有效（屈膝练习中髋部没有达到关节运动的最大幅度，比如髋部或膝部的某些肌肉并没有被拉伸，等等）。实际上，屈膝练习有别的作用：反复屈膝可以提升一系列动作的协调性，这种协调是运动的基础，因为所有跳跃性动作都要求具备这种协调性，而且在跳跃性运动中屈膝可起到保护关节的作用。

达到这3种练习目的所需的方法并不相同。读者需要养成主动区分练习目的的习惯：这个练习是为了提升柔韧性、肌肉强度，还是提升协调性呢？

柔韧性练习

柔韧性是该练习的最终目的。柔韧性练习主要帮助人们在运动中保持或恢复一种伸展能力。受年龄、生活习惯和某些疾病（外伤或风湿病）等因素的影响，每个人的身体柔韧性大不相同。柔韧性在同一个人身上的不同关节或同一关节的对称部位也会有所不同。

过度柔韧被称为"松弛"或"过度松弛"，而柔韧的对立面则是"僵硬"。

书中确认了影响柔韧性的 3 个方面：

1) **骨骼**由于自身形状及其关节面的形状而允许或限制运动。例如，在《运动解剖书》中，第 55 页提到，腰椎的骨骼形状限制了回旋运动。

2) **关节的组织**（软骨、椎间盘的纤维软骨）。构成关节的组织允许或限制活动，有时会导致关节僵硬。这种情况在儿童中较为少见，在成人中比较常见，随着年龄的增长，出现的概率也随之增加。在针对成人的练习方案中，可以采取一些针对软骨的特殊预防措施，或进行一些特殊练习使滑液改善软骨的功能。在实际练习章节中会对这些措施和训练进行详细的介绍。

直接包围关节的组织——关节囊和韧带，在被动地支撑关节的同时，又要保证各部位的主动运动。

这些组织大部分都缺少弹性（如果在拉伸时变形，它们就无法恢复原来的长度），因此，它们应当被细心呵护。实际上，这些组织有很多敏感的神经末梢，在运动的时候，这些神经末梢会向神经系统发出拉伸信号。如果组织变得松弛，神经末梢有可能会延迟"提醒"，那么关节就将面临扭伤的危险。这一点在足部、膝部和脊柱的一些韧带上表现得尤为明显，因此，在柔韧性练习中不应拉伸它们。

然而，某些韧带（髋部的前部韧带、脊柱其他部位的韧带）经常产生"褶皱"，所以，应当做一些"去皱"的运动，让它们恢复原来的长度。我们可采用一种使韧带处于紧绷状态的姿势，并保持一段时间。

3) 最后是**肌肉**。它既有收缩性又有弹性。如果拉伸一块肌肉，肌肉就会伸长，并可保持一段时间。大部分肌肉会成为运动的阻碍，要么是因为它们的包膜（筋膜）较紧，要么是因为它们的纤维在肌肉强烈收缩的状态下产生了对拉伸动作的对抗力。大部分柔韧性训练都会影响肌肉。

注意：

· 某些肌肉只跨越一个关节，即单关节肌。拉伸单关节肌需要进行与它们活动相反的运动。有些肌肉跨越两个或多个关节，即多关节肌。拉伸多关节肌需要对它们跨越的所有关节都施加作用。

·本书介绍的每个增加肌肉柔韧性的动作都可以用多种方式练习。有些练习针对肌肉的包膜（筋膜），而有些练习则针对肌肉纤维。

我们以第180页髋部章节中介绍的右侧大腿的柔韧性训练为例进行说明。

(1) 简单拉伸

如图，采用使肌肉附着点之间的距离增加的拉伸姿势（不要到肌肉有撕裂感或灼烧感的程度）。此练习可提高柔韧性，但前提是保持缓慢的节奏，因为快速拉伸会导致肌肉神经做出相反的回应，即产生肌肉反射性缩短的现象。

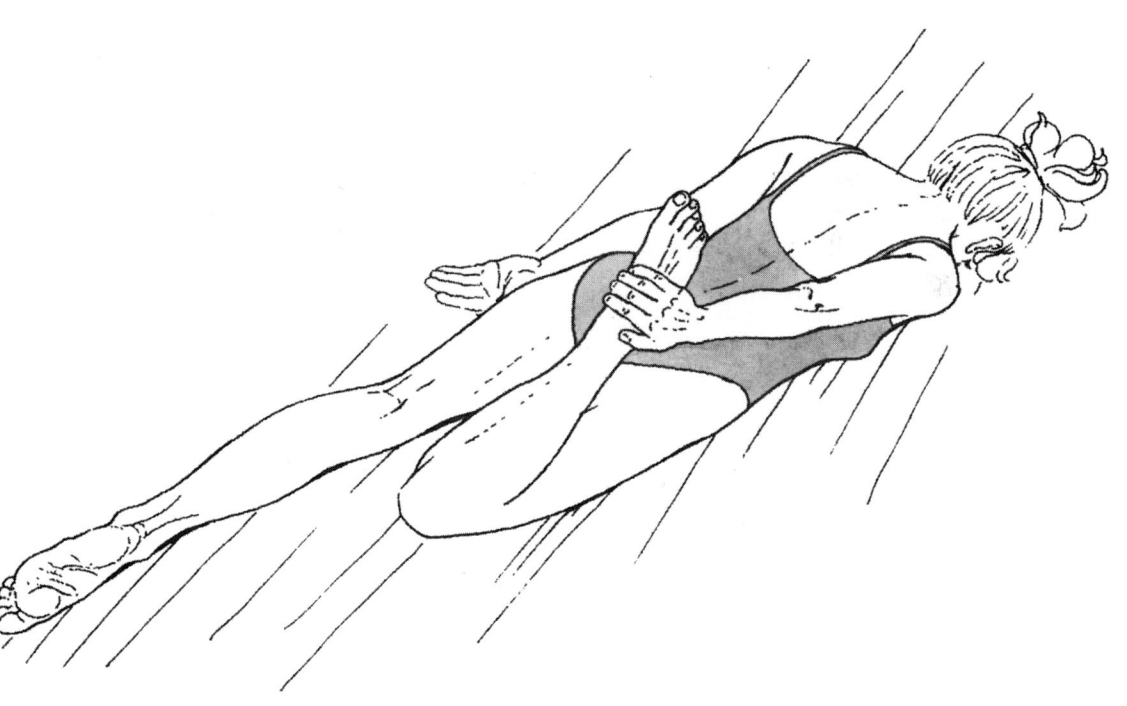

（2）肌肉放松

肌肉放松会使得肌肉的长度增加，可以避免肌肉撕裂和腱膜撕裂。

为了最大限度地放松一块肌肉（通常情况下肌肉无法完全放松），需要确保关节活动时既不需要任何主动维持，也没有关节脱臼的危险。例如，肩膀沿着手臂自由下垂时，需要关节的主动维持，此时肩膀的肌肉就处于紧张收缩的状态。如果肩膀在运动中有脱臼的危险，肌肉就会收缩以避免脱臼。

因此，为了在放松的状态下拉伸肌肉，要使身体部位处于肌肉正要拉伸、关节被外力完全支持的姿势。

对于右侧大腿的拉伸，可以采用手握住足拉伸的方法，无须借助足本身的牵拉动作来拉伸肌肉。持续片刻后再移动骨盆或脚以进一步拉伸。

（3）收缩 – 放松

这是一种利用肌肉收缩后的反应时间来拉伸肌肉的方式。

右侧大腿的拉伸：
采用上图中的训练姿势，保持正要拉伸的状态。此时，尽力伸展膝关节（用脚推动手，使右侧大腿的前部肌肉收缩）。保持几秒紧张收缩的状态，利用肌肉收缩后的反应时间来放松肌肉。

在 2 种情况下，拉伸会变得容易：既不强行加快速度，也不强行增加运动幅度。

肌肉强化练习

肌肉强化练习的目的是增强肌肉力量以进行各种运动。一旦过了孩童时期(4～5岁)，日常的生活方式便不足以维持人体的肌肉组织。为此，人们会采用普通的身体训练来维持肌肉。但本书更着重于介绍增强每个部位的关键肌的训练。

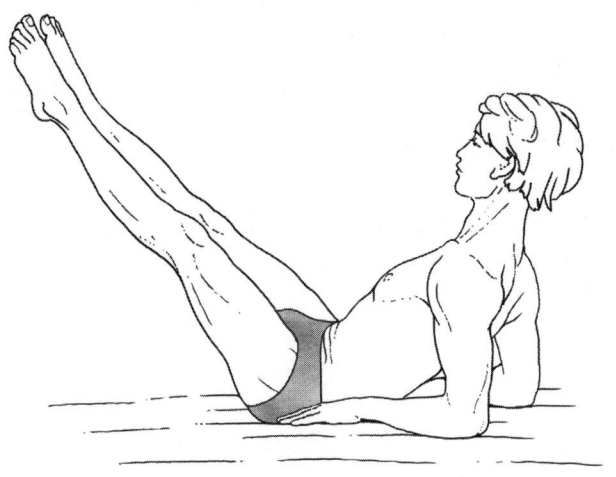

练习的基本规则

1) 若想强化肌肉，必须使肌肉达到最大收缩的状态，此类练习的效果明显优于一般运动带来的效果。

2) 在肌肉收缩运动之间，需要一定的肌肉放松时间，并且要确保肌肉放松的时间充足，程度与肌肉收缩相同。这对保证接下来的肌肉收缩运动的质量是极为重要的。

3) 肌肉训练时有必要给身体补氧。
在空气流通的房间里训练。一般来说，每次练习间隙都要进行通风，如有必要，在进行大强度训练时也应保持房间内空气流通。
每次训练时，在练习前、练习中以及练习后都要注意多通风，为身体换气补氧，这样可避免因肌肉过度疲劳或者肌肉中毒引起肌肉痉挛和酸痛。

4) 使用2种肌肉收缩方式：静态肌肉收缩和动态肌肉收缩。

静态肌肉收缩

不需做运动，只需保持某个姿势就可实现肌肉收缩。比如，抬腿并保持上举动作。

这种肌肉收缩的好处：
不需要关节运动也可以锻炼肌肉，不会损伤软骨。可以对不同部位的肌肉进行精细训练。
弊端：
- 没有"运动"感。
- 运动强度很大的时候，维持一个姿势不能超过7秒，否则会导致肌肉过度疲劳。

动态肌肉收缩

这里指参与运动的肌肉收缩。比如,三角肌的收缩引起上臂抬高。
动态肌肉收缩也可以控制一些身体运动。比如,三角肌收缩可以控制上臂垂落,使得垂落速度变缓。

这种肌肉收缩的好处:
- 与运动结合。
- 在肌肉收缩运动的间隙,进行肌肉放松所需的时间更少,因为运动过程中,肌肉收缩与肌肉放松通常交替进行。

弊端:
- 不能像静态肌肉收缩一样进行精细锻炼。
- 肌肉收缩过程中,会给关节施压,引起关节摩擦。

在肌肉强化训练这部分,书中没有推荐除这2种方式以外的任何一种特殊的肌肉收缩方式。
书中不涉及肌肉收缩形式的详细描述,以及心血管方面的各种锻炼方式。这种生理学范畴的研究,没有列入本书。
本书中没有介绍呼吸训练。若想更详细地了解呼吸训练,尤其是关于膈肌的呼吸方法,读者可以参考本书作者的其他著作。

运动协调性练习

肌肉强化练习和协调性练习有什么区别？

协调性练习不仅仅为了增强肌肉的力量，还注重各种复杂运动中动作的连贯性。协调性练习包括速度、敏捷等多个方面。

例如，我们可以通过握力器来锻炼指部肌肉的力量，却无法通过这种练习掌握弹钢琴或者用键盘打字的技能（尽管有时候这种练习对这些技能的掌握也会有所助益）。如果想要掌握这些技能，就需要同时锻炼肌肉力量和协调能力。

所有身体技能（骑马坐姿、网球发球、舞蹈的各种动作等）都需要适当的协调能力，要提高这种协调能力，需要进行专门的训练。然而，基础协调能力对于所有的身体技能练习而言，就如基石，正如热身是为之后的运动奠定基础。这才是本书的研究范畴。获得基础协调能力对于其后更广泛的技巧动作的学习具有极大帮助。

本书的实用练习提供了这 3 个方面的测试或练习。然而在某些页的内容中，如踝与足的章节中，为了避免冗长和重复，我们将其精炼并只推荐一种训练方式，而其他章节通常都做了区分。要注意在这些训练中，都围绕一种解剖学因素，那就是肌肉。
- 肌肉需要柔韧性，因此它会出现在柔韧性训练的章节中，即使柔韧技能并不仅仅依靠肌肉。
- 肌肉需要强化，它是强化训练的核心。
- 最后，运动协调性需要肌肉在精细的运动神经功能中发挥作用。

如果这 3 种运动方式被分开，通常是在某个特定技能的训练场合中。但是，在接下来的内容里，这种细化与区分训练终究会让位于将这三者合并成一个整体的运动。

第二章 躯干和颈部

躯干、颈部和头部构成了人体的中心部位（或称"人体中心"），依靠上肢带骨及骨盆与四肢相连。本章将躯干和颈部合起来研究。

这里会按部位分开研究，脊柱部分的研究，通常会分为腰段、胸段和颈段。

值得注意的是，脊柱作为躯干的骨架，由于椎骨数量众多，它的活动具有一种特殊性。脊柱的功能还与椎体后部通过的神经——脊髓相关。从孩童时期开始，脊柱的活动性、坚固性和稳定性就是决定人体健康的重要因素。

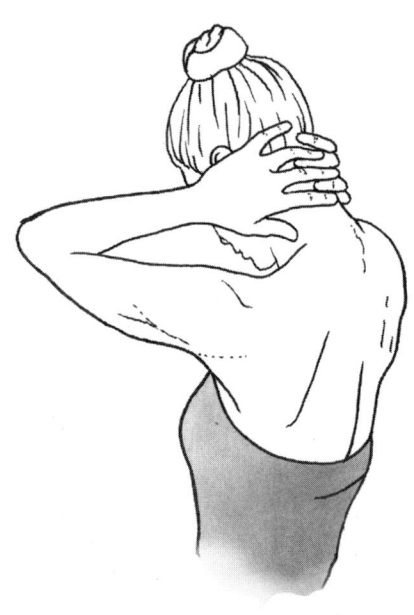

运动及其名称

依据脊柱的活动性,躯干可在以下 3 个运动面中进行全方位的运动:矢状面、冠状面、水平面。

矢状面

向前,可做**前屈运动**。

向后,可做**伸展运动**。

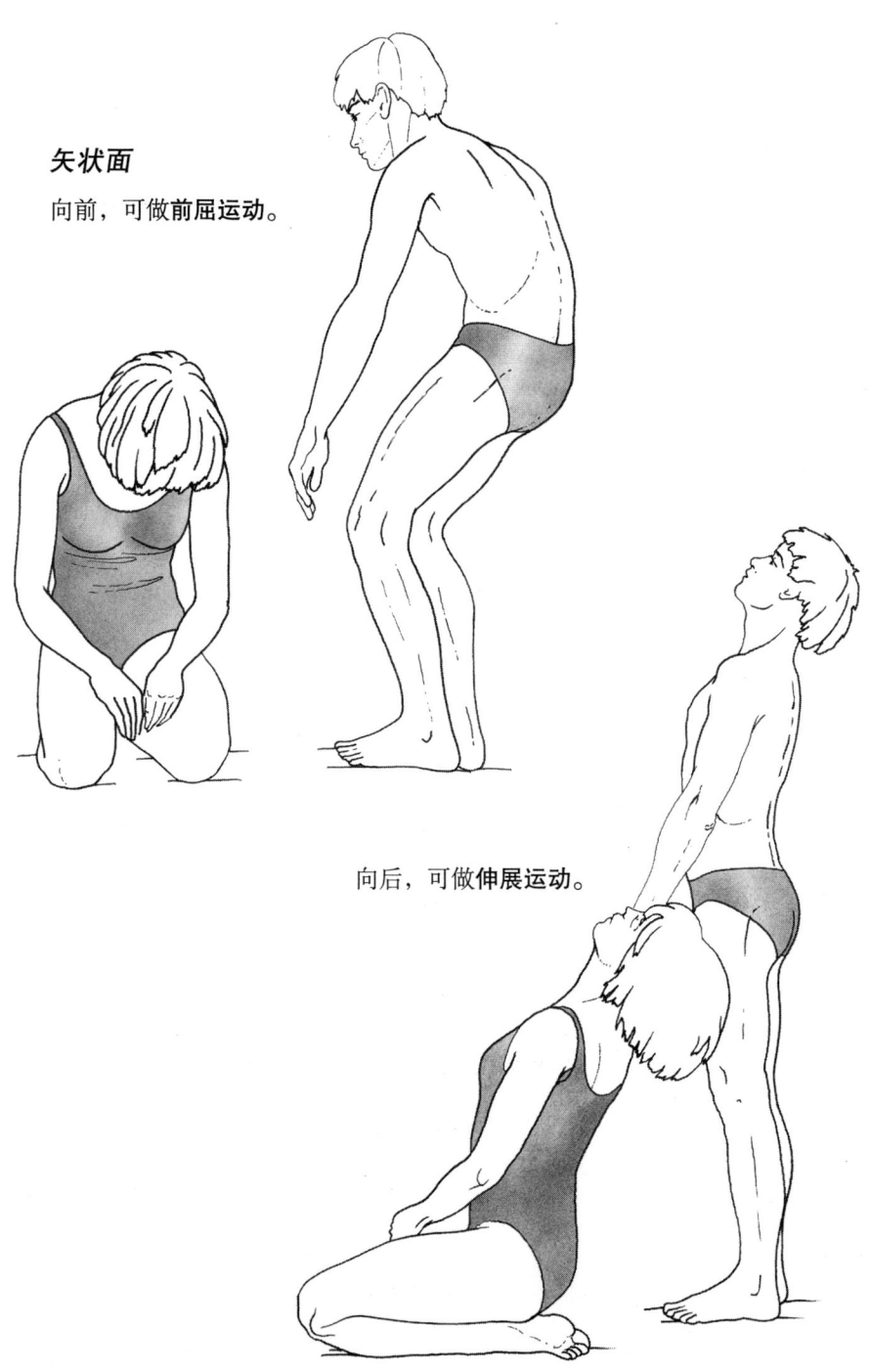

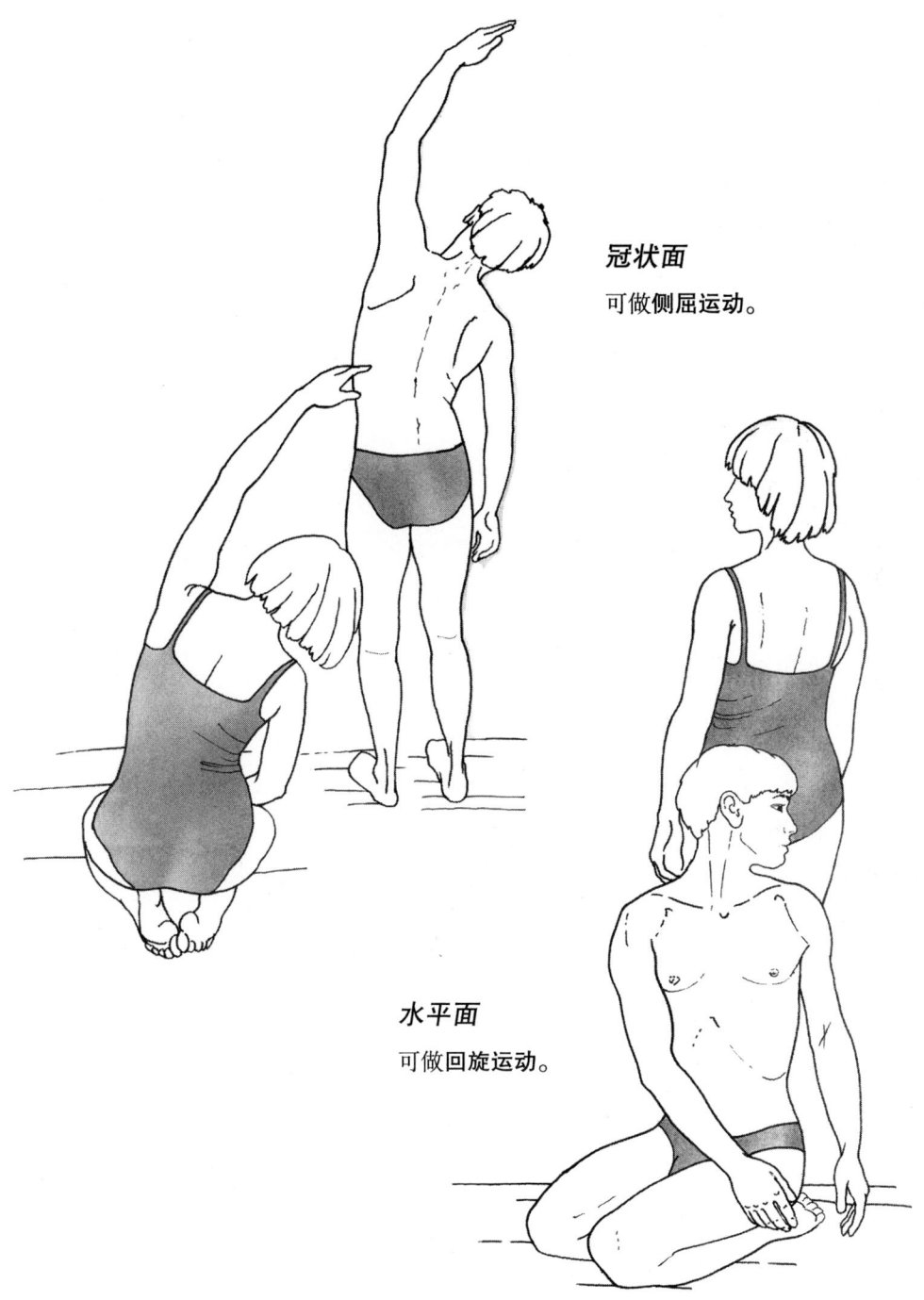

冠状面

可做侧屈运动。

水平面

可做回旋运动。

这些运动的幅度在每个椎骨层并不相同。

脊柱的灵活性不是如蛇似的均匀分布在各个节段,而是在某个节段更适合做屈曲运动,或更适合做回旋运动,等等。此外,脊柱的有些节段非常灵活,而另一些节段几乎无法移动。

解剖学概念

在检查脊柱的柔韧性与力量之前,先来回顾一些解剖学概念(参考《运动解剖书》第36 ~ 39页),这对于下文要提到的运动原则的理解是不可或缺的。

脊椎的解剖学知识回顾

每块椎骨均由2个主要部分构成。

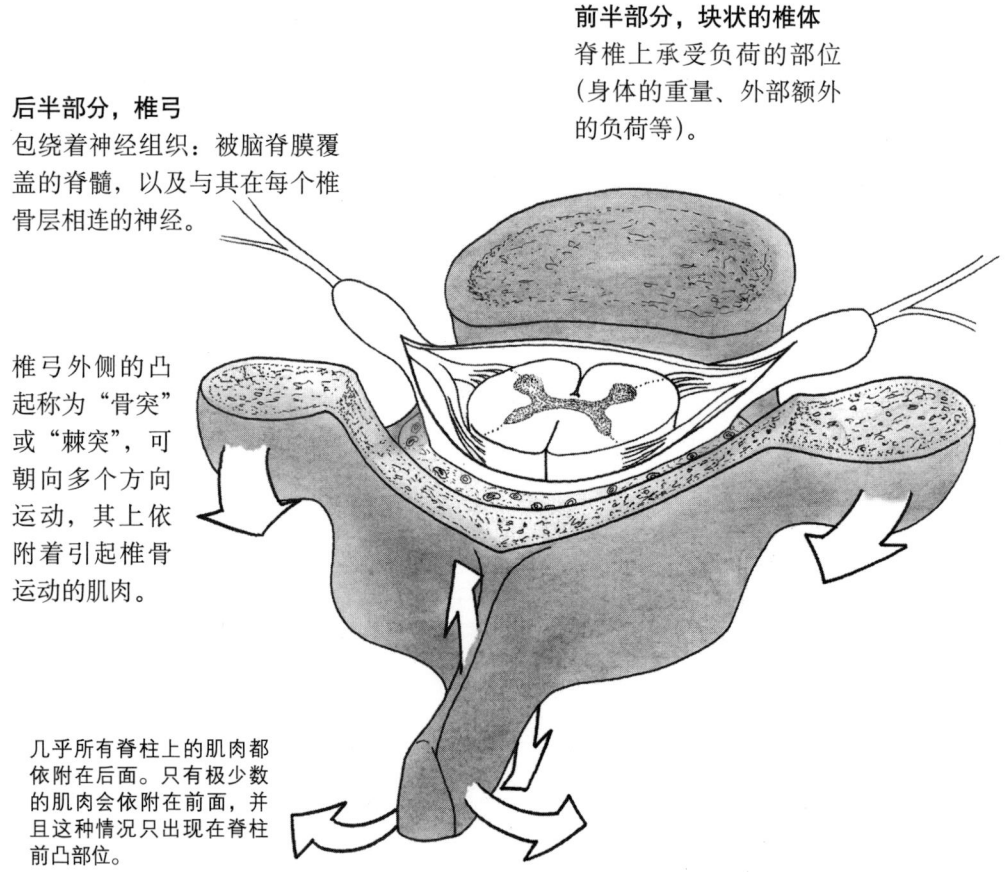

前半部分,块状的椎体
脊椎上承受负荷的部位(身体的重量、外部额外的负荷等)。

后半部分,椎弓
包绕着神经组织:被脑脊膜覆盖的脊髓,以及与其在每个椎骨层相连的神经。

椎弓外侧的凸起称为"骨突"或"棘突",可朝向多个方向运动,其上依附着引起椎骨运动的肌肉。

几乎所有脊柱上的肌肉都依附在后面。只有极少数的肌肉会依附在前面,并且这种情况只出现在脊柱前凸部位。

脊柱后部既可保护神经组织,又可引导椎骨运动。

脊柱活动区域的解剖学结构或多或少会直接影响这些神经组织,反之亦然。
这就是为什么对身体其他关节影响甚微的错位或扭伤,发生在此部位时会引发严重后果。

椎间盘

它由以下部分组成：
- 中心部分为髓核，呈半液态胶状。
- 周围部分为纤维环，是围绕髓核呈同心圆状排列的纤维软骨盘。

它相当于一个自动的纤维－液体减震器。

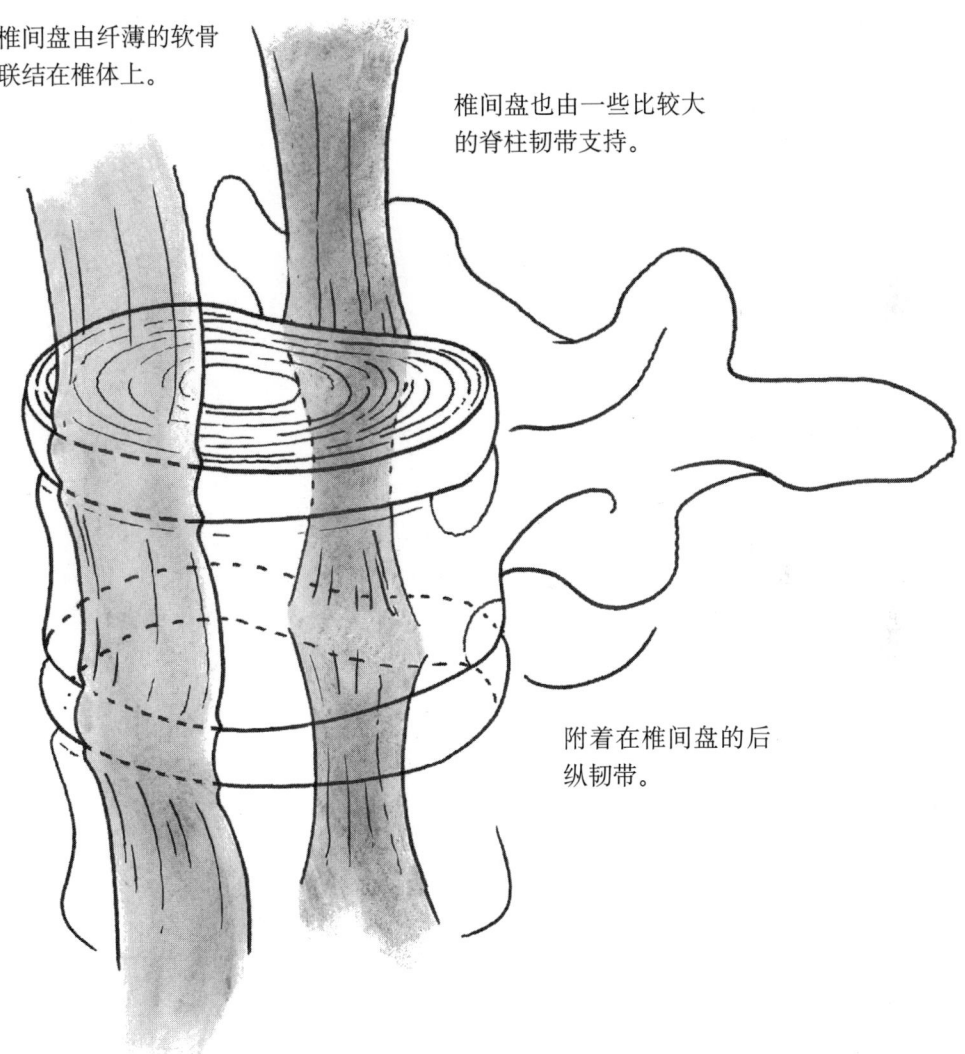

椎间盘由纤薄的软骨联结在椎体上。

椎间盘也由一些比较大的脊柱韧带支持。

附着在椎间盘的后纵韧带。

附着在椎体上的前纵韧带。

负重状态下的椎间盘

对椎间盘和椎体的观察集中在 2 块椎骨上。上面的椎骨称为 H，下面的椎骨称为 B。观察一个采用坐姿的人，其背部与地面垂直。

此时，头部、躯干与上肢的重量施加在脊椎上，并且当身体下降的时候压力更大。

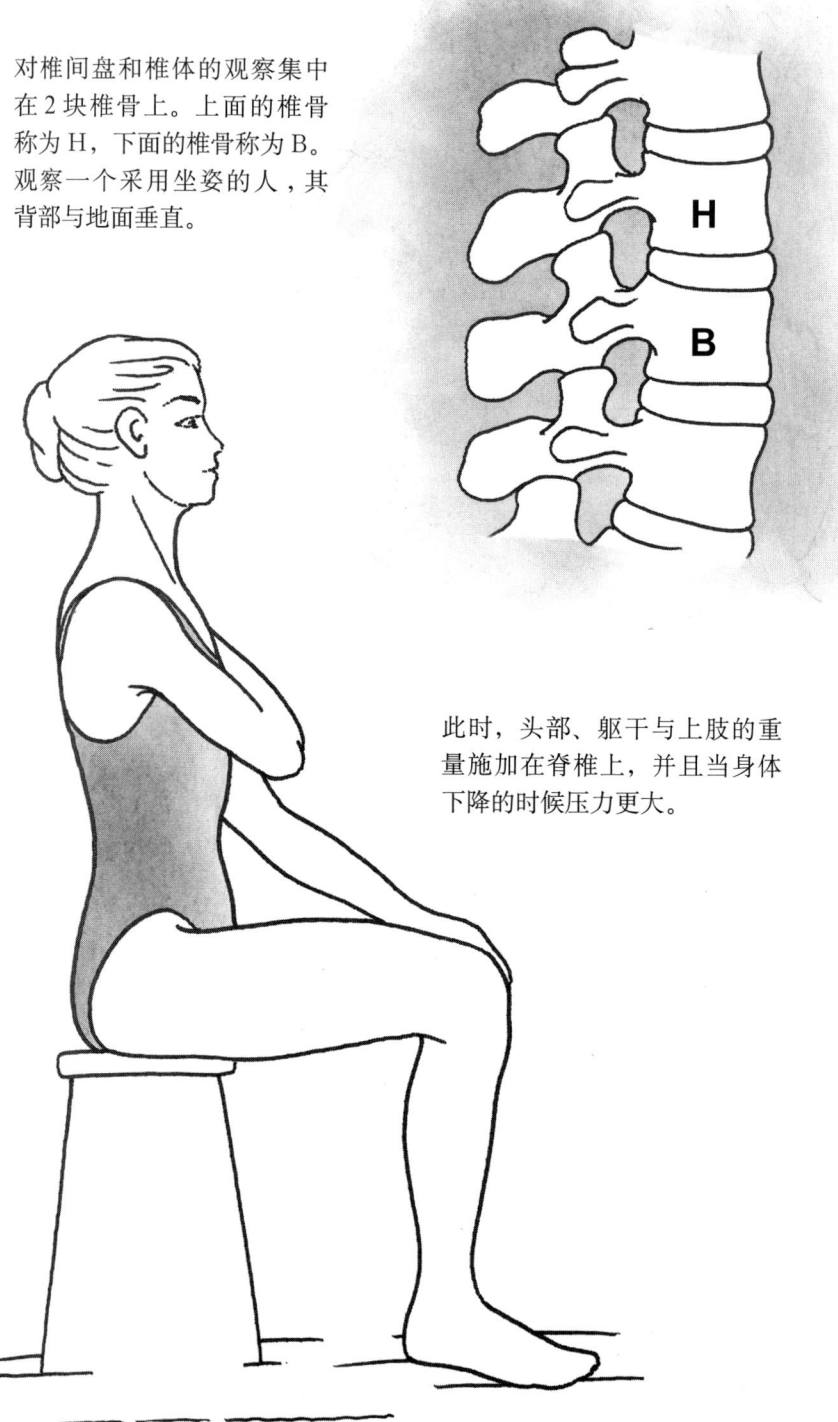

没有髓核，椎间盘接收到的施加在脊椎上的压力导致纤维环碎裂。

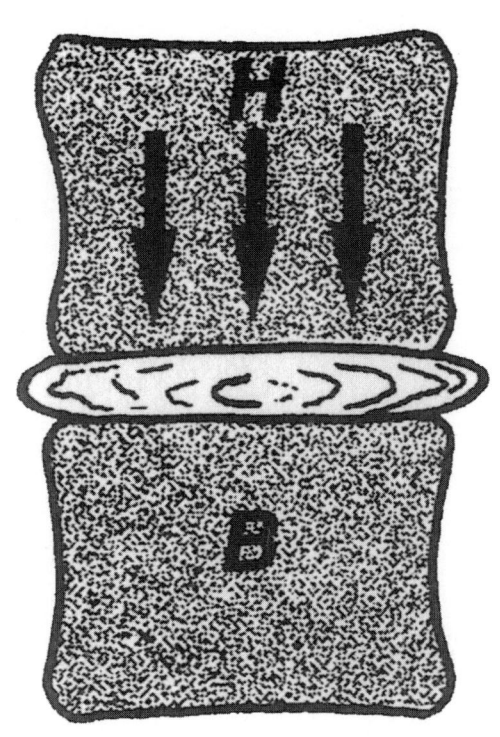

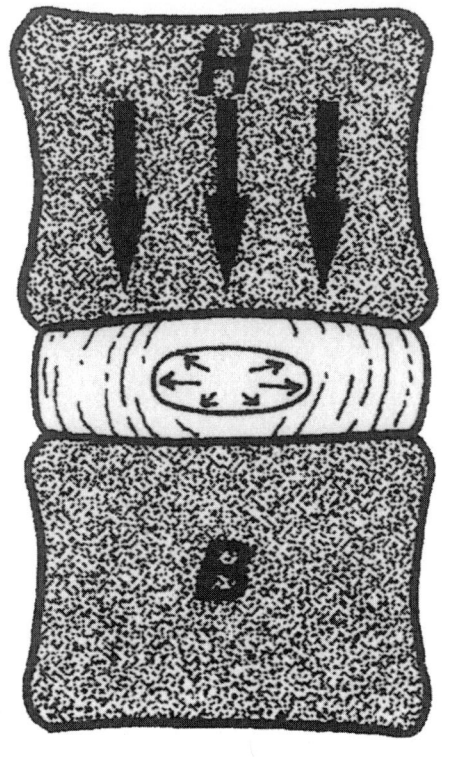

髓核可以把这些压力分散到各个方向。纤维环处于紧张状态，这样就可使其避免碎裂。

如果脊柱在垂直方向保持直立（依照它的弧度），体重（下文称为P）对椎间盘施加的压力几乎在各部分都相等：这是一种"平均分配"的负荷。

这是椎间盘缓冲压力的最佳条件。这种情况下，椎间盘可以承受较大负荷并避免损伤，例如，我们见到有些民族习惯用头负重，但背部并不产生疼痛。

运动状态下的椎间盘

当脊柱弯曲，如前屈时，P 引起椎间盘前部挤压和后部拉伸。也就是说产生一种"不平均分配"的负荷。

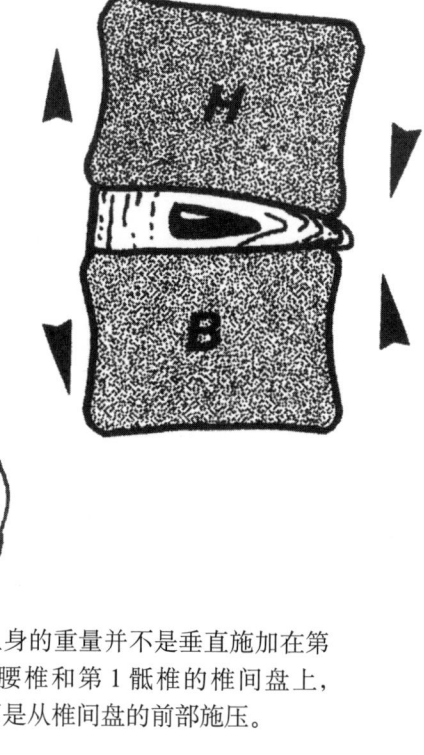

上身的重量并不是垂直施加在第 5 腰椎和第 1 骶椎的椎间盘上，而是从椎间盘的前部施压。

这样产生的距离会相应地增加椎间盘的应力，这种负荷有时会相当可观（由于力矩作用），能达到 500 千克，甚至更大。例如，向前伸手臂使其尽量远离身体；或者与身体有一定距离的负重（物体、同伴）等。

其他参数：快速运动，例如，向前快速弹跳。此种情况下产生的力量会使 P 值倍增。

在这些情况下椎间盘是最脆弱的:

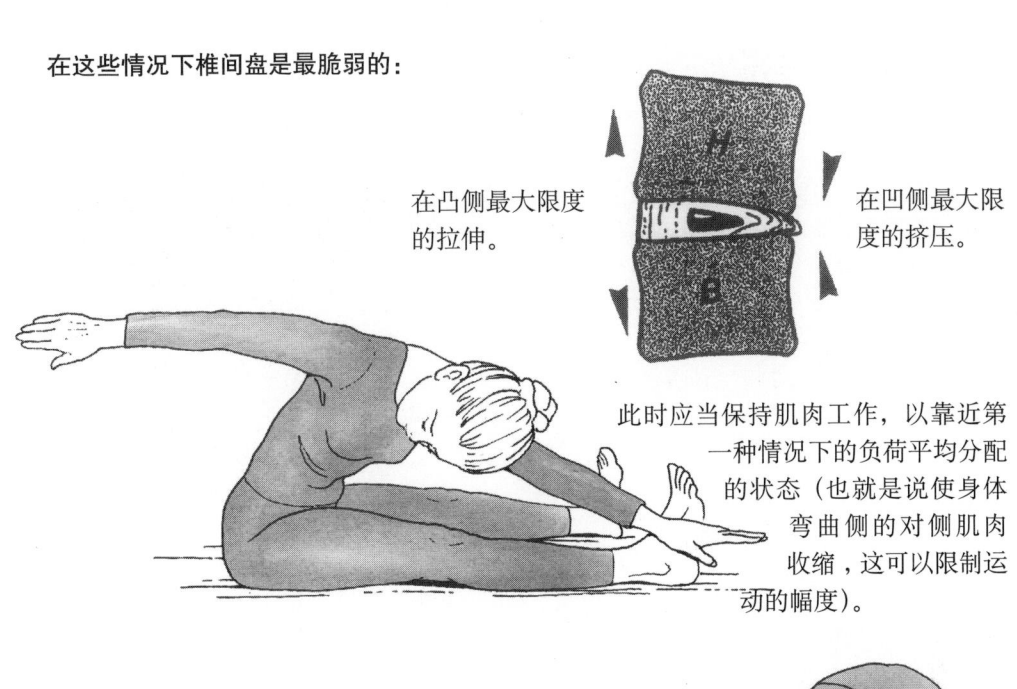

在凸侧最大限度的拉伸。

在凹侧最大限度的挤压。

此时应当保持肌肉工作,以靠近第一种情况下的负荷平均分配的状态(也就是说使身体弯曲侧的对侧肌肉收缩,这可以限制运动的幅度)。

这种肌肉运动经常"缺失":
比如,当我们长时间在扶手椅的软垫、汽车座椅上处于松散的坐姿来放松肌肉时,脊柱就处于一种"瘫倒"的状态(这种肌肉放松的方式往往会导致椎间盘疲劳)。

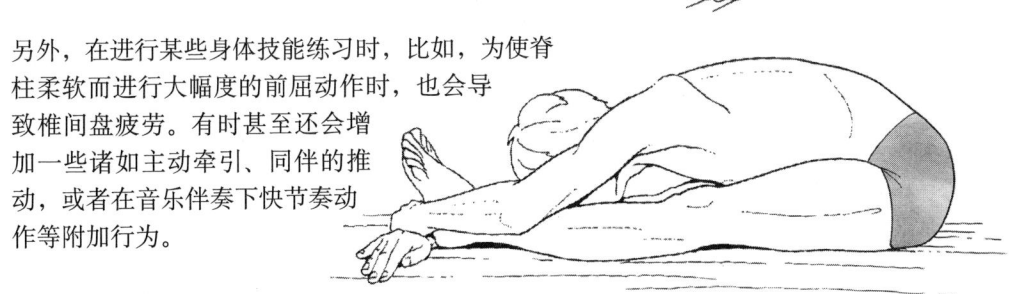

另外,在进行某些身体技能练习时,比如,为使脊柱柔软而进行大幅度的前屈动作时,也会导致椎间盘疲劳。有时甚至还会增加一些诸如主动牵引、同伴的推动,或者在音乐伴奏下快节奏动作等附加行为。

这时候椎间盘会发生什么变化?
椎间盘面临退化和失水的危险。纤维环出现裂缝,不再呈密封状态,髓核中的液体会由裂缝流出。

脊柱前屈及其结果

此处我们从腰椎的侧面观察前屈动作：
- 椎间盘向前挤压，后侧受到拉伸。
- 髓核后方的韧带（沿脊柱的轴向）处于紧张状态。

首先处于紧张状态的是棘上韧带。
接着是棘间韧带和关节突韧带。

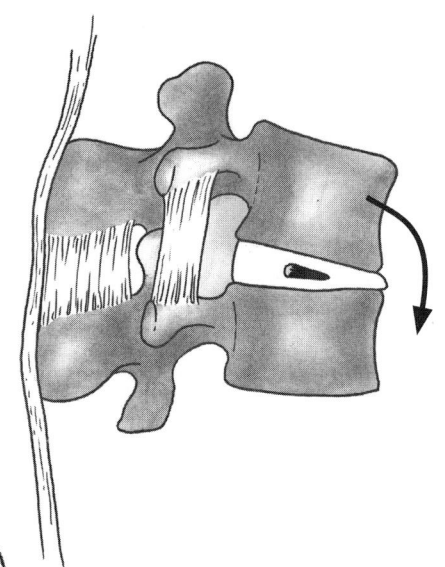

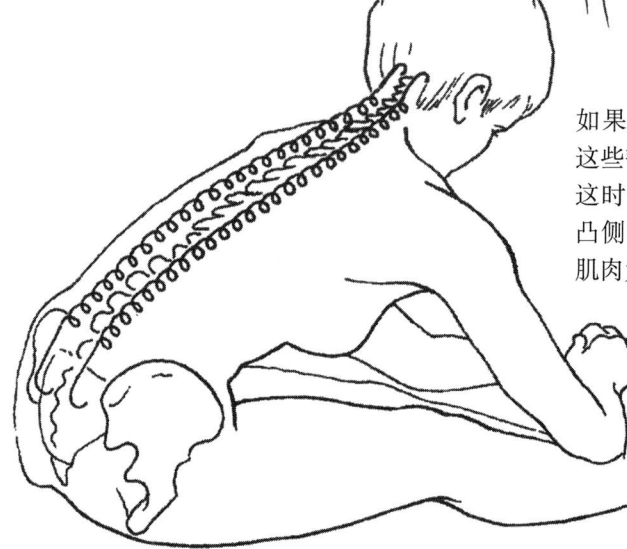

如果弯曲的幅度太大或时间太长，这些韧带便无法牵制弯曲。
这时需要肌肉发挥稳固作用，即用凸侧的肌肉进行制动（我们称这些肌肉为"隆起"的肌肉）。

例如，此处展示的是分成长条状的肌束（多裂肌）。

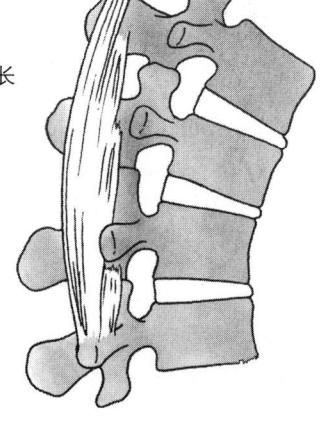

这种肌肉运动经常"缺失"。这会导致韧带疲劳，带来慢性疼痛，引起肌肉挛缩。当一个人抱怨背部有弥漫性且持续的疼痛时，事实上这就是**腰痛**。

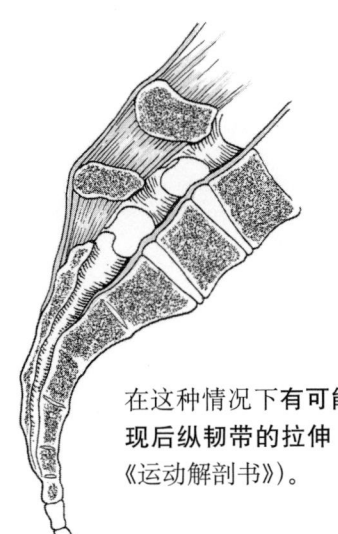

久而久之,失去张力的韧带难以提供足够的支持,也无法即时传达它们的紧张状态。

为改变这种状况,会产生更强烈的加重前屈的冲动,例如,更激烈的前屈动作,或者剧烈负重。

在这种情况下**有可能出现后纵韧带的拉伸**(见《运动解剖书》)。

因为后纵韧带所处的"战略性"位置,这种拉伸后果更加严重。
该韧带位于椎管内,在脊髓的前方。

此处没有多余的空间:脊髓、脑脊膜占据着椎管的全部空间。
由韧带拉伸(扭伤)而引发的最微小的水肿都会立刻引起非常强烈的疼痛:这就是椎间盘突出引起的腰痛。

水肿也会在椎管内压迫神经根,最常见的是坐骨神经压迫;此神经从第4与第5腰椎、第5腰椎与第1骶椎的椎间孔和前3个骶神经孔穿出。

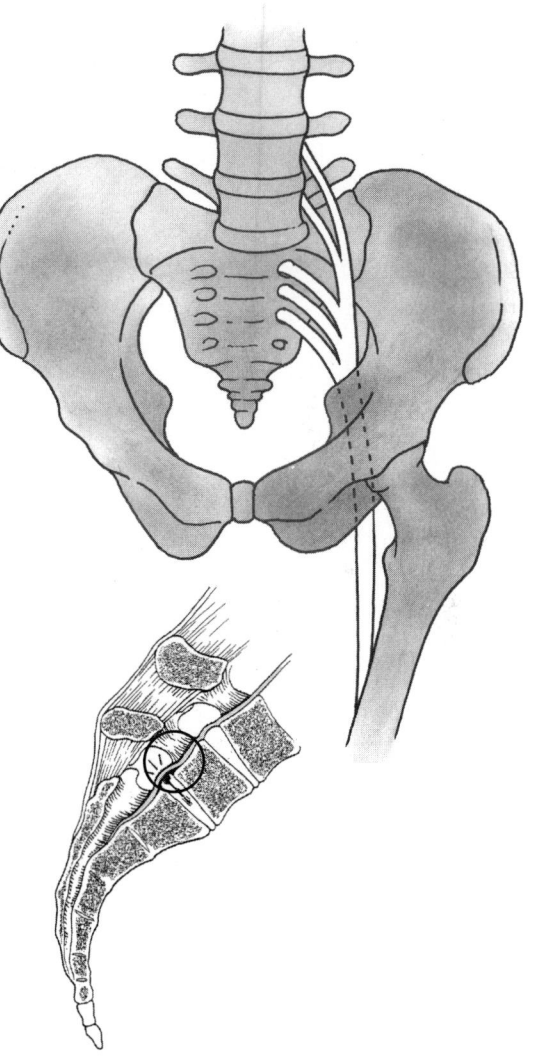

甚至一部分髓核会从椎间盘移出至椎管中:这就是**椎间盘突出**(实际上这是髓核突出)。

当负重、牵引、快速运动时,这些现象会更加严重。

通过上述讲解,我们看到了重复进行弯曲动作(为了增加腰椎向后弯曲的柔韧性)的危害,这会让此处变得更加脆弱。

脊柱伸展及其结果

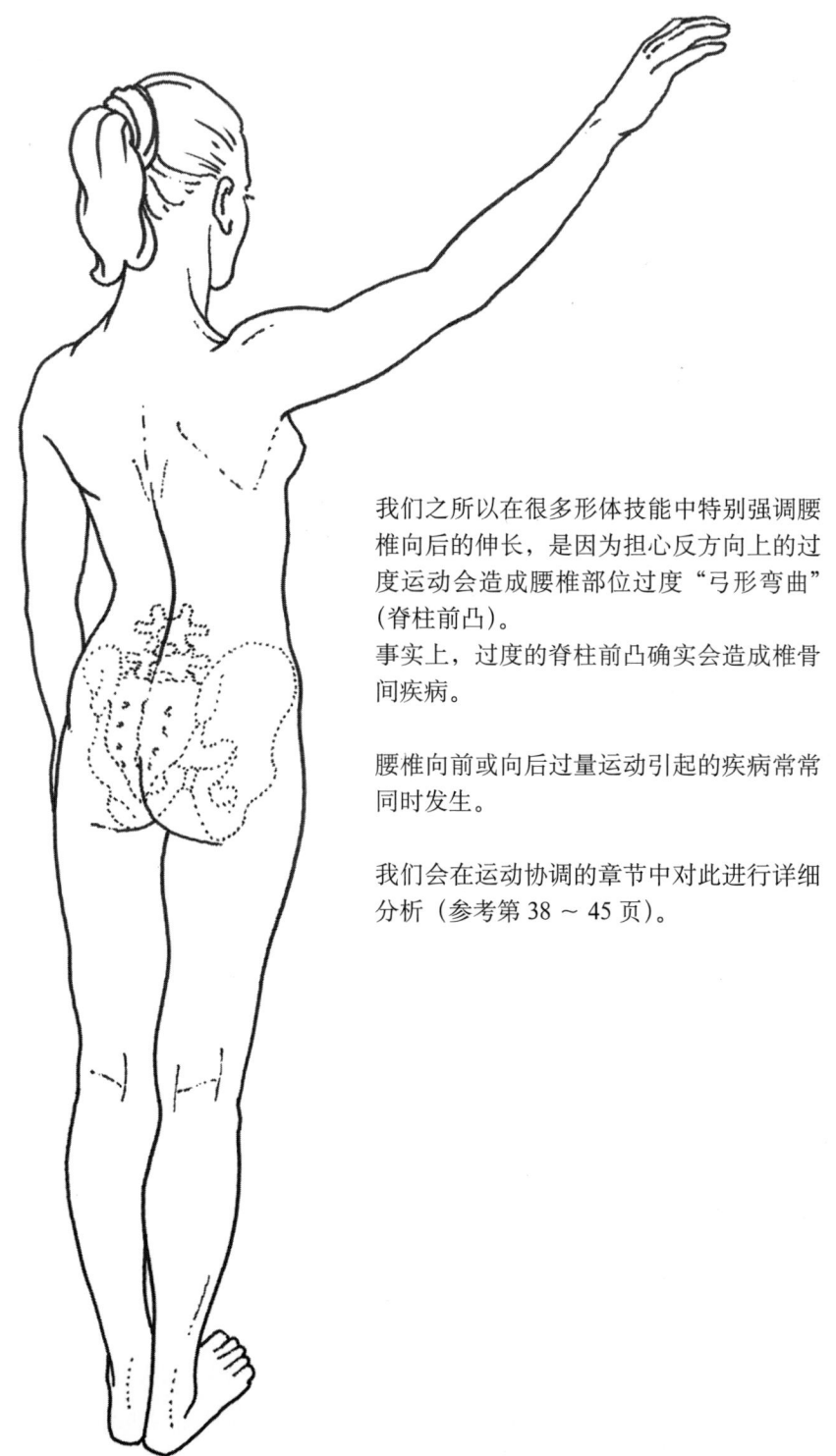

我们之所以在很多形体技能中特别强调腰椎向后的伸长，是因为担心反方向上的过度运动会造成腰椎部位过度"弓形弯曲"（脊柱前凸）。

事实上，过度的脊柱前凸确实会造成椎骨间疾病。

腰椎向前或向后过量运动引起的疾病常常同时发生。

我们会在运动协调的章节中对此进行详细分析（参考第 38 ~ 45 页）。

结论

这几页关于脊柱相关知识的回顾，对预防运动伤害及确定运动原则有重大意义。

1）使椎间盘得到足够的休息，**减轻其负担**和**保持挺直**，这对椎间盘十分有益。

2）如果想通过脊柱弯曲的运动达到提高柔韧性的目的，必须在**减轻负荷**的情况下进行。

3）由于与脊髓有着紧密的"邻里关系"，**脊柱的柔韧性训练**非常重要（对初学者和肢体僵直的人来说更是如此）。

4）**增强支撑躯干的肌肉力量**非常重要，这主要是指深层肌肉，而协调这些肌肉的运动来合理分配椎间盘的负重则更加重要。

脊柱的柔韧性

关键注意事项

儿童时期脊柱柔韧性通常较好。维护脊柱的柔韧性是必要的,但需要记住:几乎每个成人都会发生背部疼痛,这不是由脊柱僵直造成的,而是由于不正确的脊柱活动导致的。因此,不应建议过度的脊柱柔韧性训练(针对所有年龄段的人),除非同时提供必要的脊柱健康维护。

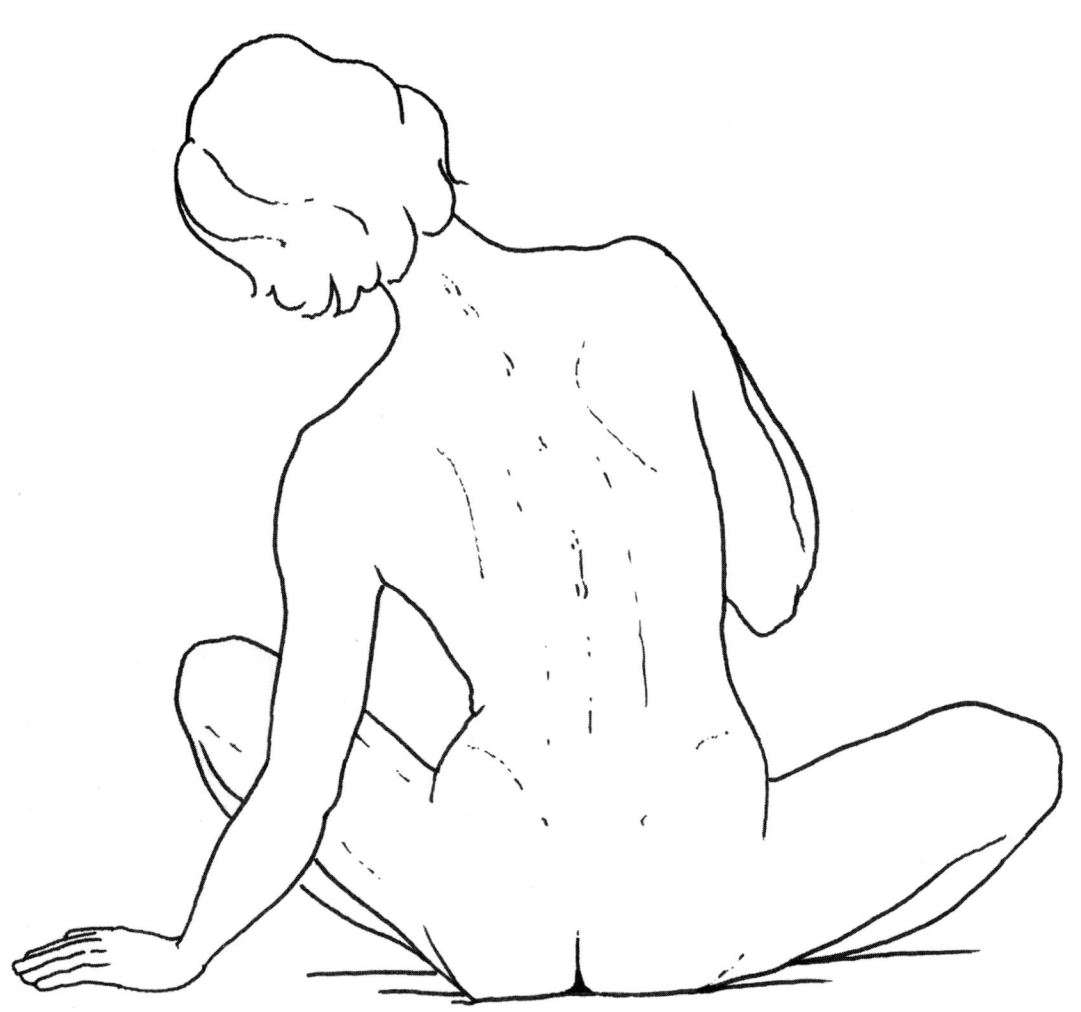

适度进行脊柱活动是有益的。特别是在本章节练习中，我们强调运动幅度（例如，将身体尽可能弯曲到最大限度，或者尽量向一侧倾斜身体等），但是我们始终在减少负荷的情况下进行脊柱练习。

为什么？

因为这种较大幅度的运动经常会造成脊椎突出。

脊柱弯曲会使脊椎负荷达到很高的数值，因此，在脊柱柔韧性的练习过程中，我们将采用给脊椎带来最小负荷的姿势，并尽可能地把动作做到最大限度。柔韧性训练会涉及的弯曲和回旋动作都将遵循这一原则。

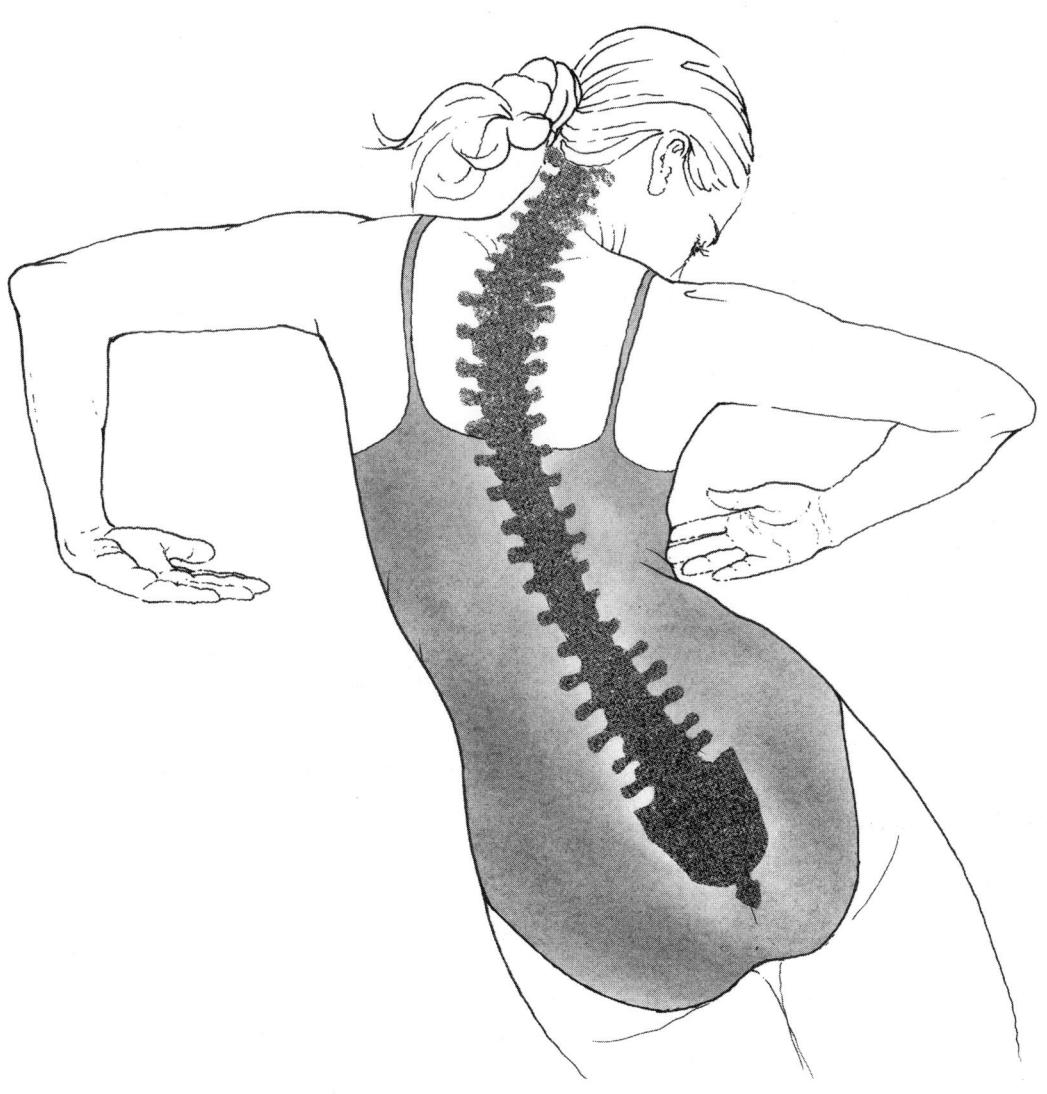

脊柱不同区域运动性有差异

这点在柔韧性训练中非常重要,因为越灵活的部位越容易导致向一个方向的过度运动。具体细节参考《运动解剖书》第 15 ~ 71 页的内容。这里仅对几点主要内容进行说明。

连接区域为高运动性区域

第一个观察结果:连接区域为高运动性区域,此处连接 2 段不同类型的椎骨。

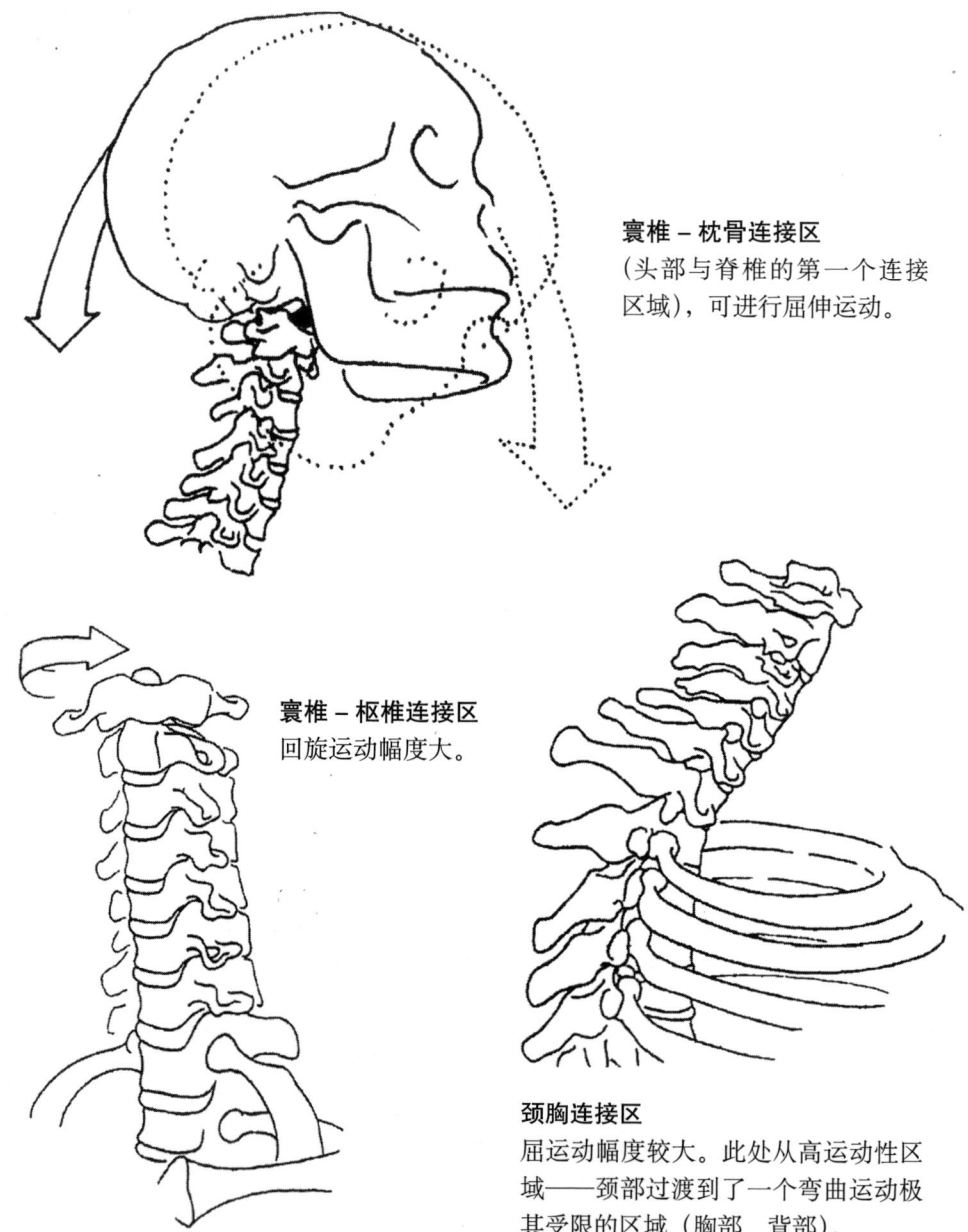

寰椎－枕骨连接区
(头部与脊椎的第一个连接区域),可进行屈伸运动。

寰椎－枢椎连接区
回旋运动幅度大。

颈胸连接区
屈运动幅度较大。此处从高运动性区域——颈部过渡到了一个弯曲运动极其受限的区域(胸部、背部)。

胸-腰（背-腰）连接区：高运动性区域

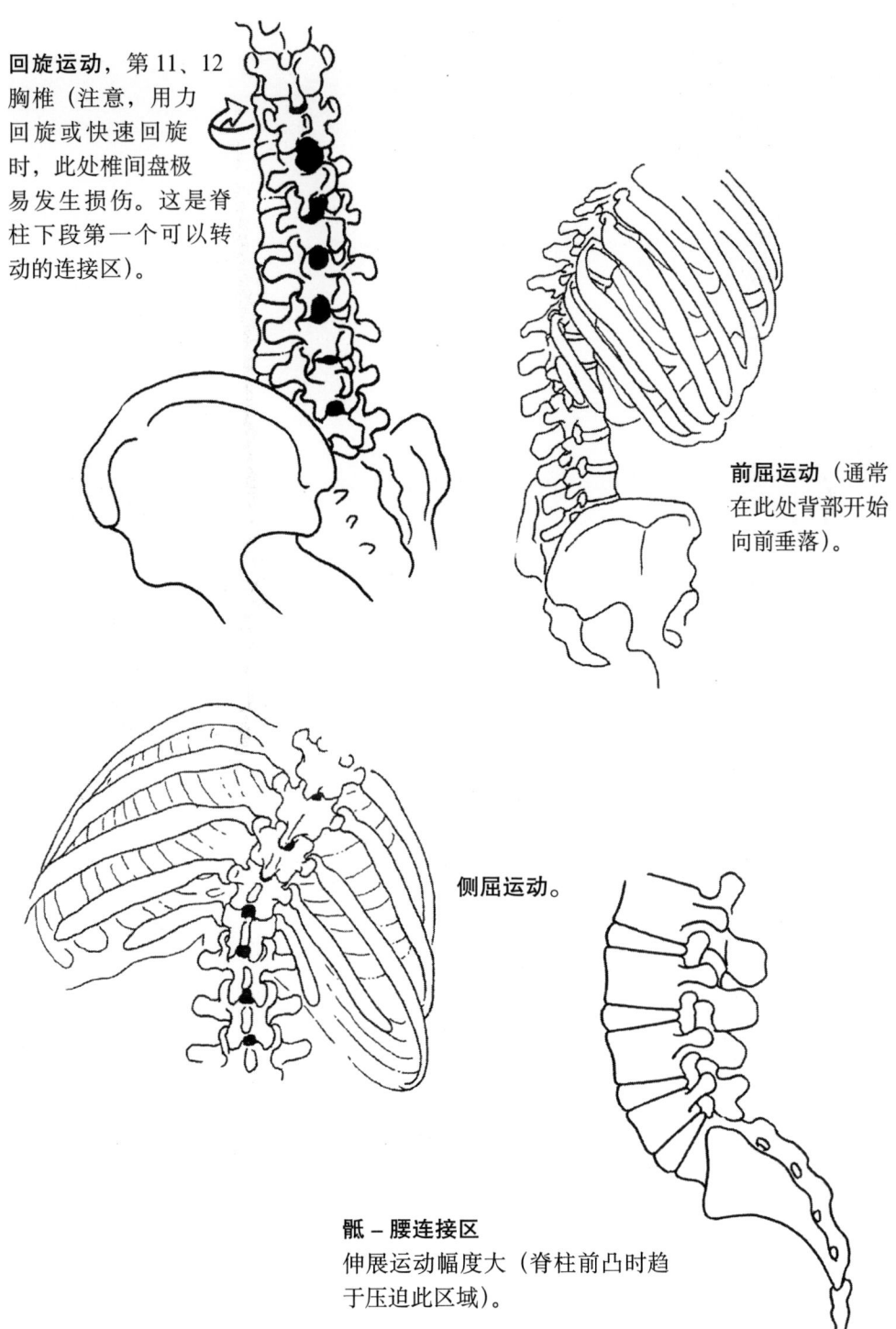

回旋运动，第11、12胸椎（注意，用力回旋或快速回旋时，此处椎间盘极易发生损伤。这是脊柱下段第一个可以转动的连接区）。

前屈运动（通常在此处背部开始向前垂落）。

侧屈运动。

骶-腰连接区
伸展运动幅度大（脊柱前凸时趋于压迫此区域）。

在这些连接区之间,脊柱各段也有其各自的运动特性。

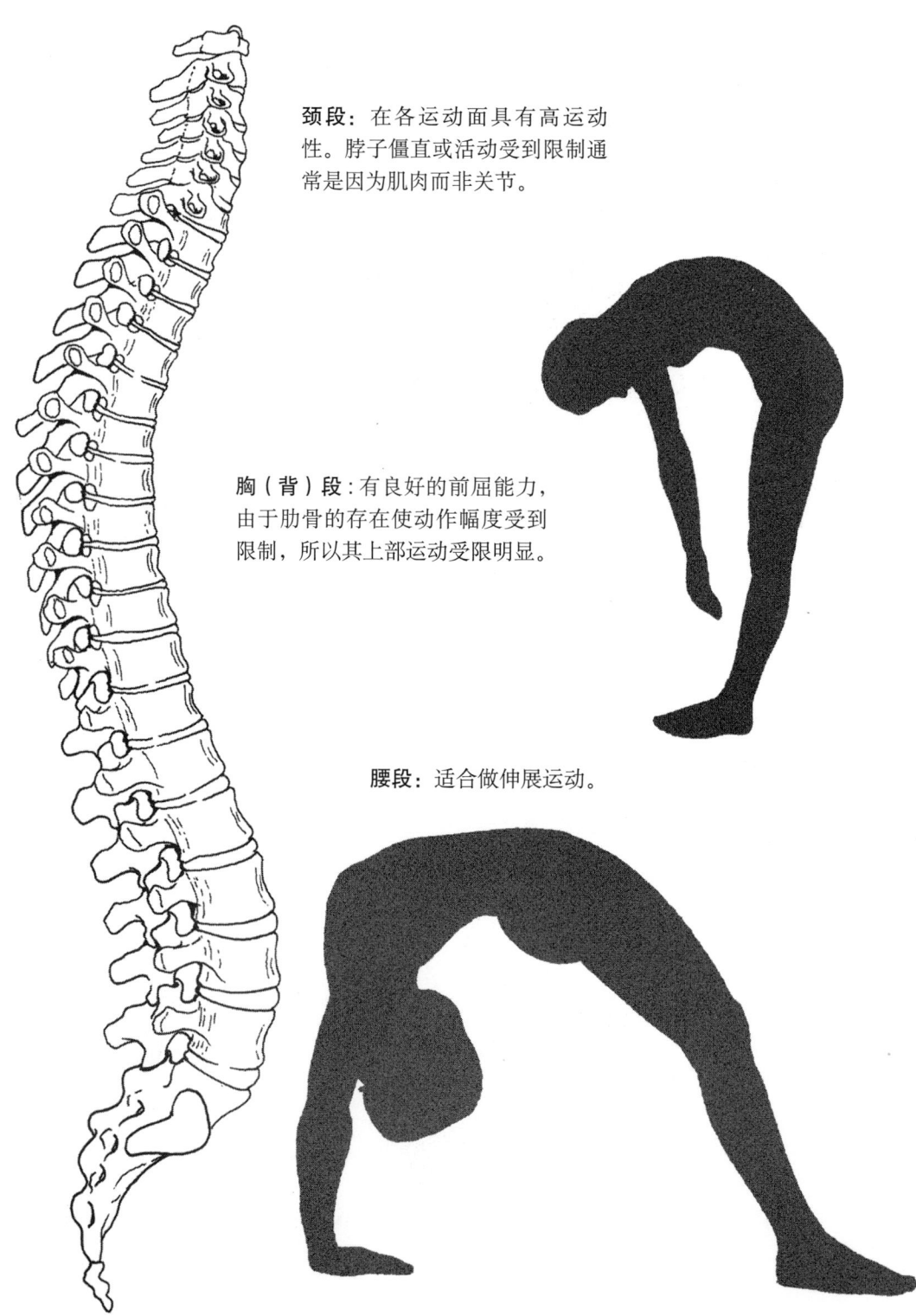

颈段:在各运动面具有高运动性。脖子僵直或活动受到限制通常是因为肌肉而非关节。

胸(背)段:有良好的前屈能力,由于肋骨的存在使动作幅度受到限制,所以其上部运动受限明显。

腰段:适合做伸展运动。

运动性的实用总结：

一些运动需要格外注意，甚至是限制运动幅度，特别是涉及高运动性区域时。

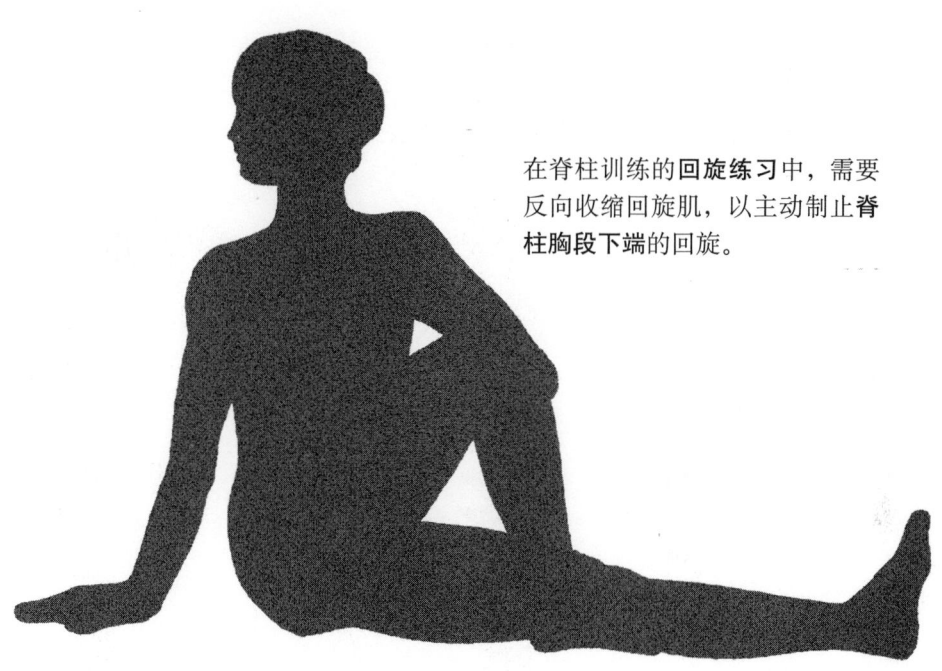

在脊柱训练的**回旋练习**中，需要反向收缩回旋肌，以主动制止**脊柱胸段下端**的回旋。

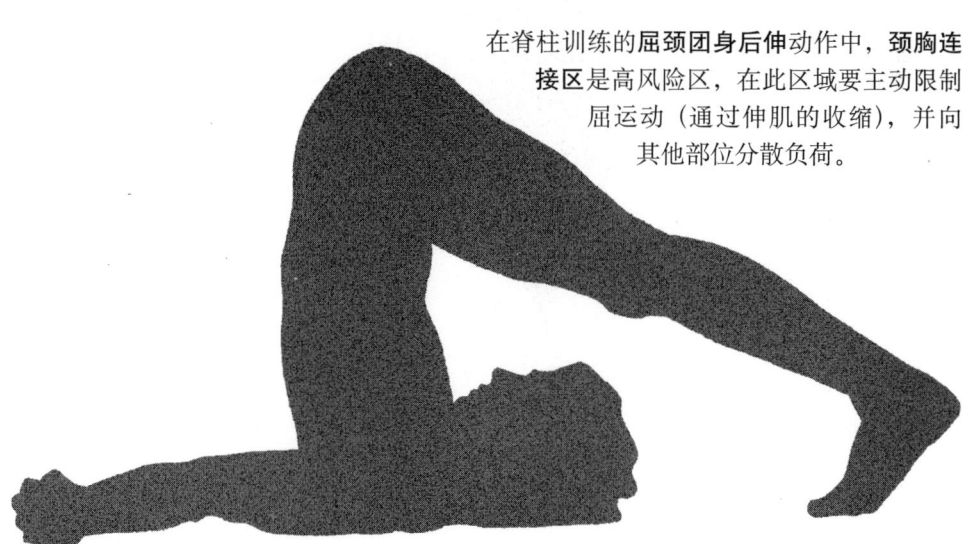

在脊柱训练的**屈颈团身后伸**动作中，**颈胸连接区**是高风险区，在此区域要主动限制屈运动（通过伸肌的收缩），并向其他部位分散负荷。

这个动作会在实用练习部分进行详细的介绍。

提升脊柱纵向柔韧性

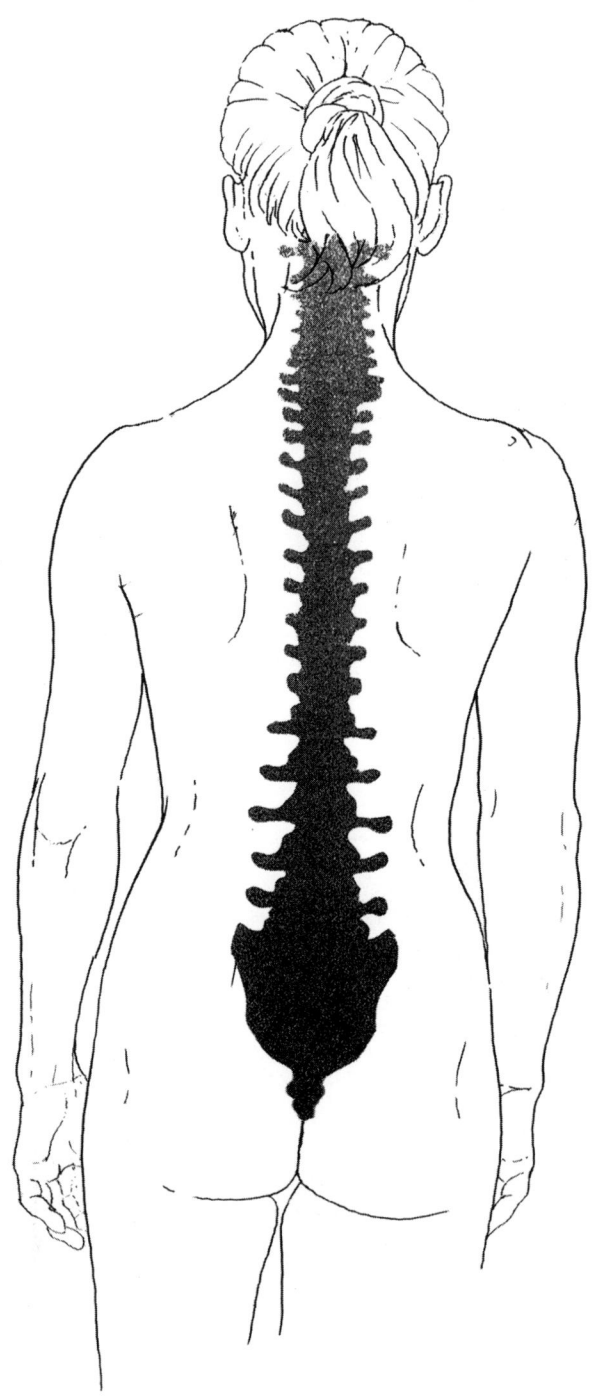

提升脊柱**纵向柔韧性**,也就是伸展脊柱从枕骨到骶骨之间的部位。

脊柱处于挺直和负荷较小的状态时，特别是对脊柱进行轻微的牵拉时，椎间盘会被"解压"，髓核会重回椎间盘的中心部分；当脊柱承受负荷时会出现完全相反的现象。

同时，脊柱各区域在纵向伸展时会表现出不同的抗压力。有一个简单的头部－骶骨拉伸练习，主要拉伸的是最脆弱的区域：第4颈椎、第12胸椎、第1腰椎。

为此，我们将会介绍2种类型的纵向拉伸练习：
－脊椎被**逐段**拉伸，这种练习目标更明确，但需要花费较多的时间。
－偏向脊柱**整体性**的练习，这种练习更容易进行，但其效果不如前一种明确。

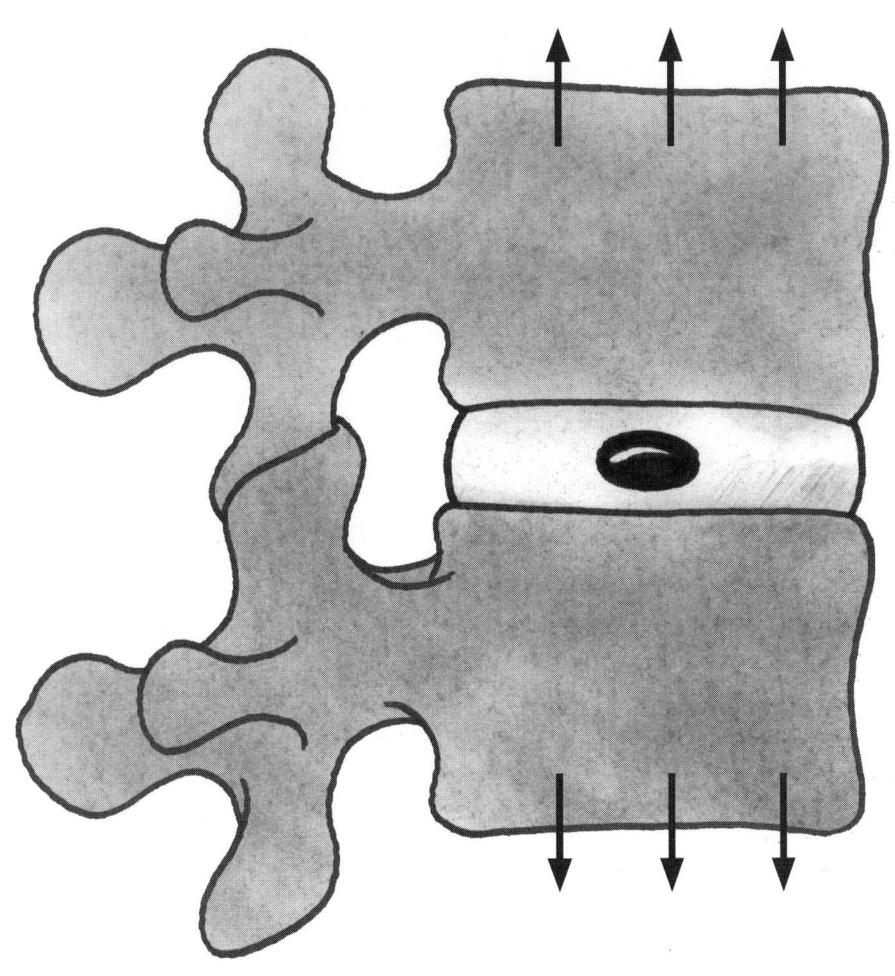

躯干的肌肉力量

在躯干上，深层肌肉和浅层肌肉存在着很大的区别。我们在这里简要讲解这 2 种肌肉组织各自的作用。

深层肌肉通常由众多小肌束构成，它们起于一块椎骨、止于另一块椎骨，或起于一块椎骨、止于相邻的两三块椎骨，或起于椎骨、止于肋骨，并且位于非常接近骨头的深层位置。
因此，深层肌肉能够非常精准地在椎骨间活动，稳定或支撑椎骨和椎骨层。

然而，深层肌肉由于靠近起着杠杆作用的骨骼，而没有大的杠杆力臂（几乎没有力量）。此外，深层肌肉的体积并不大，所以，它们无法进行一些大幅度运动，而更适合做一些支撑性以及稳定脊柱的持续型动作。
例如，颈部能够整日支撑着头部，正是得益于这类深层肌肉的运动。

位于皮肤下面的**浅层肌肉**，它们的体积更大或更长、更宽，跨越更远的距离。因此，浅层肌肉不擅长完成精细动作。
另外，浅层肌肉距离起着杠杆作用的骨骼较远，它们有较大的杠杆力臂，故具有强大的力量，可以进行一些力量运动或者做大幅度运动。因此，浅层肌肉适合做间歇性和力量型的动作。

脊柱主要深层肌肉概述

前部肌肉

在脊柱的前面，纵向上没有深层肌肉。

颈长肌

颈长肌位于颈部区域和胸（背）部高位。

腰大肌

腰大肌位于相对低一点的位置，在脊柱腰段（参考第44页）。

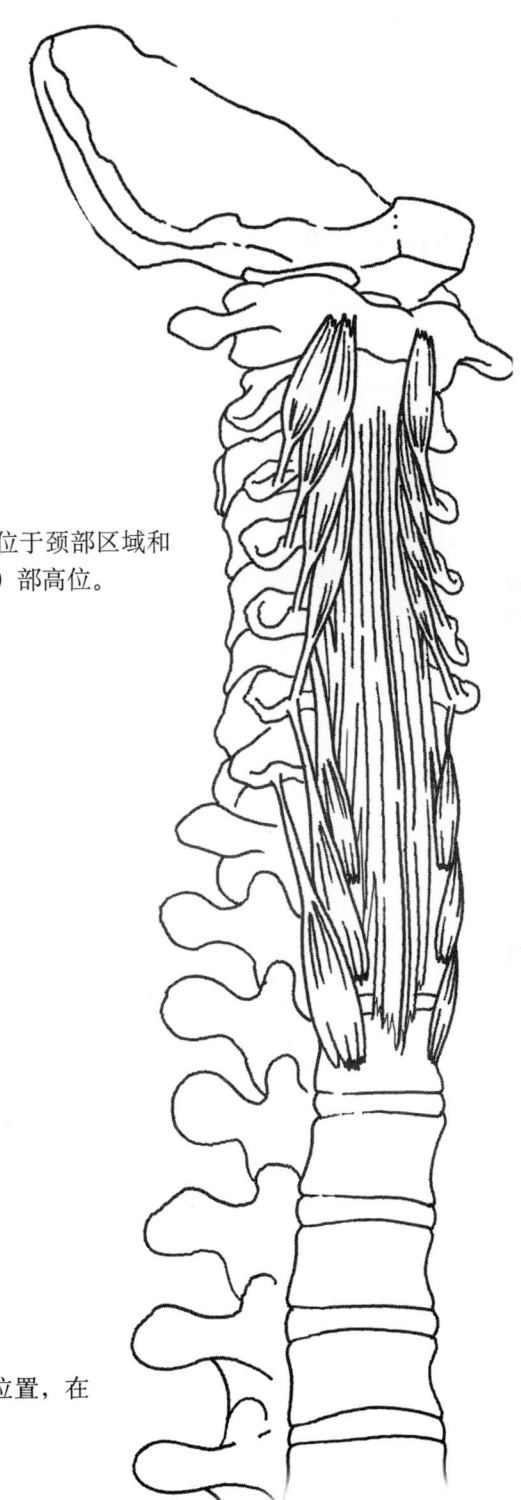

后部肌肉
第一组：椎骨间的肌肉

此处图示没有展示以下几处：
· 枕下肌
· 棘肌
· 颈最长肌

此处展示了整个脊柱上最长的一组多裂肌。

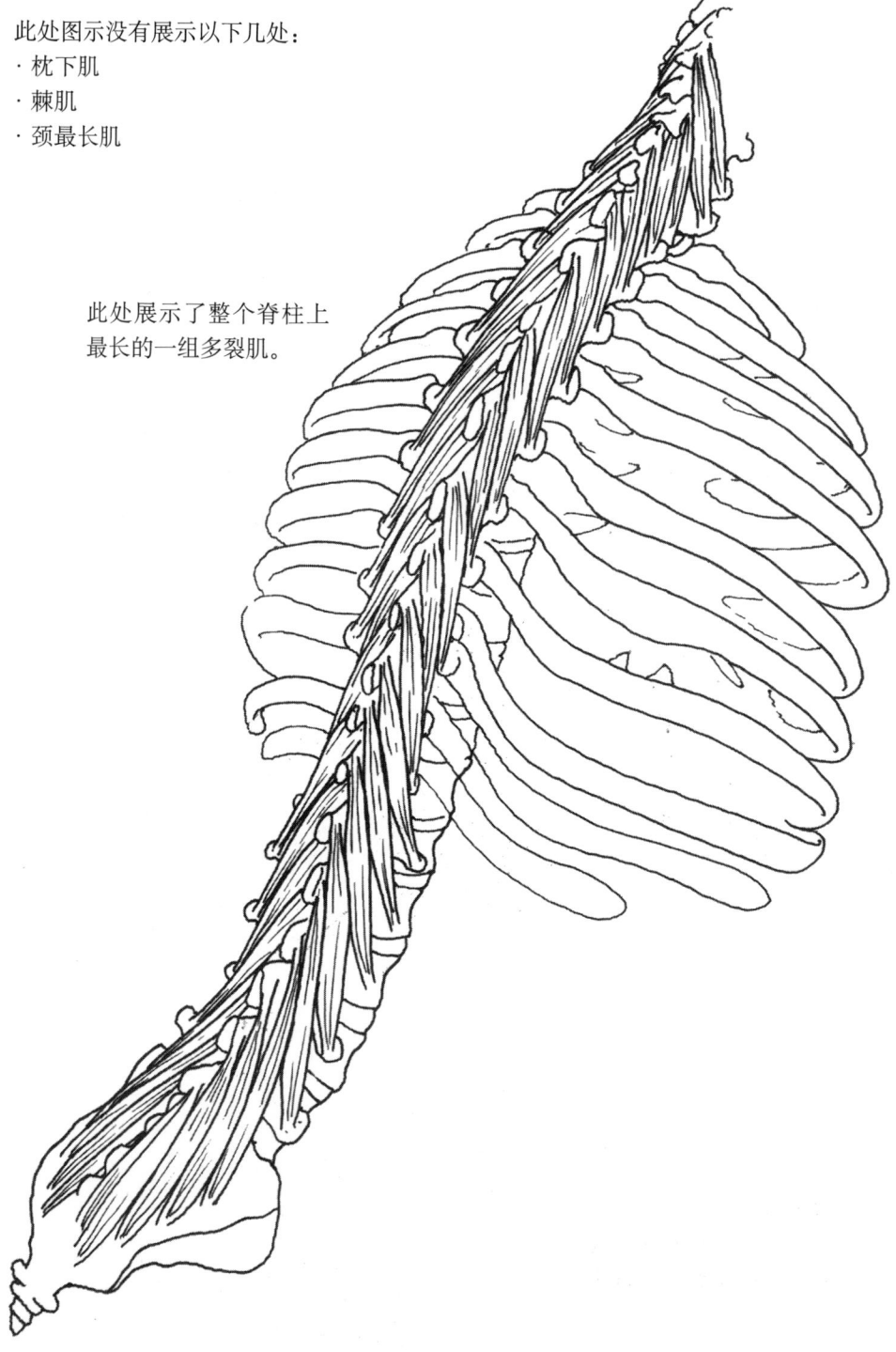

后部肌肉
第二组：从脊柱到肋骨的肌肉

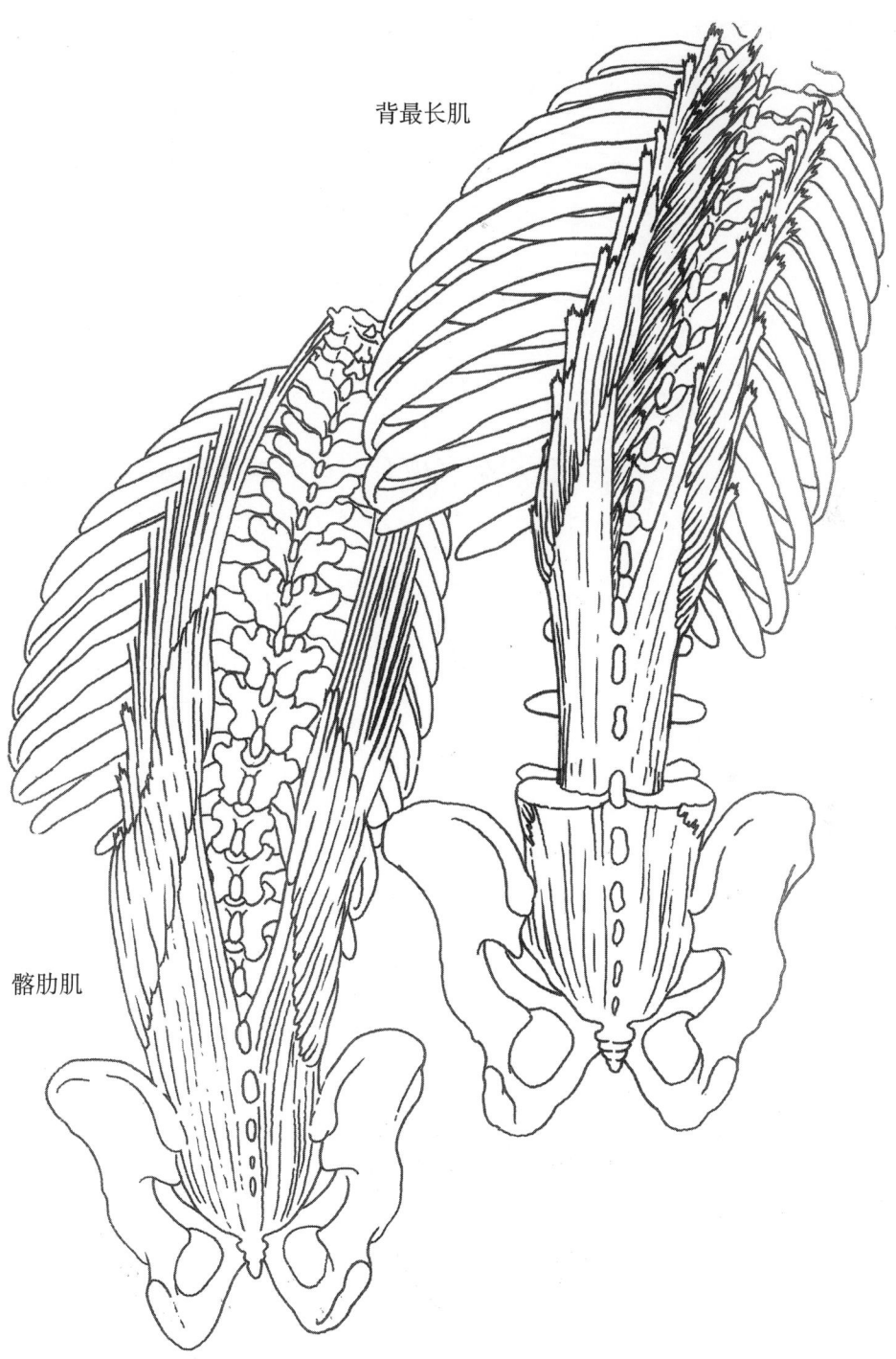

背最长肌

髂肋肌

脊柱主要浅层肌肉概述

前面及侧面的肌肉

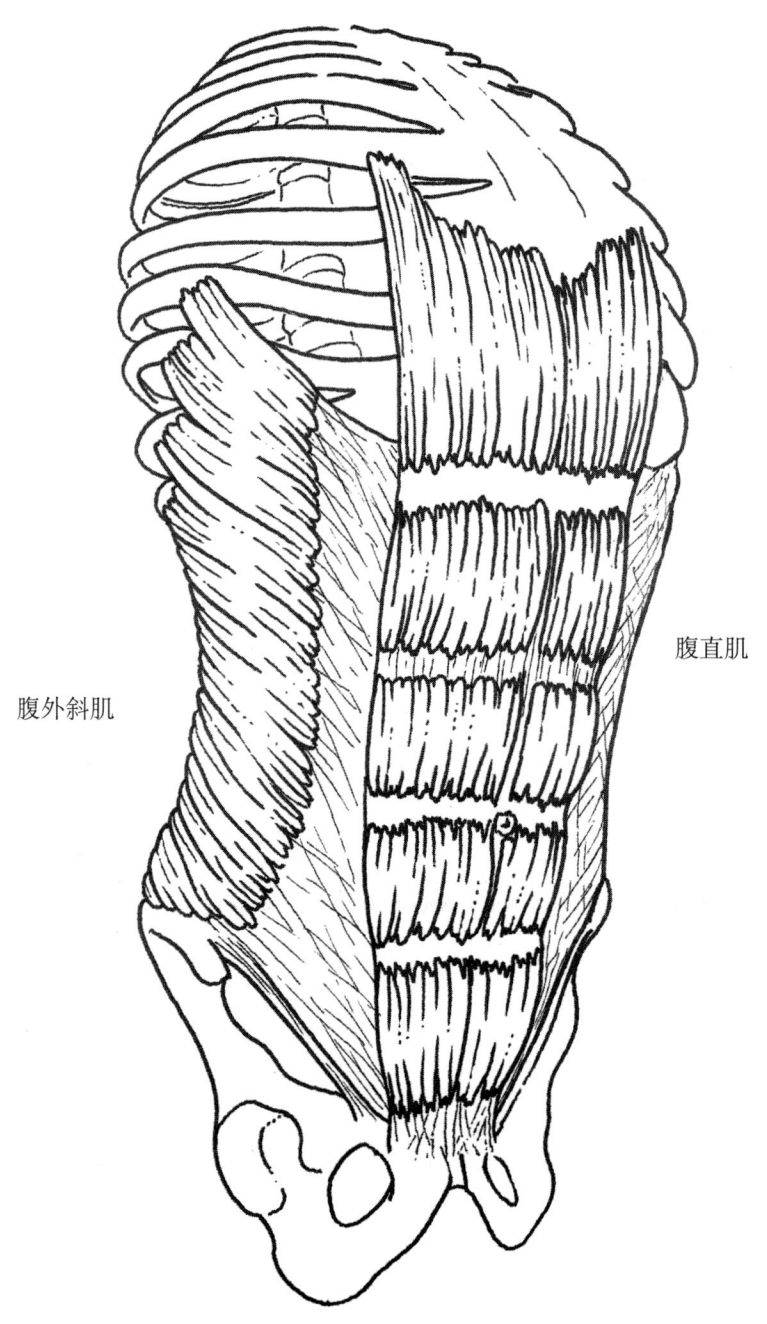

腹外斜肌

腹直肌

后部肌肉

斜方肌

背阔肌

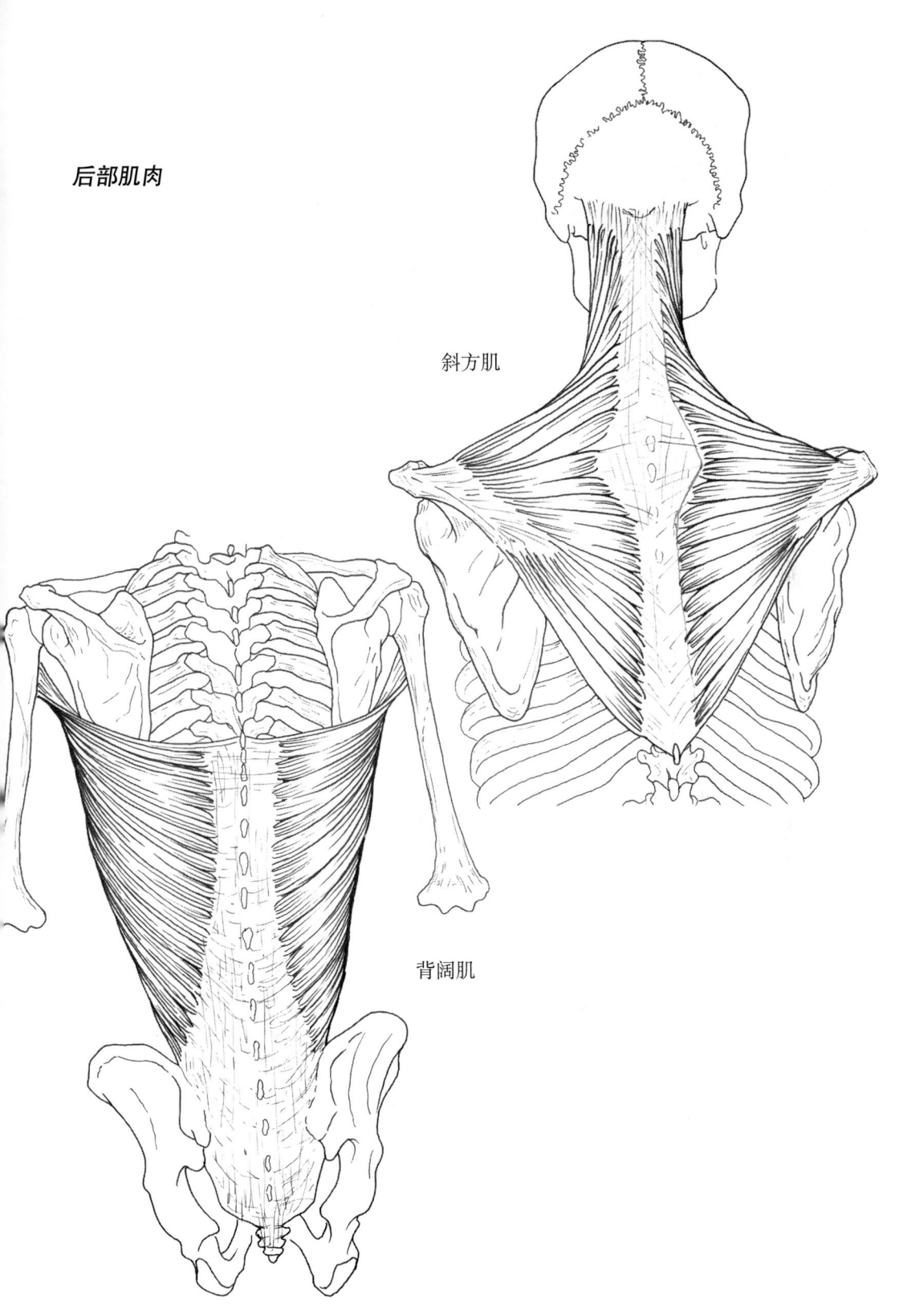

深层肌肉的锻炼

在躯干层面，深层肌肉对于人体保持直立发挥着重要作用，即使轻微改变人体重心，如抬高手臂或者头偏向一侧时，它也能帮助身体维持直立。

当我们的活动主要借助这些骨骼周围的肌肉时，我们几乎感觉不到肌肉收缩，就像我们保持直立时的感受一样。

身体直立时，浅层肌肉支持人体在短时间内进行较大幅度的动作（比如，身体前倾或后倾等）。

因此，需要清楚地了解深层肌肉和浅层肌肉各自的功能，然后采用不同的训练方法，当然有些训练方法可以同时锻炼这2种肌肉。

如今背痛问题困扰着许多人，发病人群也越来越年轻化。一般情况下，患者的深层肌肉运动通常"缺失"。他们借助浅层肌肉来努力保持身体直立，但是浅层肌肉不适合长时间工作，因此，这种"矫正"的直立姿势难以维持。只要浅层肌肉不再花大力气来支撑身体，他们的背部很快就会塌下来。

浅层肌肉是经常发生挛缩与弥漫性疼痛的部位，人们会尝试采用一些缓解方法：使用带扶手的软椅、靠背椅，或者弓着背来放松。尽管这些方式可以使肌肉得到休息，但其代价是使椎间盘处于超负荷的状态：这是一种功能障碍，不只会使躯干肌肉变得衰弱，还会导致椎间盘疾病的发生。

有许多种方法可以用来刺激强化深层肌肉组织，如触觉刺激，训练方法如下：背部着地平躺，尽量只抬起一块椎骨，或者只向一块椎骨施压（详见实用练习）。

浅层肌肉的锻炼

对于最浅层的肌肉，我们通过脊柱弯曲练习，或从髋部到脊柱的负荷运动进行锻炼。

这些练习的目的不是增加运动幅度（如之前的柔韧性练习），而是为了锻炼尽可能多的肌肉。

但是，大幅度的脊柱弯曲动作会使椎间盘承受更大的负荷（尤其是椎间盘下方），为此我们需要椎间盘在凹侧"增厚"，而不是在凸侧（凸侧应压缩）。

注意：任何位于椎间盘凹侧的肌肉都无法"增厚"，通过肌肉收缩仅能增强其凹度。唯一能缩小其凹度的肌肉是位于对侧的肌肉，称为运动"隆起"。它们的制动（限制运动幅度）作用能避免凹侧的塌陷。

对于年纪较大的初级练习者来说，由于肌肉力量不足，开始练习时要避免脊柱弯曲练习（事实上，到达某个年龄段之后，椎间盘的韧性便不足以承受这些运动）。我们会由从髋部开始弯曲全部脊柱这一动作着手进行练习。这些练习能够以一种静态的方式强化肌肉组织，并且不会损伤椎间盘（参考第 84 ~ 87 页）。这些练习同样适用于儿童。

脊柱各部位特征

弓形弯曲或腰椎前凸

什么是弓形弯曲？

腰部的特殊形状使得背部在此处更加凹陷。
我们可以通过观察来了解脊柱前凸，这一概念常与骨盆前倾混淆。
应区分脊柱的骨骼前凸和该部位的外部形状，前者实际是由椎骨排成弓形而形成的，后者并不总是与这种骨骼形状一致。臀部与腹部突出的人看起来脊柱更加前凸（参考《运动解剖书》第 34 页）。

脊柱前凸与很多因素有关：
· 排成弓形的骨骼结构
· 身体比例
· 骨盆的位置
· 肌肉牵引

最后，可列举一些心理因素，但由于超出本书的研究范围，在此不进行详述。

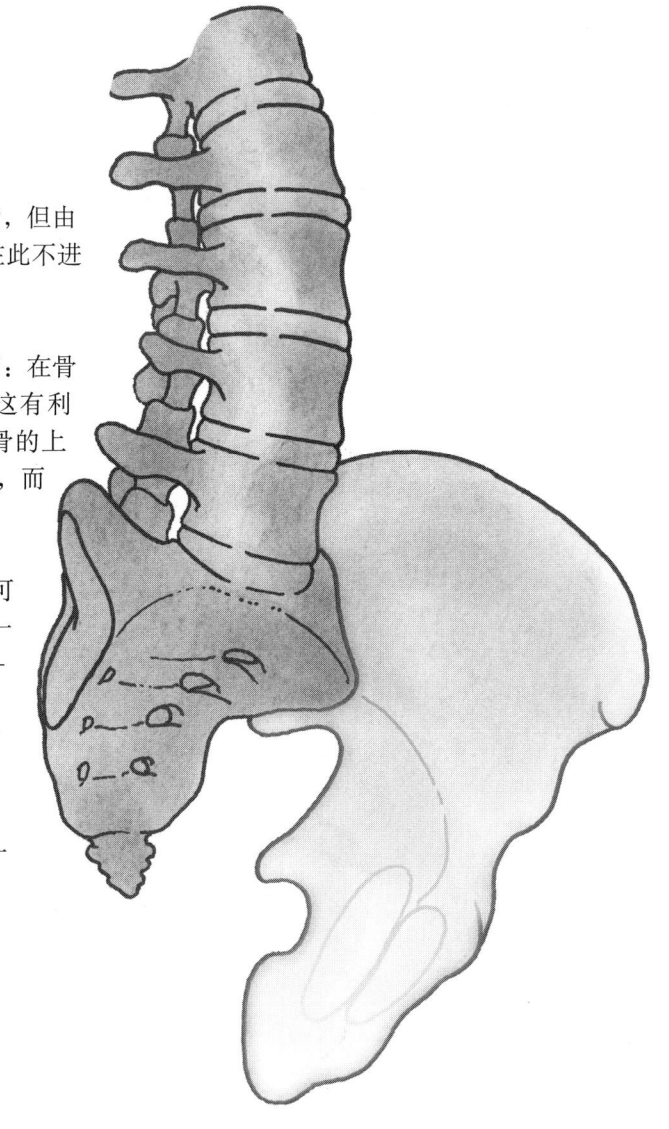

首先，骨骼构造呈弓形排列：在骨盆中，骶骨底呈倾斜状。这有利于骶骨的摆动。因此，骶骨的上部并不是水平的（如搁板），而是倾斜的（如滑梯）。

其次，在骶骨底上，我们可以看到第一个椎间盘和第一块椎骨（从脊柱下部起）——第 5 腰椎。
这个椎间盘和第 5 腰椎的前部均比后部更厚实。

因此，脊柱竖线的走向是一条向后倾斜的曲线。

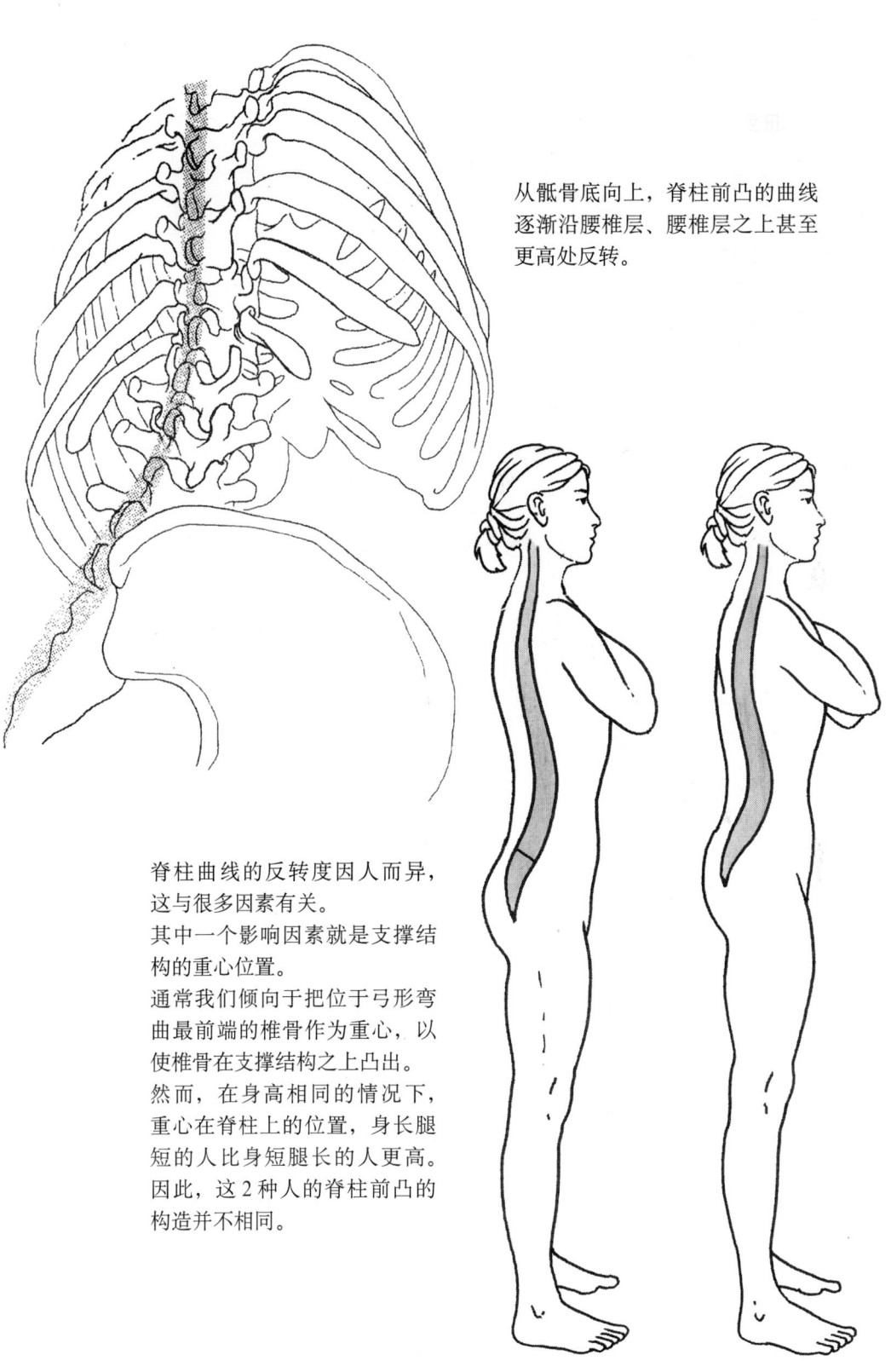

从骶骨底向上，脊柱前凸的曲线逐渐沿腰椎层、腰椎层之上甚至更高处反转。

脊柱曲线的反转度因人而异，这与很多因素有关。
其中一个影响因素就是支撑结构的重心位置。
通常我们倾向于把位于弓形弯曲最前端的椎骨作为重心，以使椎骨在支撑结构之上凸出。
然而，在身高相同的情况下，重心在脊柱上的位置，身长腿短的人比身短腿长的人更高。
因此，这2种人的脊柱前凸的构造并不相同。

骨盆位置形成的脊柱前凸

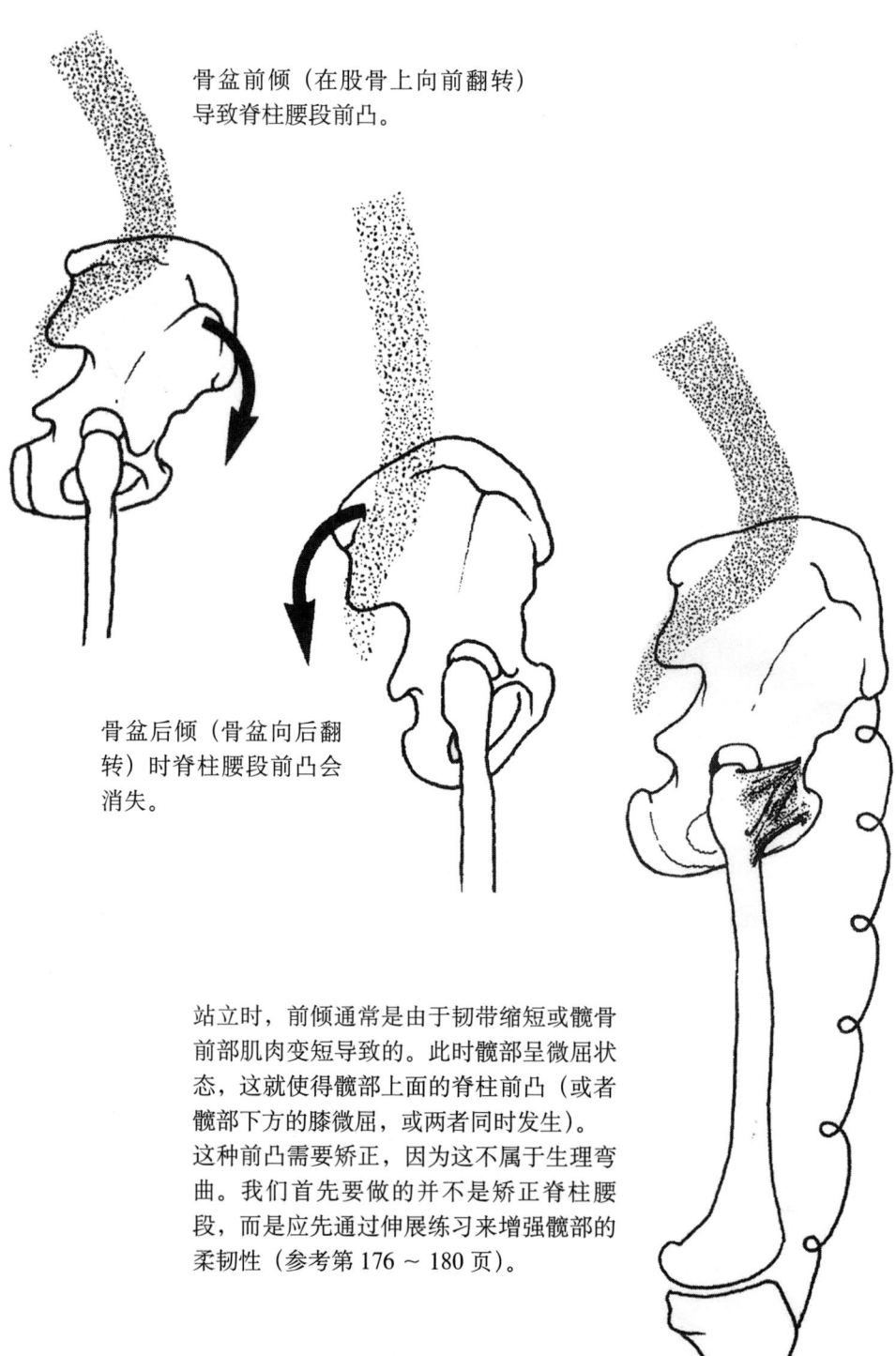

骨盆前倾（在股骨上向前翻转）导致脊柱腰段前凸。

骨盆后倾（骨盆向后翻转）时脊柱腰段前凸会消失。

站立时，前倾通常是由于韧带缩短或髋骨前部肌肉变短导致的。此时髋部呈微屈状态，这就使得髋部上面的脊柱前凸（或者髋部下方的膝微屈，或两者同时发生）。这种前凸需要矫正，因为这不属于生理弯曲。我们首先要做的并不是矫正脊柱腰段，而是应先通过伸展练习来增强髋部的柔韧性（参考第176～180页）。

肌肉是腰椎之上脊柱前凸的第二个因素

这是指从枕骨大孔和颈椎开始，直至胸骨和膈的一组绷紧的筋膜和肌肉，膈附着在腰椎的前几块椎骨上。

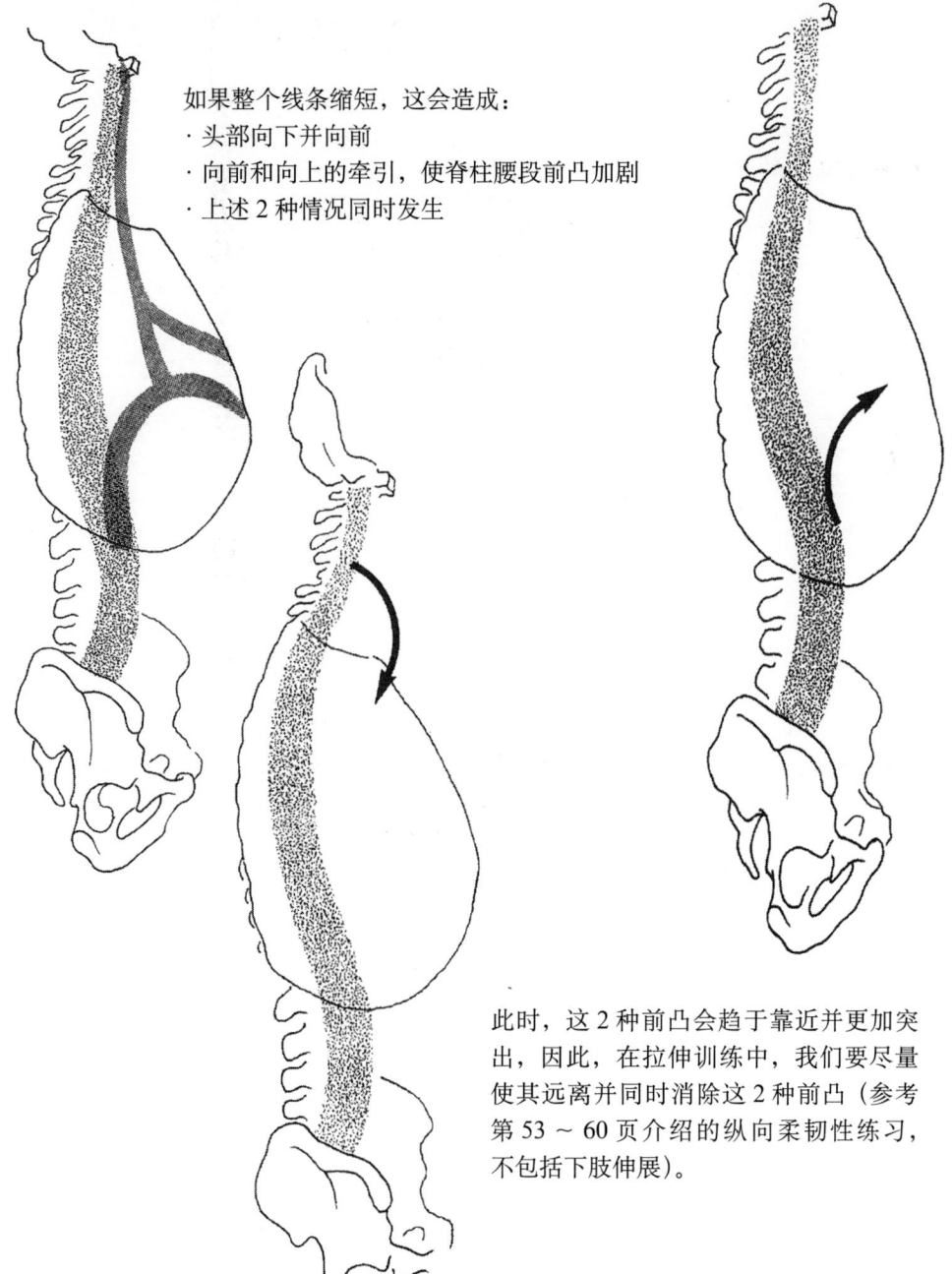

如果整个线条缩短，这会造成：
· 头部向下并向前
· 向前和向上的牵引，使脊柱腰段前凸加剧
· 上述 2 种情况同时发生

此时，这 2 种前凸会趋于靠近并更加突出，因此，在拉伸训练中，我们要尽量使其远离同时消除这 2 种前凸（参考第 53～60 页介绍的纵向柔韧性练习，不包括下肢伸展）。

如果上述限制前凸的部位的柔韧性未得到加强，那么无法通过收腹来消除脊柱前凸。

脊柱腰段前凸的作用

需要强调的是，脊柱腰段前凸是脊柱生理弯曲之一。

脊柱腰段前凸呈波形弯曲，这种构造可以缓冲直立撞击。

因此，如果脊柱腰段前凸是生理性的而不是由于僵直造成的，那么这种前凸就是必要的。

然而，在众多身体技能中，我们需要人为消除弓形弯曲。就骨与关节的角度而言，在这个部位确实可能产生疼痛。

解剖学知识回顾
《运动解剖书》第56页提到，如果骶骨倾斜度非常大，第5腰椎就会在骶骨底上向前滑动。

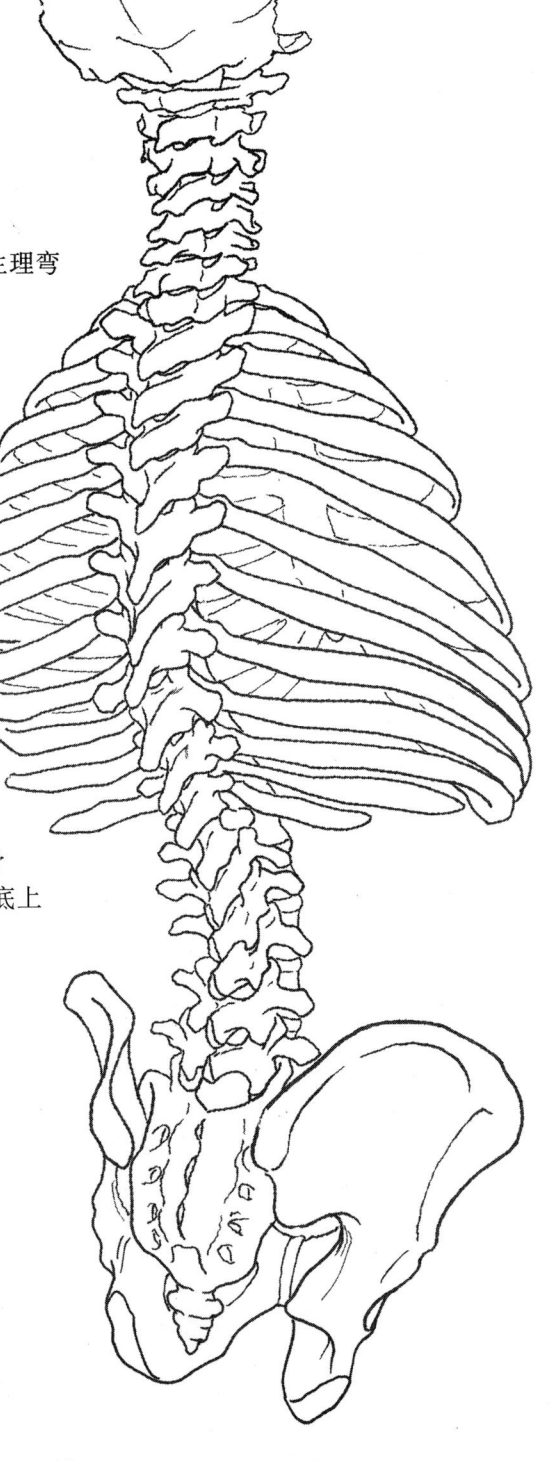

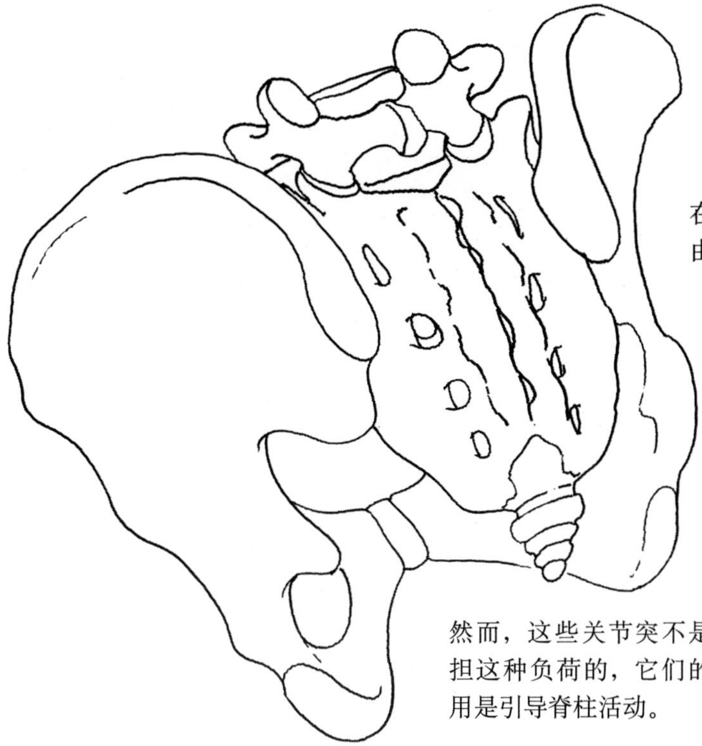

在这种情况下,腰椎就由后部的关节突支撑。

然而,这些关节突不是用来承担这种负荷的,它们的主要作用是引导脊柱活动。

因此,过度的负重会使此处产生疼痛,这就是由关节突挤压导致的腰痛。此时软骨会受到损害,从而产生一些关节炎症状,伴随着周边的韧带和肌肉疼痛,造成可压迫神经的水肿,因此,这个部位出现的坐骨神经痛可由关节突挤压引起,而不是由椎间盘病变导致。

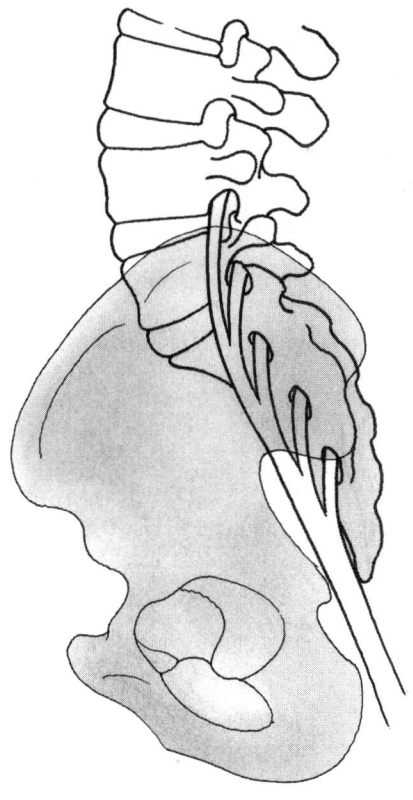

在此需明确一点，这种情况只有在脊柱前凸基于骨骼和韧带系统时才会发生。

脊柱前凸有着强有力的肌肉作为支撑，这就是位于腰部椎体前方的**腰大肌**。

这些肌肉附着在整个脊柱腰段上，包括第 12 胸椎以及椎体的侧面。

在脊柱腰段，腰大肌通过肌纤维附着在椎骨上，可以修正前凸。只需使肌肉紧张起来，就足够抑制脊柱腰段前凸。

腰大肌穿过骨盆，向下延伸至股骨的上部。

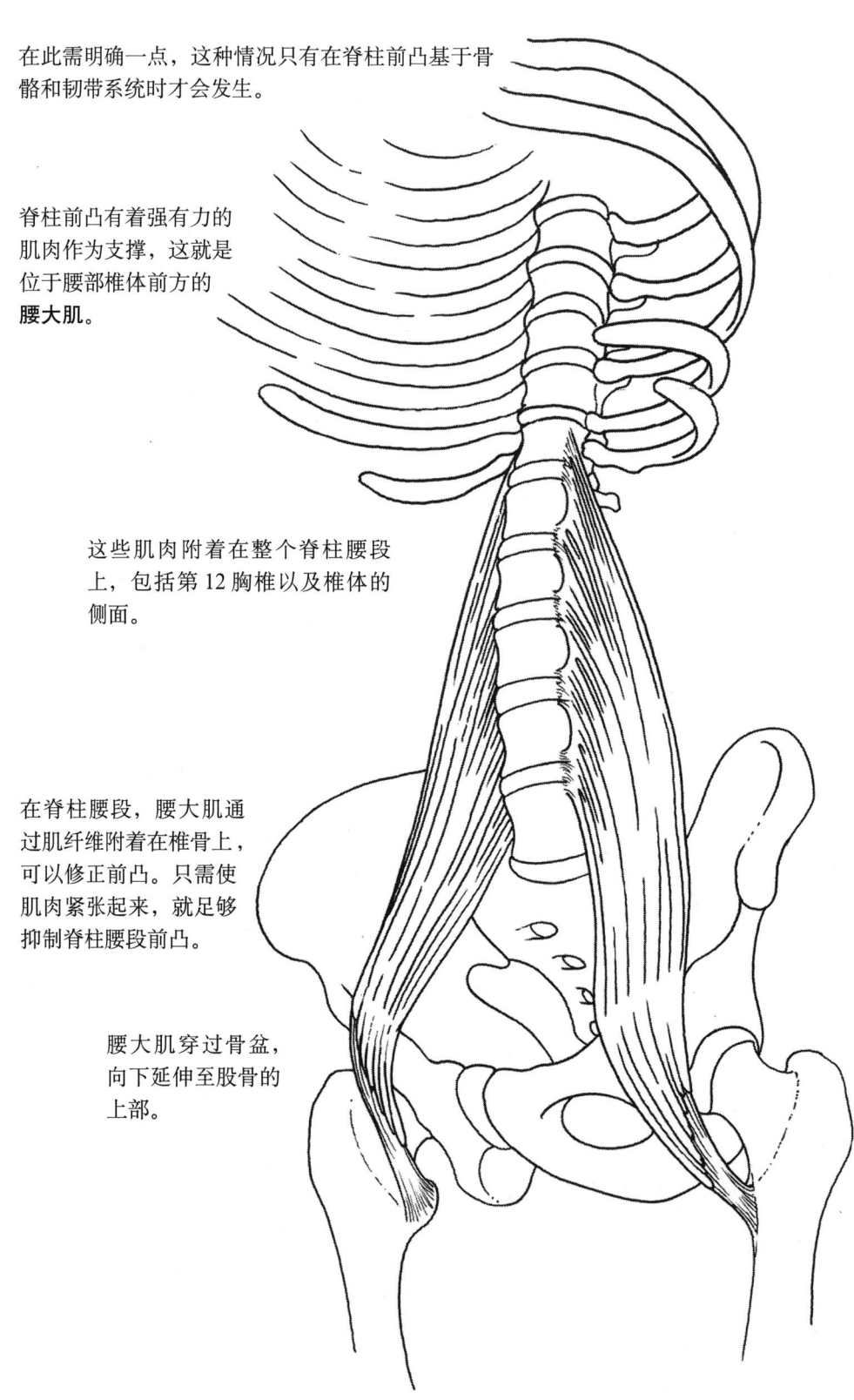

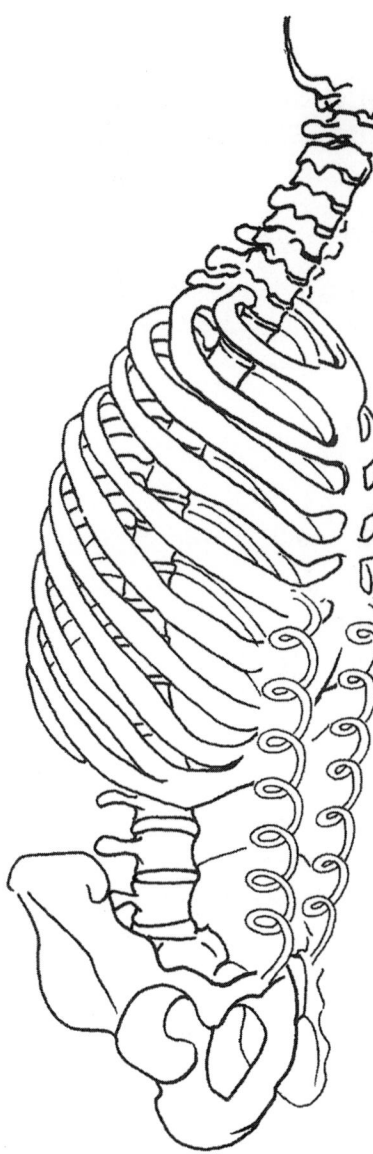

与通常的看法相反，腹肌并不是最适合用于消除脊柱前凸的肌肉，原因如下：
- **腹肌将骨盆与肋骨关联起来**，它们穿越腹部，在整体上远距离地对椎骨施加作用。
  - **腹直肌在消除脊柱前凸时**，使耻骨接近胸骨，因此，它使所有椎骨向前弯曲，直至靠近第 8 胸椎。

然而，在腰部和胸腰部，最容易弯曲的部位是胸腰接合处。因此，该部位有先于脊柱腰段之前弯曲的倾向。

腹肌还有更重要的作用：
- 腹部的固定作用（以一种间接形式与腰部静态相关）。
- 腹肌与膈一起对呼吸同步发挥作用。

把腹肌作为永久消除脊柱腰段前凸的工具还有一个缺点：它会将下方的肋骨向下拉，带来胸廓塌陷的风险。因此，腹肌会限制肋骨的打开并影响胸部伸展的幅度。

关于弓形弯曲或脊柱前凸的结论

当我们面对"不应有"的弓形弯曲时，可以拉伸某些起限制作用的肌肉与韧带。也可以强化腰大肌使其能在前面支撑弓形弯曲（参考第 189、190 页），还可以强化腹肌（参考第 78 页）。

在这些训练原则之外，弓形弯曲的评估较为感性，每个人自我评判的首要原则是在脊柱前凸的情况下身体感到舒适。

胸（腰）部

在躯干部分，脊柱的活动与肋骨的活动息息相关。
在躯干上部，椎间活动受到与胸骨相连的前 7 根肋骨的极大束缚。
在躯干下部这个限制会减弱，腰部的肋骨并不固定，使得下背部具有高度运动性。

肋骨的活动

肋骨通过关节使后方的椎骨与前方的肋软骨相关联，这些肋软骨与胸骨接合。

2 种运动显而易见：
- 假设椎骨和胸骨是固定的，肋骨在侧面移动，升高时增大胸廓侧面的直径，下降时减小该直径。

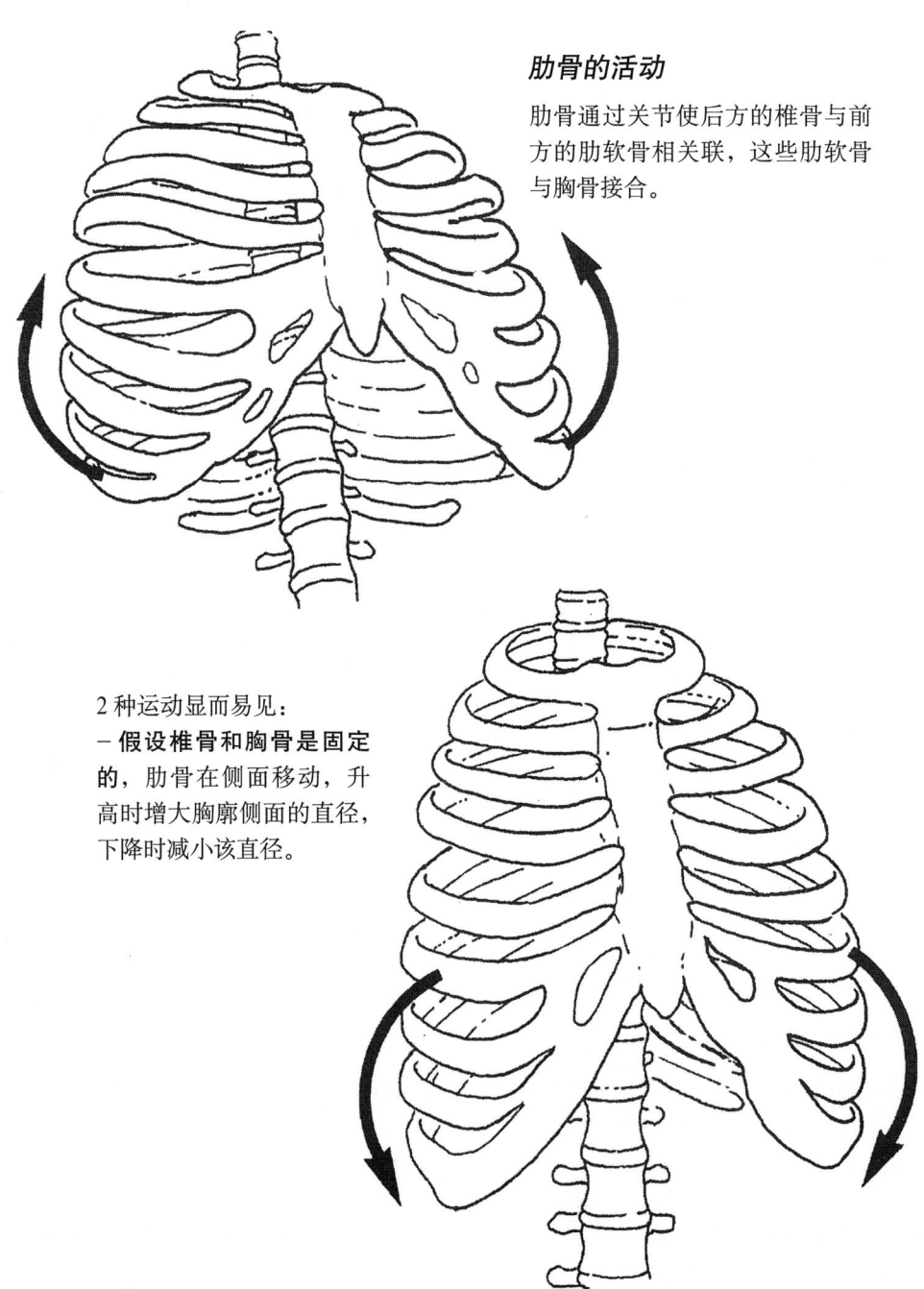

- 假设胸骨是活动的，吸气时胸骨向前和向上移动，远离胸椎。肋骨升高时胸廓前后径扩大，肋骨下降时前后径缩小。

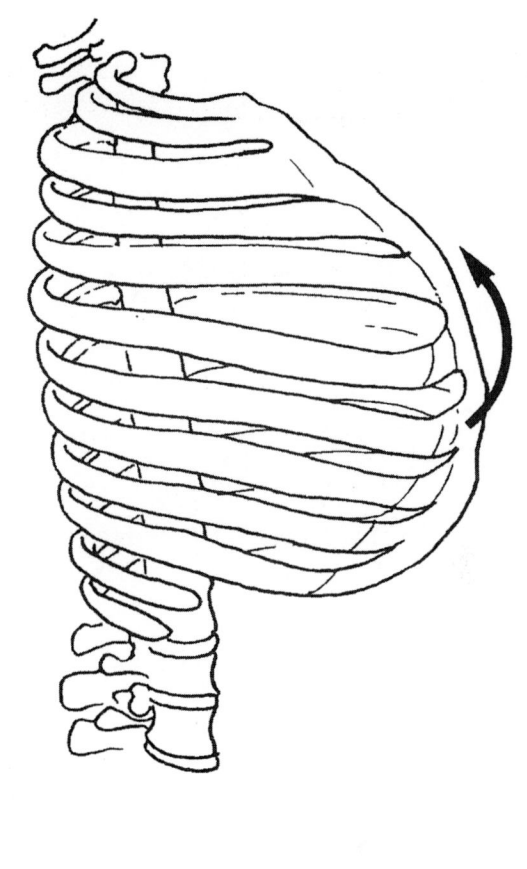

椎骨和胸骨是固定的，或者胸骨是活动的，这 2 种情况下会使用到不同的肌肉。

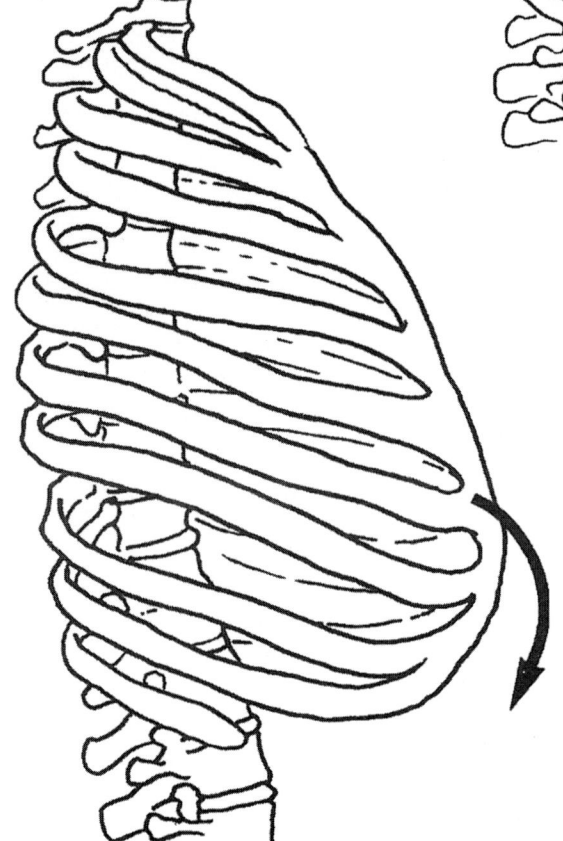

颈部

颈部同腰部一样，经常用前凸来描述。
此处同样把颈部的外部形态和内部骨骼形状区分开来。
在颈部章节中，我们可以观察到 3 个层级的区分。

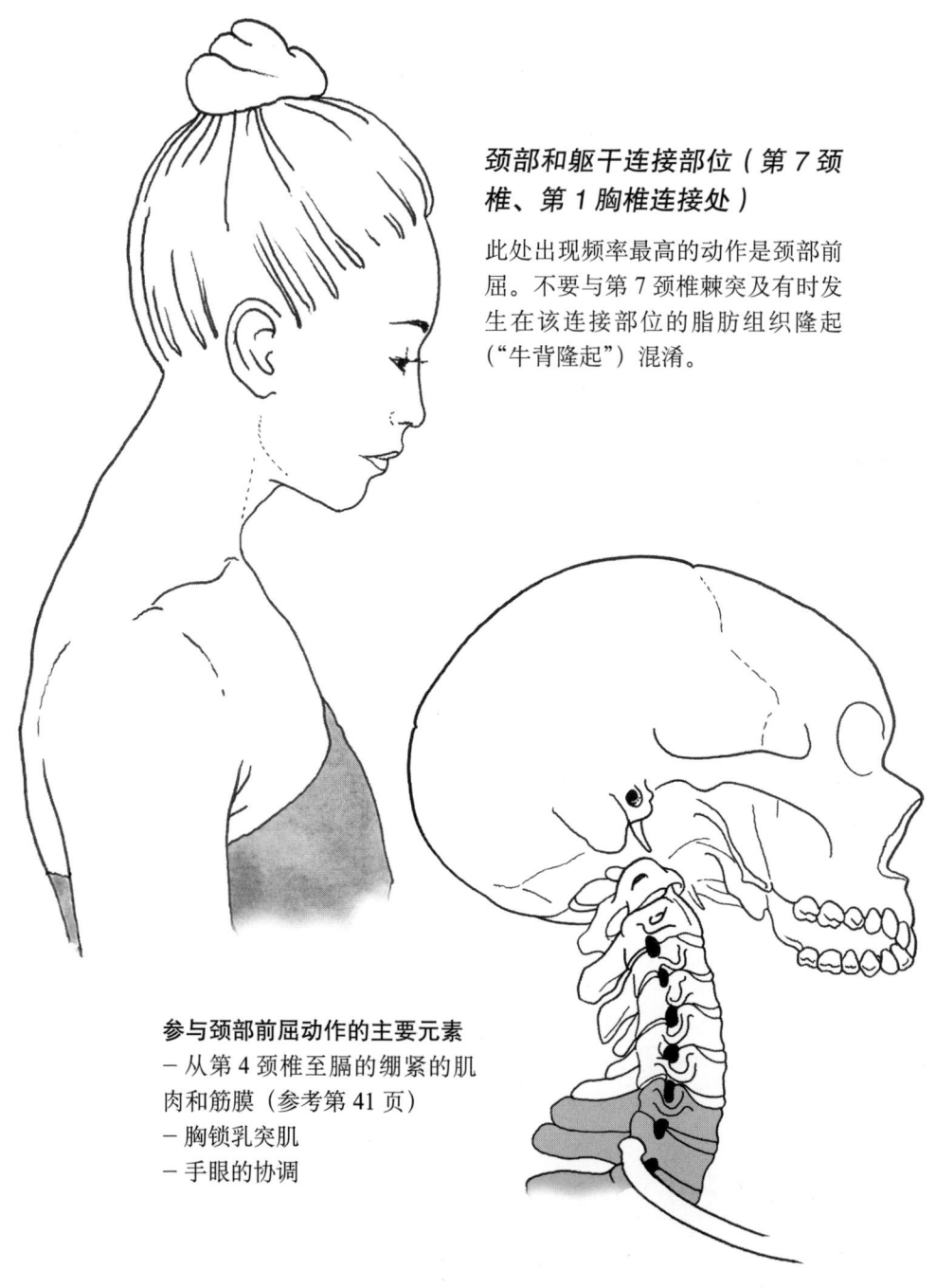

颈部和躯干连接部位（第 7 颈椎、第 1 胸椎连接处）

此处出现频率最高的动作是颈部前屈。不要与第 7 颈椎棘突及有时发生在该连接部位的脂肪组织隆起（"牛背隆起"）混淆。

参与颈部前屈动作的主要元素
－从第 4 颈椎至膈的绷紧的肌肉和筋膜（参考第 41 页）
－胸锁乳突肌
－手眼的协调

严格意义上的颈部

此处，我们可以观察2种动作趋势。
－过度竖直。
－更为常见的是颈部前凸，使颈的高度稍微降低。

颈椎棘突的长度不同：C_2、C_6和C_7较长，而C_3、C_5，特别是C_4较短。如果我们画一条线将这些棘突连起来，这条线将是呈凹形的，凹处排列着颈后部肌肉。前面椎体的连线则是直的。

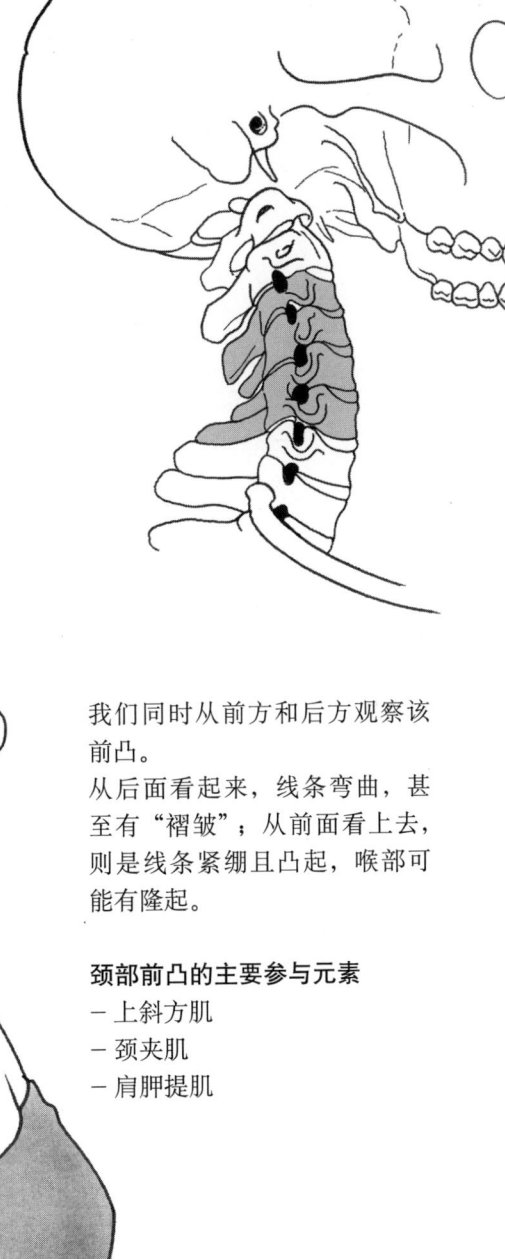

我们同时从前方和后方观察该前凸。

从后面看起来，线条弯曲，甚至有"褶皱"；从前面看上去，则是线条紧绷且凸起，喉部可能有隆起。

颈部前凸的主要参与元素
－上斜方肌
－颈夹肌
－肩胛提肌

头颈连接部位

此处为上方连接区。

此处可做屈伸运动，有2个原因：

- 头部与寰椎相连，可以前后摇动。但头的前部比后部重，需要通过后部肌肉的收缩来保持前后平衡。如果后部肌肉占优势，则做伸展运动；反之，则做前屈运动。除此之外，这些肌肉也参与第48、49页介绍的几种动作。

- 当颈部向前越过躯干时，为了恢复视线的水平状态，头部会在颈部做伸展的动作。

伸展动作的主要参与因素
位于颈后部的所有肌肉。特别是上斜方肌、胸锁乳突肌及枕下肌。

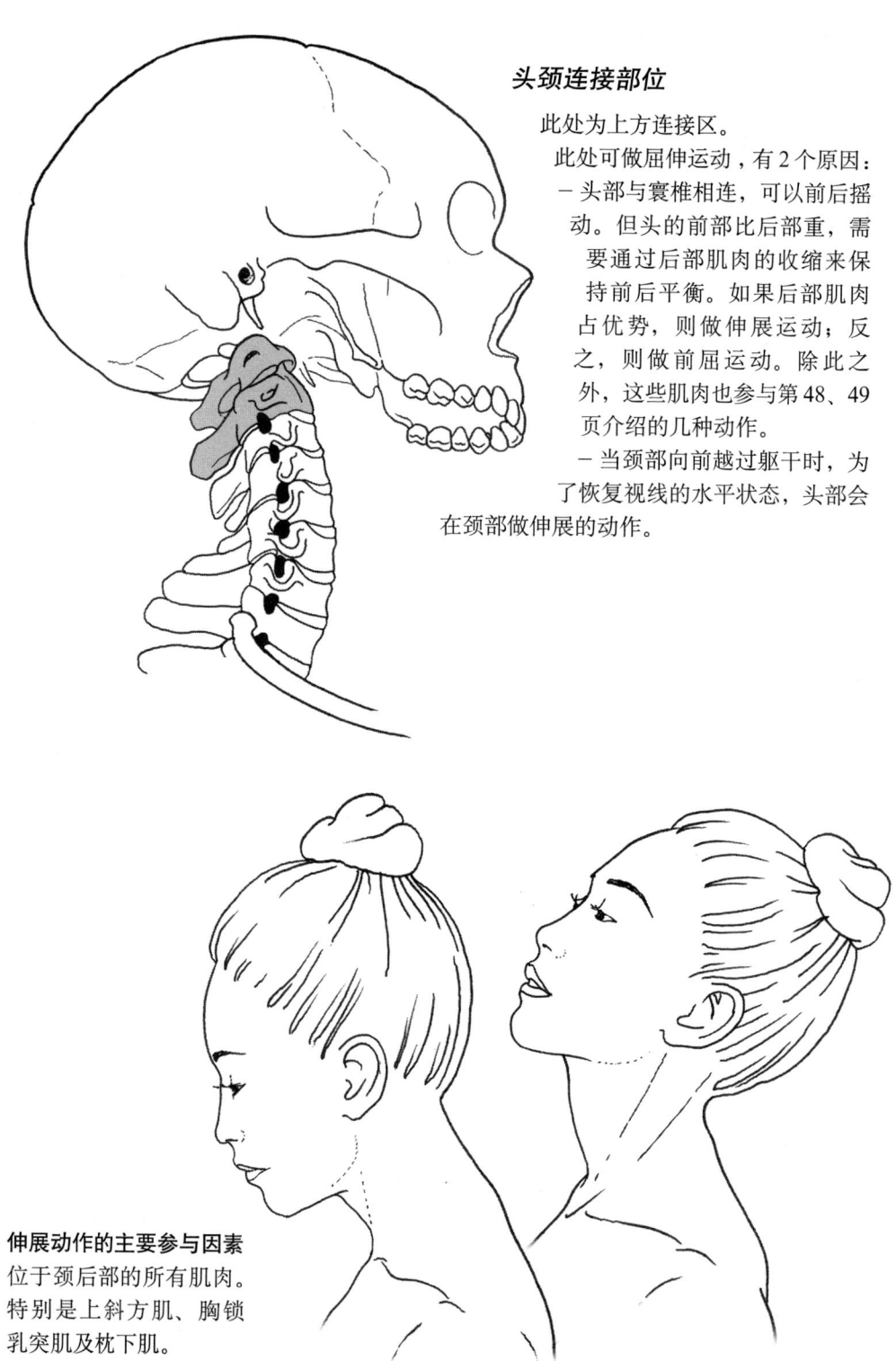

维护脊柱颈段健康需要重点锻炼 3 块肌肉。

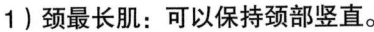

1）**颈最长肌：可以保持颈部竖直。**

　　这块肌肉跨越颈胸连接区后方，因此，能保持颈部竖直。

　　双手置于颈后，按压颈中部（第 4、第 5 颈椎处），使颈部向前弯曲。

　　直立起颈部与躯干连接部分，将双手向后推。

　　注意：这块肌肉并没有向上延伸入头部，所以不要按压头部及在头后部施加推力。

2）**颈长肌：可以减少前凸。**

这块肌肉的活动能减轻颈部前凸。它不和头颅相连，所以在头颈连接处没有相关动作。使脖子挺直不需要收下巴。

　　同样将双手置于在第 4、第 5 颈椎处，向前推动使颈部前凸。接着，挺直脖子，向后推动双手。

3）**枕下肌和颈前肌：可以保持头部在颈部的平衡**（见《运动解剖书》第 76、77、85 页）。

双手支撑颈部，保持颈部和躯干连接区挺直以及颈部挺直。在头颈连接处做轻微的前后摆动（点头动作）。

最后这个训练是颈椎平衡的关键，一般来说，颈椎平衡需要保持颈椎下部的稳固与颈椎上部的灵活。

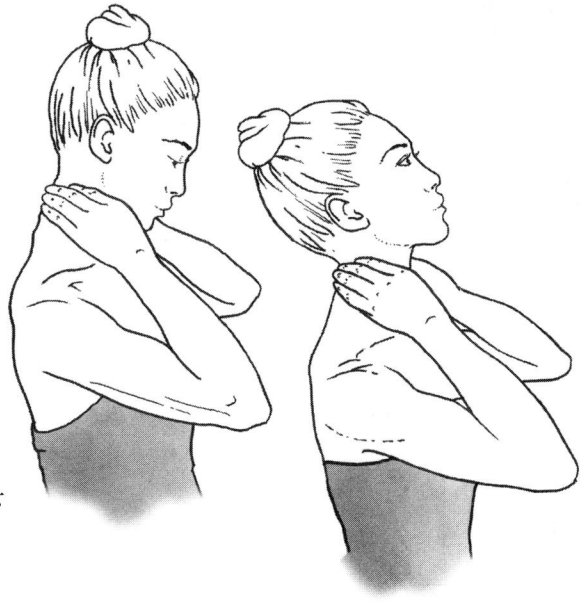

躯干（脊柱）实用练习

脊柱练习总表

练习的两大方向

沿着两大方向，我们可以做专项练习。

椎骨保持排列整齐状态

提高柔韧性
纵向柔韧性练习
（第 53 ~ 63 页）

提高肌肉强度
纵向深层肌肉和垂直深层肌肉的强化练习
（第 72 ~ 75 页）

提高协调性
维持脊柱竖直排列的纵向运动练习
（第 84 ~ 87 页）

活动椎关节

提高柔韧性
弯曲柔韧性练习
（第 64 ~ 69 页）
回旋柔韧性练习
（第 70、71 页）

提高肌肉强度
强化浅层肌肉弯曲练习：
背部肌肉
腹肌
（第 76 ~ 83 页）

提高协调性
脊柱弯曲运动练习
（第 88、89 页）

躯干关节及肌肉的柔韧性

身体必须在无负荷状态下才能进行这部分的柔韧性练习。
这部分训练对动作的保持和难度不做要求,只要求动作达到自身能承受的最大幅度。

纵向柔韧性练习

这部分内容属于基本练习,这里将做详细的介绍。**纵向柔韧性训练的目的是帮助椎间盘部位进行几分钟的放松。**
这是个纵向伸长而不弯曲脊柱的练习。我们要试着拉大骶骨和枕骨间的距离,使每块椎骨之间的间距增大。

这个练习要求身体使用地面的吸附力,但不要忘记,脊柱腰段各部位对于拉伸的抵抗力是不均衡的。因此,一个简单的头部－骶骨拉伸仅对柔韧性最大的部位(胸腰连接区、颈部)有放松的作用,而对于柔韧性较差乃至最僵硬的部位(如上背部)则不会产生同样的拉伸效果。

因此,我们将分段拉伸脊柱,并使用地面的吸附力逐段地固定脊柱各个部位以展开练习。

首先是对这个练习的整体描述，这部分内容对大部分练习者来说已经足够了。
对于想进行深入训练的练习者，各部位的细分练习将在接下来的页面中做具体说明。

第一阶段：脊柱后部拉伸

平躺于地面。

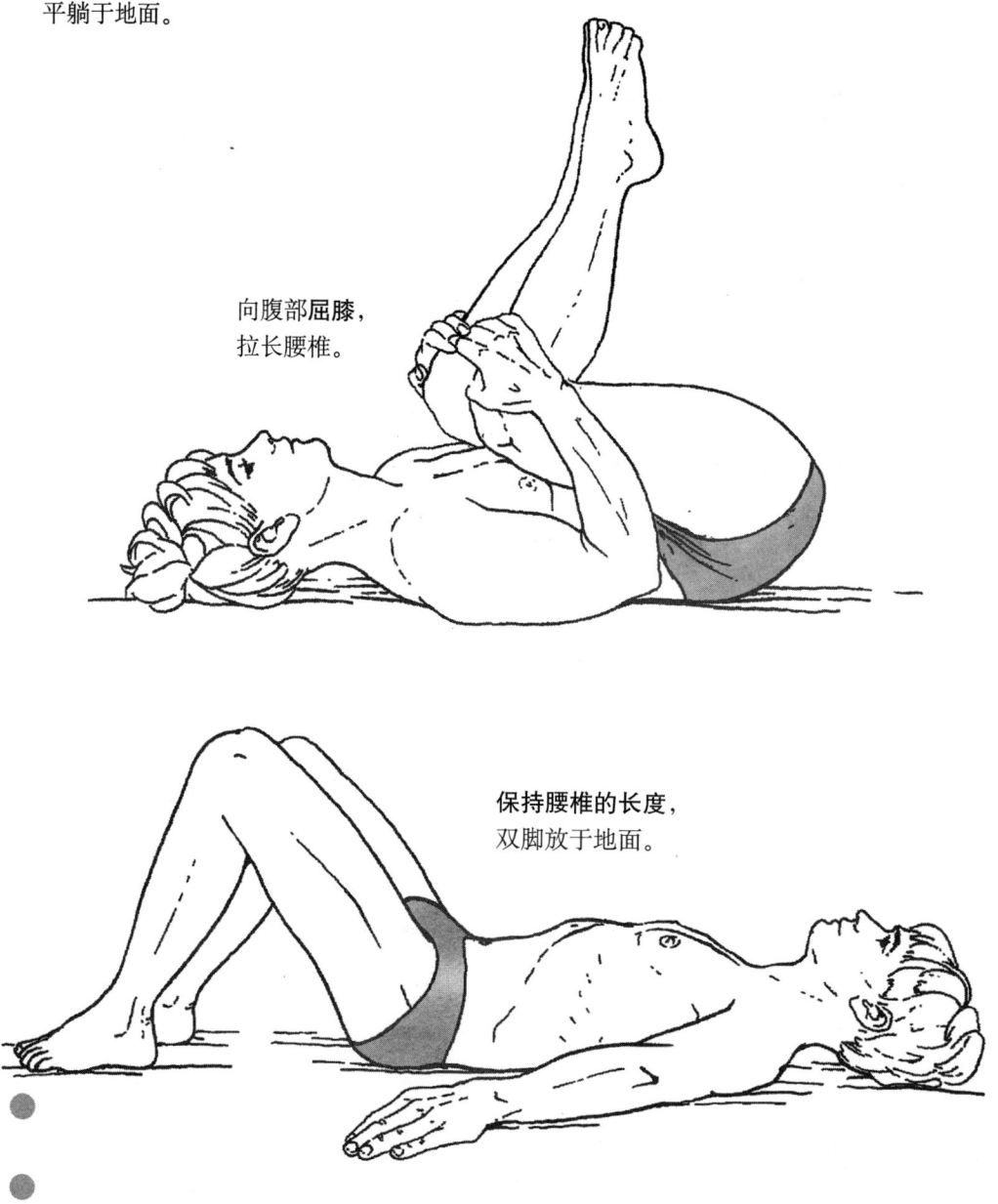

向腹部屈膝，
拉长腰椎。

保持腰椎的长度，
双脚放于地面。

腰椎应始终贴附于地面，在接下来的拉伸过程中不要抬离地面。骨盆亦如此。

双臂于胸部**交叉**，双手碰到背部肋骨。轻轻地从右向左、从左向右晃动，以扩张胸廓。

双手置于头后，**捧住头部**，如同反方向梳头一样伸长颈部。

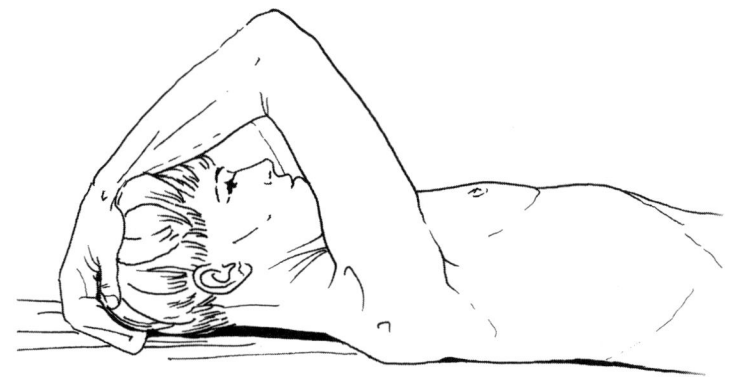

将头部**平放**于地面。

这项练习也可以由两个人来完成，一个人帮助另一个人将整个脊柱伸展开，并保持这个姿势。

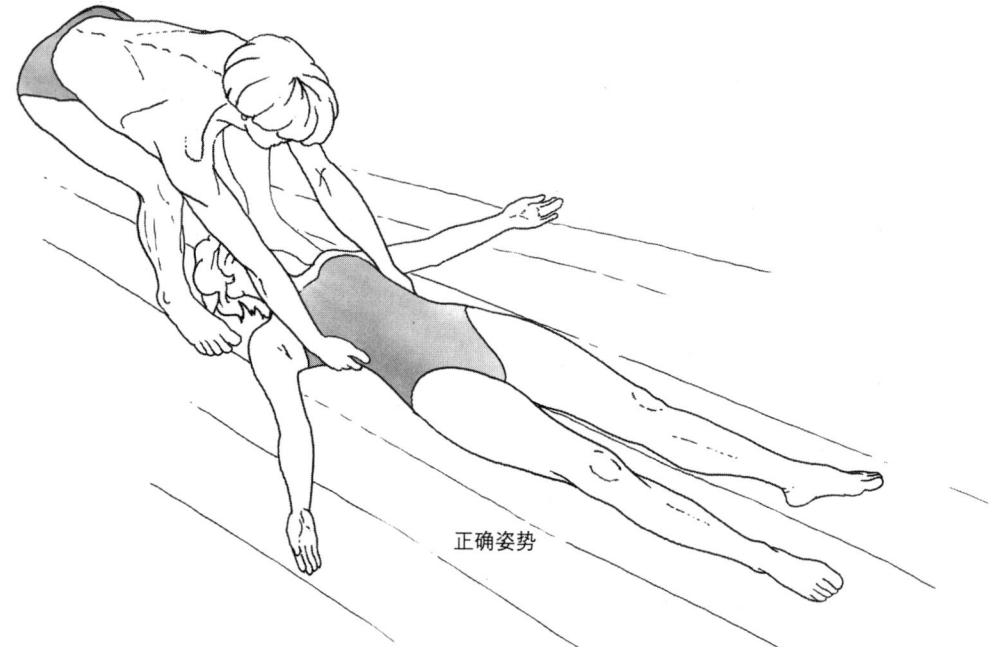

正确姿势

尤其是背部这一身体最难伸展的部位，同伴的帮助是非常必要的。同伴可以帮助练习者先向右、后向左逐一地分层牵拉肋骨。这种方法可拉长脊柱胸段。

需注意的是，练习者的同伴必须采用正确的姿势，双膝弯曲，脊柱伸长，避免背部在负重状态下弯曲。否则，同伴的背部会感到不适。

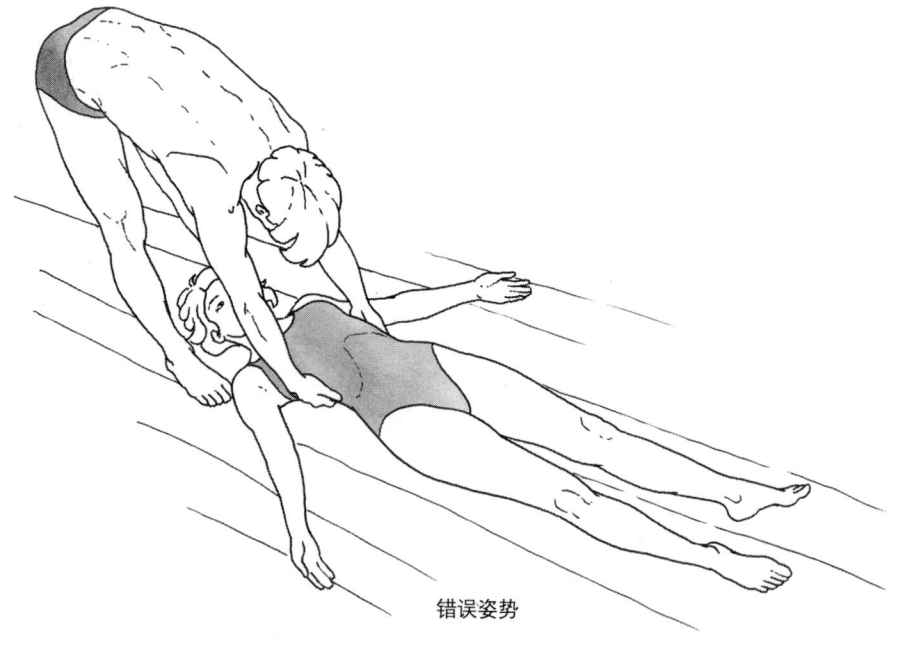

错误姿势

第二阶段：脊柱上部拉伸

在保证地面吸附力的情况下，我们可以增加脊柱上部的拉伸。

如果地面较滑，这一练习就不会有任何效果，因为脊柱上部的伸展与下部发生的缩短会相互抵消。

接上页脊柱伸展的姿势：

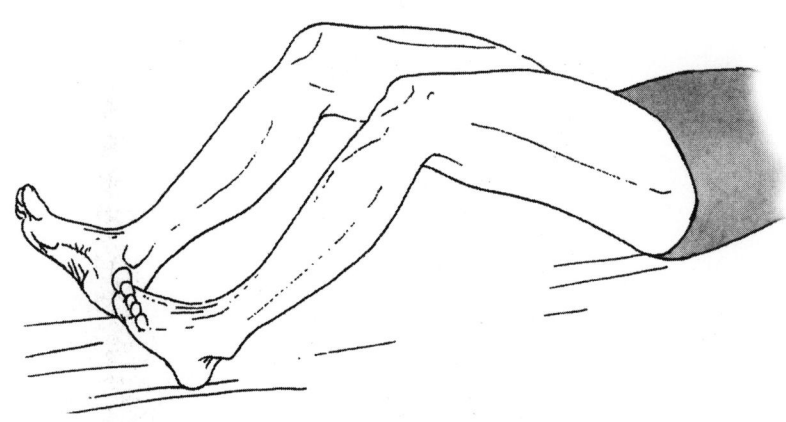

伸展小腿，同时用力将脚后跟蹬远。

然后从头部两侧向后伸展双臂。

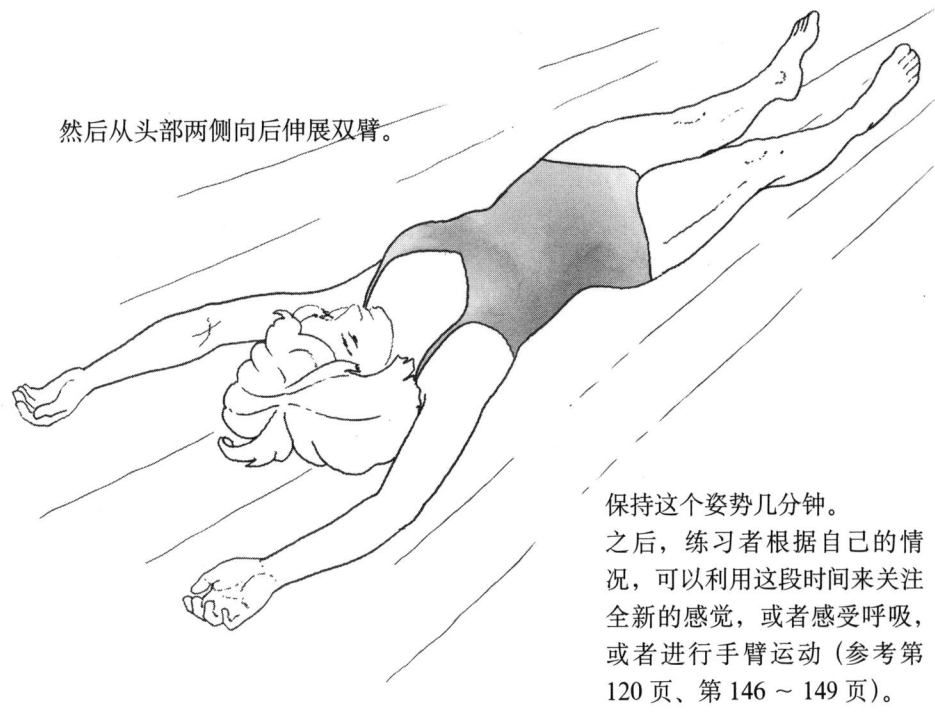

保持这个姿势几分钟。
之后，练习者根据自己的情况，可以利用这段时间来关注全新的感觉，或者感受呼吸，或者进行手臂运动（参考第120页、第146～149页）。

纵向柔韧性练习的细分

脊柱腰段练习

用以下几种方式使腰椎贴放于地面：

- **身体后坐**，用两肘支撑，慢慢使骶骨以及椎骨一节一节地触地，同时注意手用力推地，以使腰椎远离骶骨。

- 也可以通过轻微的回旋动作**放下身体**，如同用身体两侧交替爬行。

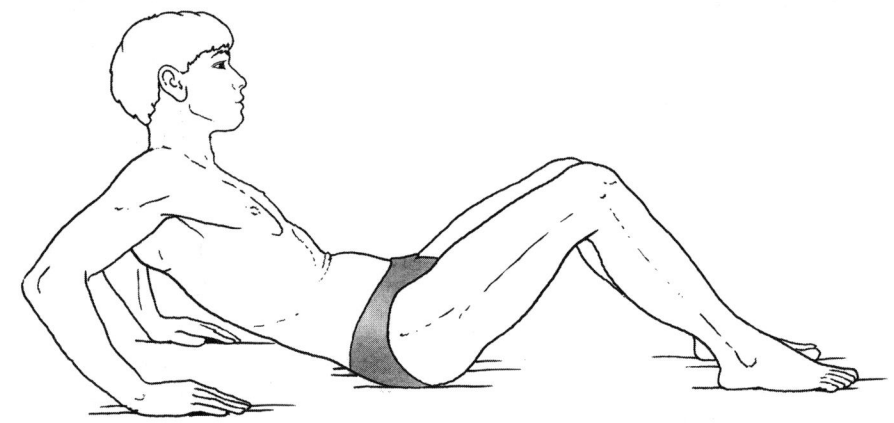

- **抬起骨盆和腰椎**，然后一次一节地将椎骨**贴放于地面**，从足部开始牵拉，使每节椎骨在重新贴放于地面前向足部伸展。

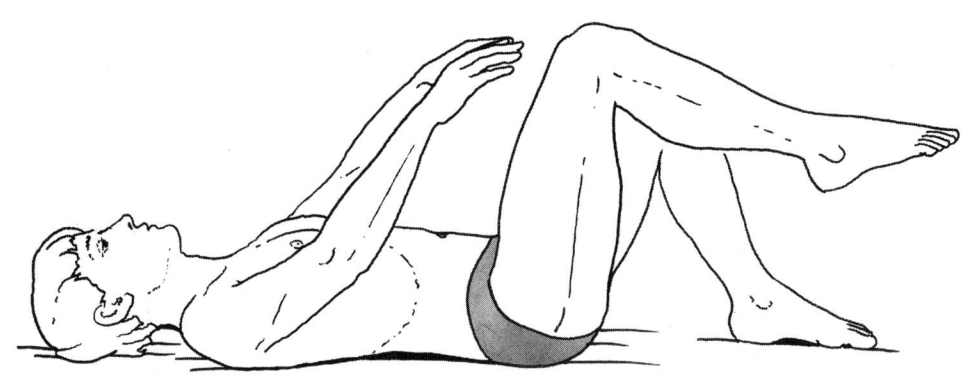

- **先向腹部弯曲一侧膝关节，然后弯曲另一侧**，这样可以使骨盆后倾，并使腰椎不前凸。然后，沿直线逐节地放松椎骨，如果左右轻微摆动可以帮助拉伸，也可以采取这种方式。

脊柱胸段练习

这个练习通过拉伸肋间距来拉长椎骨间的距离。以下是练习方法（这是一项速度慢但效果显著的练习）。

以**左侧肋骨贴地**作为示范。
在第 11、12 胸椎肋间处用右手抓住左侧肋骨。
尽力抬起此处，使其"打开"，并缓慢蠕动，使其更靠近头部，以便拉大肋间距。

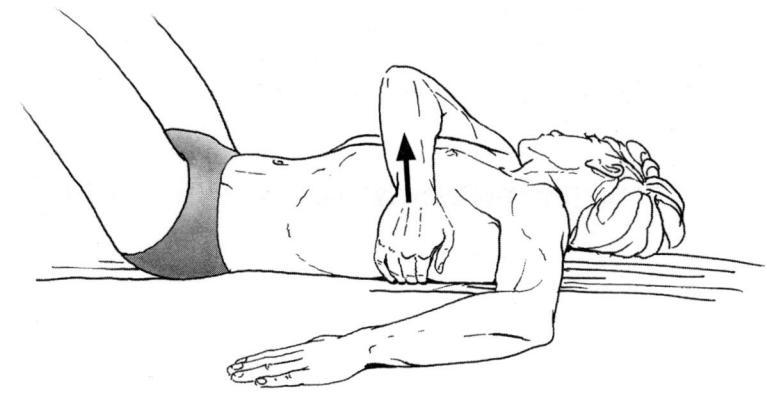

在"打开"此处的肋骨时用力吸气。接着，将此处贴向地面，保持肋骨"打开"，借助地面吸附力固定这个肋间距。
要注意的是，在对侧做相同练习时，不要使此处回到初始位置。

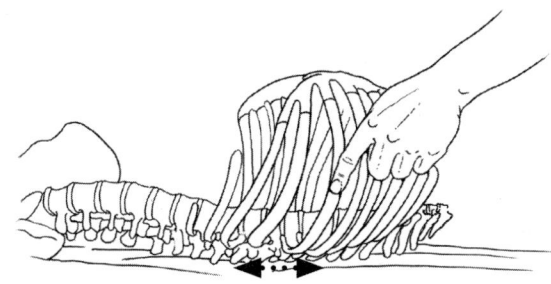

如此在一个个肋间处这样左侧、右侧交替向上进行练习，直至整个脊柱胸段"打开"。

右侧的图片展示的是**由两人进行此练习**。
同伴用一只手略微抬起和伸展练习者的肋骨，同时用另一只手支撑地面以保护自己的背部，并利用手臂为练习者肋骨的伸展做支撑。

脊柱颈段练习

避免过度用力地进行头在颈部上的前屈运动（寰椎、枕骨），以及颈部在躯干上的前屈运动（第7颈椎、第1胸椎）。这两个连接点上的前屈运动已经过度灵活了。

通过按摩棘突的嵴两侧的突出肌肉群，纵向伸展颈后部。右侧、左侧交替进行。

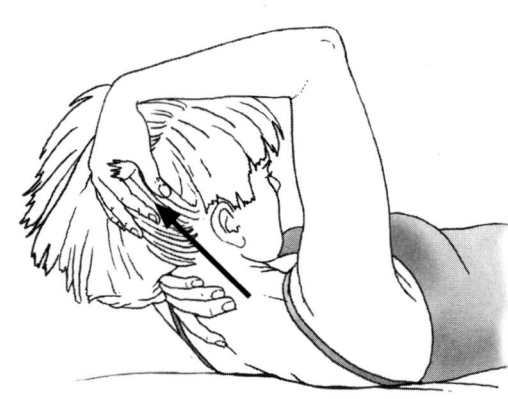

以反方向梳头的方式**收尾**，尽可能使头部向远处伸展。

下肢伸展

每次伸展一侧下肢。

努力将足后跟蹬向远处,同时弯曲脚踝, 使足后跟离地。

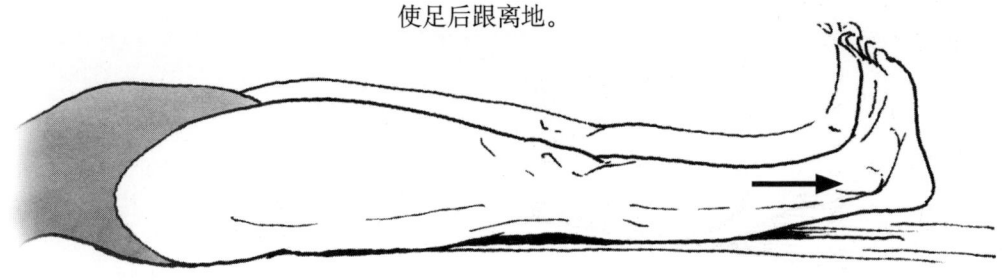

放下足后跟,置于地面。

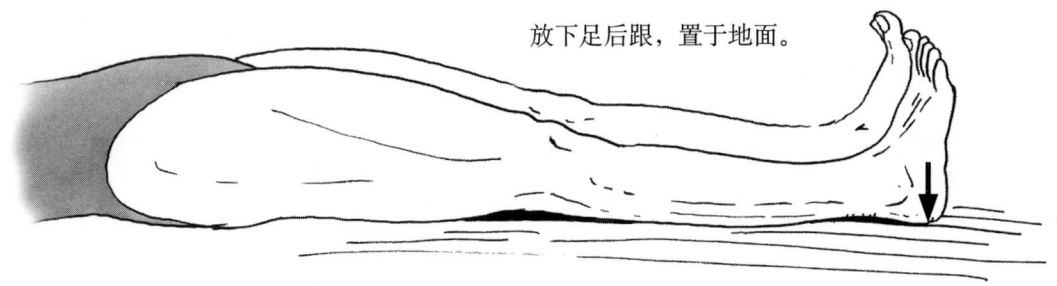

放低足中部,使脚下垂,牵拉身体。

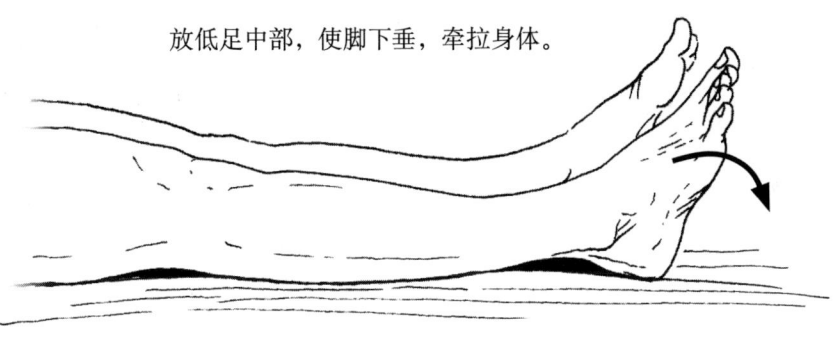

下肢伸展带来什么?

下肢伸展带动骨盆前倾,从而引起腰椎下段前凸。
这是向前打开椎骨"褶皱"的一种方式。

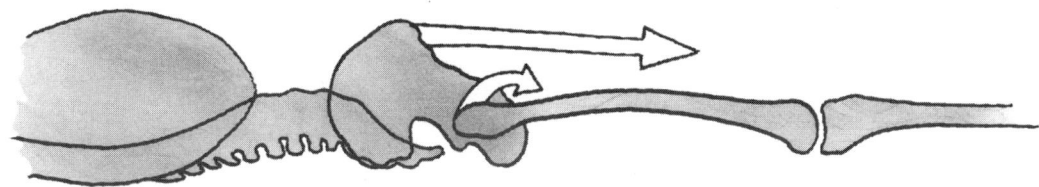

上肢伸展

一次伸展一只手臂，将手臂如图贴放于地面并滑动。如果有两个人进行练习，同伴可以轻轻地牵拉练习者的手臂。

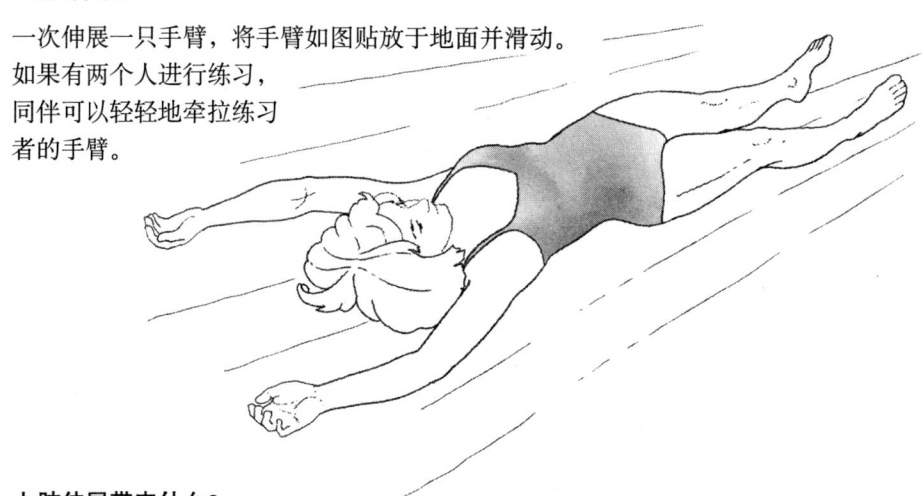

上肢伸展带来什么？

它使背阔肌和胸部较大的肌肉（胸大肌）处于紧张状态。这2块肌肉的拉伸可以"打开"肋骨，表现为胸－腰前凸。

腰椎下段前凸和胸－腰前凸可合并成为一个大的突发性前凸，这种情况很常见。

注意： 在第二阶段的练习中，如果头与骶骨之间的距离长度不变的话（由于地面吸附力的固定作用），这个前凸不会缩短脊柱长度。

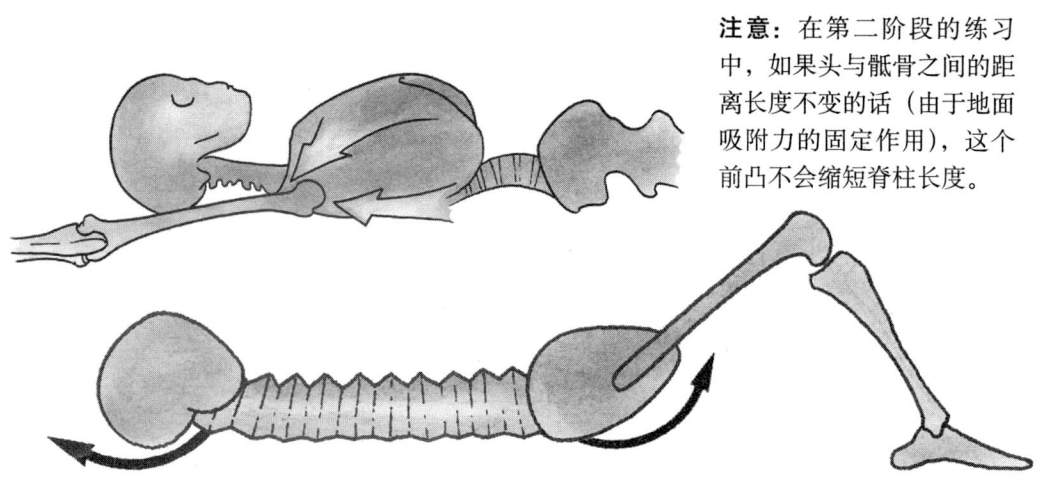

此时椎骨"褶皱"被向后拉长了。

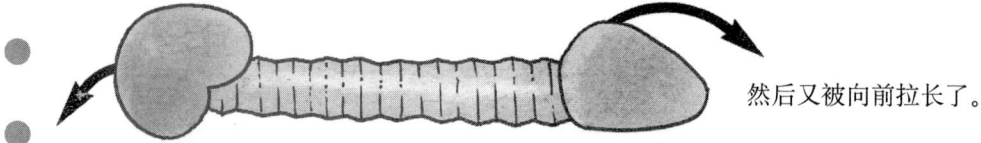

然后又被向前拉长了。

- 在这种类型的伸展练习中，可以在腰椎下面放一个卷形的织物来支撑脊柱前凸。

其他 2 种纵向柔韧性练习

面对把杆站立，两手握住把杆，双足朝向墙壁，后退一点，使骨盆最大限度向后移，直到背部平如桌面。可以由另一个人帮忙向后牵拉骨盆。

双膝跪地，双手着地，并尽可能向前伸。臀部向后移，如同要坐在足跟上，保持头和背部平齐。

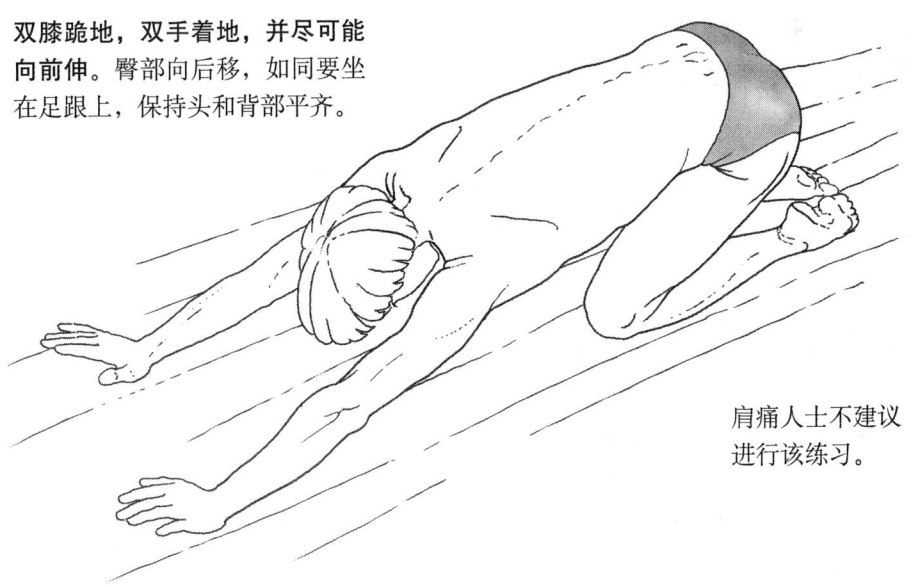

肩痛人士不建议进行该练习。

这 2 种练习都能使脊柱进行整体伸展，无须区分灵活性较好或是较差的区域，是未经细分的练习。

弯曲柔韧性练习

这个练习不再通过拉伸头部－骶骨来锻炼脊柱柔韧性,而是通过弯曲形成凸面(被拉伸的一面)和凹面(被压缩的一面,注意避免因身体弯曲而引起骨头过度挤压)。

身体前屈

侧躺在地面。

通过双手抱头或抱腿,**使身体最大限度地向前弯曲。**

拉伸凸面时**吸气**，也就是向肋骨"后面"吸气。身体更向前屈时呼气。

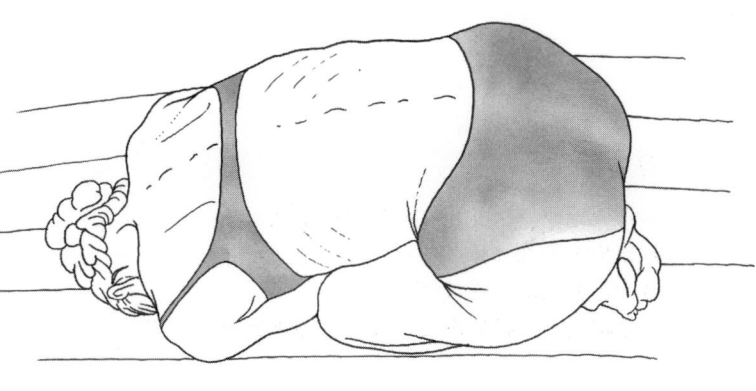

也可以采用**四肢着地**的姿势进行练习（但给椎骨造成的压力会稍大一些）。

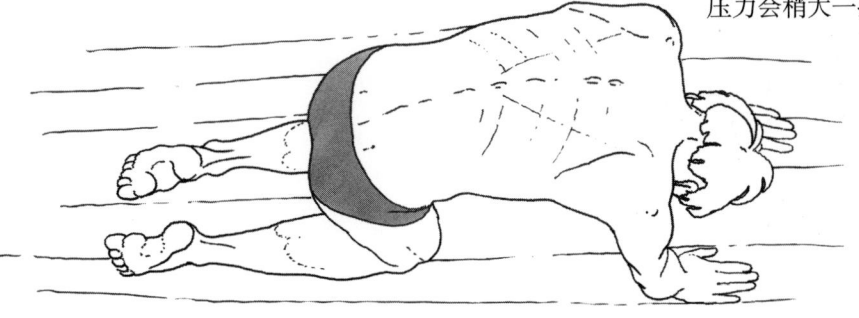

还可以用双臂抓住把杆**使身体悬挂**，将整个后背蜷曲成弓形。

这个练习有时是站立完成的，双手在身前不做任何支撑，但并不推荐这种练习方式。这种方法常被建议用于拉伸背部肌肉，但要付出椎间盘前方受到严重挤压的代价。

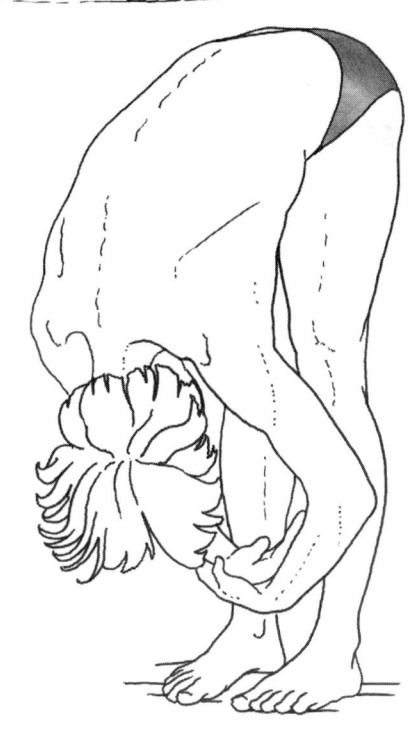

身体后屈

和前屈相反，头和足在身后互相靠近。

建议成人在头下放置一个垫子，也可以把手臂垫在头部下方。向前"打开"肋骨或者鼓起腹部时吸气。

尽量增大凸面拉伸幅度，使凹面更加弯曲。

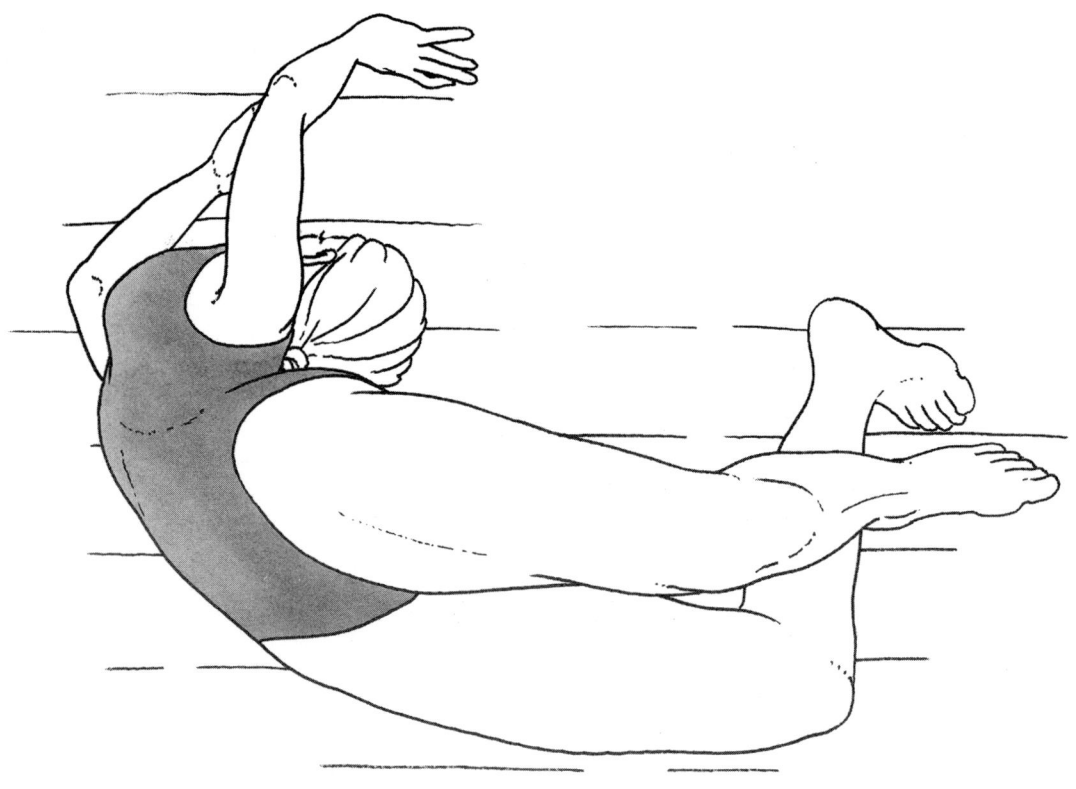

此时身体处于放松状态，可以力求最大幅度地向后伸展身体。此练习不建议受腰痛或坐骨神经痛困扰的人士进行。

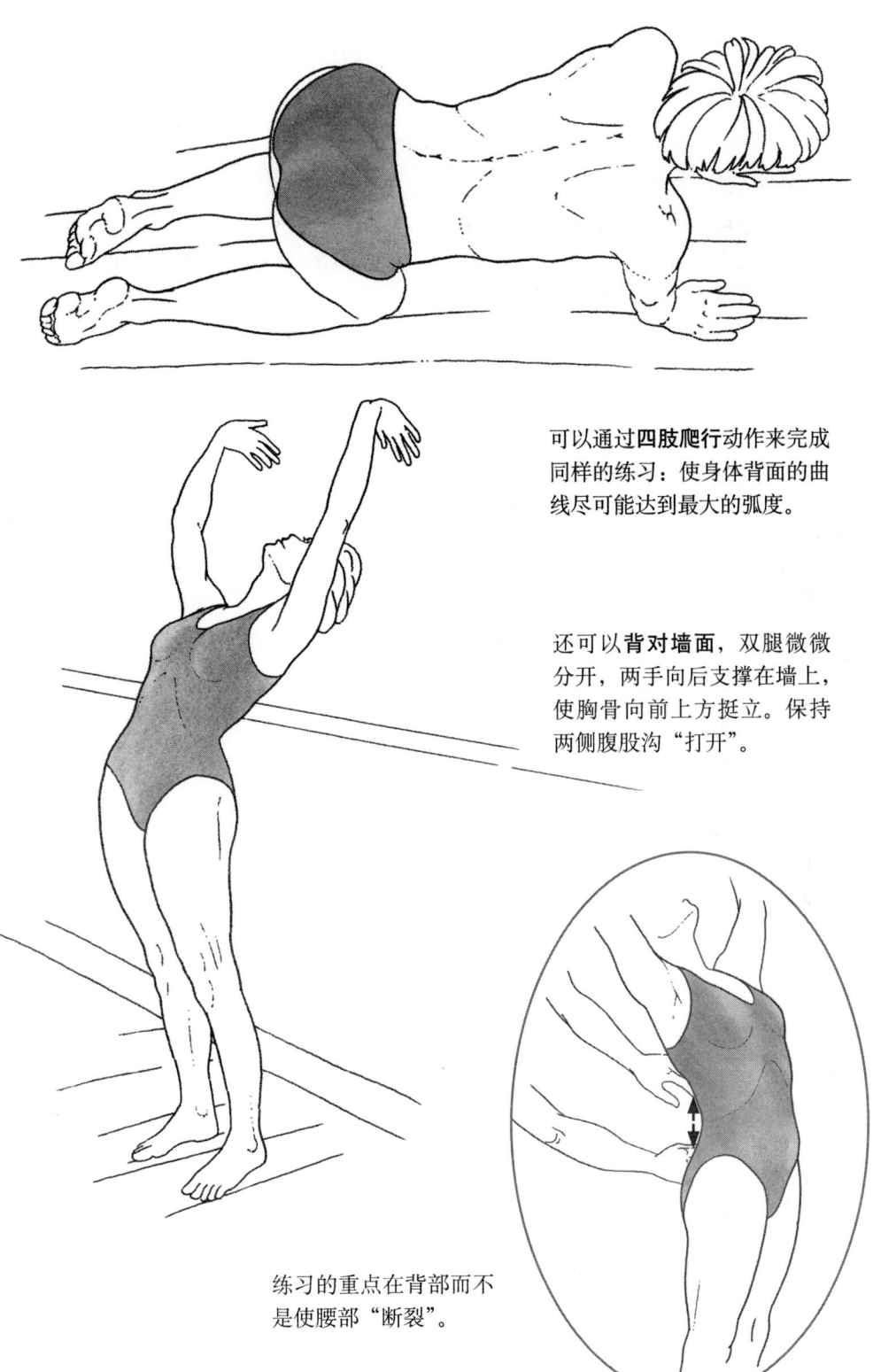

可以通过**四肢爬行**动作来完成同样的练习：使身体背面的曲线尽可能达到最大的弧度。

还可以**背对墙面**，双腿微微分开，两手向后支撑在墙上，使胸骨向前上方挺立。保持两侧腹股沟"打开"。

练习的重点在背部而不是使腰部"断裂"。

身体侧屈

以身体右侧弯曲练习为例。
身体侧躺,右侧大腿努力靠近右肩或右耳,保持骨盆和肩胛骨贴地。

如果肩部一切正常,可以加入一个动作——将左臂上举至头部上方,使左侧肋骨拉伸幅度加大,甚至可以使左手和右手相握于头部上方。

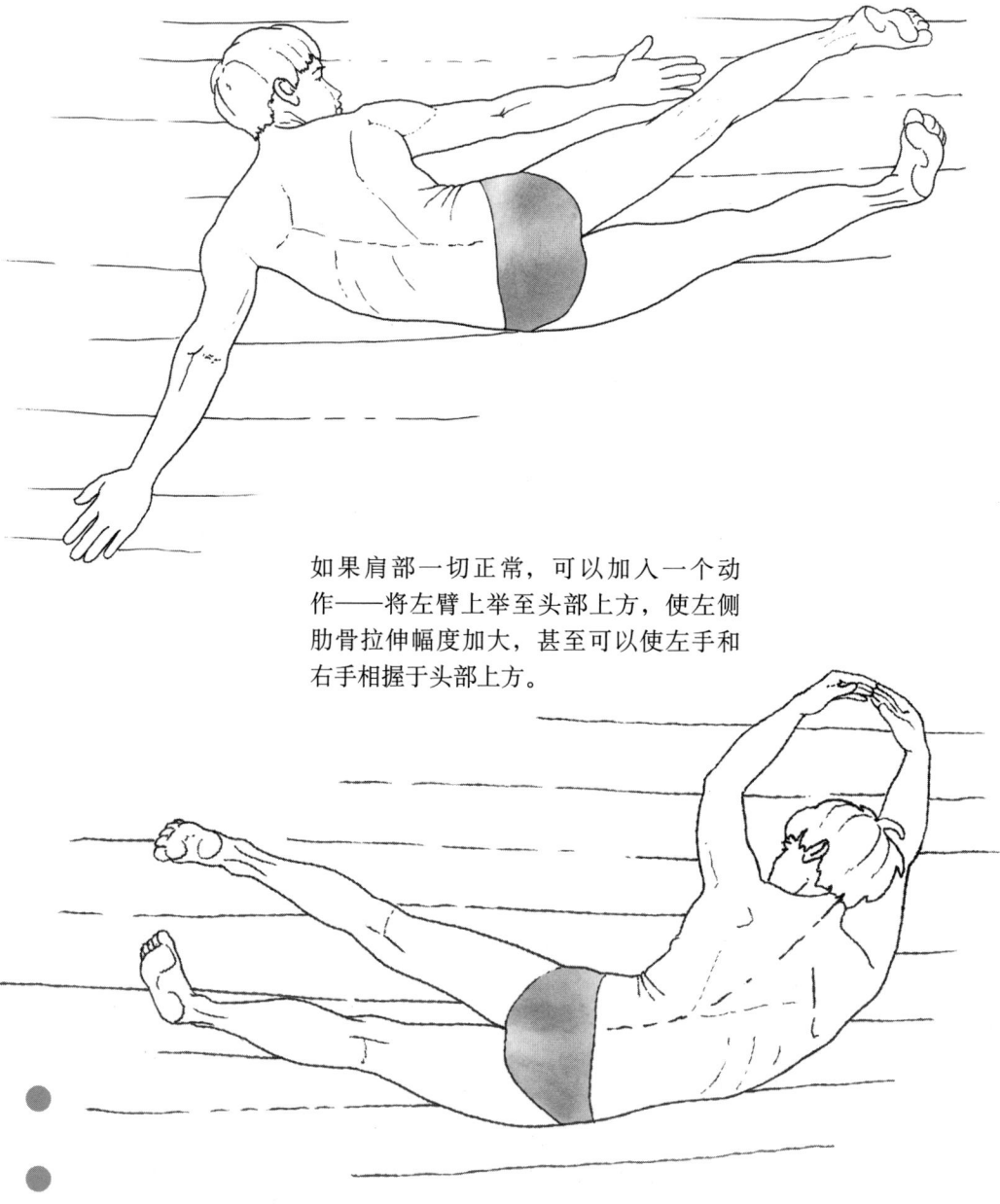

还可以**双足交叉**,通过足部牵拉来增加身体下部的倾斜度。

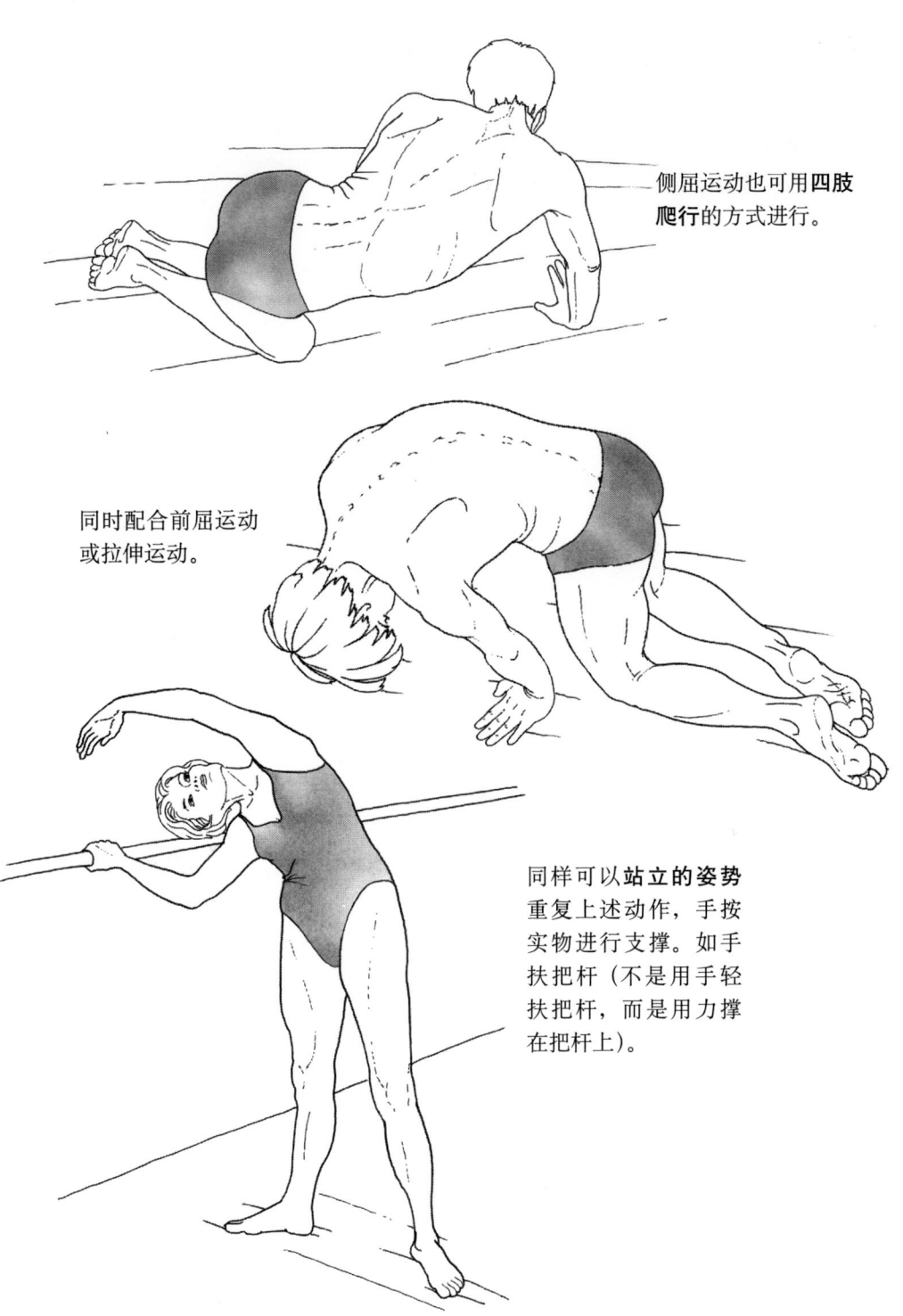

侧屈运动也可用**四肢爬行**的方式进行。

同时配合前屈运动或拉伸运动。

同样可以**站立的姿势**重复上述动作,手按实物进行支撑。如手扶把杆(不是用手轻扶把杆,而是用力撑在把杆上)。

这些练习姿势可以帮助了解身体侧屈幅度最大的部位,放松的姿势有助于确认灵活性较高的部位,并且通过运用拮抗肌可以主动控制这些部位的弯曲。

回旋柔韧性练习

采用仰卧的姿势，双臂打开，屈膝。

向身体一侧**摆动两膝**直到触地。

改变回旋程度（更高水平），在伸长小腿时推动髋部，上身始终保持贴地。

回到初始姿势。接下来换另一侧进行练习。

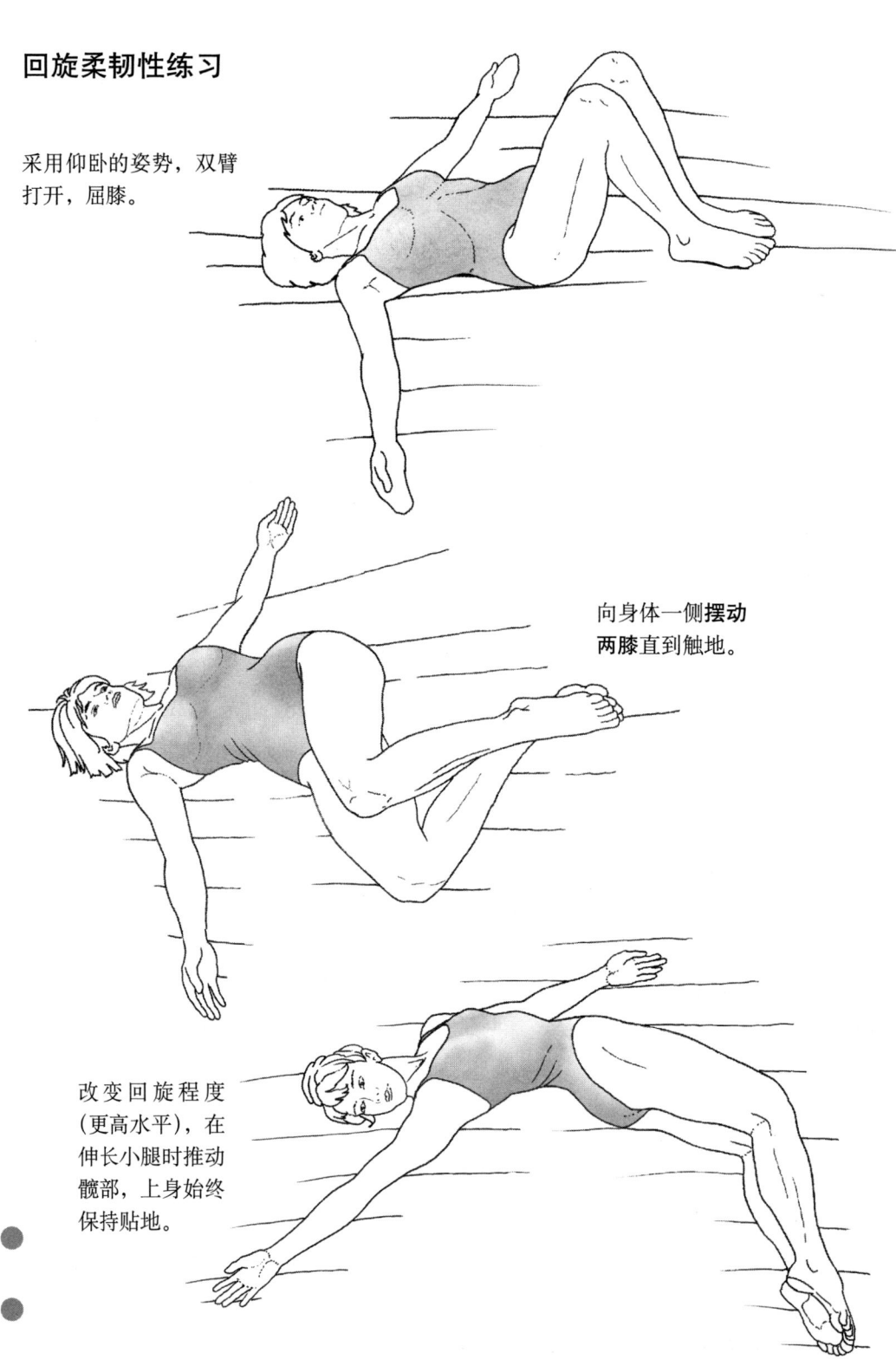

先向右侧，再向左侧**转头**，然后还原到中间位置。

可以将上述 2 种运动结合起来，即在向左侧摆动膝部的同时向右侧转头。

和侧屈练习一样，这些回旋练习有同样的效果：可以通过对侧肌肉的运动来分辨出灵活性较高的部位，并练习主动控制这些部位的运动。

躯干肌肉的强化

深层肌肉的强化

自发的强化运动

人体通常很少感受到深层肌肉的运动。
以下动作旨在感受深层肌肉的存在并增加它们的弹性。
可由两人一同进行练习。

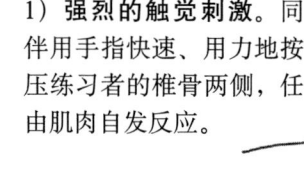

1）**强烈的触觉刺激**。同伴用手指快速、用力地按压练习者的椎骨两侧,任由肌肉自发反应。

2）**使用抗力**。同伴用手按压练习者的头顶,练习者尽量把同伴的双手向高处顶。

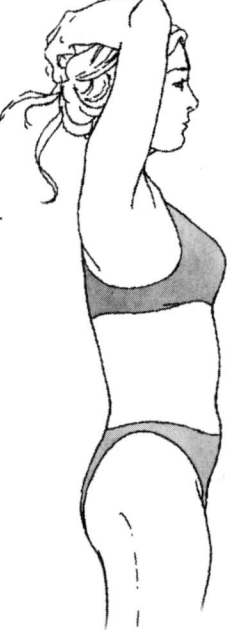

这个动作可独立完成。
两手放置于头上,尽量把头部压向颈部,把颈部压向躯干。在这种情况下,我们会通过反抗双手的推力而自发加强肌肉力量。

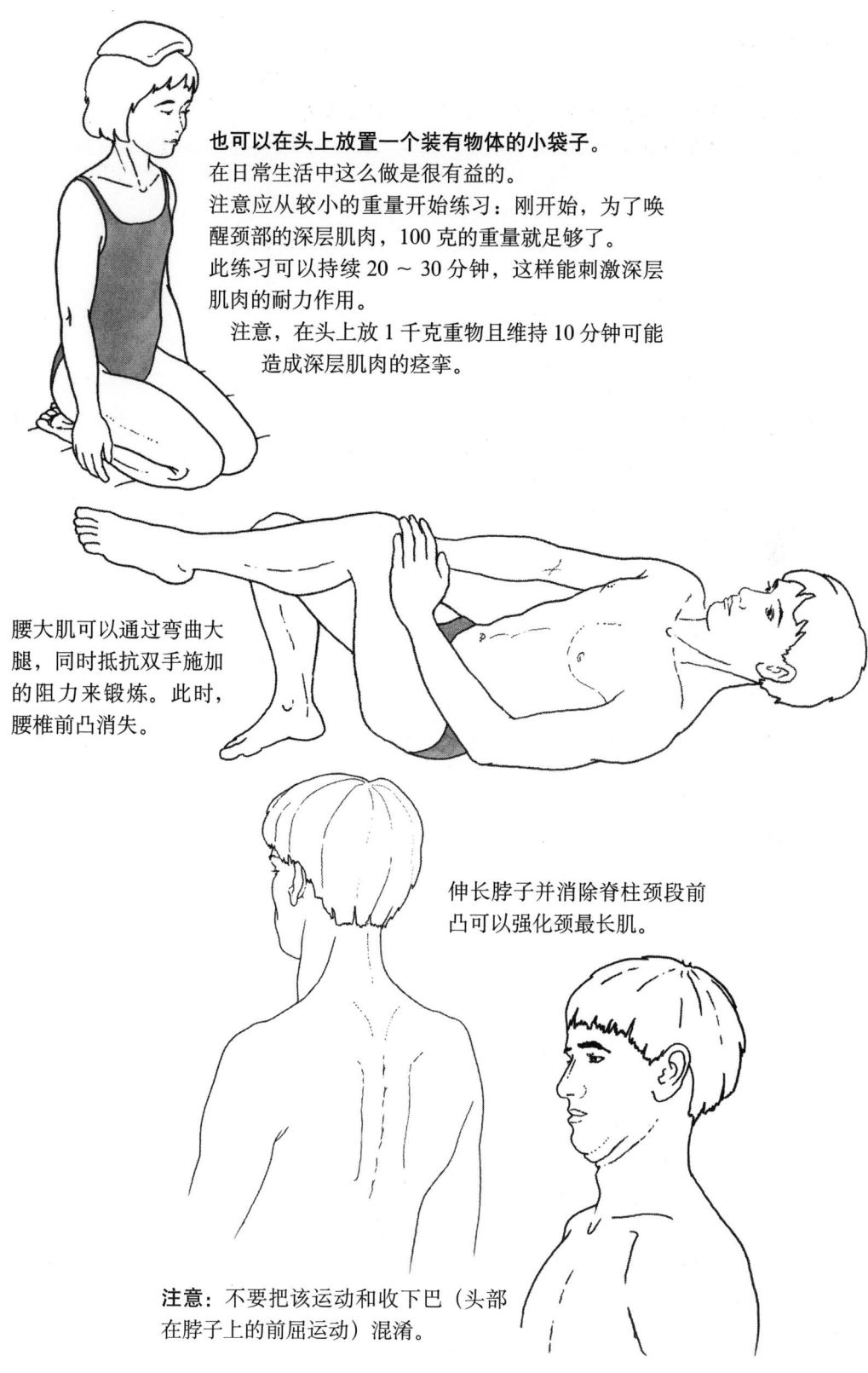

也可以在头上放置一个装有物体的小袋子。
在日常生活中这么做是很有益的。
注意应从较小的重量开始练习：刚开始，为了唤醒颈部的深层肌肉，100克的重量就足够了。
此练习可以持续 20～30 分钟，这样能刺激深层肌肉的耐力作用。

注意，在头上放 1 千克重物且维持 10 分钟可能造成深层肌肉的痉挛。

腰大肌可以通过弯曲大腿，同时抵抗双手施加的阻力来锻炼。此时，腰椎前凸消失。

伸长脖子并消除脊柱颈段前凸可以强化颈最长肌。

注意：不要把该运动和收下巴（头部在脖子上的前屈运动）混淆。

爬行运动

侧躺，髋部和膝部弯曲，尽量在每个椎间隙中使**背部呈凹形**。
从最容易做到的腰椎段开始，并尝试在脊柱其他各段重复该动作，使每个椎骨都能锻炼到。

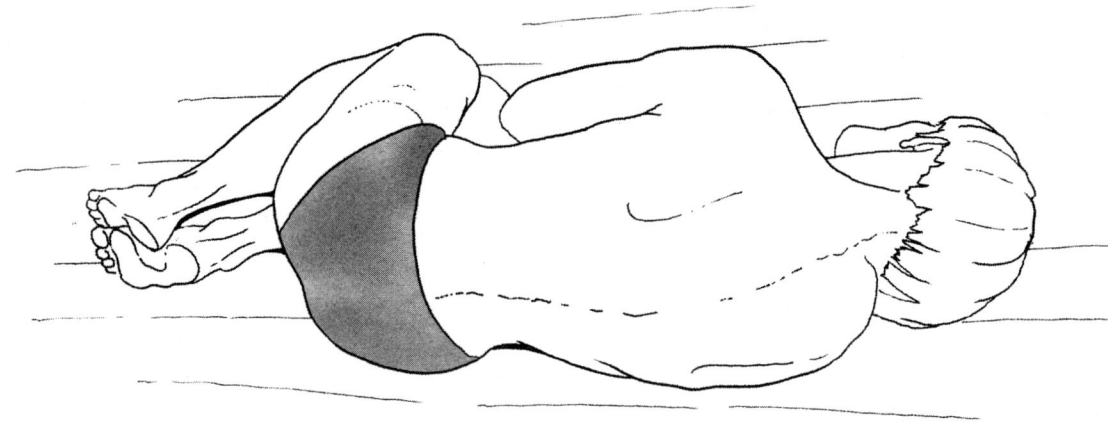

然后，尽量在每个椎间隙中使**背部呈圆弧形**。
从最容易做到的胸段下端开始，然后在脊柱其他各段重复这个动作。

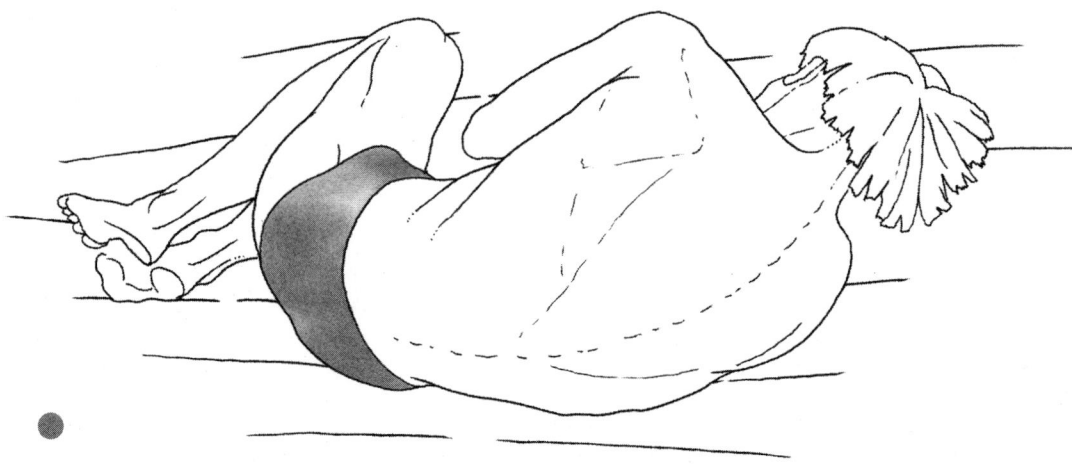

最后，把上述 2 个动作连贯成一个持续的爬行运动，可快速爬行，但要保持小幅度运动，同时要使肩膀和骨盆跟随运动（而不是带动运动）。

采取以下姿势均可以进行这类矢状爬行运动：

仰卧；坐姿；站姿，髋部和膝部弯曲（选择骨盆放松的姿势，参考第 171 页）。

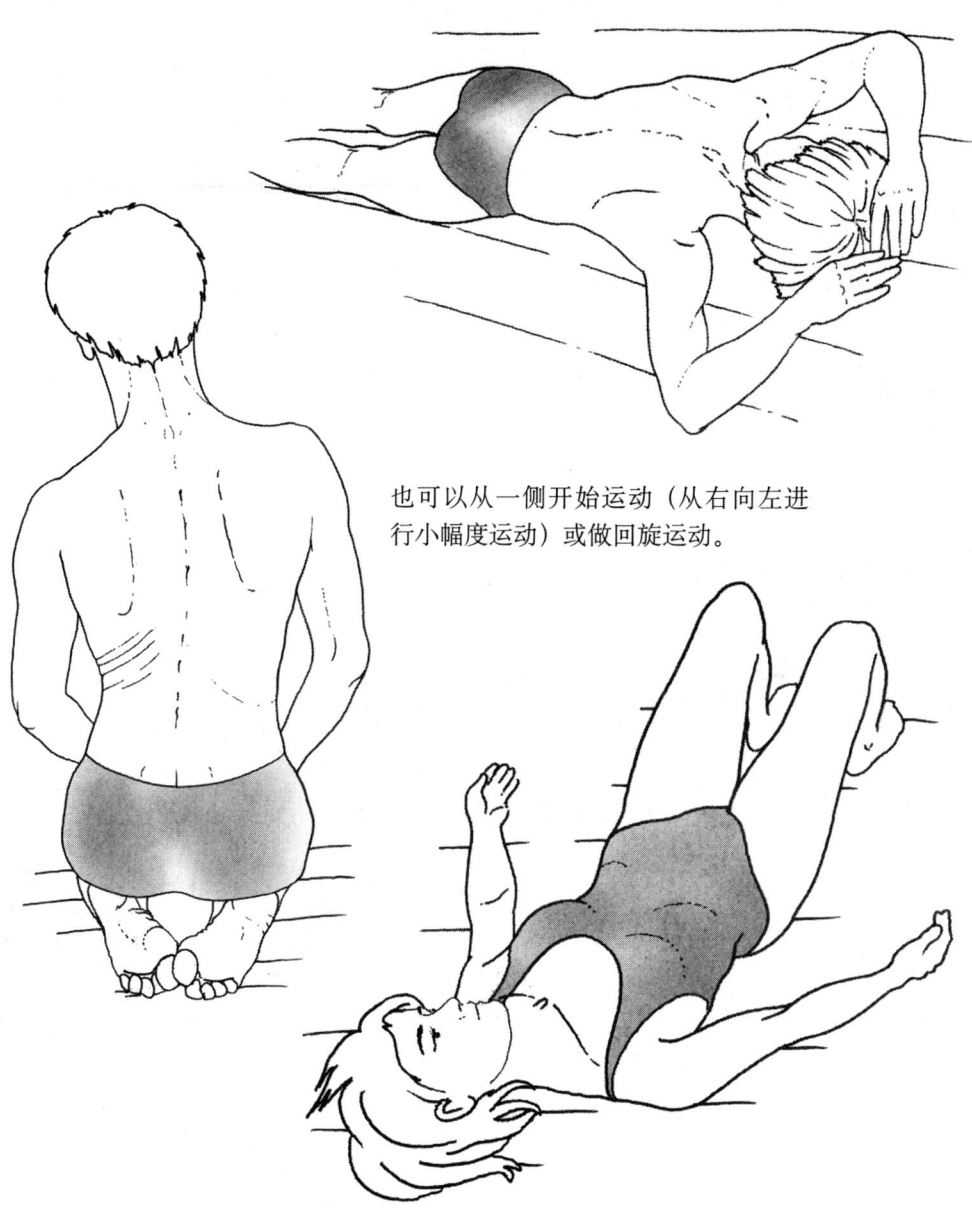

也可以从一侧开始运动（从右向左进行小幅度运动）或做回旋运动。

做完这些练习之后，整个脊柱会有强烈的灼热感。
在深层肌肉的运动中，这种灼热感是典型的且连续不断的。

躯干浅层肌肉的强化

背部肌肉的强化

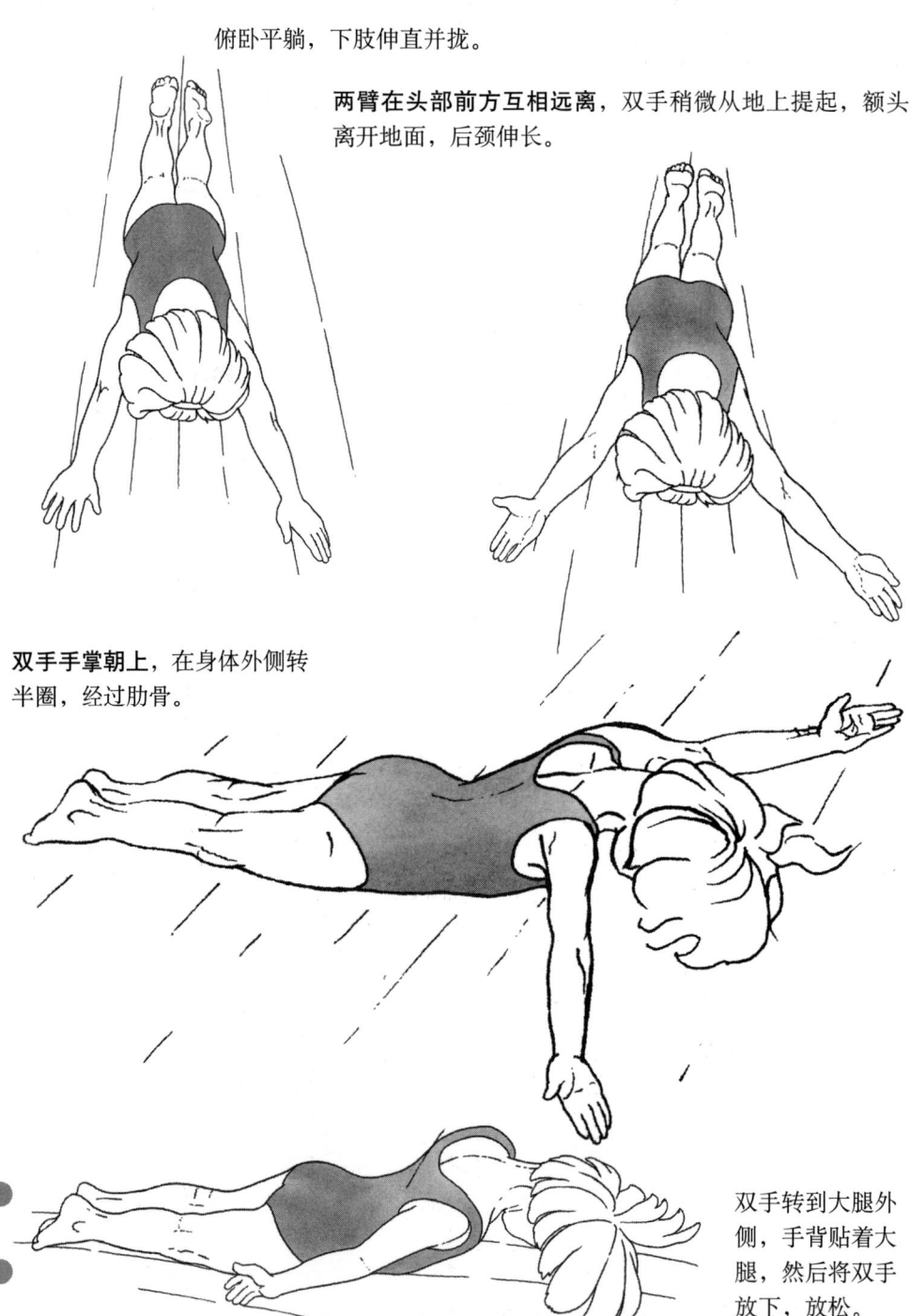

俯卧平躺,下肢伸直并拢。

两臂在头部前方互相远离,双手稍微从地上提起,额头离开地面,后颈伸长。

双手手掌朝上,在身体外侧转半圈,经过肋骨。

双手转到大腿外侧,手背贴着大腿,然后将双手放下,放松。

做这个练习的同时也可以**抬起双腿**（不用担心脊柱前凸，因为躯干有地面支撑着）。

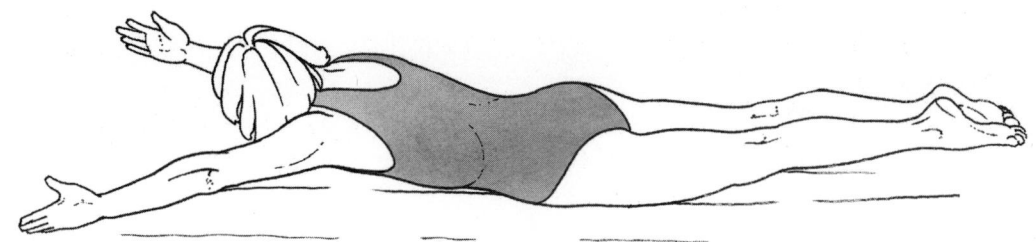

在不同的步骤中，大的肌群都发挥了各自的作用。

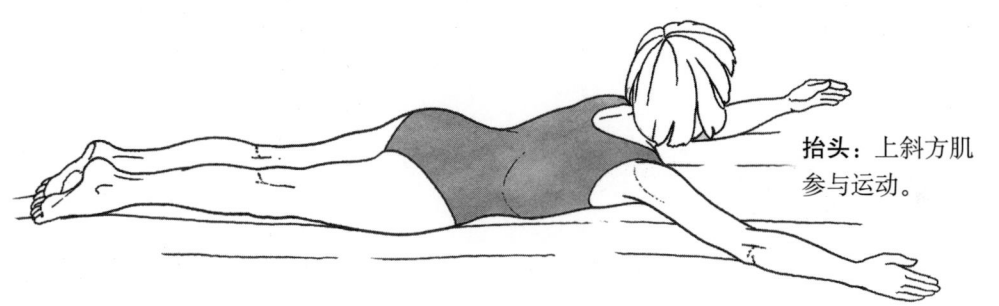

抬头：上斜方肌参与运动。

抬起双臂：背阔肌与斜方肌共同参与运动。

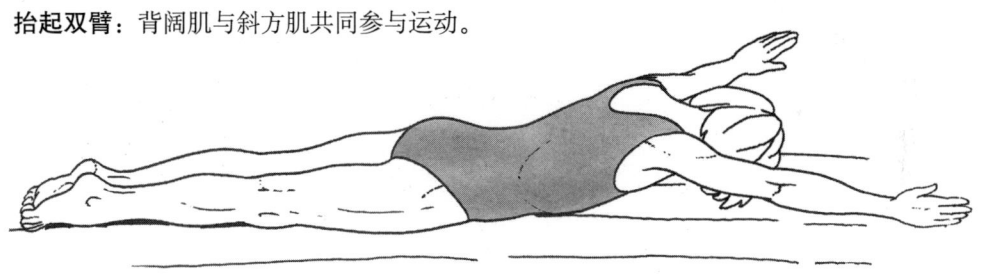

抬起双腿：背阔肌和臀大肌参与运动。

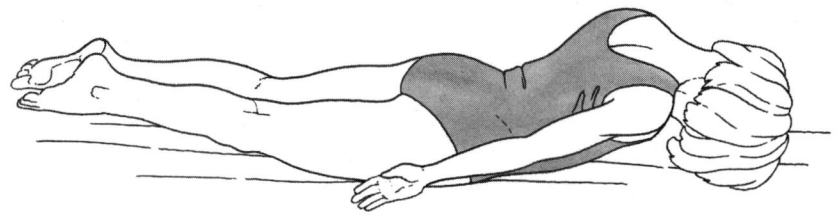

做这个练习时整个背部都会产生灼烧感，这与之前深层肌肉运动时的感受不同，深层肌肉运动产生的灼烧感仅限于脊柱部位。

腹肌的强化

1. 感受腹横肌的收缩

采用跪姿,使头部到尾骨的脊椎笔直排列。
该姿势使背部拉直并产生第 54、55 页练习中的纵向拉伸感,这时会感觉到肋骨与骨盆的距离达到最大。

保持这个姿势,放松腹部肌肉,这时会感觉腹部向地面下坠几厘米。维持这个腹部自发的放松状态,但不要让脊柱前凸。

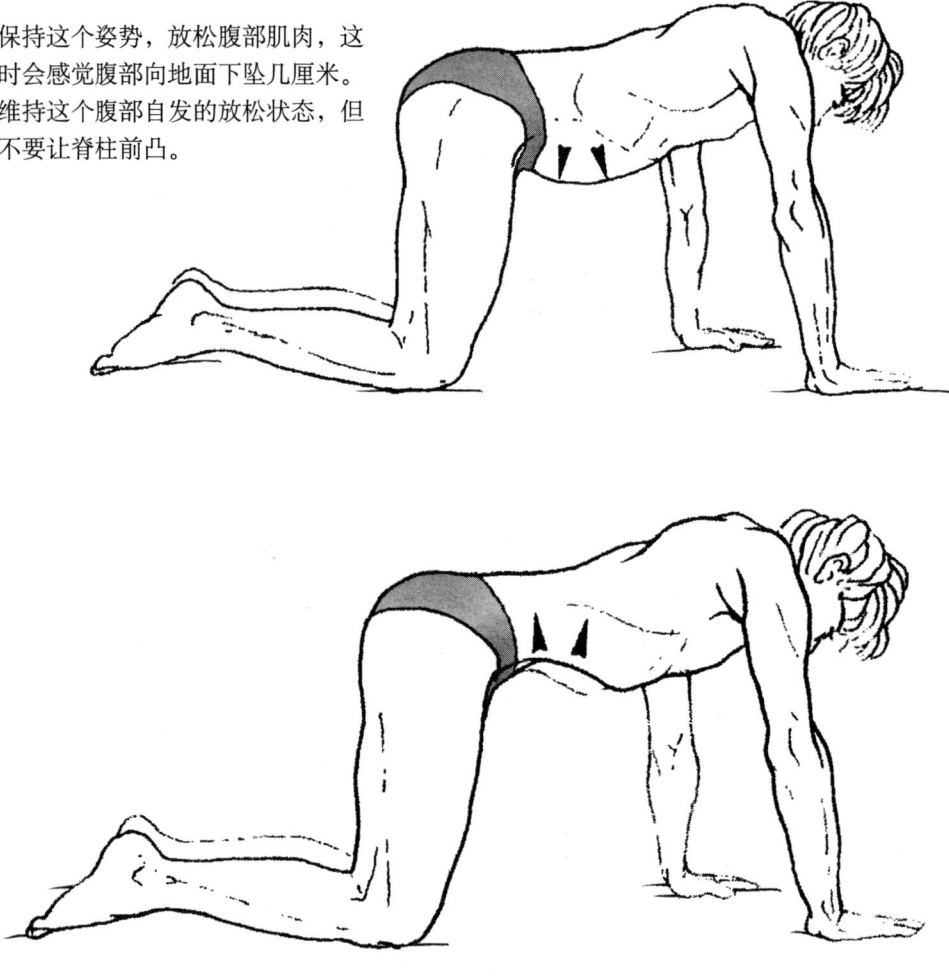

然后,通过腹部收缩来收腹,收缩方式有以下 2 种:
- 一次连贯的呼气。
- 分成 3 步连续且越来越强烈的呼气。

在这个练习中,主要是腹横肌参与运动。
在这个自发强化的练习中,腹横肌的作用十分重要。

2. 分级肌肉收缩

仰卧，髋部、膝部、足踝弯曲，足部放平在地上。在此姿势下感受上述肌肉的自发强化（参考第 54、57 页）。

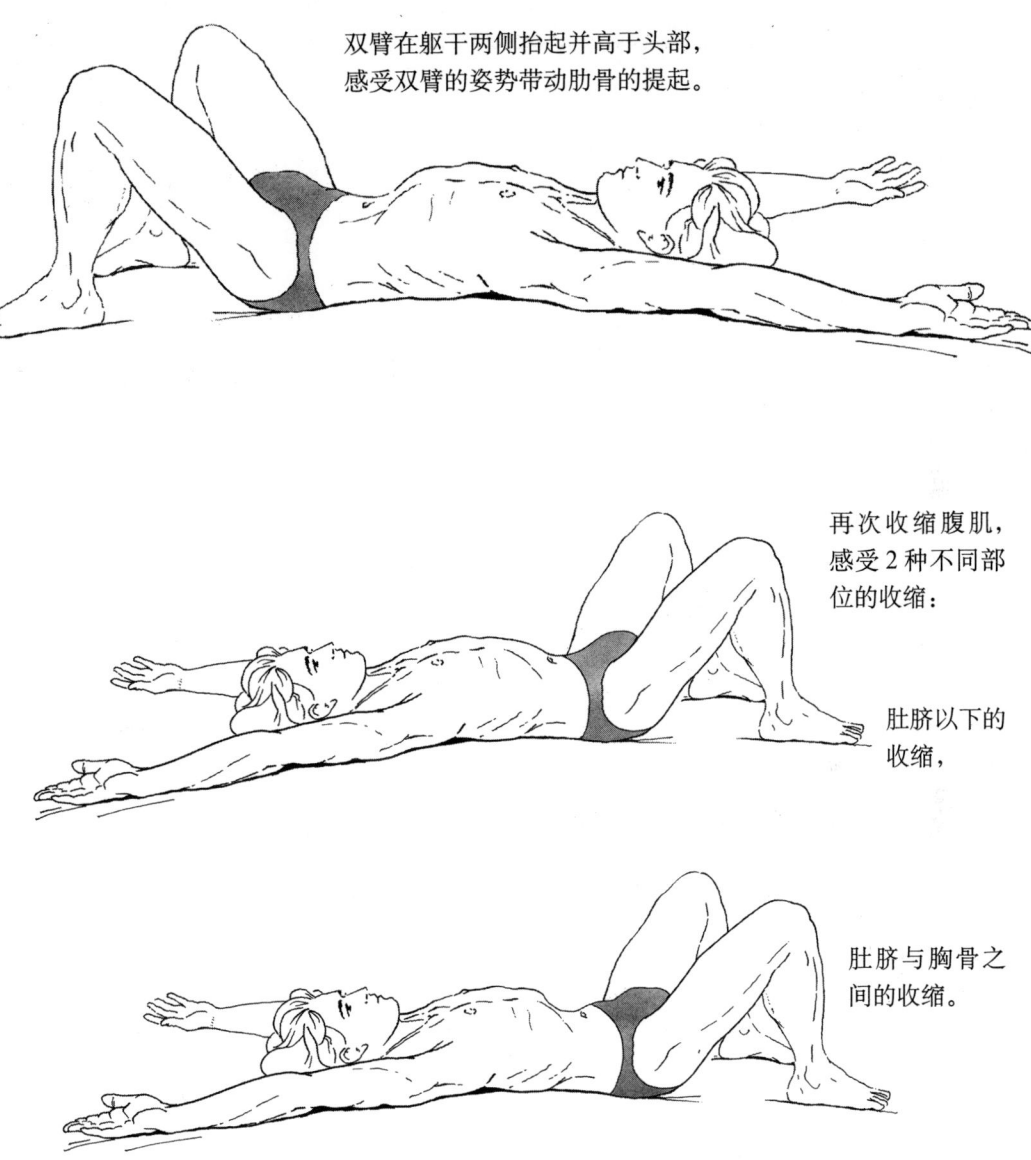

双臂在躯干两侧抬起并高于头部，感受双臂的姿势带动肋骨的提起。

再次收缩腹肌，感受 2 种不同部位的收缩：

肚脐以下的收缩，

肚脐与胸骨之间的收缩。

同样，可以在呼气时收缩，并逐渐加大强度，直到能感受这 2 种收缩的差别，再进行下一步练习。

3. 自下而上的协调运动

为了达到自下而上的收缩，尽力使下方部位的收缩和更高处的收缩连续起来。

4. 垂直姿势的向上协调

采用站姿，膝部稍微弯曲，举起双臂带动胸廓扩张。

在此姿势下，重新做上述"分级肌肉收缩"中的 2 个收缩。

观察两者之中哪个动作自发性更强（结果因人而异）。

然后，再做自下而上的协调运动。

直到在卧姿和站姿时都能熟练地掌握这种协调运动之后，再进行下一步练习。

5. 吸气的向上协调

重做"分级肌肉收缩"和"自下而上的协调运动"的动作，但要在做动作的同时大口吸气以"打开"肋骨。

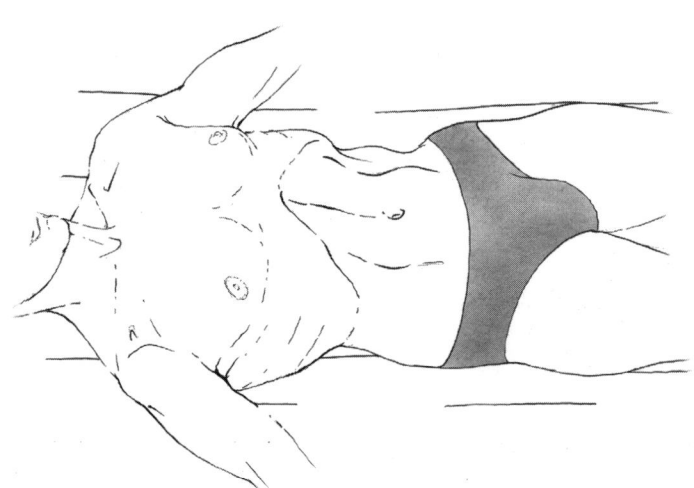

观察这种同步是如何做到：
- 更简单（这使得胸腔能更好地维持扩张的状态）；
- 更困难（这与使肋骨降低的腹肌运动方向相反）。

6. 吸气/呼气的自下而上的协调运动

重做"自下而上的协调运动"，并且在呼气和吸气的情况下交替进行该练习。

80

7. 抬头

采用"分级肌肉收缩"的仰卧姿势,充分扩张胸腔。头部抬起时,腹直肌参与运动。

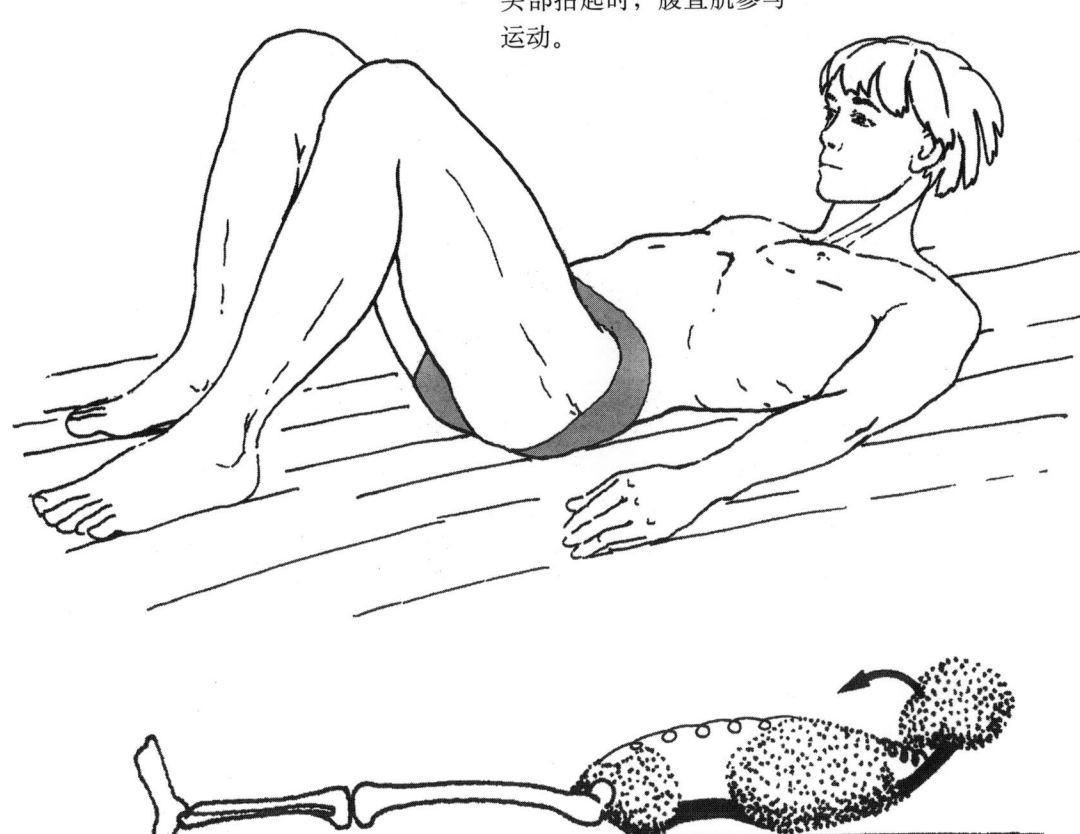

为什么如此?
因为抬头的动作需要颈前方的肌肉参与。
为了完成这一动作,这些肌肉需要在胸骨上有一个固定的支点。
这一动作需要固定从胸廓到骨盆的部位,此时腹直肌会参与,它们接力颈部屈肌的运动。
这是一个肌肉链参与运动的例子。

可以通过手臂位置的变化来强化练习。
- 如果双手朝向双足方向,练习会更简单。
- 如果双臂放置在头部后面,双臂会带来需要从更远距离抬起的附加重量,因此,练习难度会加大(**注意**:这种情况下不要用双手向前牵拉头部)。

81

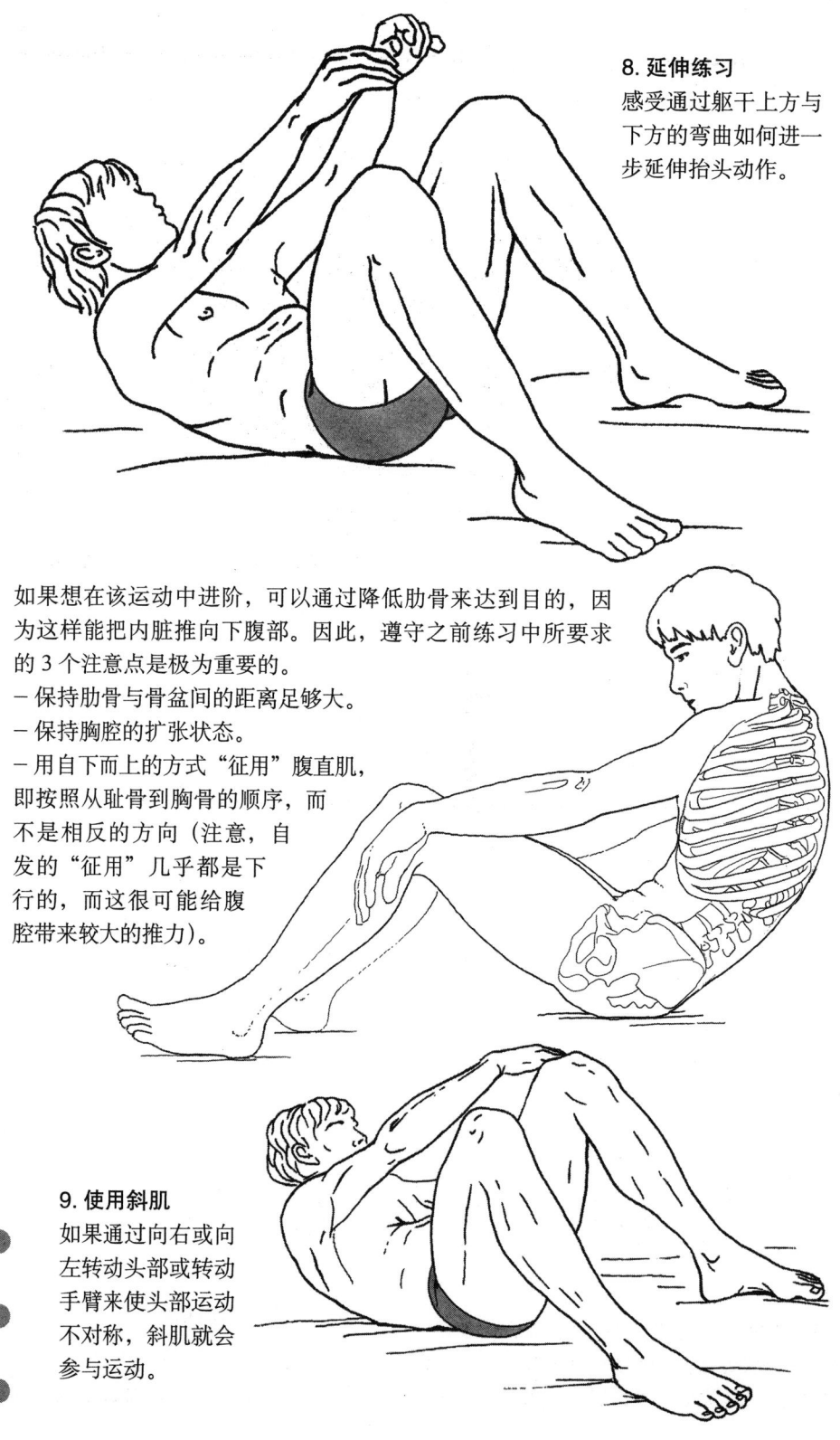

8. 延伸练习
感受通过躯干上方与下方的弯曲如何进一步延伸抬头动作。

如果想在该运动中进阶,可以通过降低肋骨来达到目的,因为这样能把内脏推向下腹部。因此,遵守之前练习中所要求的 3 个注意点是极为重要的。
– 保持肋骨与骨盆间的距离足够大。
– 保持胸腔的扩张状态。
– 用自下而上的方式"征用"腹直肌,即按照从耻骨到胸骨的顺序,而不是相反的方向(注意,自发的"征用"几乎都是下行的,而这很可能给腹腔带来较大的推力)。

9. 使用斜肌
如果通过向右或向左转动头部或转动手臂来使头部运动不对称,斜肌就会参与运动。

10. 抬起双腿

采用仰卧的姿势，抬起双腿。
这是增强腹肌最常用的动作之一。

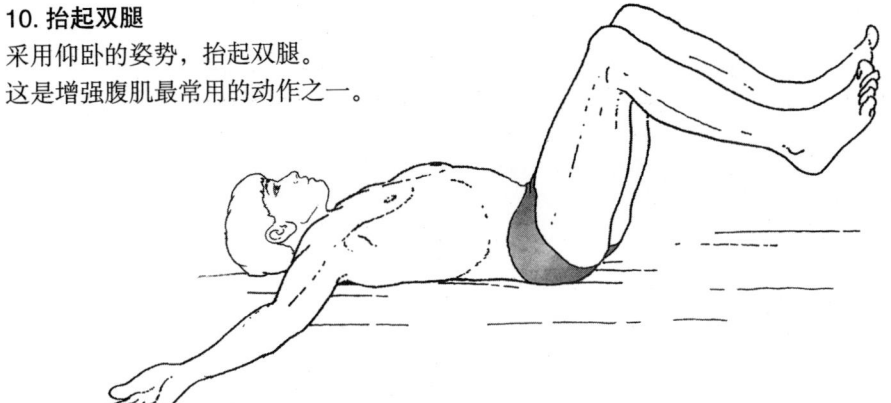

了解肌肉如何运作是十分有益的。
使双腿抬起来的是髋部屈肌，而不是腹肌的作用。
这些肌肉都可以使骨盆前倾，从而使得脊柱前凸。
因此，在抬起双腿时应当稳定骨盆，使头不前倾，
这样就会使腹肌，尤其是腹直肌参与运动。
当下肢都参与运动并且双足远离身体（伸直双腿）
时，腹直肌受到的刺激更大。

11. 从最简单到最难

最简单：
单腿弯曲（不要支撑在另一只足上）。

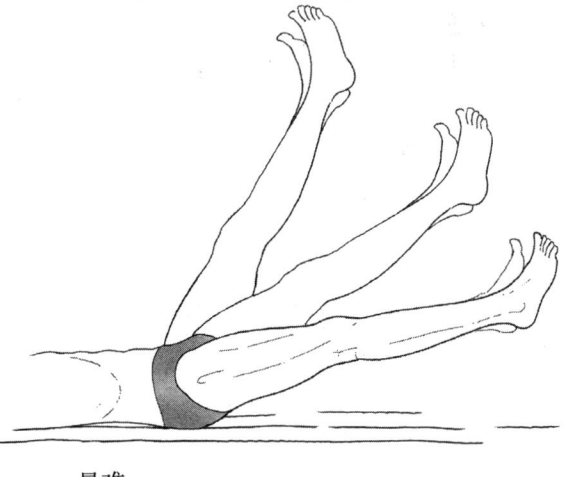

最难：
双腿伸直，稍微从地面抬起。

抬腿练习同样需要注意：
- 如果加入呼气，腹横肌就会参与。
- 如果腿部运动不对称，斜肌就会参与。

躯干肌肉的协调性

躯干肌肉协调性练习可以使背部保持竖直并使得动作更加精细。练习中不再追求动作的幅度，而是要让肌肉维持并记住被唤醒的状态。

纵向运动练习

脊椎从骶骨到枕骨部整齐地排列着，整个躯干就像一个笔直的整体，我们给它起个名字叫"龙骨"。

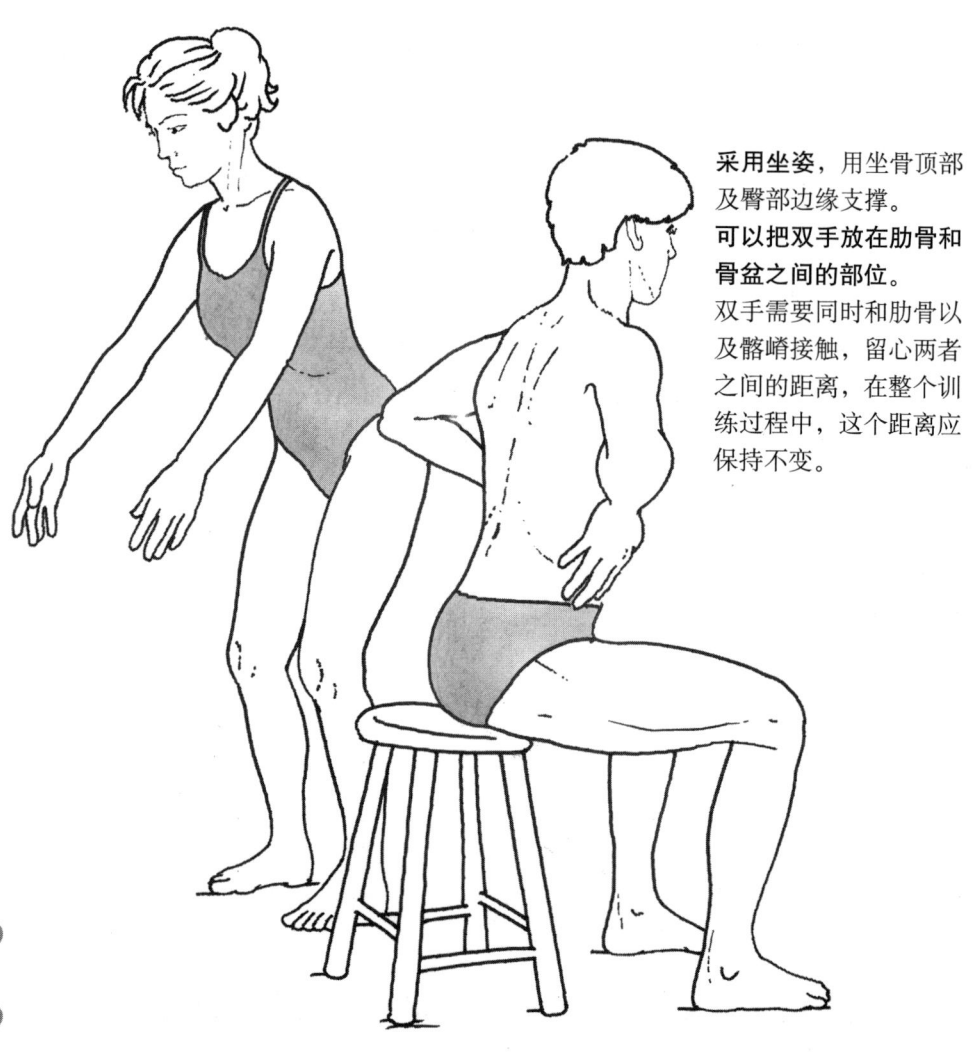

采用坐姿，用坐骨顶部及臀部边缘支撑。
可以把双手放在肋骨和骨盆之间的部位。
双手需要同时和肋骨以及髂嵴接触，留心两者之间的距离，在整个训练过程中，这个距离应保持不变。

当"龙骨"向前移动的时候,我们可以感受到后部肌肉的收缩(如果想验证,可以把手移到后背棘突凸起的那条线旁边感受一下)。

试着同时实现:
- 坐骨支撑对称。
- 后部肌肉收缩对称。

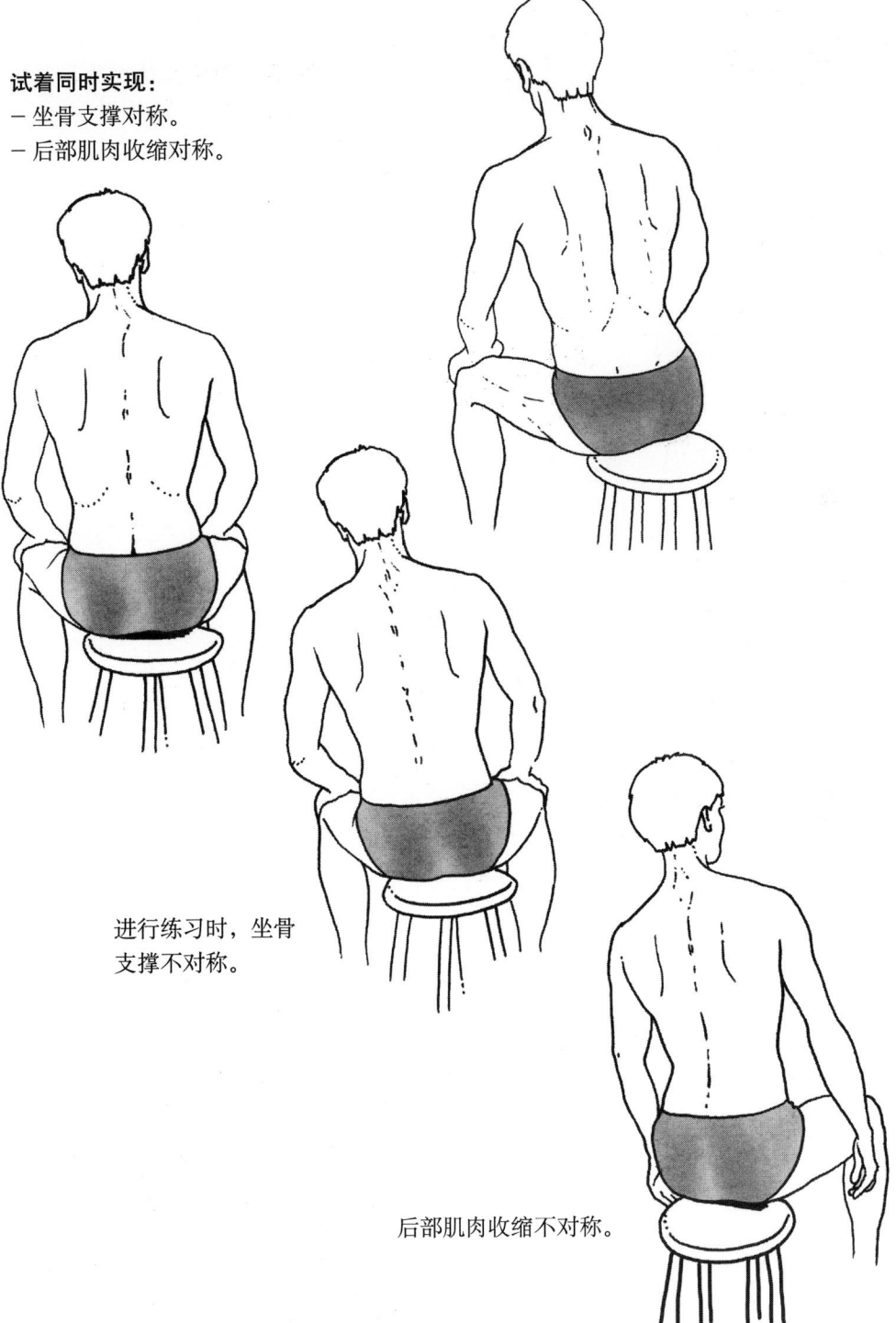

进行练习时,坐骨支撑不对称。

后部肌肉收缩不对称。

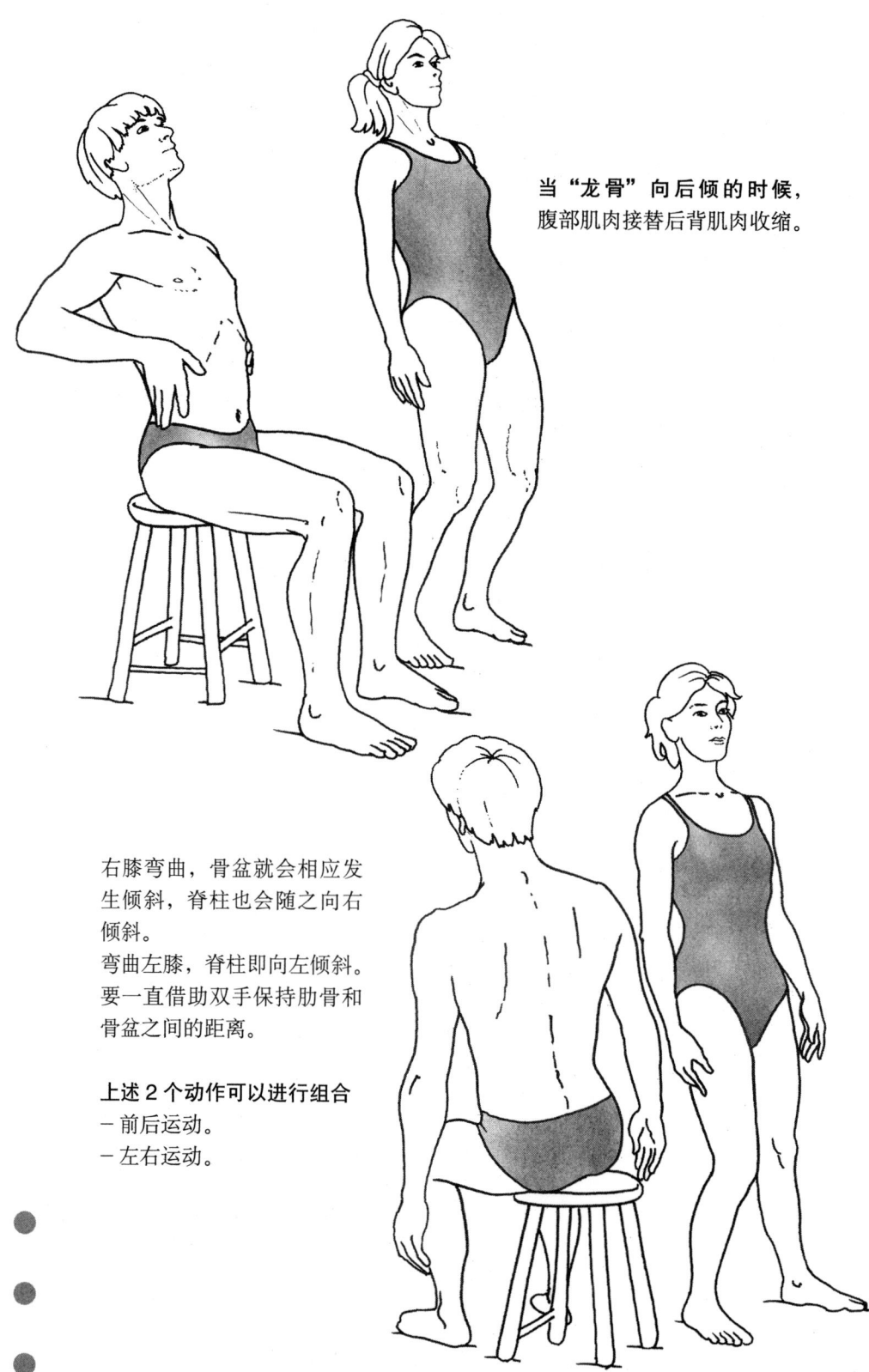

当"龙骨"向后倾的时候,腹部肌肉接替后背肌肉收缩。

右膝弯曲,骨盆就会相应发生倾斜,脊柱也会随之向右倾斜。
弯曲左膝,脊柱即向左倾斜。要一直借助双手保持肋骨和骨盆之间的距离。

上述 2 个动作可以进行组合
- 前后运动。
- 左右运动。

在我们要进行提、拉、推等动作时,脊柱的这个姿势非常**安全**。
这个姿势既不会使椎间盘被过度挤压,也不会使切应力增大而受到伤害。

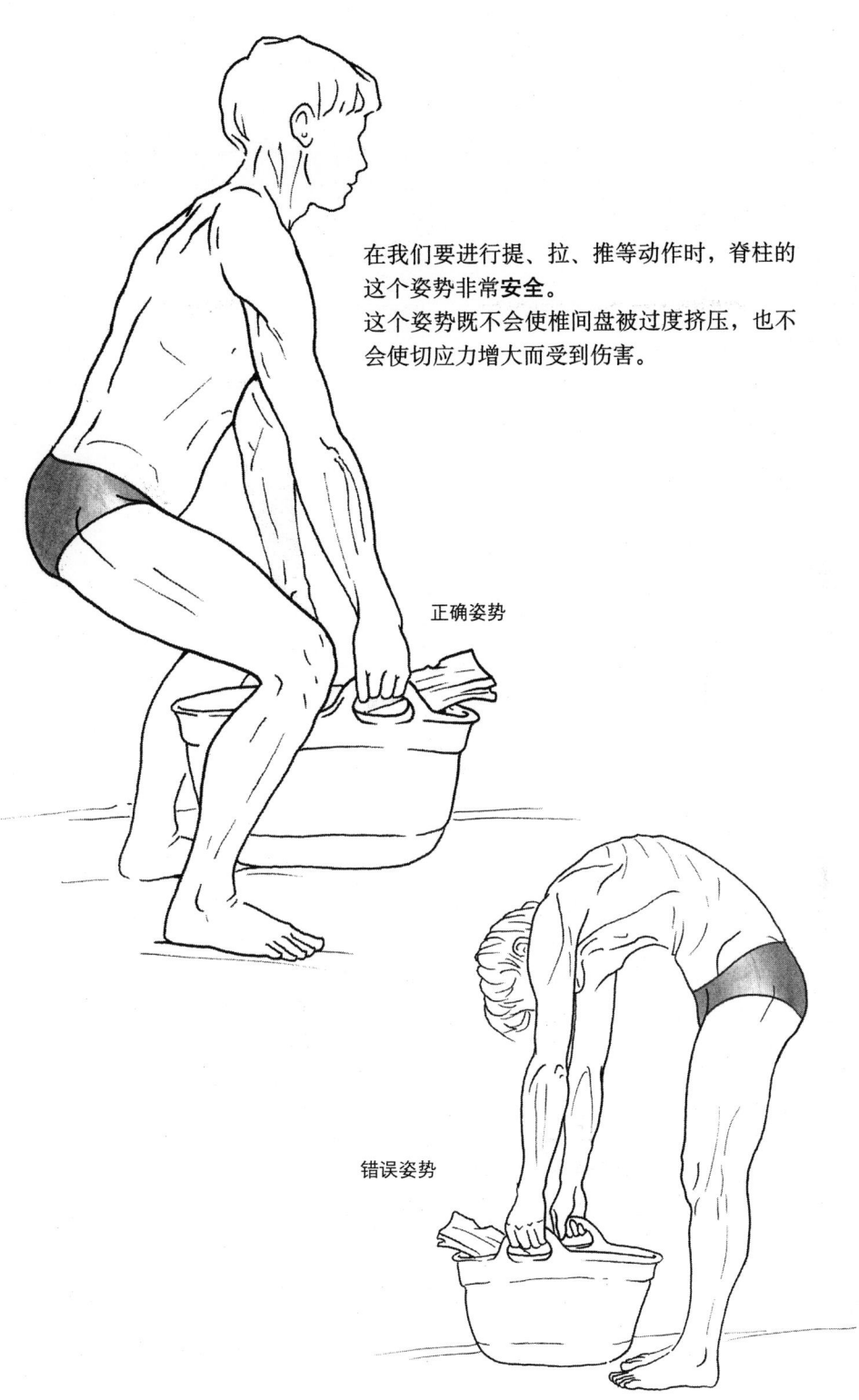

正确姿势

错误姿势

弯曲运动练习

这是脊柱无支撑状态的弯曲运动。
弯曲方式有以下 3 种。

向前。

向后。

侧弯。

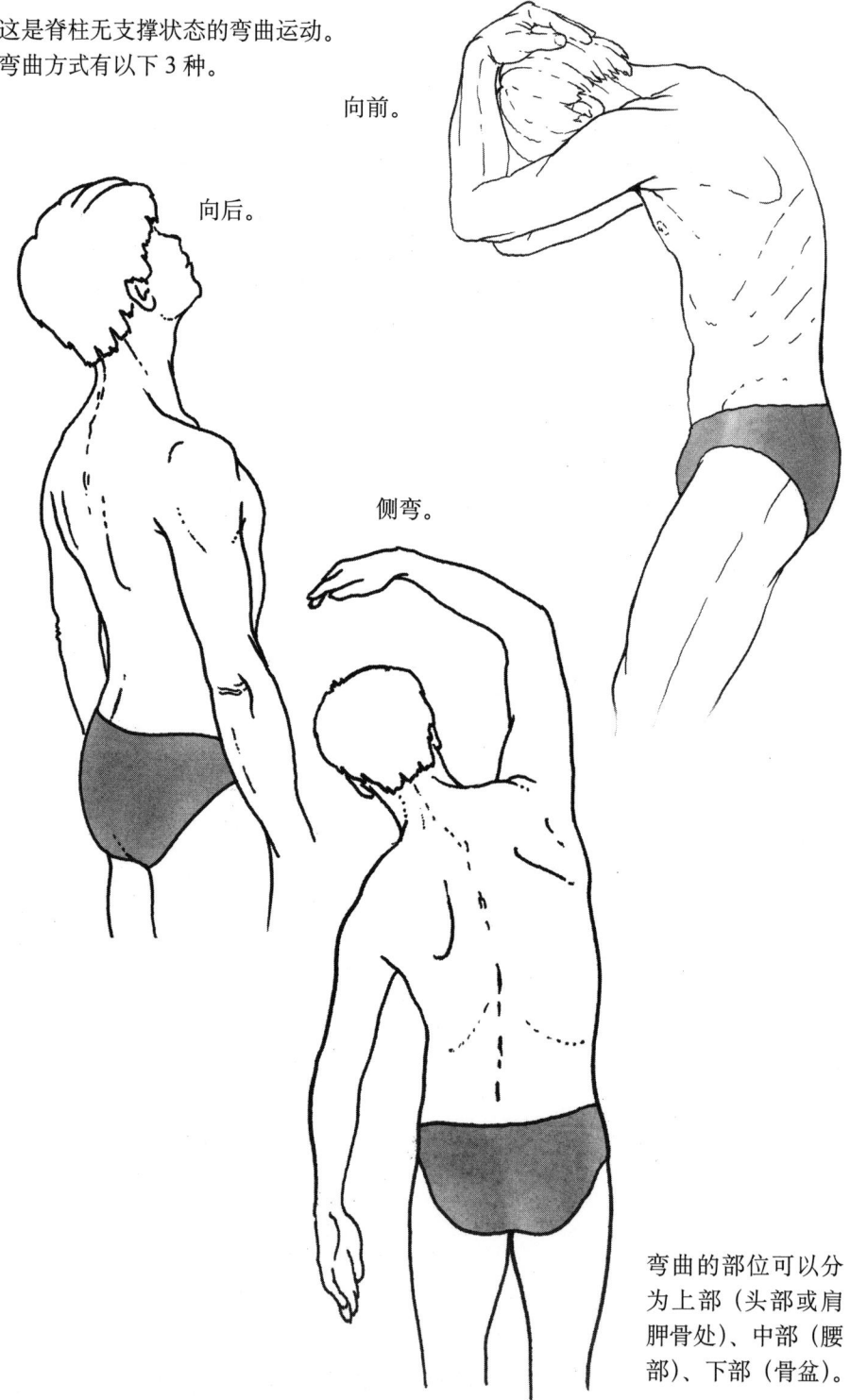

弯曲的部位可以分为上部（头部或肩胛骨处）、中部（腰部）、下部（骨盆）。

练习的时候遵循几个细节。
- 不再追求动作幅度,因为动作中躯干不再处于无负荷状态。
- 为了避免压坏椎间盘,要限制凹侧的挤压程度。
为此,凸出一侧的肌肉要发力。这里给出一个不正确但可以说明此问题的图像:尝试增强凹侧的身体力量。

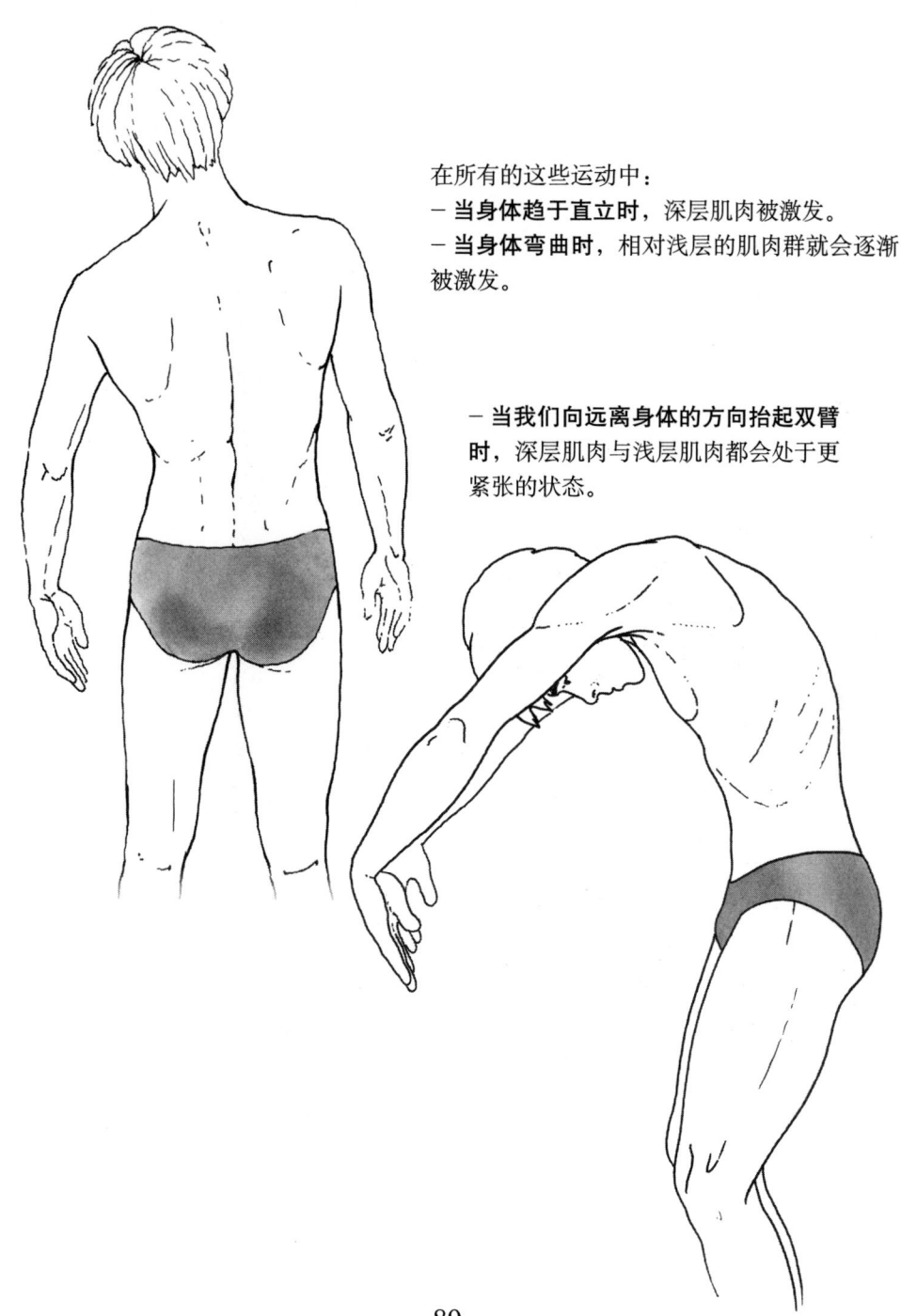

在所有的这些运动中:
- **当身体趋于直立时**,深层肌肉被激发。
- **当身体弯曲时**,相对浅层的肌肉群就会逐渐被激发。

- **当我们向远离身体的方向抬起双臂时**,深层肌肉与浅层肌肉都会处于更紧张的状态。

应该避免的动作

采用坐姿,膝部绷紧,向前俯身,以拉伸腰背部或者腘绳肌。

手臂向前抬起。

借助另一个人的重量。

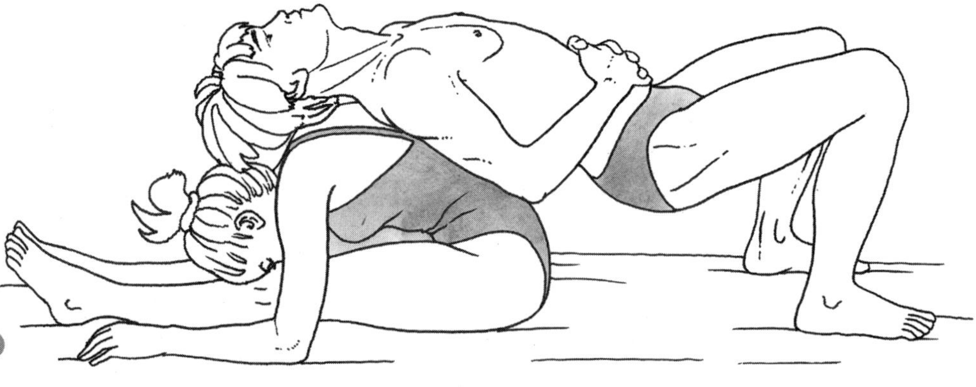

- 因为做这些动作时,椎间盘都处于超负荷状态。想提高腰部的柔韧性,参考第 58、64 ~ 69 页。
- 想拉伸腘绳肌,参考第 182 页。

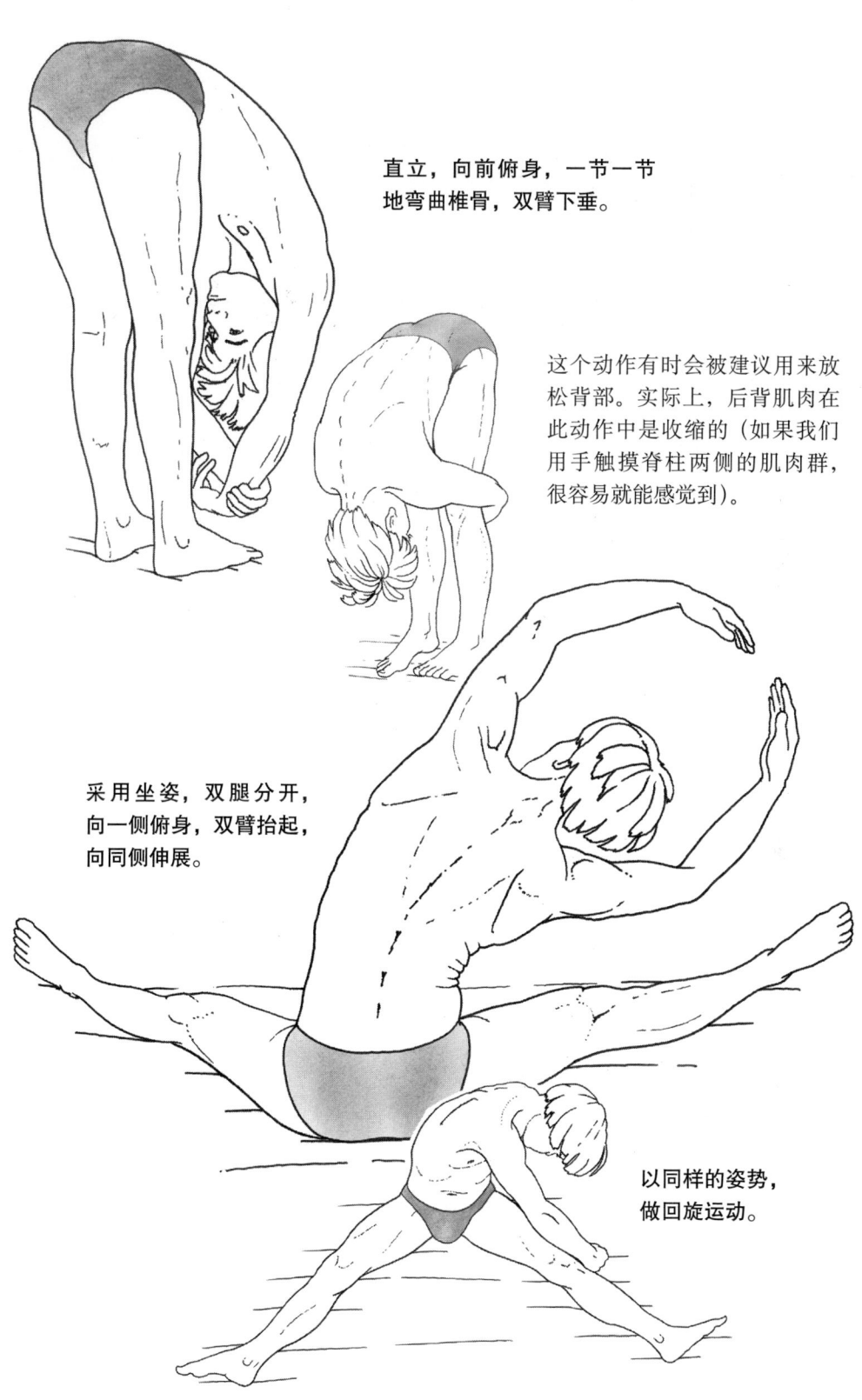

直立,向前俯身,一节一节地弯曲椎骨,双臂下垂。

这个动作有时会被建议用来放松背部。实际上,后背肌肉在此动作中是收缩的(如果我们用手触摸脊柱两侧的肌肉群,很容易就能感觉到)。

采用坐姿,双腿分开,向一侧俯身,双臂抬起,向同侧伸展。

以同样的姿势,做回旋运动。

第三章 肩

肩部是颈部形成的基础,并托起头部。

肩部将上肢与躯干及颈部连接起来,成为一个解剖学整体。

头、颈、肩直至手被交替的肌肉群连接起来。对这几个部位来说,动作的独立性和协调性是非常重要的,否则,本应非常灵活的动作就会变得僵直。

所以,这一章中大部分的内容都将介绍协调性练习。

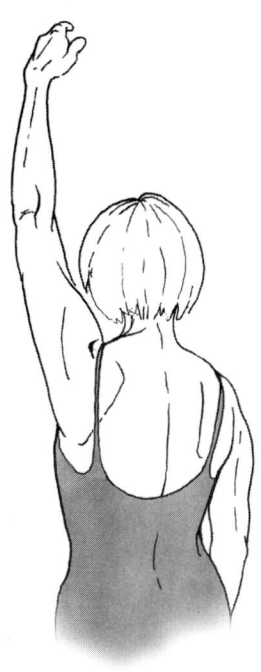

运动及其名称

肩关节运动

首先观察肩部整体的复杂动作,也就是手臂在肩胛骨不受约束时的运动。这时涉及3处关节活动。
- **胸锁关节**,位于胸骨与锁骨之间。
- **肩锁关节**,位于肩胛骨与锁骨之间。
- **肩关节**,位于手臂与肩胛骨之间。

第99页将研究肩胛骨、锁骨与胸部的整体运动。

屈

手臂在矢状面内向身体前方抬起。这个动作幅度可以达到180°。

动作幅度较小时,此动作经常用于拿取物品,抓住高处支撑物,或以手臂进行支撑。

动作幅度较大时,此动作因躯干伸展而被伸展。

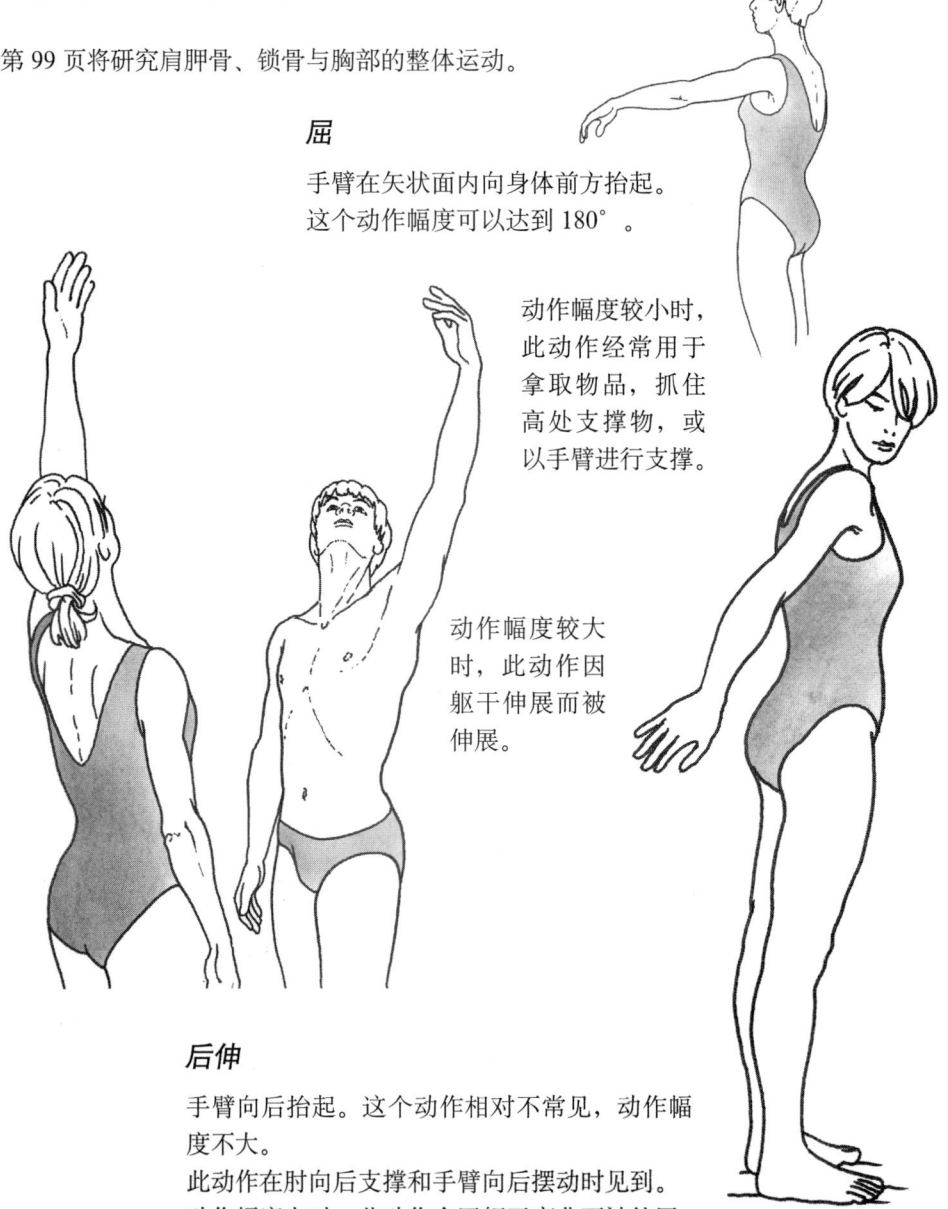

后伸

手臂向后抬起。这个动作相对不常见,动作幅度不大。
此动作在肘向后支撑和手臂向后摆动时见到。
动作幅度大时,此动作会因躯干弯曲而被伸展。

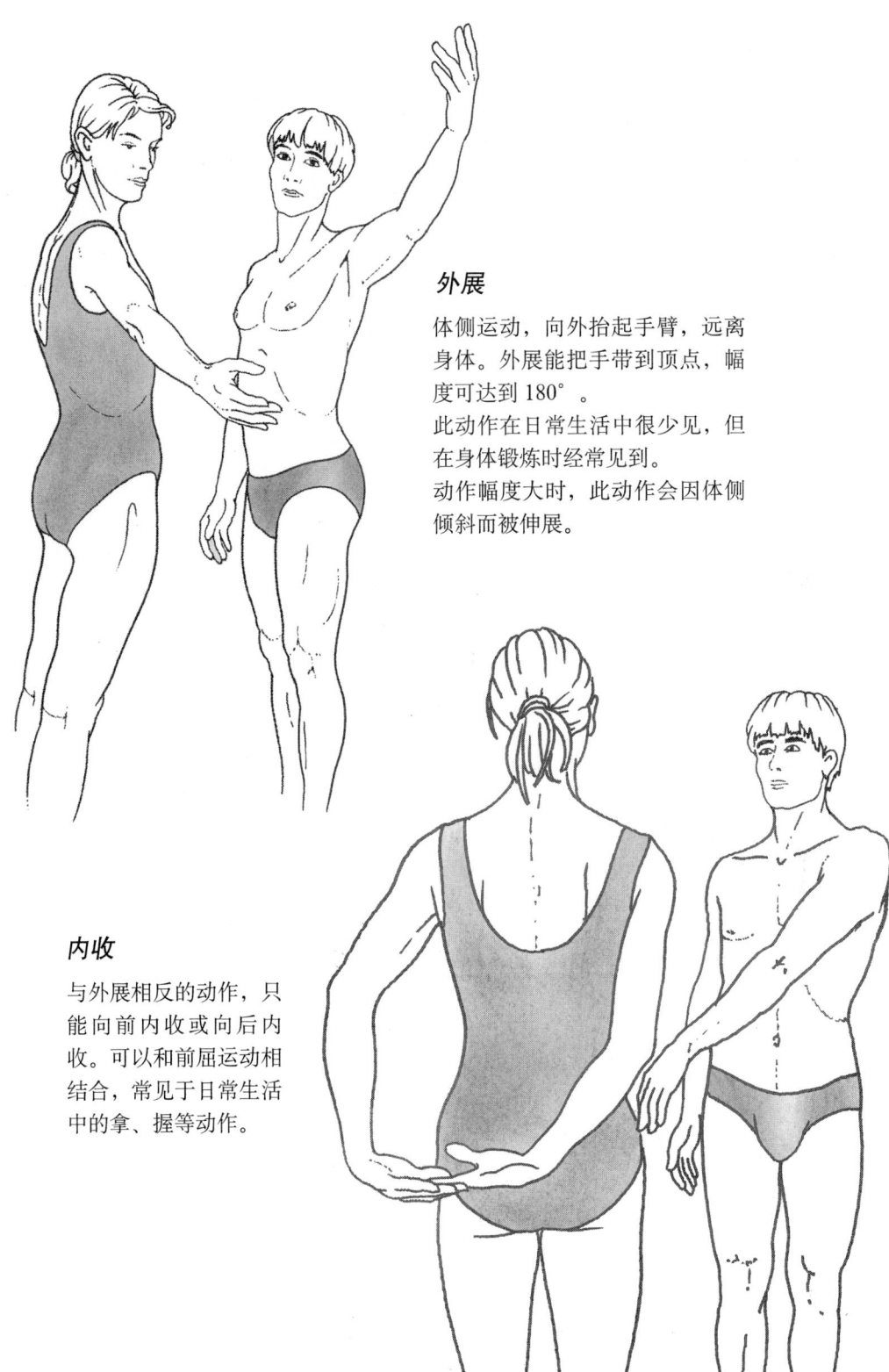

外展

体侧运动,向外抬起手臂,远离身体。外展能把手带到顶点,幅度可达到180°。

此动作在日常生活中很少见,但在身体锻炼时经常见到。

动作幅度大时,此动作会因体侧倾斜而被伸展。

内收

与外展相反的动作,只能向前内收或向后内收。可以和前屈运动相结合,常见于日常生活中的拿、握等动作。

手臂旋转运动

旋内时，手臂绕着自身轴线转动，手向身体方向翻转。

日常生活中，手臂旋内可以达到30°。图示为这个动作的最大幅度，前臂在躯干后与身体交叉。

旋内经常和屈运动相结合，做拿取动作。

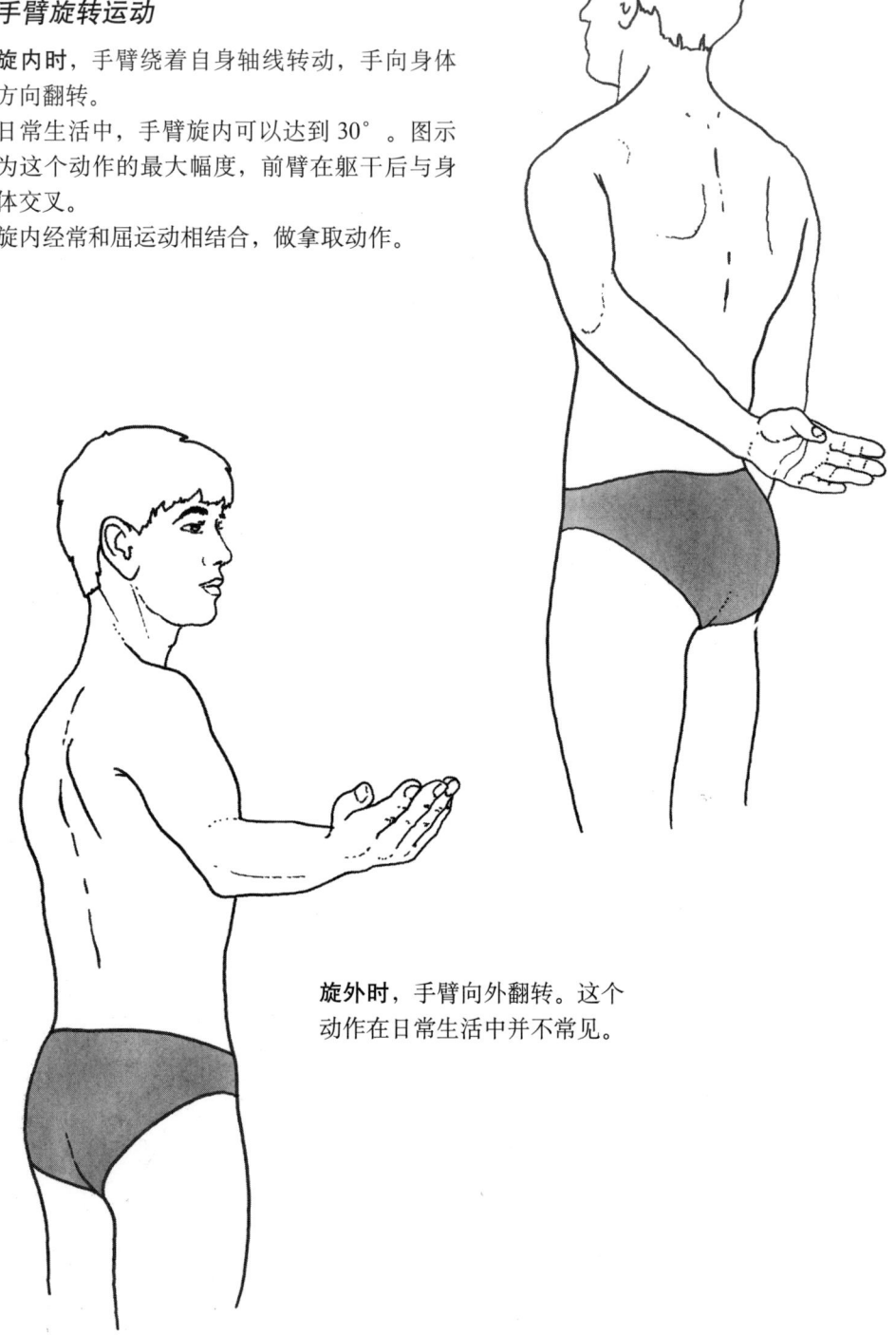

旋外时，手臂向外翻转。这个动作在日常生活中并不常见。

环转运动

肩部的运动幅度是相当大的（这是身体运动幅度最大的部位），尤其在以下方向上。

· 屈
· 旋内
· 外展

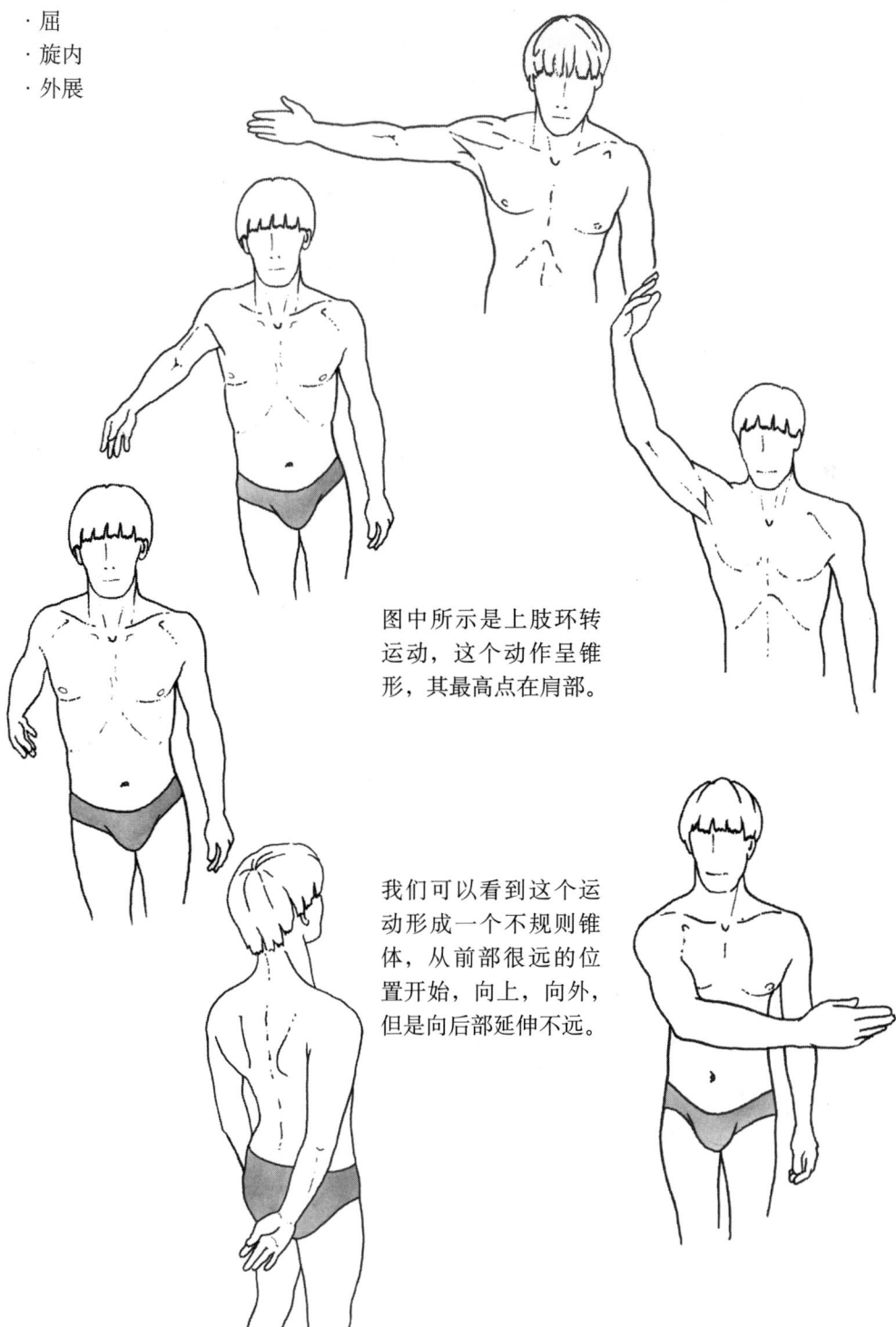

图中所示是上肢环转运动，这个动作呈锥形，其最高点在肩部。

我们可以看到这个运动形成一个不规则锥体，从前部很远的位置开始，向上，向外，但是向后部延伸不远。

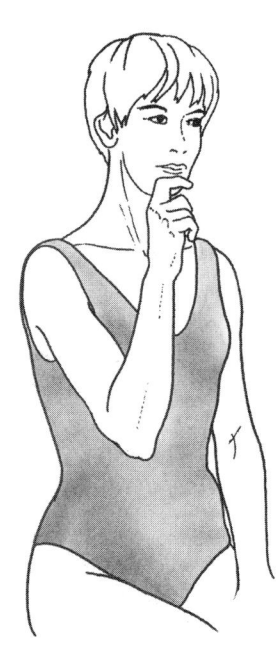

生理运动

以上介绍的运动经常结合在一起。上肢的大多数日常动作会引起身体倾斜方向上的生理运动，比如，托住和支撑嘴部。

肩部的解剖学姿势作为运动的参考姿势，与相应的日常行为姿势之间存在差异，后者被称为"无功能障碍"姿势。
它符合以下情况：
— 关节面有最大接触。
— 肩部所有的韧带和肌肉都处于适度和同等紧绷的状态。
— 在各个方向上都尽可能达到最大运动幅度。

这个姿势结合了：
— 微屈。
— 略微外展。
— 略微旋内。

而在对应的解剖学姿势中，前部韧带处于紧张状态。

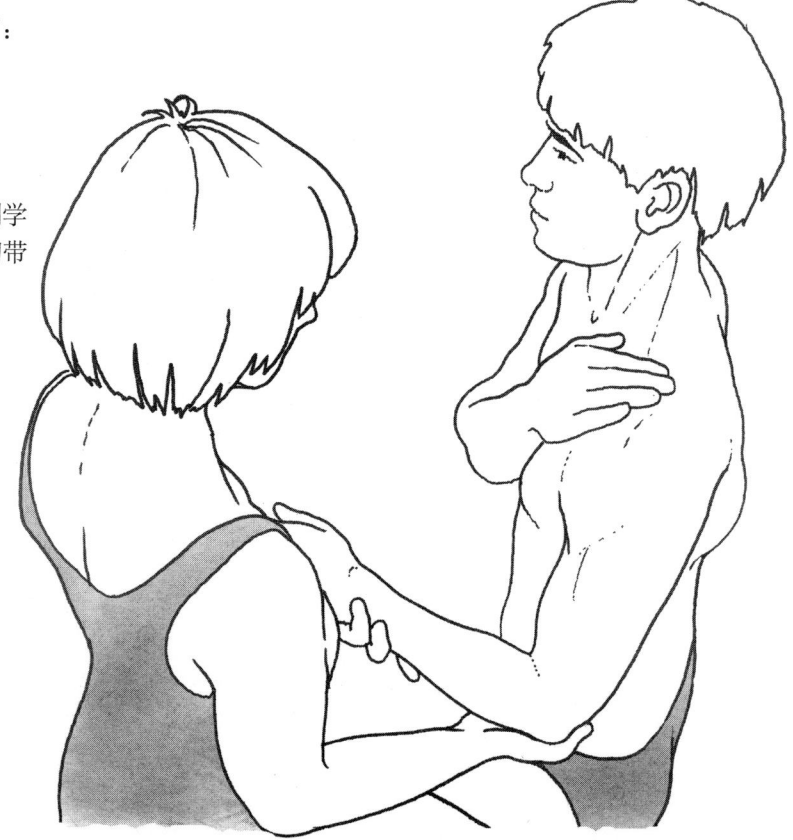

肩胸关节运动

肩胸关节运动对应上肢带在胸廓的移动,它们可以独立进行。暂不考虑手臂,我们可以使上肢带:

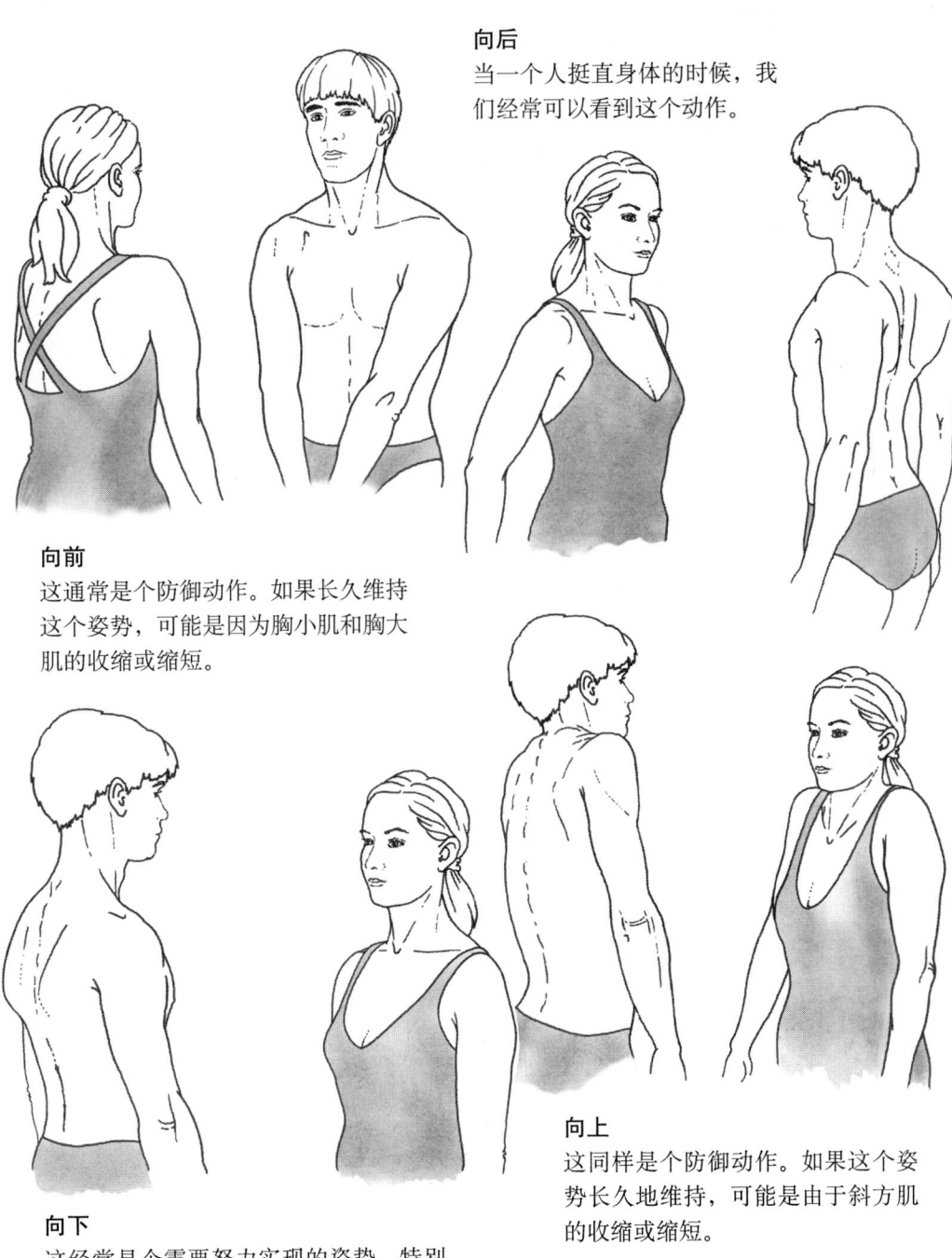

向后
当一个人挺直身体的时候,我们经常可以看到这个动作。

向前
这通常是个防御动作。如果长久维持这个姿势,可能是因为胸小肌和胸大肌的收缩或缩短。

向上
这同样是个防御动作。如果这个姿势长久地维持,可能是由于斜方肌的收缩或缩短。

向下
这经常是个需要努力实现的姿势,特别是进行抬臂运动的时候。

肩胛骨的侧面翻转被称作环转运动

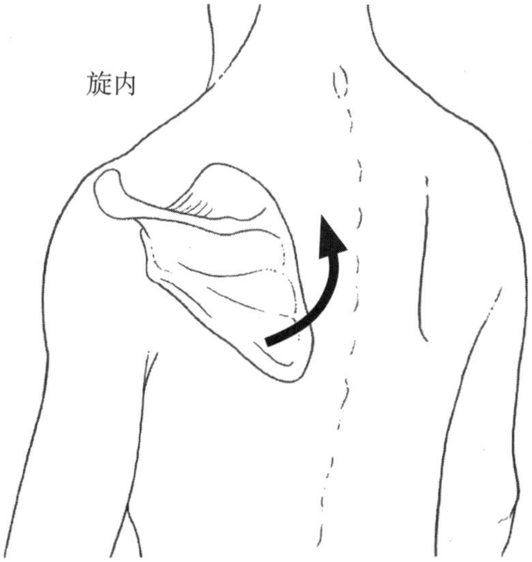

旋内

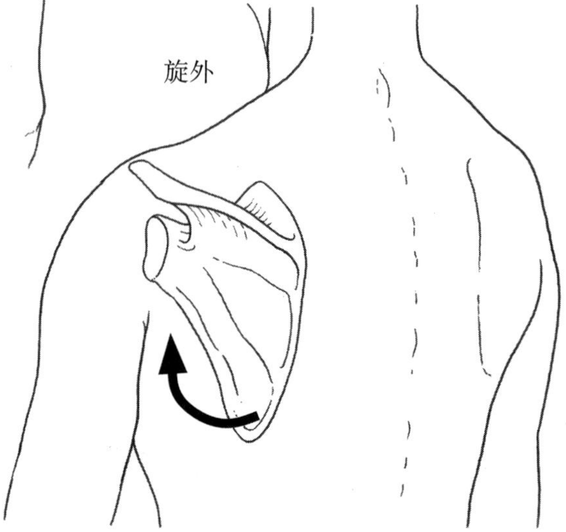

旋外

这些运动难以单独进行，最常见的是与肩胛骨和手臂动作相结合进行运动。

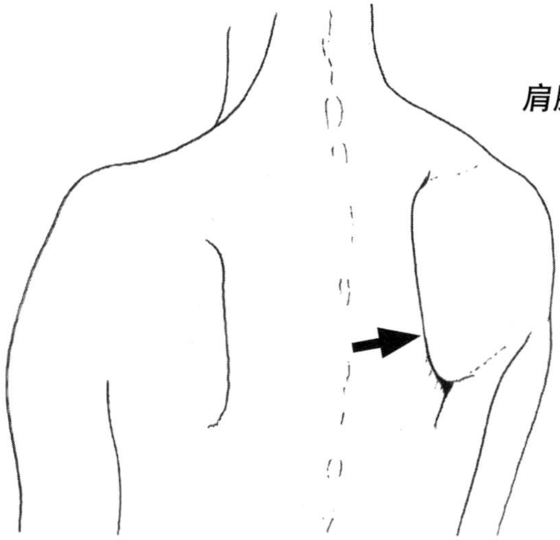

肩胛骨内侧缘紧贴胸廓的运动

前锯肌（参考《运动解剖书》第120页）的运动，在图中的左肩部位可见。

与此相反的是肩胛骨内侧缘远离胸廓的运动

当前锯肌松弛的时候，冈下肌、小圆肌和大圆肌的运动，在图中的右肩部位可见。

肩部的柔韧性

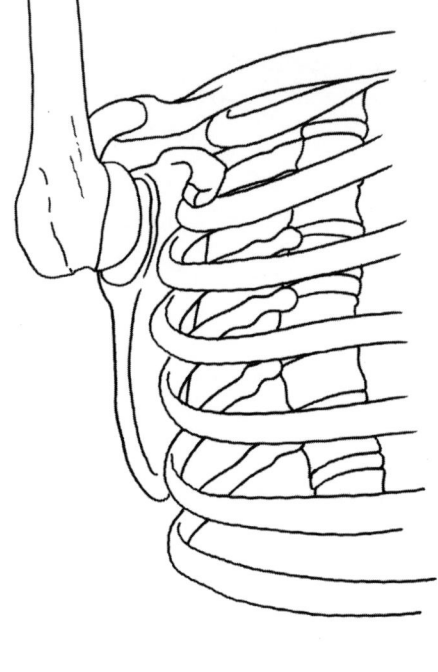

骨骼的柔韧性

从骨骼角度来看，肩关节仅受到极小的限制。
肱骨紧贴胸廓或者肩胛骨外侧缘；在大幅度的外展或前屈运动时，肱骨紧靠肩峰。

肩关节运动幅度非常大，与上肢带的活动范围互为补充，关节的活动范围也不相同。

上肢带朝向身体后部，肩胛骨在此不通过关节连接胸廓，而仅通过肌肉来连接。

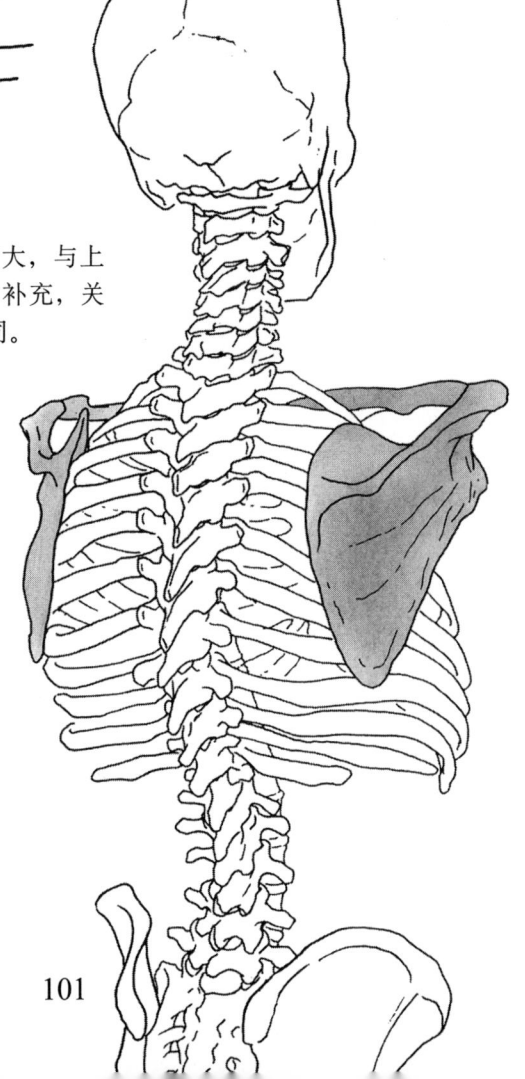

肩关节的柔韧性

在肩关节处,关节囊处于松弛无力的状态。这体现了前部韧带间的一些弱点。

关节囊的加固:
- **上方**由 2 个上臂的"悬挂"肌束来加固(实际上,它们并没有足够的力量来承担这一角色)。
这 2 个肌束限制了大幅度的肩关节前屈和后伸运动。

- **下方或前方**的韧带限制了某些大幅度的动作:肩关节前屈(如果在动作开始时与旋外运动结合),或通过韧带的拉伸在上方做旋内运动。

松弛的关节囊－韧带组合有时会发生炎症:肩周炎和滑囊炎。这会造成肌肉收缩,使手臂无法进行某些或全部运动,出现与正常的关节灵活性形成强烈对比的僵硬现象。这种病理性收缩症状在肩部是最常见的,但儿童和青少年身上较少出现,而成人通常是从韧带和关节囊功能的慢性损坏开始逐渐发展而来的。

肩部肌肉的柔韧性

骨的联结是很脆弱的,韧带也很松弛。关节主要由肌肉维持,在肩部以及与肩部协同工作的颈部区域,肌肉僵硬是最常见的。我们在这里详细描述的是肩部最常见的肌肉僵硬。

深层肌肉

"肩袖"

由4块小肌肉组成:
- 肩胛下肌。
- 冈上肌。
- 冈下肌。
- 小圆肌。

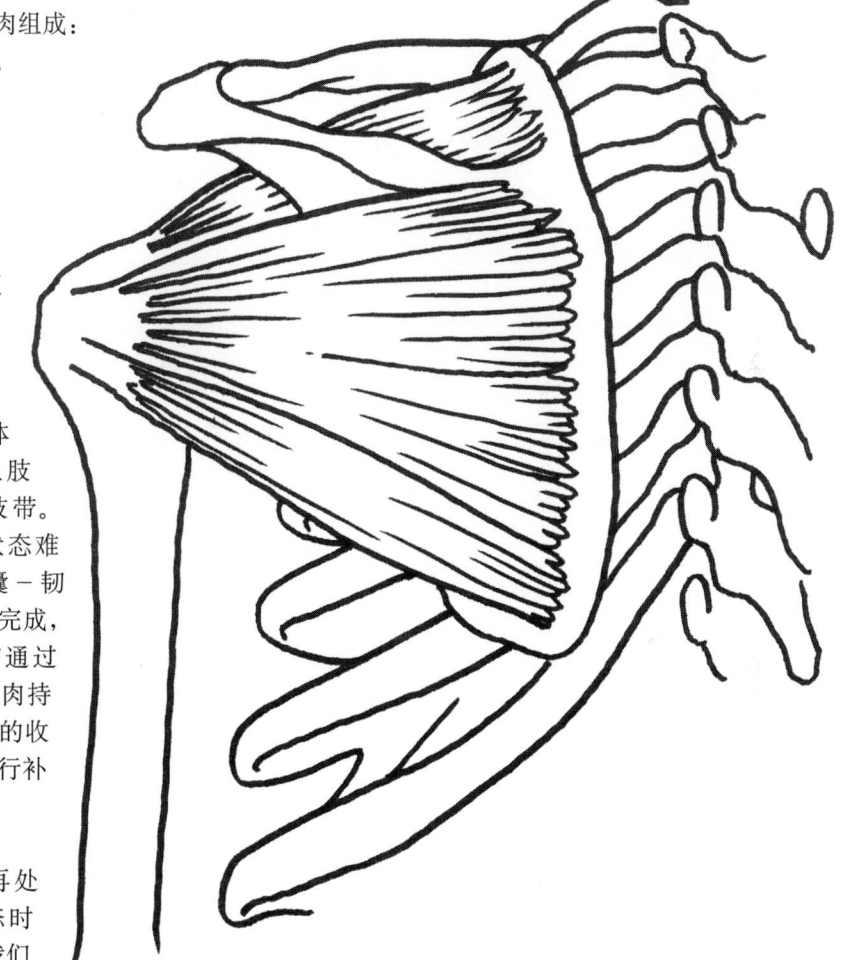

这些肌肉直接覆盖在关节上,紧贴关节囊。当双臂沿身体下垂时,上肢悬挂于上肢带。这个悬空状态难以由关节囊-韧带组合独立完成,因此,还需通过肩部深层肌肉持续保持紧张的收缩状态来进行补充。

当上肢不再处于悬空状态时(例如,当我们将肘部放在扶手上时),这些深层肌肉仍然难以得到放松。因此,某些深层肌肉会永久处于收缩状态,或者处于无法放松的状态,它们趋于僵硬化,有时会带来疼痛感。我们观察到最易发生此类炎症(包含肌腱炎)的部位就是肩部。

对于这些肌肉的柔韧性练习,重点在于找到有效的放松方法。关于有效的收缩练习,请见随后的肌肉强化页面。

浅层肌肉
背阔肌

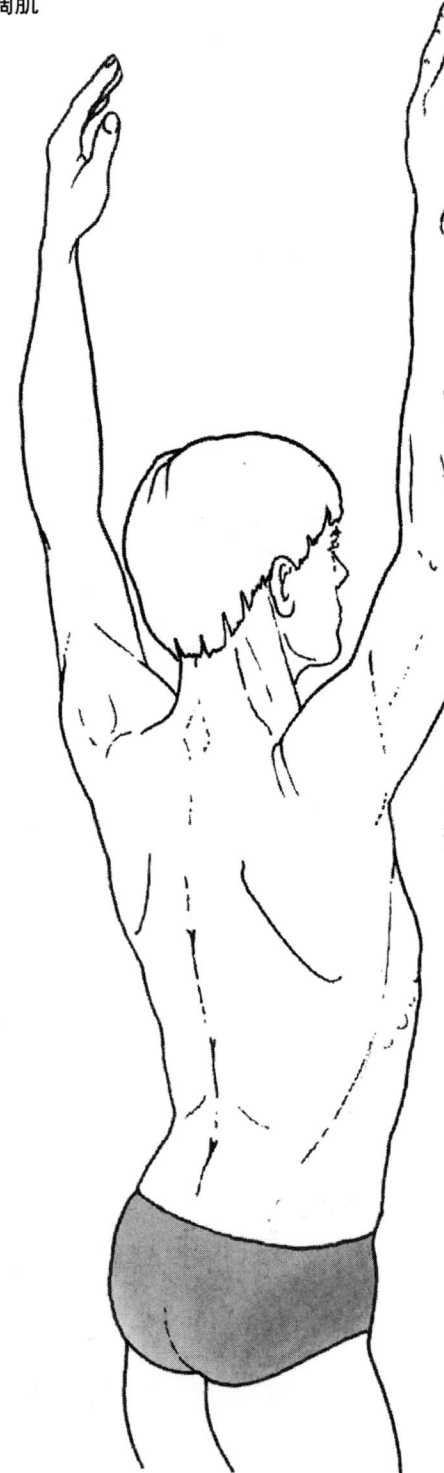

背阔肌使手臂连接在从第6胸椎到骶骨的所有椎骨棘突上。有时，背阔肌的收缩可能会限制手臂抬高的幅度。当我们抬高手臂时，后背区域收缩，引起腰椎前凸或者骨盆前倾。

如图，当手臂高举悬空时，以斜方肌部位为例，我们可以看见前凸的情况。

背阔肌的伸展不仅增加了肩部动作的幅度，同时也增加了从第6胸骨到骶骨部位的伸展幅度。所以，这是一项涉及肩部及躯干部位的练习。

上斜方肌

上斜方肌覆盖了头部、颈部、上肢带区域。如果它的两侧同时收缩，会引起头部在颈部位置的过度伸展，经常伴随由胸锁乳突肌收缩造成的颈部前凸（见颈部章节）和肩部上升。如果以上表现同时存在，会给人一种头部嵌进肩膀的感觉。

如果发生在一侧，可能会引起以下 3 种不同的姿态，它们是可以相互结合的。

– 头部在颈部上的**拉伸**，伴随同侧侧屈。

– 颈部**侧屈**。

– 同侧肩部的**抬高**。

上斜方肌的伸展对头部、颈部、肩部活动性的改善有重要影响。但是，拉伸动作应缓和，因为涉及臂神经丛区域，从颈椎段发出的重要神经集合于此（参考第 117 页）。

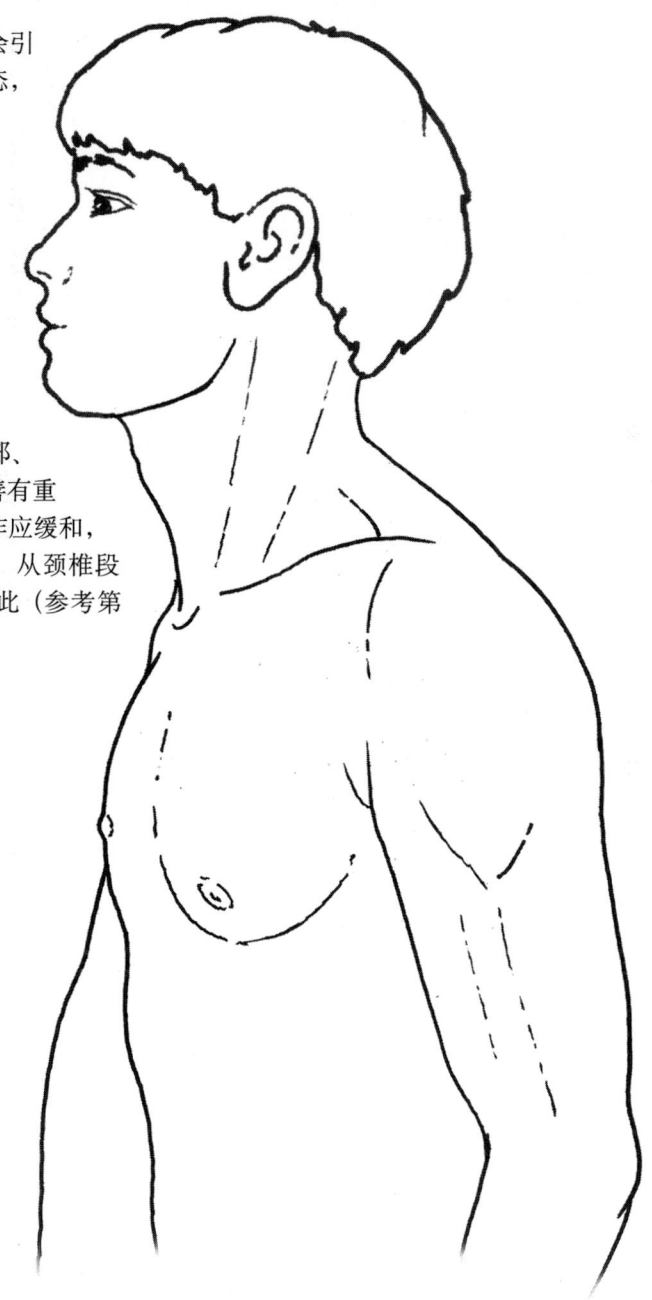

胸肌

位于肩部前面的左右 2 块肌肉经常同时收缩。胸大肌是覆盖肱骨前侧到锁骨以及第 1～7 肋骨部分的肌肉。一些肌纤维附着在胸骨上，与胸大肌纤维在此处对称交叉。

因此，左右 2 块肌肉在胸前部位有一定的连续性。

当**胸大肌**收缩时，会引起肱骨头的内旋，这使肱骨头向身体内侧靠近。如果 2 块胸大肌同时收缩，肩部两侧会向前靠拢。

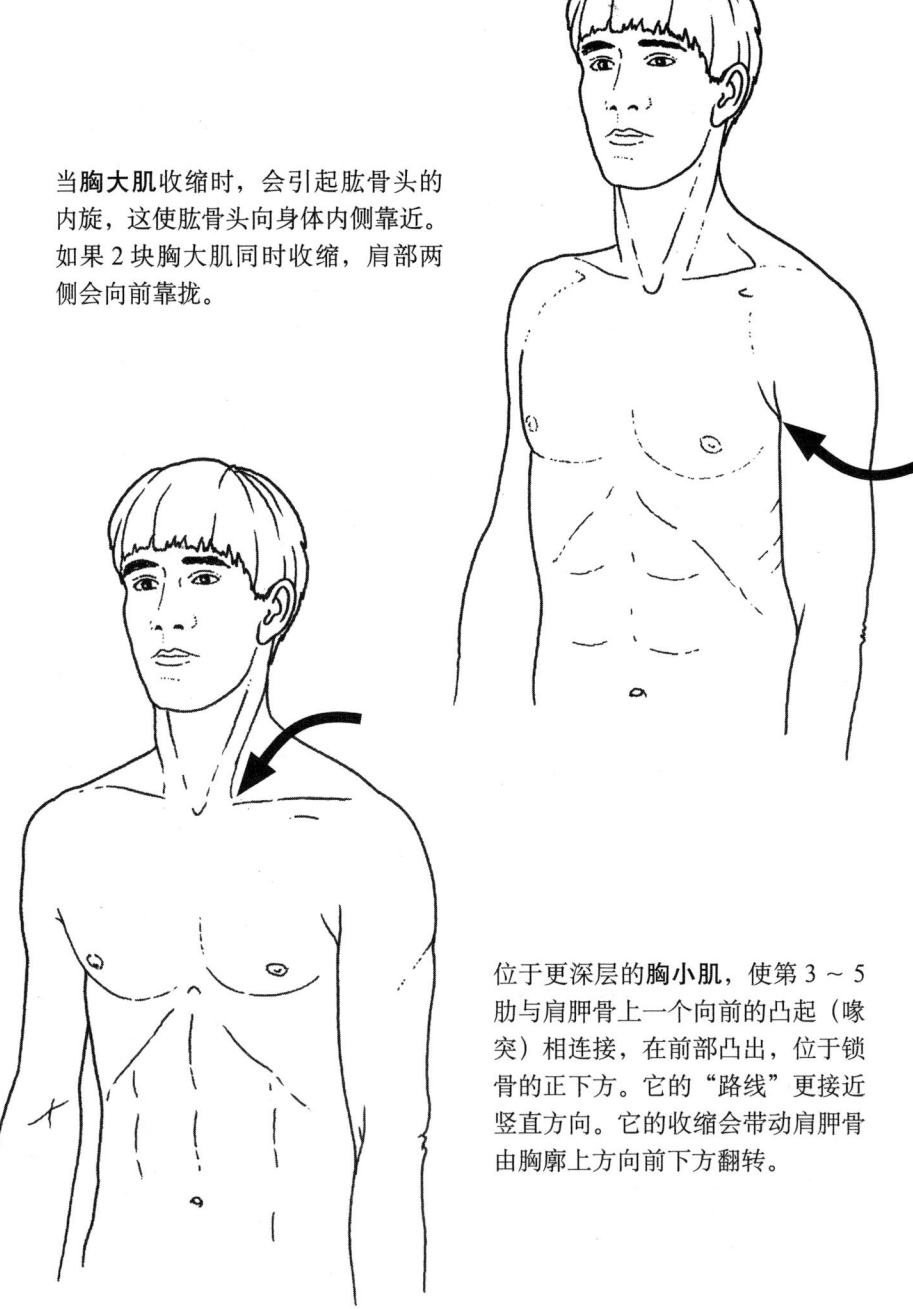

位于更深层的**胸小肌**，使第 3～5 肋与肩胛骨上一个向前的凸起（喙突）相连接，在前部凸出，位于锁骨的正下方。它的"路线"更接近竖直方向。它的收缩会带动肩胛骨由胸廓上方向前下方翻转。

当 2 **块胸肌**同时且对称收缩，胸廓前部在横向及纵向上同时闭合，侧面的肩肱肌群被移至胸廓前部，后背区域经常表现为宽大而拱起。

这时，颈部区域向前方移动，导致竖直方向上的过度前凸。

这个姿势由上斜方肌和菱形肌共同维持。

以上的具体描述是为了体现胸肌紧绷对关节和肌肉活动的一系列影响，妨碍了头部、颈部、肩部区域的协调有序的排列。由此可见，以上情况下，这些肌肉的伸展是所有运动进行前的准备条件（参考第 118、119 页）。

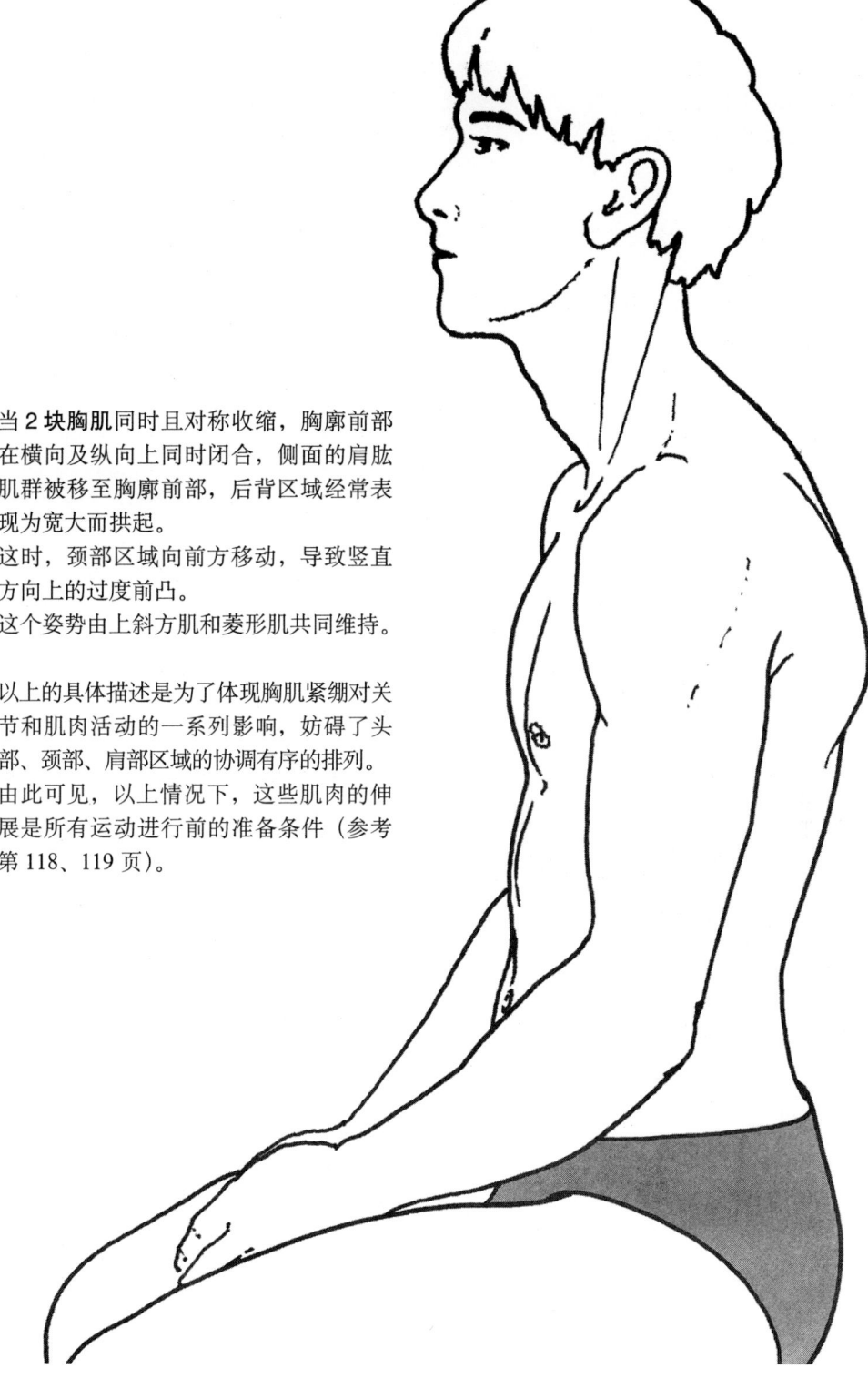

肩部的肌肉力量

日常生活中,由于上肢负荷比下肢轻,肩部肌肉力量几乎锻炼不到。

但要注意以下 2 点:
- 悬挂于上肢带的双臂,被深层肌肉持久的收缩所支撑,所以,必须维持这些肌肉的力量和效果,同时在关节无支撑时,尽可能使这些肌肉放松。

- 许多日常动作(如抬起重物,手臂支撑、悬空,保持原状)可以锻炼肩部肌肉力量。

这里指出了维持肩部肌肉力量的两大练习方向。
- 强化所有浅层肌肉。
- 强化深层肌肉,但同时要增加深层肌肉在上肢不处于悬空状态时的放松练习。

肩部区域的很多肌肉都跨到了颈部区域。
收缩这些肌肉,就可以提高整个肩颈区域的肌肉力量,但必须注意颈椎的正确摆放。

肩部肌肉的协调性

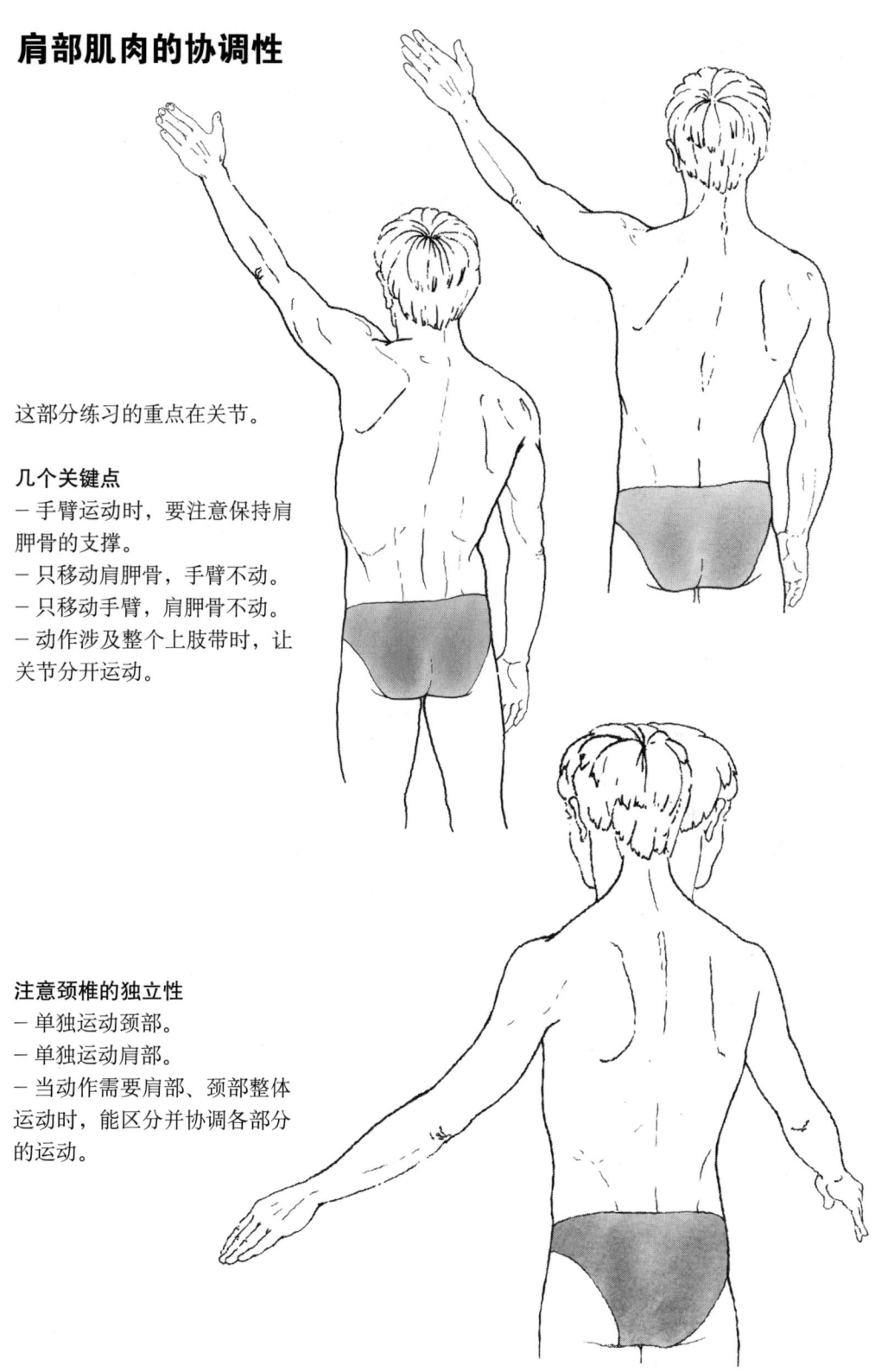

这部分练习的重点在关节。

几个关键点
- 手臂运动时,要注意保持肩胛骨的支撑。
- 只移动肩胛骨,手臂不动。
- 只移动手臂,肩胛骨不动。
- 动作涉及整个上肢带时,让关节分开运动。

注意颈椎的独立性
- 单独运动颈部。
- 单独运动肩部。
- 当动作需要肩部、颈部整体运动时,能区分并协调各部分的运动。

肩胛骨固定

当手臂在肩胛骨上运动时，应使肩胛骨固定，作为带动手臂运动的肌肉的定点。

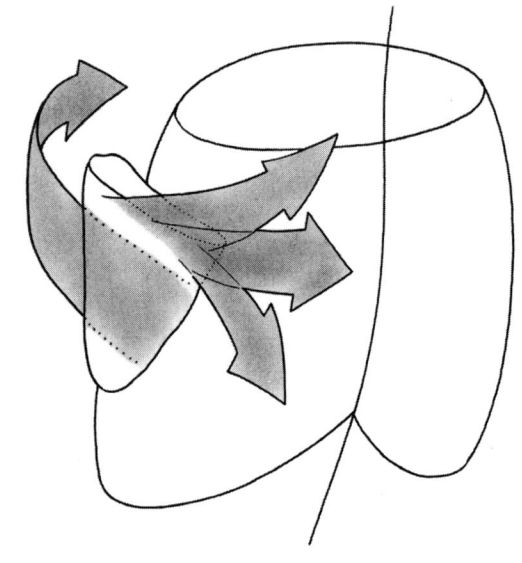

通常由 2 块肌肉向相反方向作用来固定肩胛骨，这 2 块肌肉是斜方肌和前锯肌（见《运动解剖书》第 121 页）。

一个常见的错误是当手臂向侧面或向前抬起时，与前锯肌配合的不是中斜方肌⋯

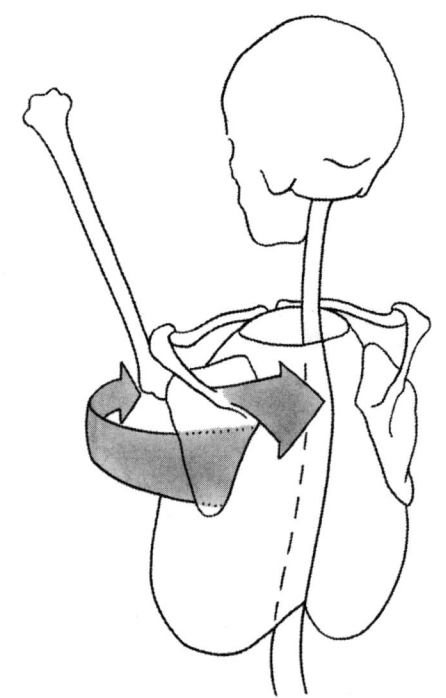

⋯而是上斜方肌。

这个动作会让人很快感到疲劳。
- 颈部疲劳，因为做这个动作时，上斜方肌会成为束缚。
- 下方肌肉感到疲劳，因为肌肉动作位置不正确。

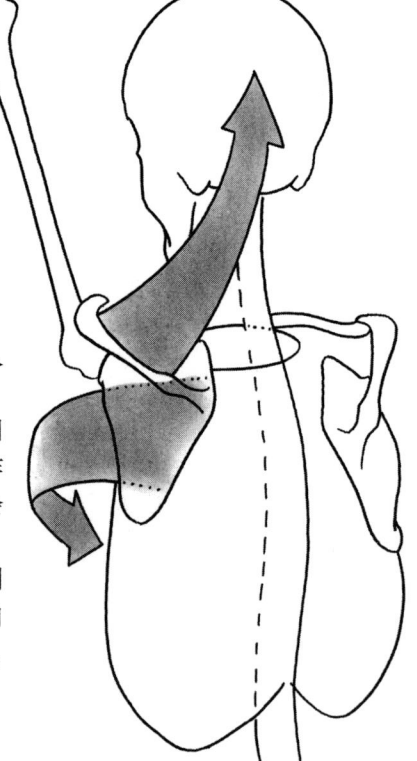

因此，肩部协调性练习的一个重要方面是在抬臂运动中使用中斜方肌，肩部保持下沉。

手臂运动时肱骨头的下降

手臂侧举时,主要是三角肌和冈上肌参与运动。

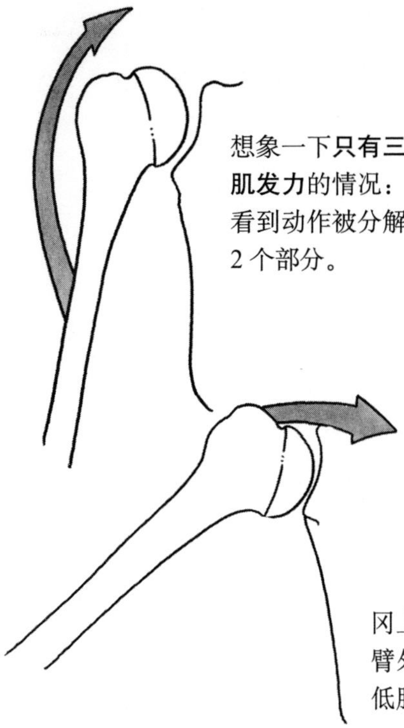

想象一下**只有三角肌发力**的情况:能看到动作被分解成 2 个部分。

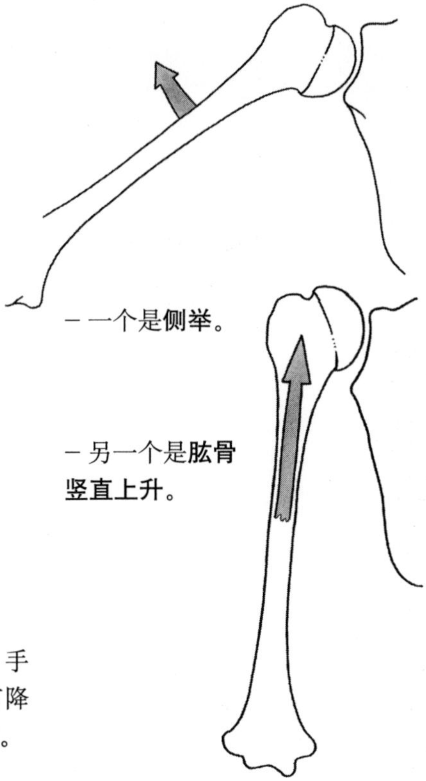

— 一个是侧举。

— 另一个是肱骨竖直上升。

冈上肌则相反,手臂外展运动时有降低肱骨头的倾向。

多数情况下,这个下降动作没有实现。
手臂举起时,肱骨头靠近关节上部做竖直活塞运动。

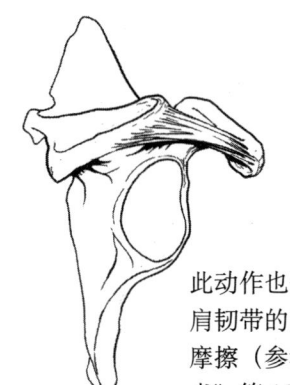

运动时,这个动作会压缩肩峰和紧挨韧带的冈上肌肌腱之间的滑液囊,造成滑液囊损伤。

此动作也会导致靠近喙肩韧带的冈上肌的反复摩擦(参考《运动解剖书》第 118 页)。

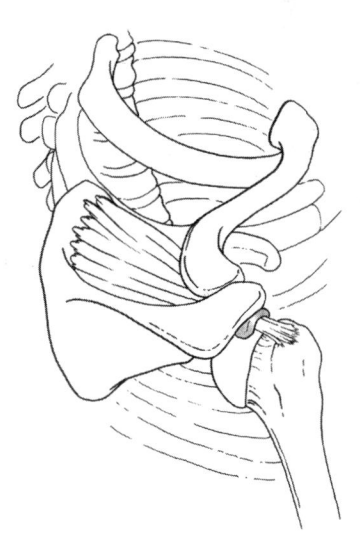

因此,手臂抬高时练习降低肱骨头很重要(参考第 126 页)。

肩部柔韧性练习

关节柔韧性练习

对于一些运动受限,尤其是受到疼痛困扰的人来说,更应该求助于运动治疗师。

不过,这不妨碍我们按照以下这些练习来避免最常见的动作僵直(仅适用于无疼痛感的情况)。

体前方运动

跟着下面的步骤,先分步练习,然后将动作连贯起来。

直立,双臂下垂。肘部弯曲,前臂贴着胸廓位置(肩部向内旋转,略微内收),肘部约位于肚脐前方。

手转向面部前方,甚至朝向外侧(肩部轻轻向外旋转)。

接上一个姿势,在**垂直方向上举起手**(可以用被动的方式做这个动作,即用一只手牵引另一只手)。

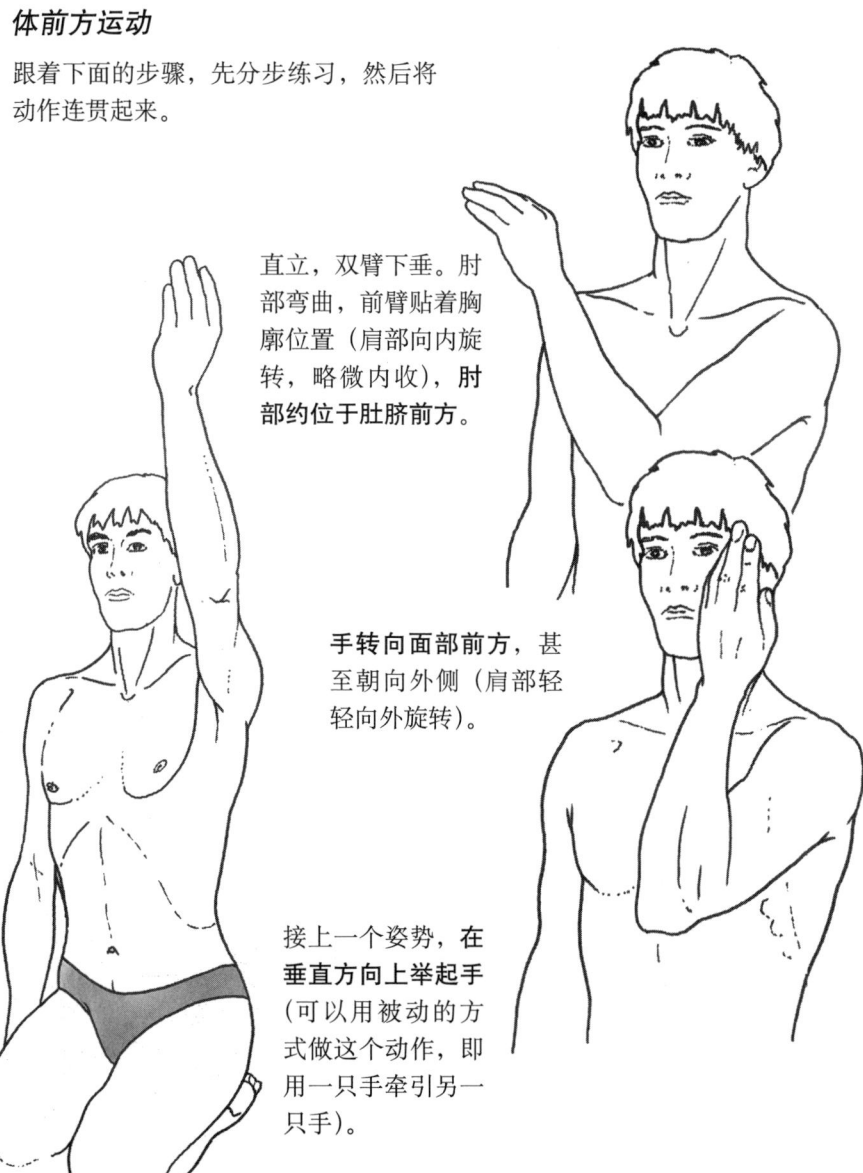

体侧运动

此练习仅在手臂能够旋外时进行。

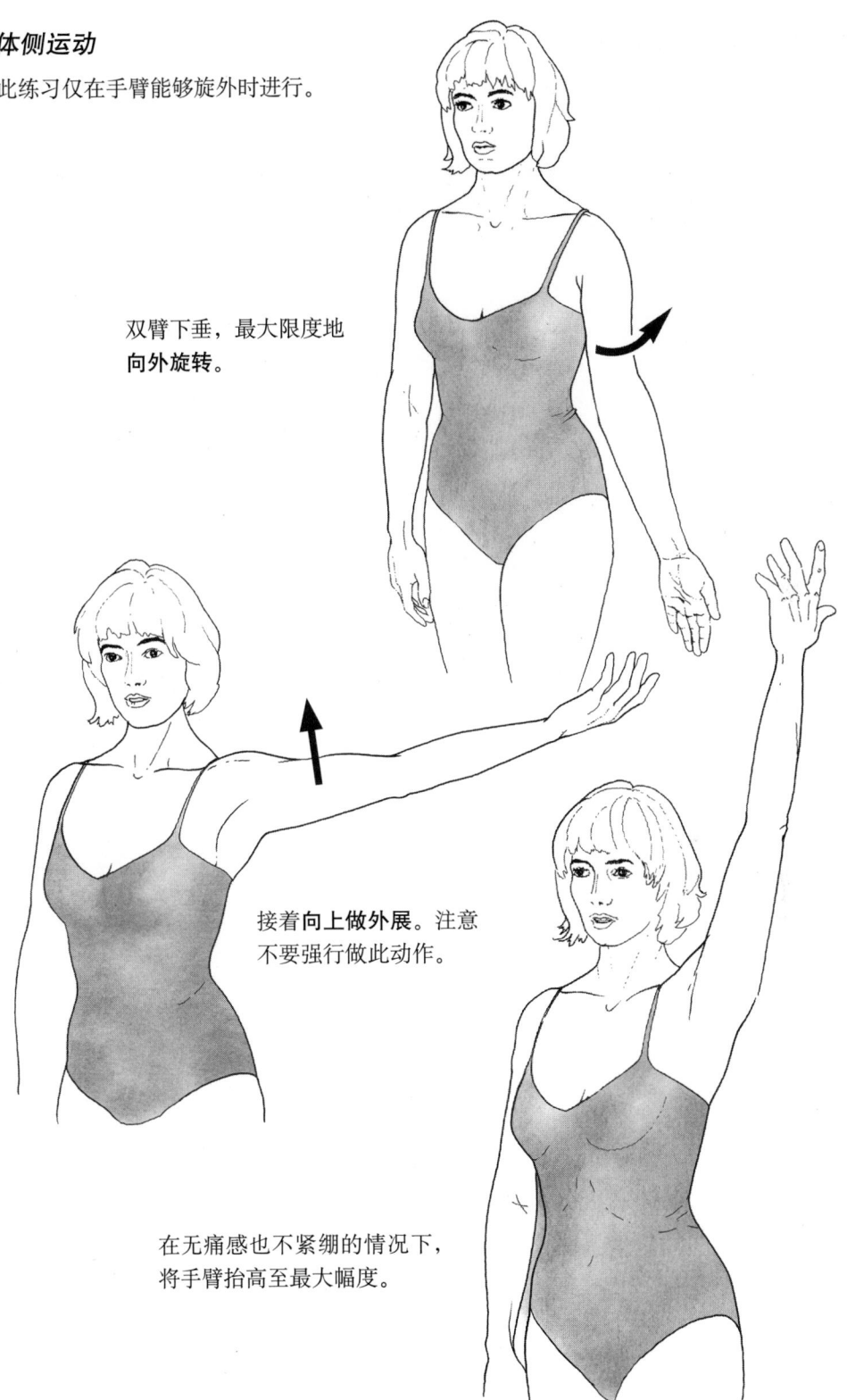

双臂下垂,最大限度地**向外旋转**。

接着向上做外展。注意不要强行做此动作。

在无痛感也不紧绷的情况下,将手臂抬高至最大幅度。

113

借助绳子或棍棒

采用坐姿或直立姿势，双手拿起一条绳子或一根棍子。

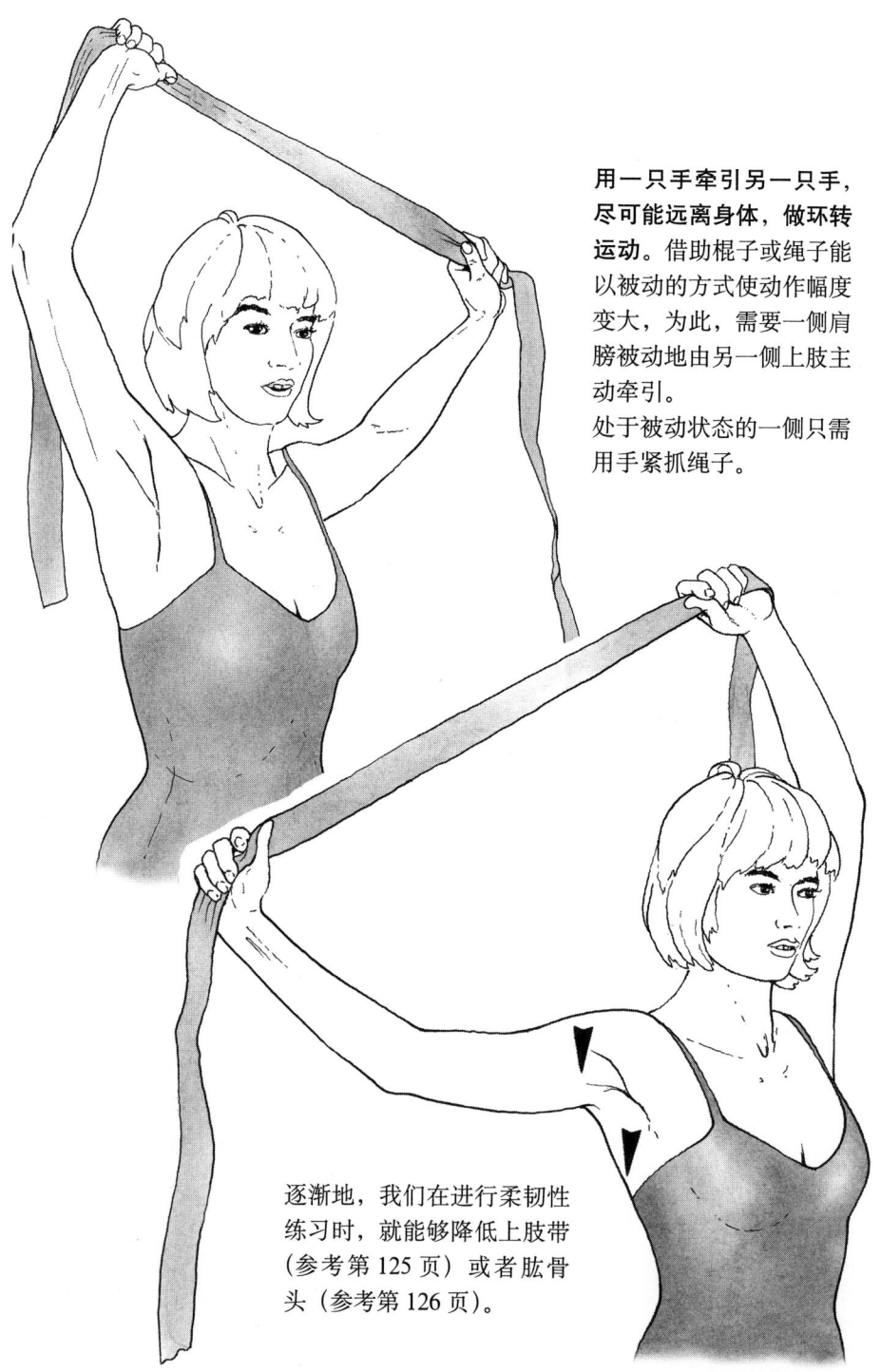

用一只手牵引另一只手，尽可能远离身体，做环转运动。借助棍子或绳子能以被动的方式使动作幅度变大，为此，需要一侧肩膀被动地由另一侧上肢主动牵引。

处于被动状态的一侧只需用手紧抓绳子。

逐渐地，我们在进行柔韧性练习时，就能够降低上肢带（参考第 125 页）或者肱骨头（参考第 126 页）。

摆臂动作

采用站姿，髋部和膝部半屈，**轻微向前或向一侧弯下腰。**

保持这一姿势，使整个上肢部位在各个方向上**做摆动**，可以画圈或者画"8"字形。这个向多方向倾斜的练习十分有益，更符合人体生理学。

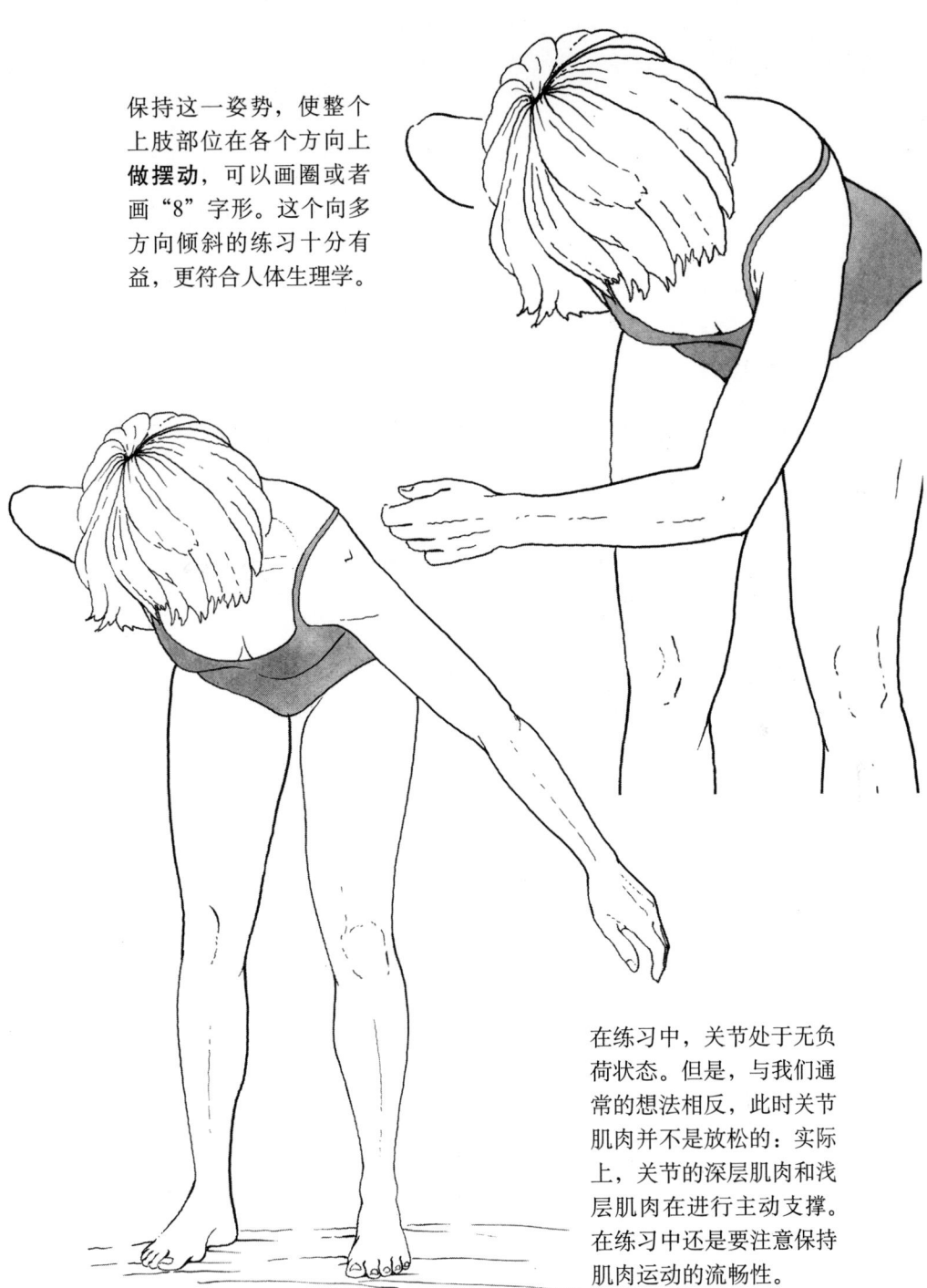

在练习中，关节处于无负荷状态。但是，与我们通常的想法相反，此时关节肌肉并不是放松的：实际上，关节的深层肌肉和浅层肌肉在进行主动支撑。在练习中还是要注意保持肌肉运动的流畅性。

拉伸背阔肌

拉伸背阔肌

背部平躺，**膝部向腹部弯曲**。此时，骨盆后倾，脊柱腰段的前凸消失。也可以**抬高骨盆**，使其后倾，通过足部牵引，带动骶骨靠近双足。

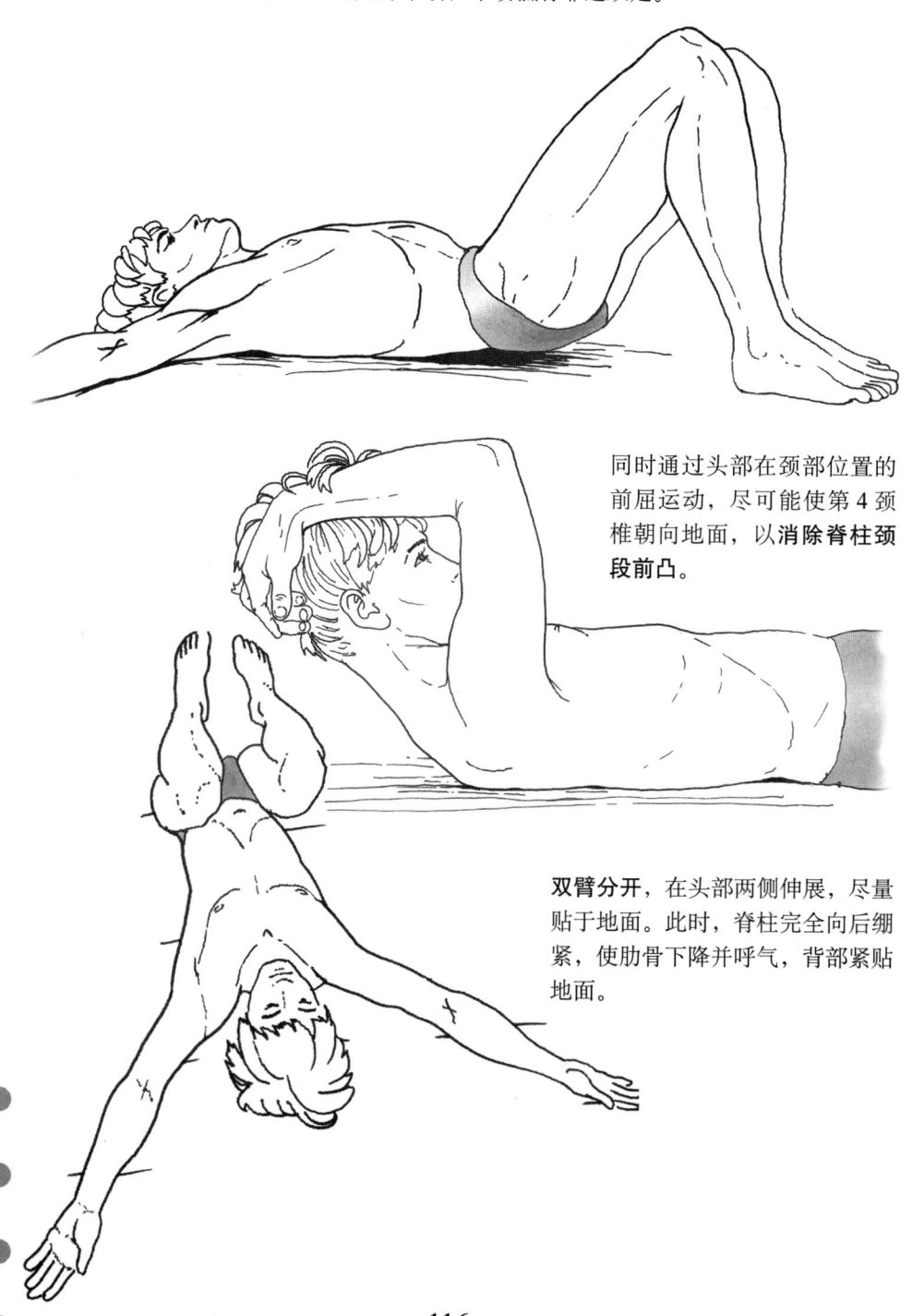

同时通过头部在颈部位置的前屈运动，尽可能使第4颈椎朝向地面，以**消除脊柱颈段前凸**。

双臂分开，在头部两侧伸展，尽量贴于地面。此时，脊柱完全向后绷紧，使肋骨下降并呼气，背部紧贴地面。

拉伸斜方肌

这项练习要求同时控制头部、颈部、肩部、胸椎的姿势,因此,最好在地上进行此练习,与地面的接触能够帮助我们更好地固定位置。

一开始常无法同时控制好所有部位,所以,我们可以每次准确完成一个部位的动作。

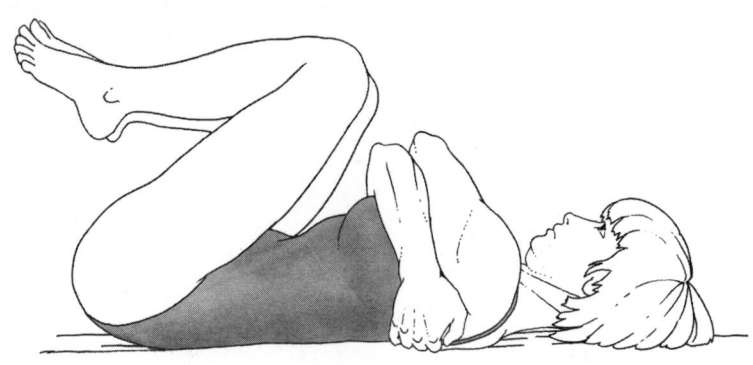

背部平躺,两膝弯曲,使骨盆后倾,消除脊柱腰段前凸。用力挺直颈椎并收紧下巴,如果可能,尽量使第4颈椎区域靠近地面。

脊柱胸段因此趋于离开地面。但要尽量使胸椎大面积贴地,同时交叉双臂环绕肋骨。这个动作会使肩胛骨分开。如果可能,甚至可以用手紧抓肩胛骨来分开它们。

拉伸上斜方肌

保持颈后部伸直,头部向一侧倾斜,此时能感觉到对侧的拉伸。注意把握拉伸幅度,在产生疼痛感之前停下。

我们可以让双臂沿着身体下滑,在伸展的一侧使手滑向足部。

向右或向左进行小幅度的头部回旋运动,此时可以感受到上斜方肌运动纤维束的拉伸。

拉伸胸大肌

以右侧胸大肌为例描述动作。

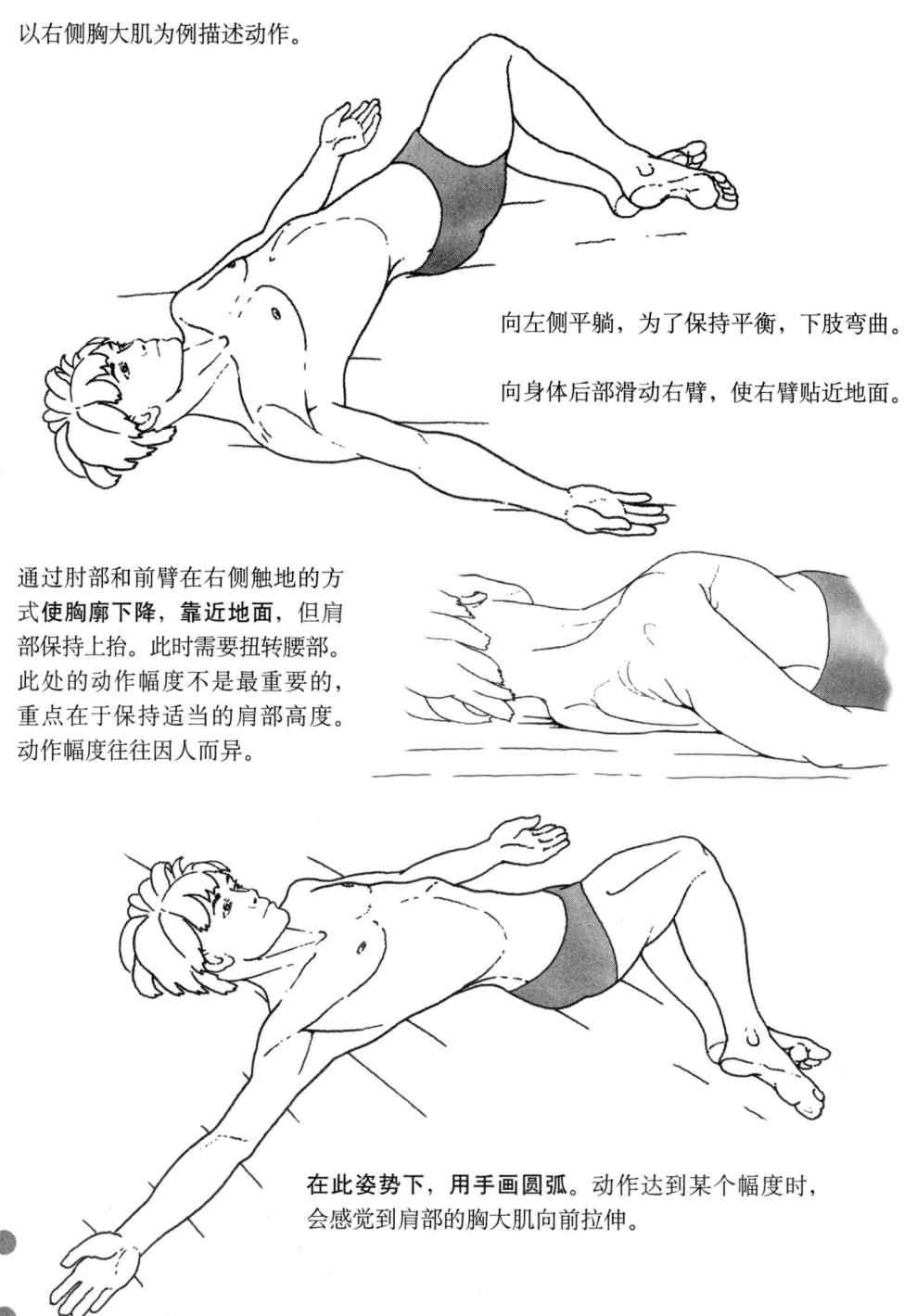

向左侧平躺，为了保持平衡，下肢弯曲。

向身体后部滑动右臂，使右臂贴近地面。

通过肘部和前臂在右侧触地的方式**使胸廓下降，靠近地面**，但肩部保持上抬。此时需要扭转腰部。此处的动作幅度不是最重要的，重点在于保持适当的肩部高度。动作幅度往往因人而异。

在此姿势下，用手画圆弧。动作达到某个幅度时，会感觉到肩部的胸大肌向前拉伸。

注意：拉伸会带来紧绷感，在产生疼痛感（有夹紧或灼烧感）之前停下。如果已经感到疼痛，应下降肩部，使其靠近地面，以此减小拉伸幅度。

此时，可以进行**手臂的旋内或旋外运动**，这会使胸大肌各纤维束处于紧张状态。

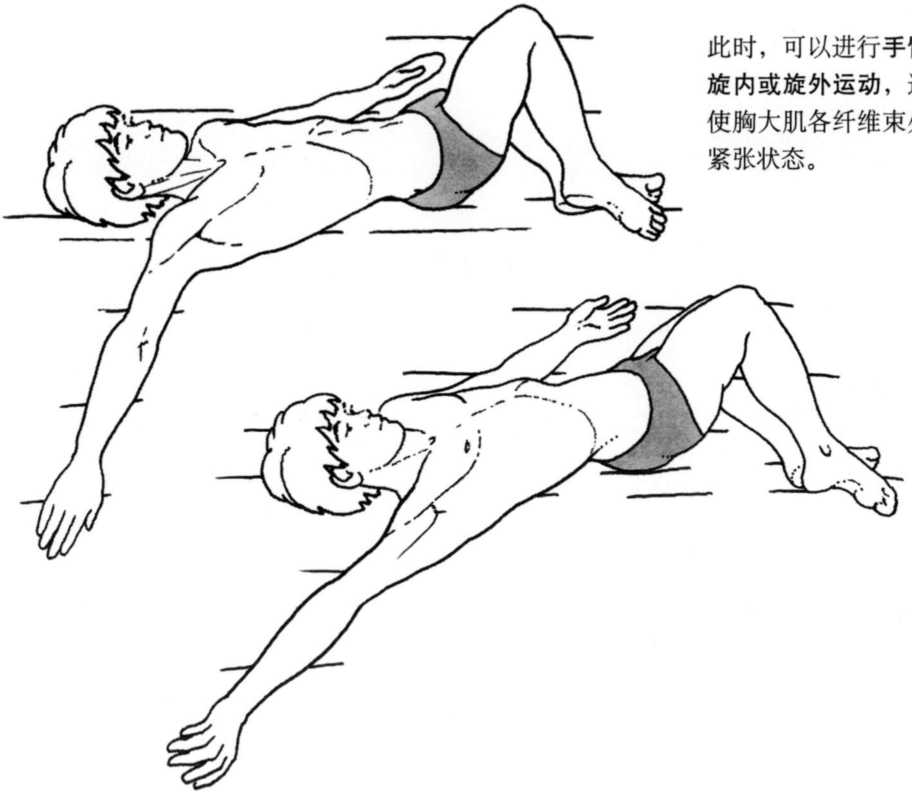

做完这个练习，背部平躺，双臂沿着身体伸直。此时会发现两肩之间存在差异。

拉伸的一侧：
肩胛骨放松，平放在地面。上臂碰到地面，肱骨为中轴回旋状态。

三角肌和胸大肌几乎相连，形成一个连续的肌肉层。

未拉伸的一侧：
肩胛骨主要由内侧缘触地。上臂未触地，肱骨旋内。

三角肌和胸大肌被一条明显的沟分隔开。

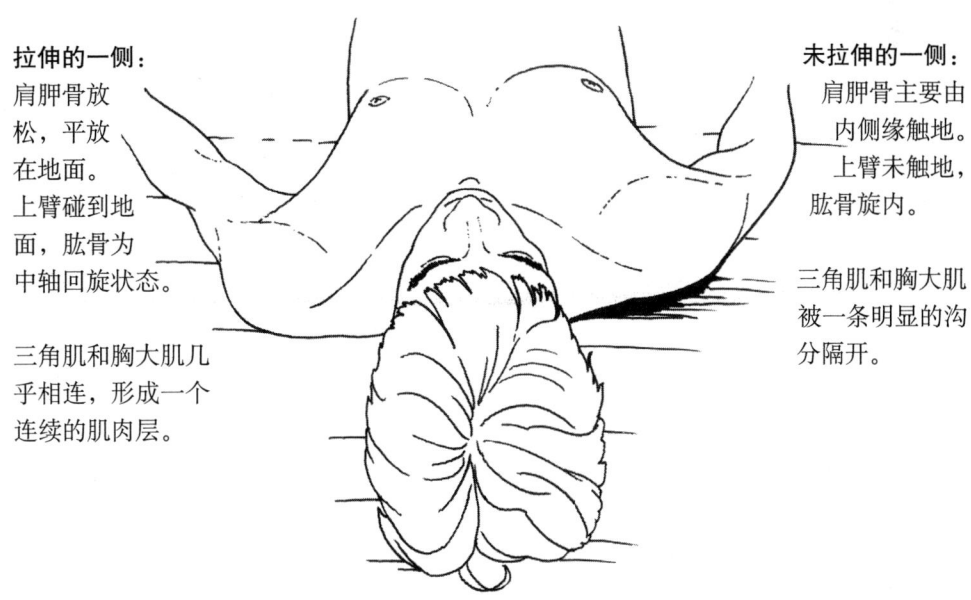

拉伸胸小肌

背部平躺，一侧手臂贴地，手置于头部上方。

用力呼气，使肋骨下降。也可以用另一侧空闲的手帮助降低胸骨或使肋骨下降。

关于胸部练习的提示

这些练习不适用于肩部活动受限的人（例如，不能把手臂贴地放在头部两侧的人）。这种情况下，应该从无须过分抬高肩部的练习入手，或者在有支撑物的情况下以及通过同伴的帮助，使得手臂在与地面保持一定距离时移动。

肩部浅层肌肉的强化

前部肌肉的强化

为了最大限度地锻炼上肢肌肉，可以通过支撑上肢以及多种变式来练习。

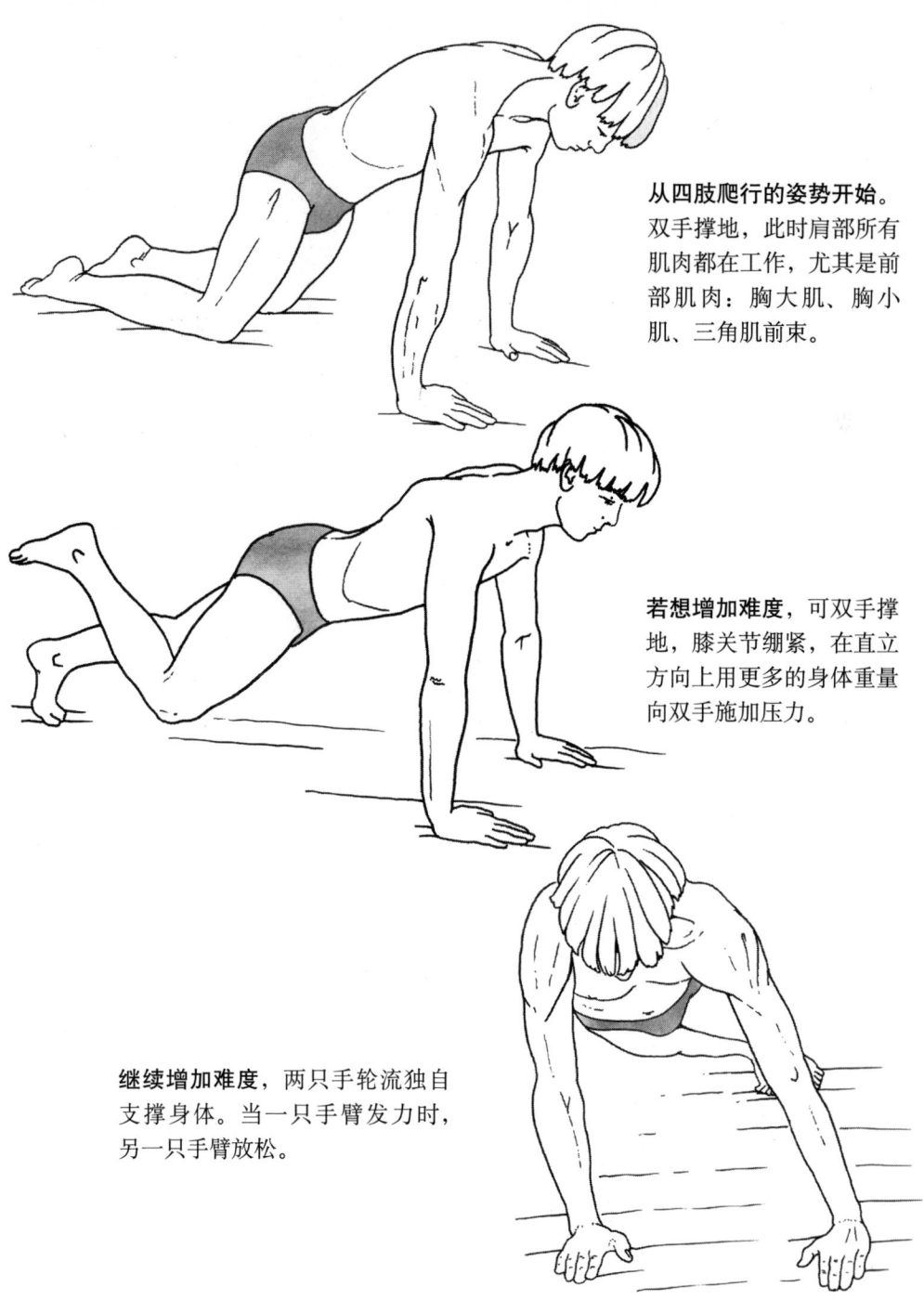

从四肢爬行的姿势开始。 双手撑地，此时肩部所有肌肉都在工作，尤其是前部肌肉：胸大肌、胸小肌、三角肌前束。

若想增加难度，可双手撑地，膝关节绷紧，在直立方向上用更多的身体重量向双手施加压力。

继续增加难度，两只手轮流独自支撑身体。当一只手臂发力时，另一只手臂放松。

前锯肌的强化

1) **观察肌肉运动**。
当身体处于四肢爬行的姿势时,胸廓会向后凹陷,胸骨靠近地面。

然后,尽力使胸廓相对肩胛骨抬起。这会使肩胛骨稍微分开,其内侧缘靠近胸廓。

为了更好地观察肌肉的运动,可以只运动单侧前锯肌。

2) **高强度练习**。
与前页双手支撑身体的练习动作相同。

3) **肩胛骨的孤立运动**。
双手放于背后,感受手臂旋内时肩胛骨的分离。
接着重新使肩胛骨侧缘贴在胸廓上。

体会位于肩胛骨下方、胸廓一侧以及腋窝下方那块肌肉的感觉。
在接下来的手臂上举运动中会体会到同样的感觉(参考第 125 页)。

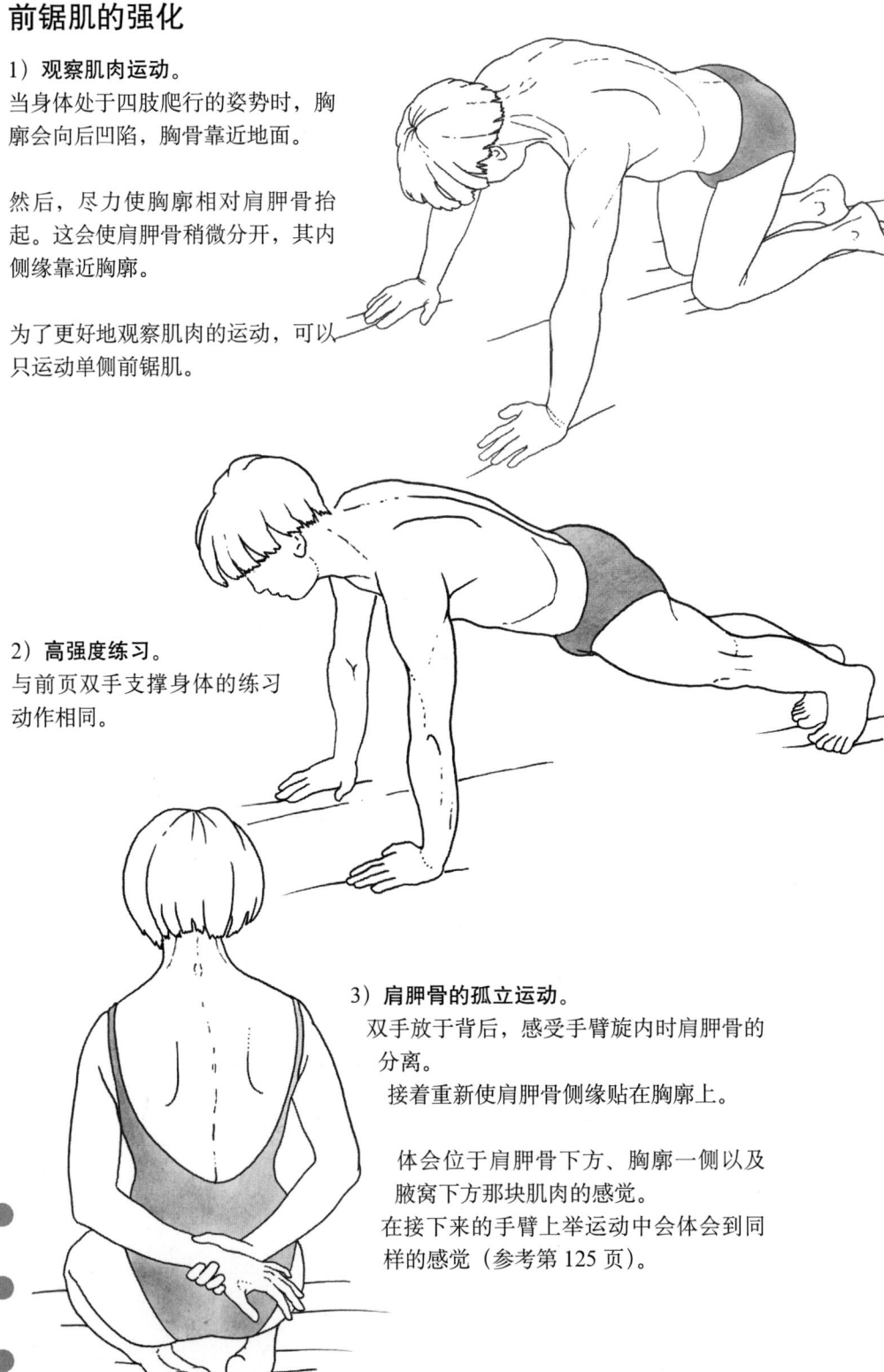

后部肌肉的强化

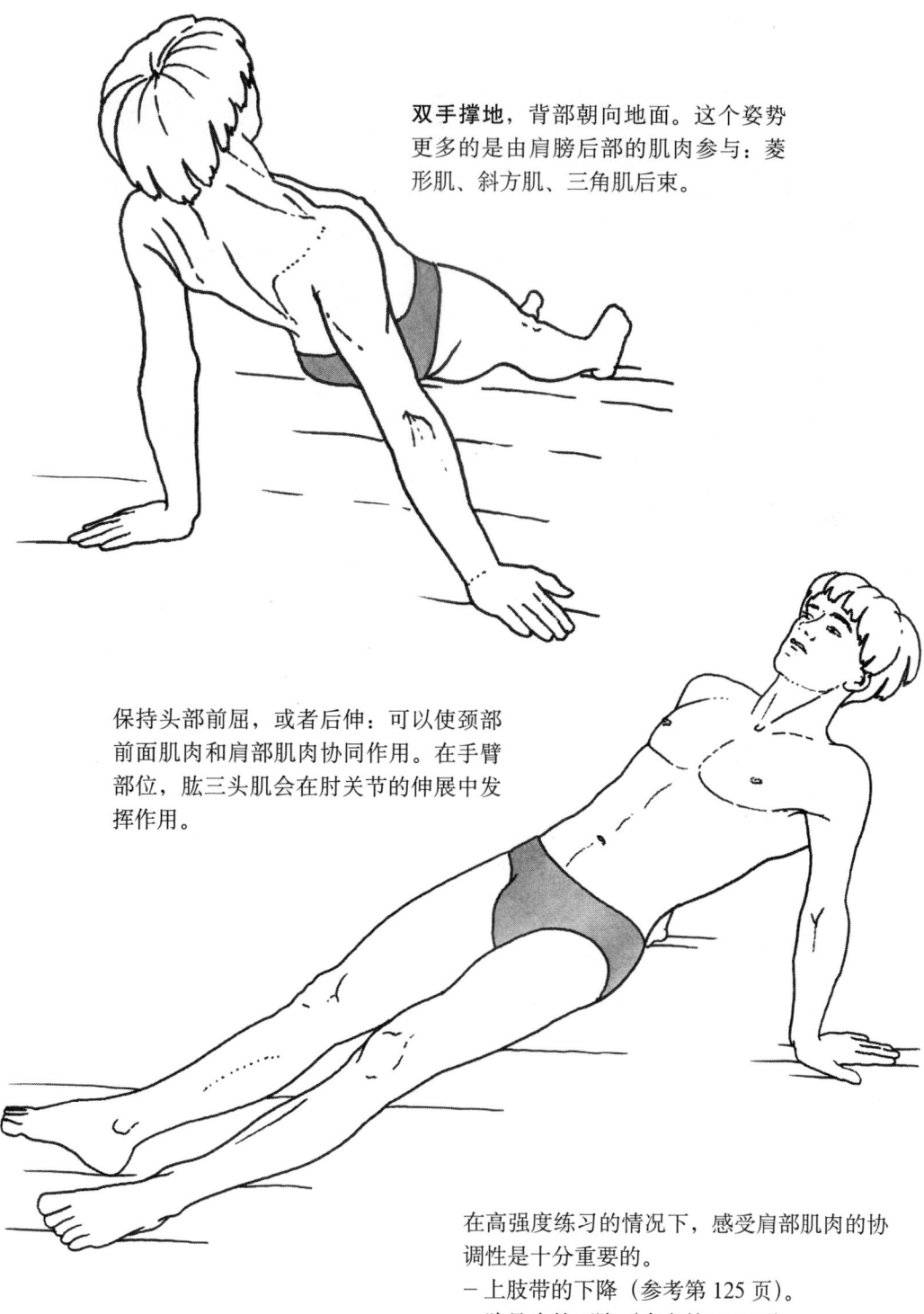

双手撑地,背部朝向地面。这个姿势更多的是由肩膀后部的肌肉参与:菱形肌、斜方肌、三角肌后束。

保持头部前屈,或者后伸:可以使颈部前面肌肉和肩部肌肉协同作用。在手臂部位,肱三头肌会在肘关节的伸展中发挥作用。

在高强度练习的情况下,感受肩部肌肉的协调性是十分重要的。
- 上肢带的下降(参考第 125 页)。
- 肱骨头的下降(参考第 126 页)。

肩部的协调性

肩与颈的协调性

使双肩向前,此时肩胛骨会向后分开。

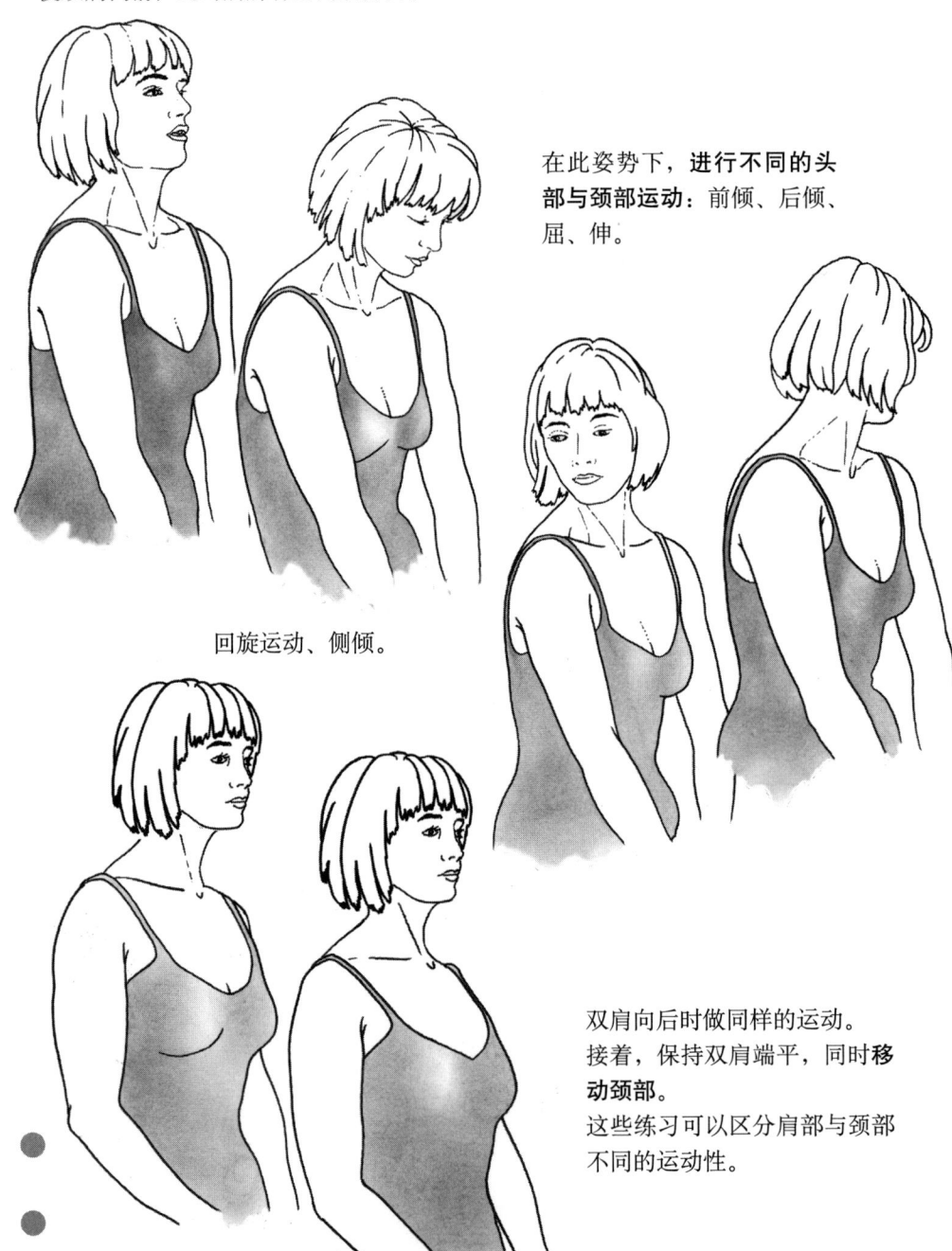

在此姿势下,**进行不同的头部与颈部运动**:前倾、后倾、屈、伸。

回旋运动、侧倾。

双肩向后时做同样的运动。
接着,保持双肩端平,同时**移动颈部**。
这些练习可以区分肩部与颈部不同的运动性。

肩胛骨的主动下降

手臂在体侧举起，使肩胛骨上提并呈明显的向外旋转姿势。

手臂到达最高位置时，尽量使**肩胛骨下降**。这时上斜方肌放松，并且整个肩的根部下降。

手臂向前举起，肩胛骨同样在后面支撑运动。

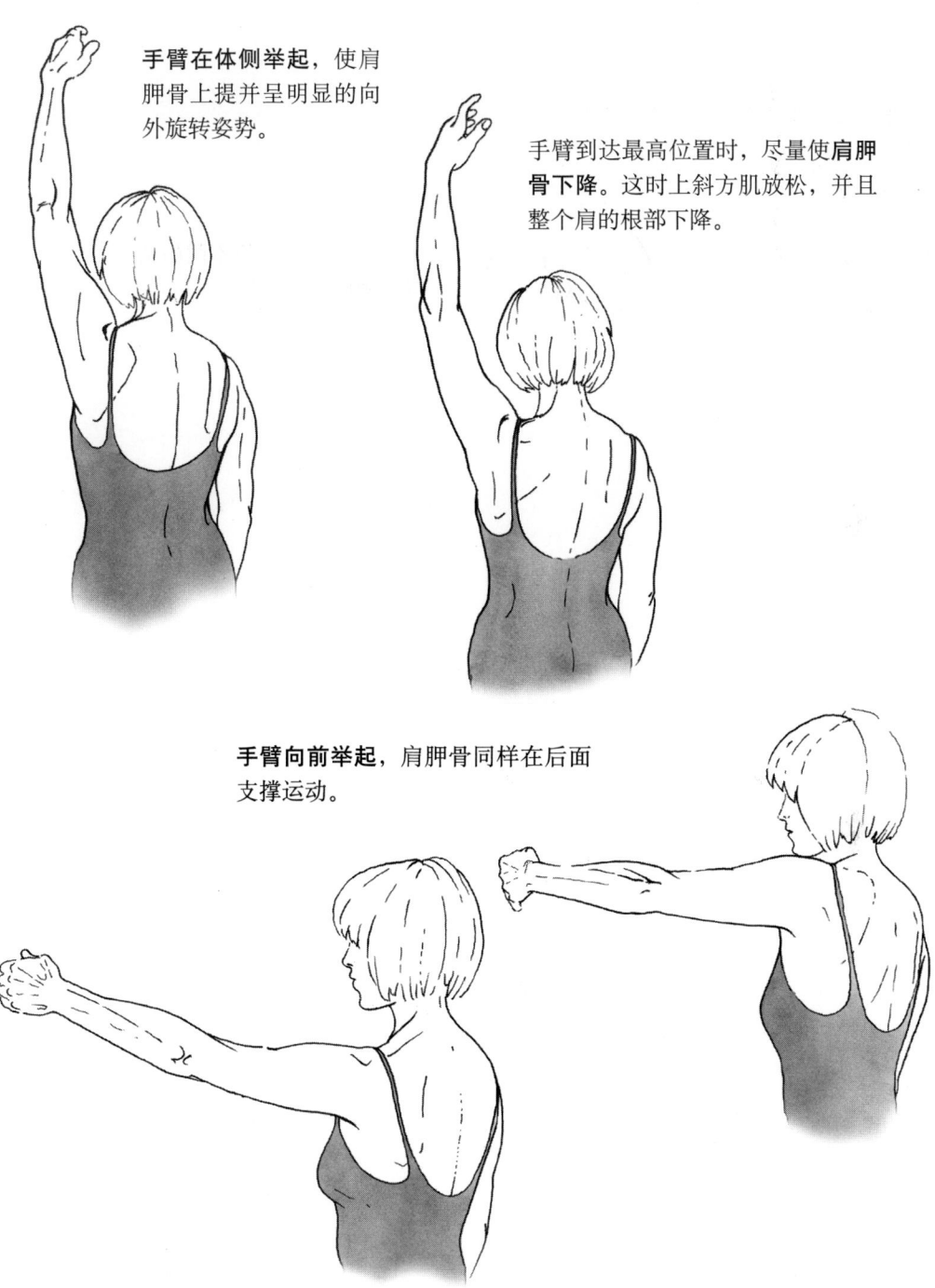

在做这些运动时，快速举起手臂，同时肩胛骨保持低位向后。可以想象以下的感觉：手臂越向上举，肩胛骨的重量越向后方落下。

肱骨头的下降

坐在扶手椅或其他使肘部有所支撑的椅子上,上臂竖直下垂。

首先体会肘关节在扶手上施压的感觉,这会明显地放松第一块肌肉:上斜方肌。
此时上肢带下降。

可以把手放在斜方肌上来确认肌肉的放松。

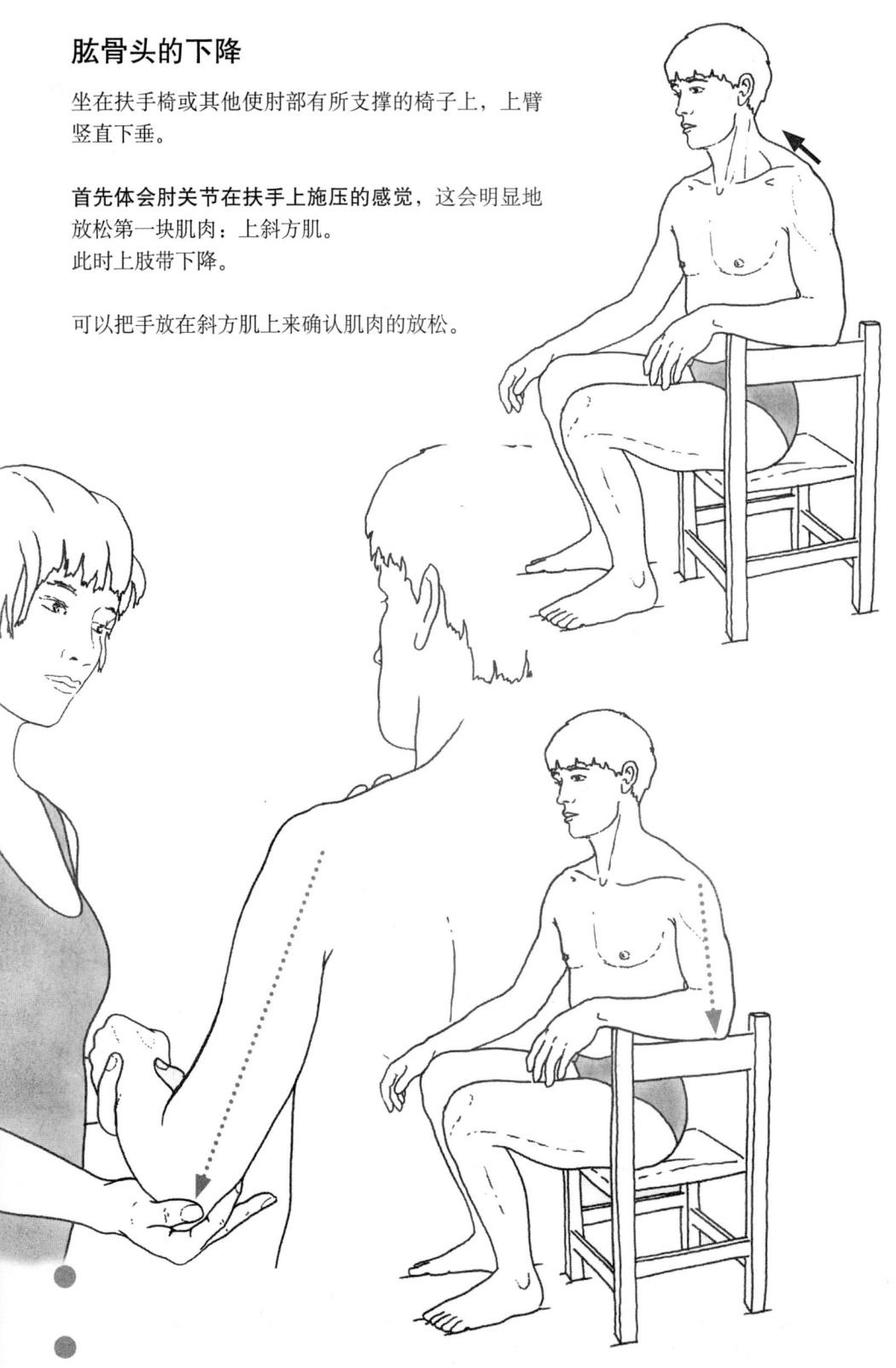

接下来的练习，可以继续使用扶手。采用**两人合作**练习的方式也是十分有好处的。

同伴支撑练习者的肘部和前臂，并且在肘下进行一个垂直向上的适度推动。

此时，肱骨在三角肌下方以向上的方式被推动。

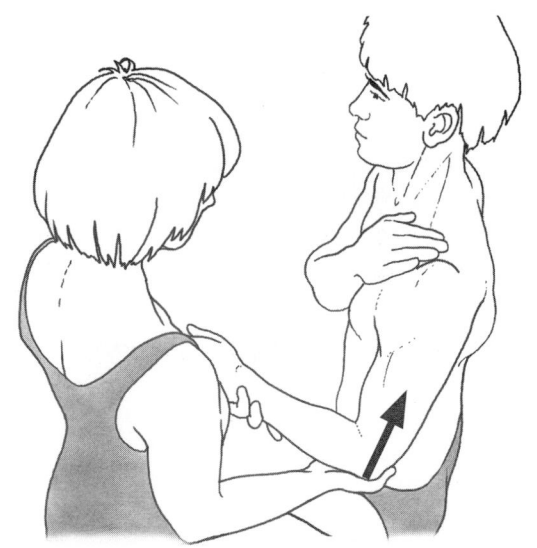

接着，试着使肱骨头而不是上肢带，相对肩峰主动下降（感觉更向下）。在三角肌隆起的上部，也就是在肩峰的凸起之下形成一个小凹陷。

最后，保持肱骨头下降的同时，**试着抬起手臂**，注意从较小的动作幅度开始。

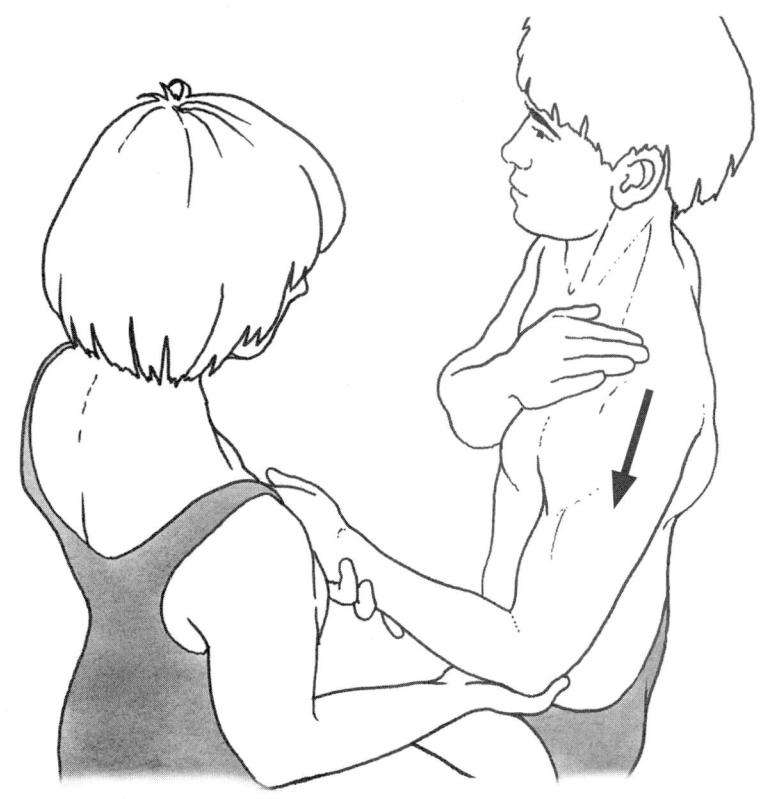

第四章　肘与前臂的骨骼

　　肘是上肢向自身弯曲的地方，它实现一项重要功能：使得手与头（或手与脸）建立联系。

　　肘仅限于弯曲运动，其他运动则需要借助前臂来完成，前臂可以转向自己。这2个部位的联系包括在整个上肢的总体运动中。

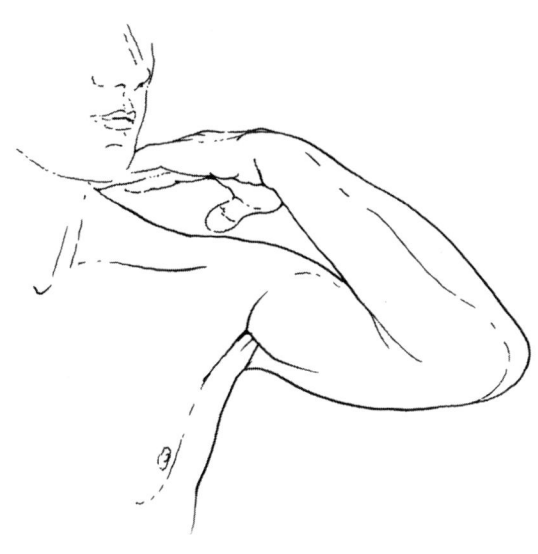

肘的运动及其名称

屈

在肘部，可以进行一些使上臂与前臂前面互相靠近的运动。

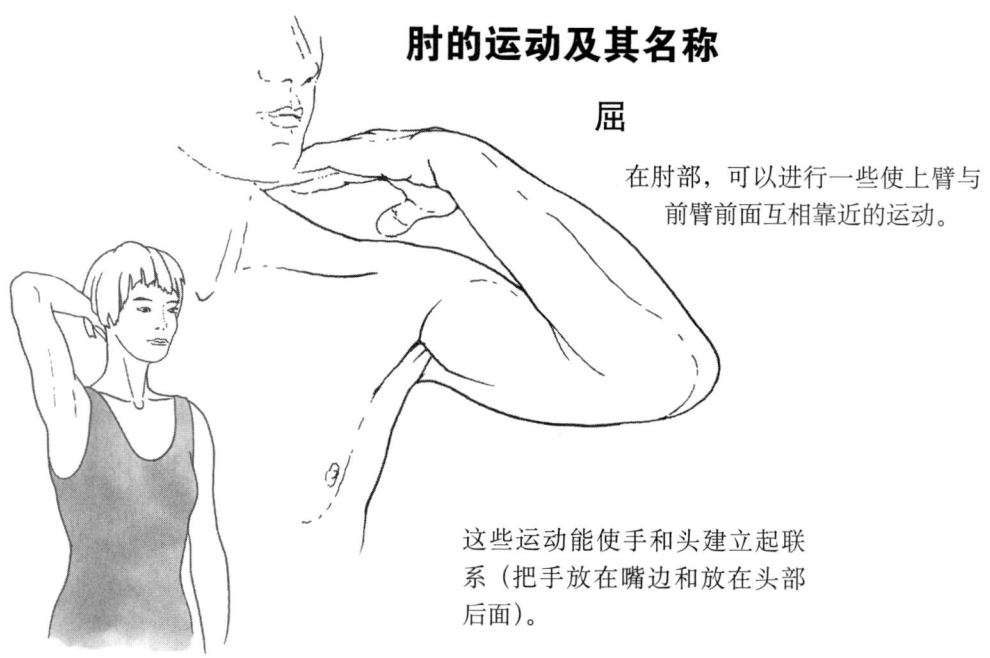

这些运动能使手和头建立起联系（把手放在嘴边和放在头部后面）。

伸

这个运动使得上臂前面远离前臂前面，直到上臂与前臂的骨骼处于对方的延长线上。

也就是说，伸展时，肘处于解剖学姿势，在这一姿势中没有后伸（除了肘关节提携角的情况，参考第 131 页）。

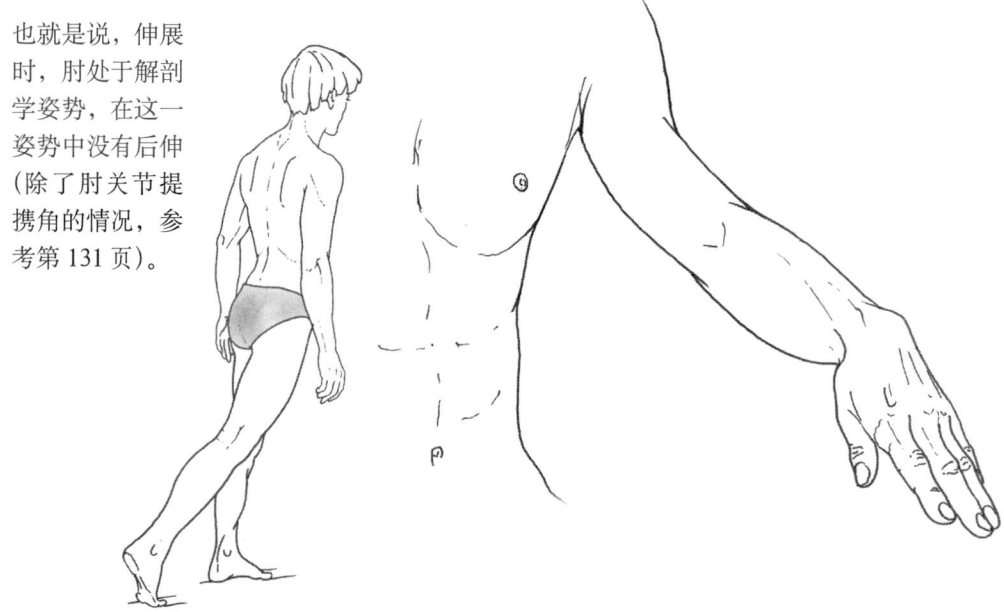

这些屈伸运动在人类生理功能中十分重要：事实上，丧失弯曲功能是一大缺陷，如果两侧手臂都丧失弯曲功能，就会损害一个人的自主性，这将妨碍一些日常行为，如吃饭、梳头、书写、开车等。

肘的柔韧性

骨骼的柔韧性

通常，肘的伸展运动并不能超出肘部相连的两块骨骼连成的直线。这一运动受限于肘关节的骨骼形态：鹰嘴的支撑在肱骨底部的后部（尺骨鹰嘴窝）。具体内容参考《运动解剖书》第 144 页。

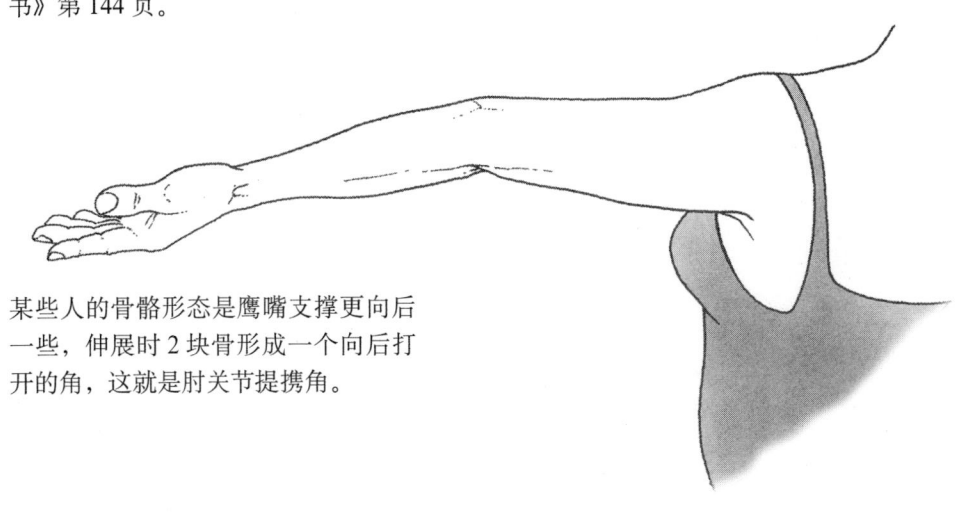

某些人的骨骼形态是鹰嘴支撑更向后一些，伸展时 2 块骨形成一个向后打开的角，这就是肘关节提携角。

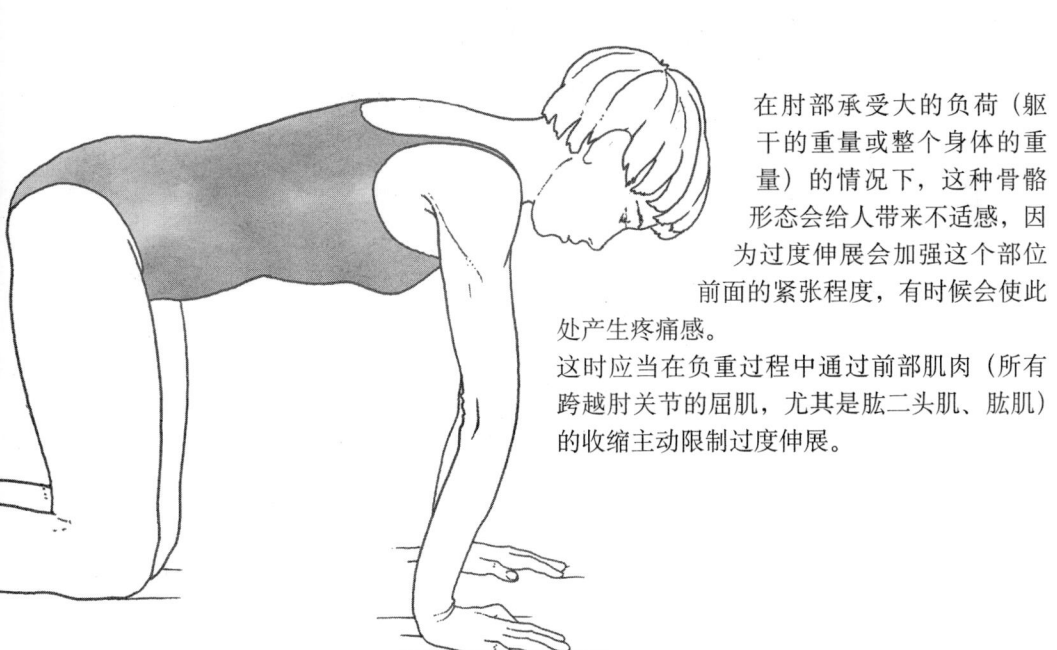

在肘部承受大的负荷（躯干的重量或整个身体的重量）的情况下，这种骨骼形态会给人带来不适感，因为过度伸展会加强这个部位前面的紧张程度，有时候会使此处产生疼痛感。
这时应当在负重过程中通过前部肌肉（所有跨越肘关节的屈肌，尤其是肱二头肌、肱肌）的收缩主动限制过度伸展。

肘部的骨骼形态同样会限制回旋运动，尤其是在伸展的过程中，因为尺骨的鹰嘴嵌在肱骨髁的后方。

韧带的柔韧性

关节囊后部松弛，这使得屈曲运动可以进行；与此相反，前部坚固会部分地限制伸展。在两侧，强有力的韧带会完全限制侧向运动。

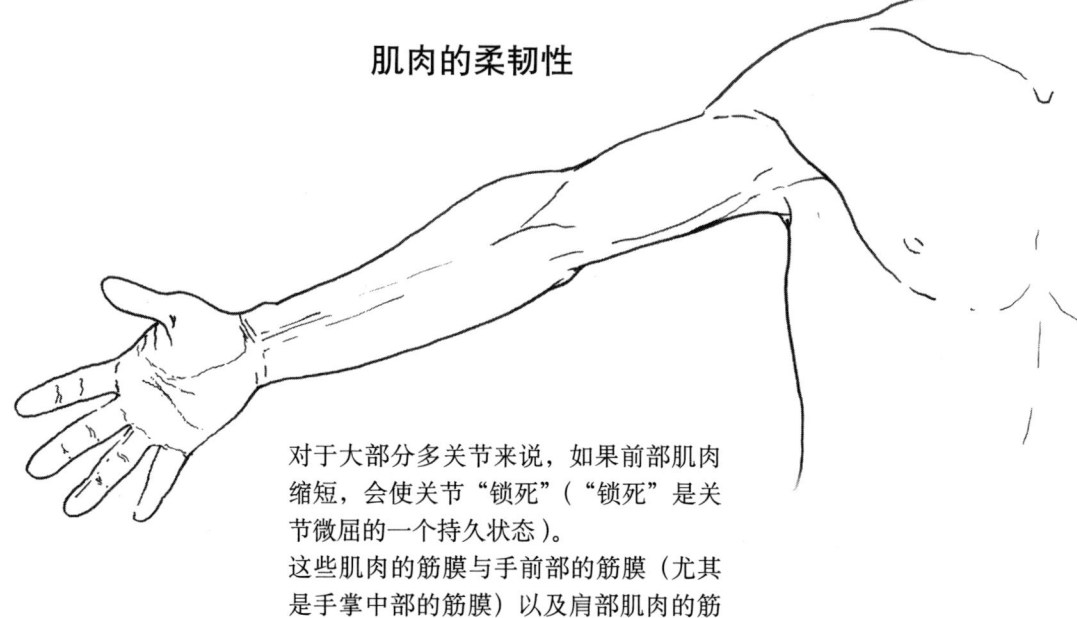

肌肉的柔韧性

对于大部分多关节来说，如果前部肌肉缩短，会使关节"锁死"（"锁死"是关节微屈的一个持久状态）。
这些肌肉的筋膜与手前部的筋膜（尤其是手掌中部的筋膜）以及肩部肌肉的筋膜连接。

因此，上肢肌肉的包膜与肩部肌肉的包膜有连续性，延续至胸骨。
此处，胸大肌的纤维相互交叉，因此，可以认为这种连续性从一只手连贯到另一只手。

因此，肘的肌肉柔韧性练习最好与上肢其他部分，而且是双上肢同时进行。

肘的肌肉力量

从前面跨越肘的肌肉是屈肌，其中最强壮的是肱二头肌、肱肌、肱桡肌。然而，当需要稳定性或进行力量运动时，所有从前面跨越肘并且依附在前臂上的其他肌肉都将参与：侧边的肱骨外上髁肌肉和中间的肱骨内上髁肌肉，尤其是后者。

唯一的伸肌是强大的肱三头肌，其中一头是多关节肌（长头），附着在肩胛骨上。

因此，我们可以发现，在肘部，屈肌相对于伸肌呈明显优势。这与在肩膀上以及腕和手上观察到的屈肌主导性一致。因此，就上肢而言，屈肌整体比伸肌更有力。
这种肌肉力量可以用 2 种方式维持。

— 通过"闭链"运动，身体部分或完全支撑在上肢上。具体参考实用练习。

— 通过"开链"运动，不用手掌进行支撑的运动。

前臂两骨的运动及其名称

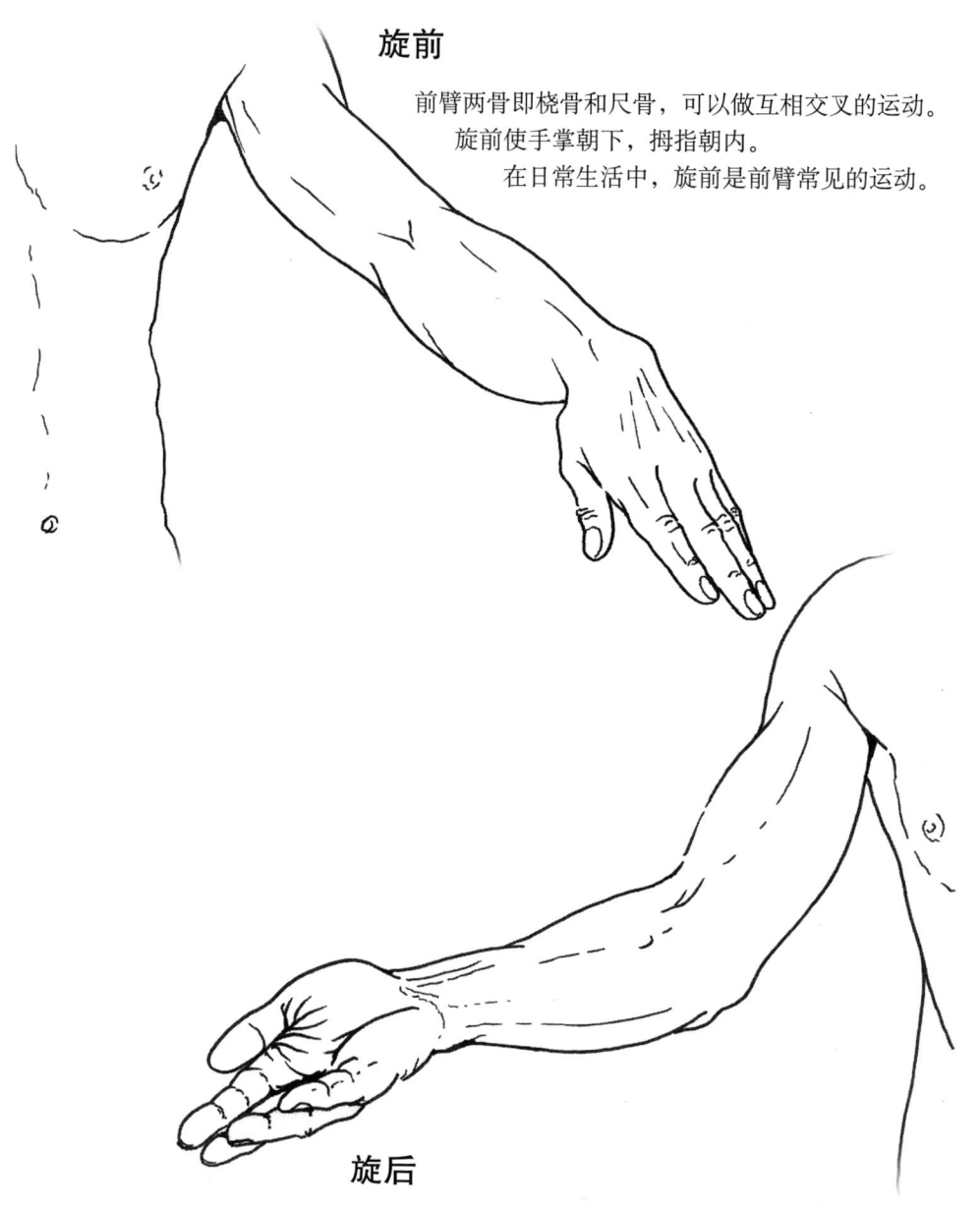

旋前

前臂两骨即桡骨和尺骨,可以做互相交叉的运动。
旋前使手掌朝下,拇指朝内。
在日常生活中,旋前是前臂常见的运动。

旋后

当两块骨头不再互相交叉,而是并排排列,这时手掌朝上,拇指朝向身体外面。
这些运动和肘部运动一样,对于日常功能性运动(日常动作)来说,是非常重要的。
这些运动功能的丧失或受限比其他部位,如腕骨运动受限更不利。

前臂两骨的柔韧性

骨骼的柔韧性

两骨的相遇限制了它们的交叉,因此限制了旋前的幅度。

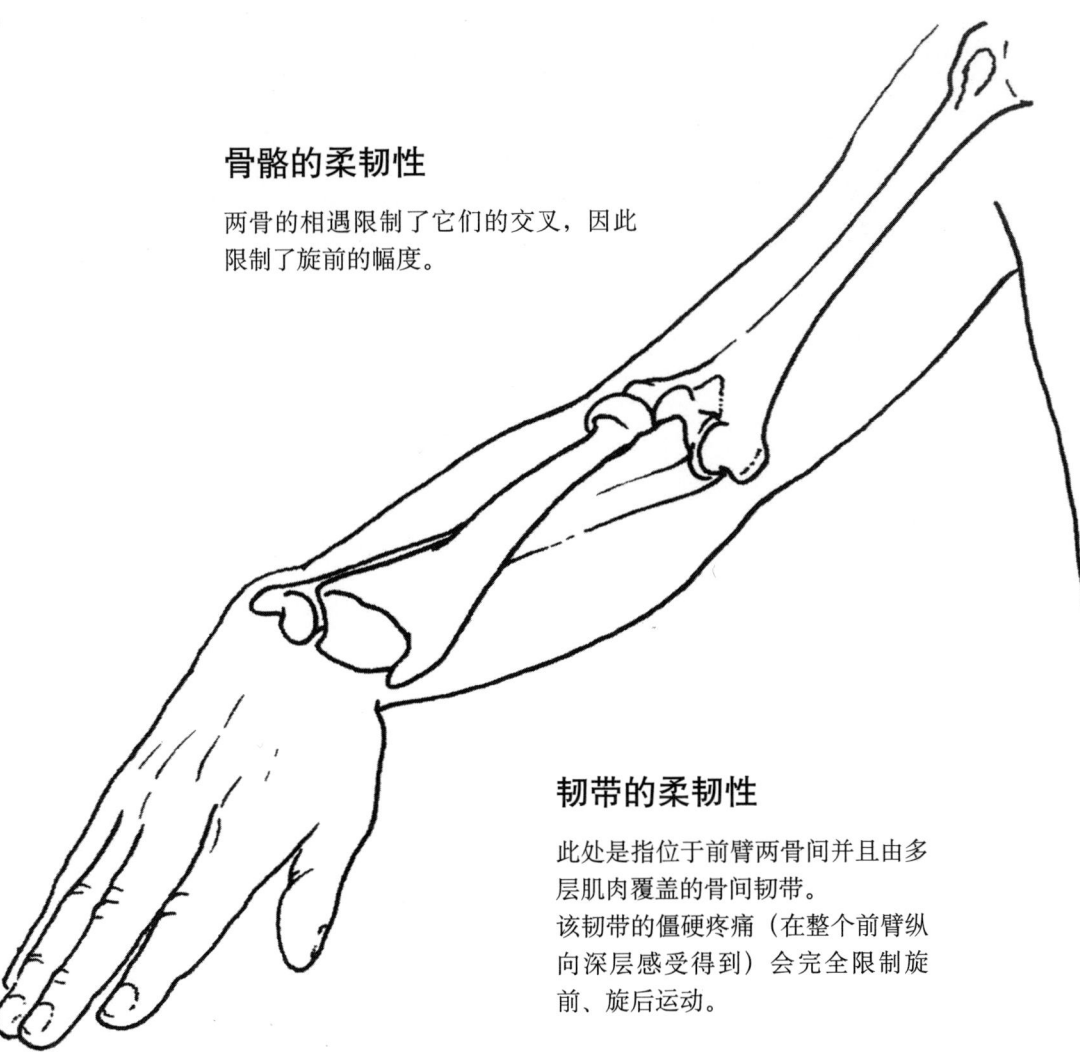

韧带的柔韧性

此处是指位于前臂两骨间并且由多层肌肉覆盖的骨间韧带。
该韧带的僵硬疼痛(在整个前臂纵向深层感受得到)会完全限制旋前、旋后运动。

肌肉的柔韧性

通常,在旋前、旋后运动中没有肌肉约束。

前臂部位的肌肉力量

肱二头肌作为肘部最强有力的屈肌之一,除了屈肌的角色之外,还是最重要的旋后肌。
肱二头肌与肱桡肌在功能上互为补充,肱桡肌有两层,是肱桡关节的活韧带。
旋后运动由起于肱骨外上髁的前臂肌肉共同完成。

旋前肌有旋前圆肌和旋前方肌,它们的功能由起于肱骨内上髁的其他肌肉共同完成。

我们发现,与旋前肌相比,旋后肌更占优势。这使肘部肌肉组织的观察更完整:屈曲与旋后运动的肌肉链占优势地位。

这指出了一个用力时的有效姿势,即肘部微屈并且前臂旋后。

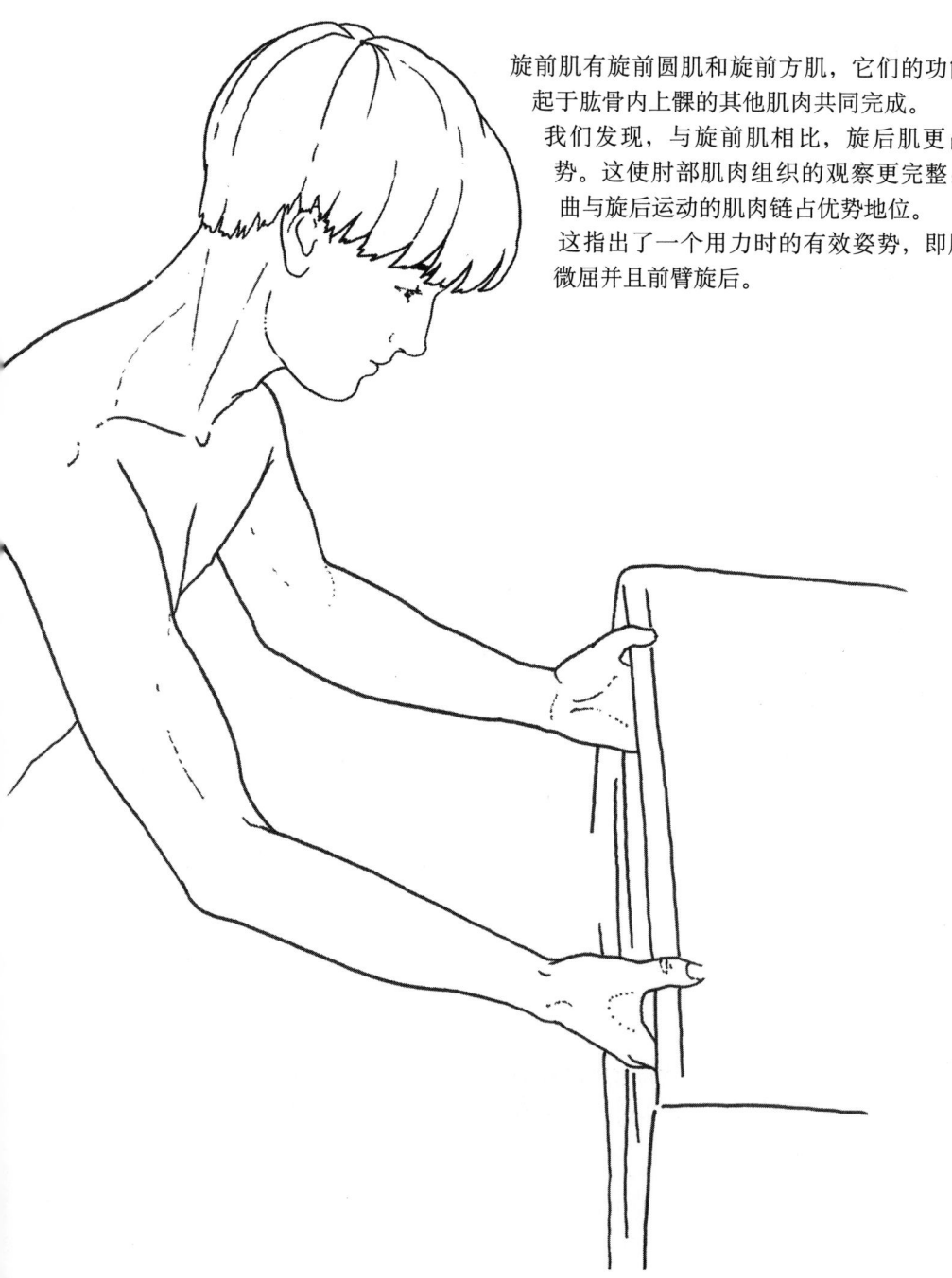

肘与前臂的协调性

在上肢的功能性运动中,肘的屈伸运动通常与前臂的旋前、旋后运动以及肩部大运动同时进行。

因此,从肌肉功能的角度看,倾斜运动对于上肢来说最容易进行。
具体参考实用练习页面。

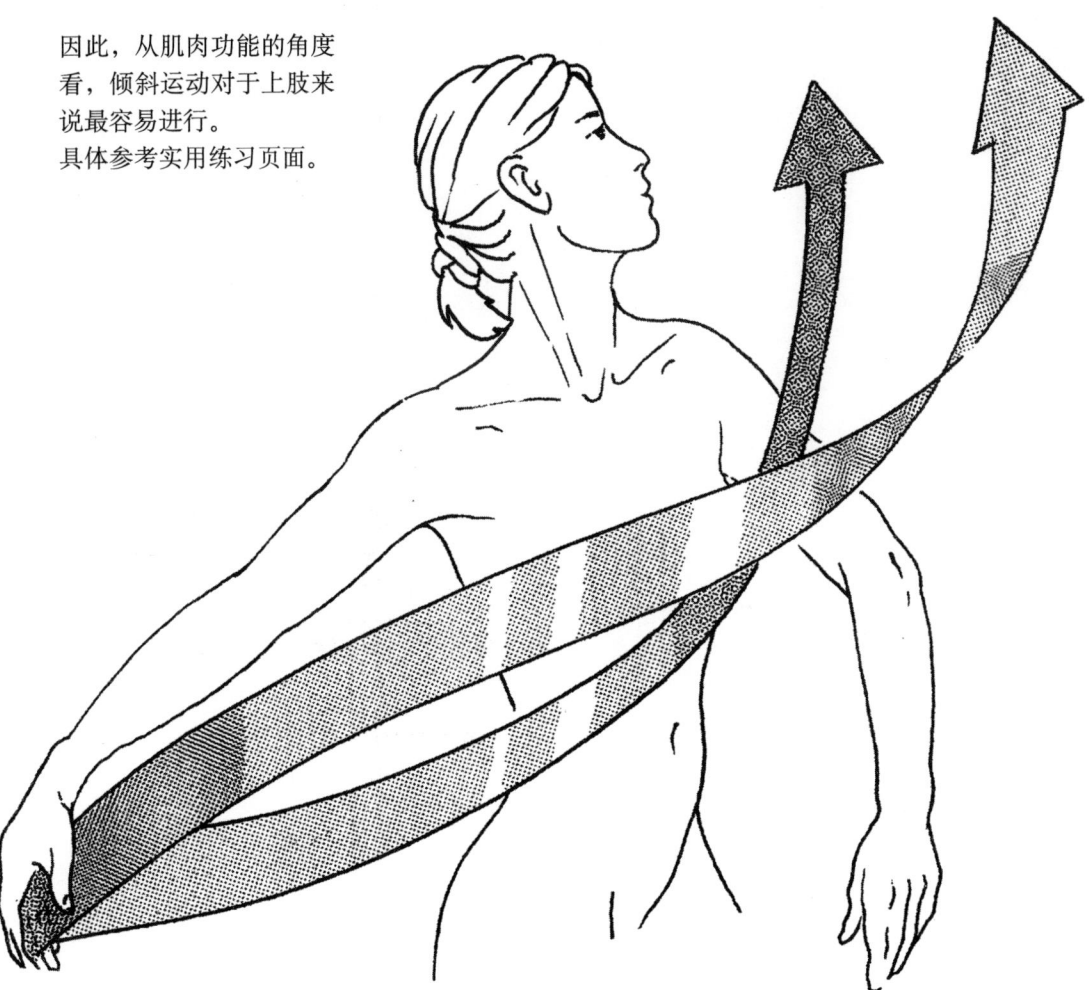

同时,练习肘部与腕部相对于肩部运动的独立性是有益的,反之亦然(参考第 148 ~ 151 页)。

第五章　手腕与手掌

对于足来说，肌肉运动的目的很明确（主要是支撑和行走），而手则相反，在日常生活中，或是在运动、艺术生活等状态下，手部肌肉运动的可能性和目的是多种多样的。因此，本书无法仅在手腕与手掌这一个章节中介绍所有的手部运动，而只能介绍一些基本的运动方式。

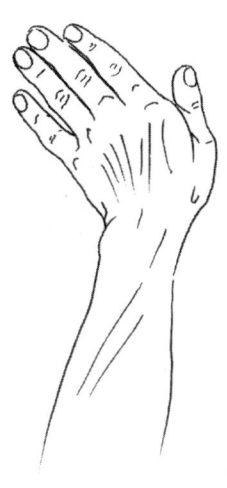

手腕的运动及其名称

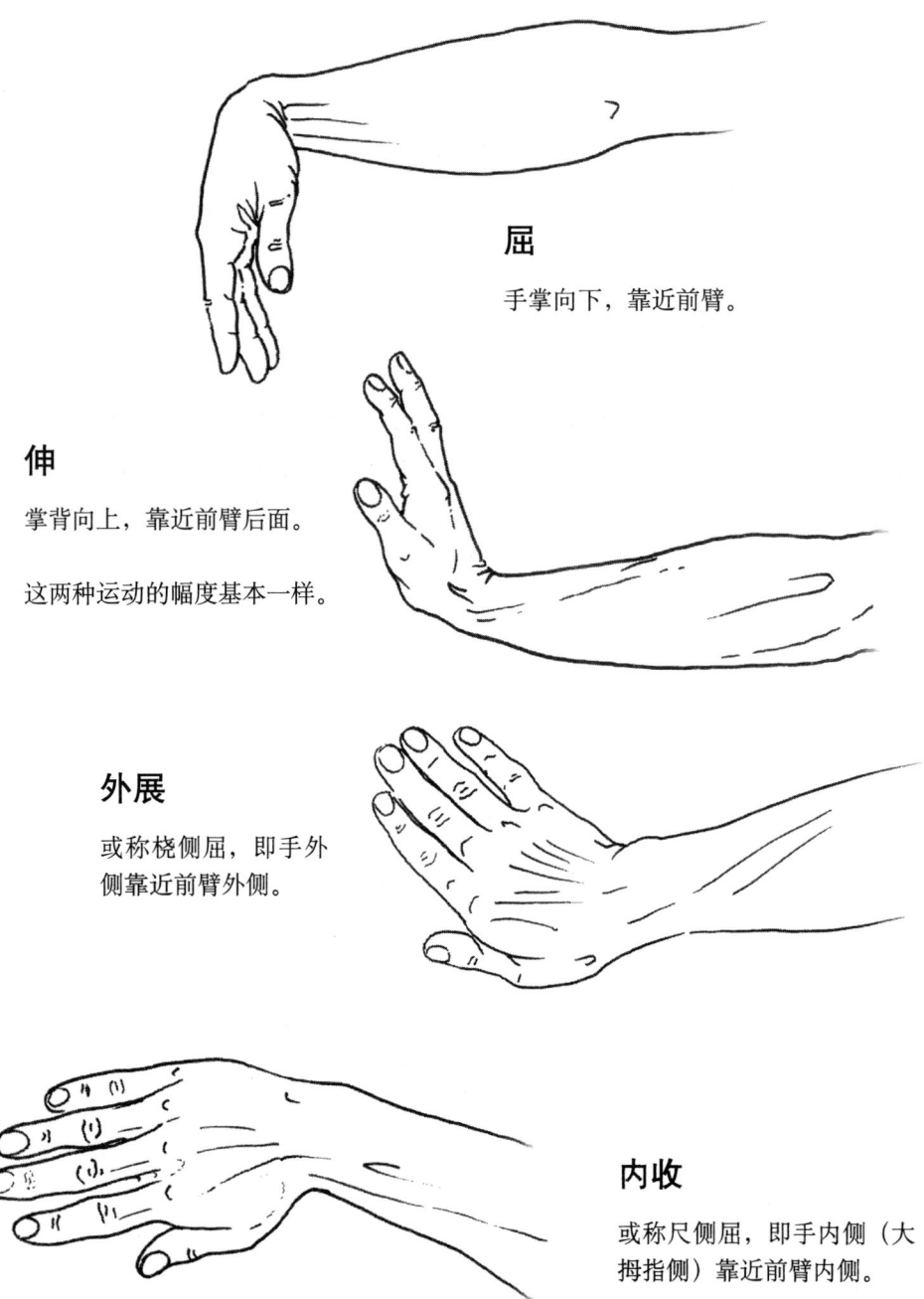

屈

手掌向下,靠近前臂。

伸

掌背向上,靠近前臂后面。

这两种运动的幅度基本一样。

外展

或称桡侧屈,即手外侧靠近前臂外侧。

内收

或称尺侧屈,即手内侧(大拇指侧)靠近前臂内侧。

手腕没有回旋运动。我们可以以手腕为顶点,整只手做锥状的环转运动来锻炼前臂2根长骨的旋前、旋后功能。从功能性角度看,腕关节的功能并不比肘关节或者前臂2根长骨的功能弱小。

手腕的柔韧性

骨骼的柔韧性

手腕伸展运动受到桡骨后部的腕髁上的骨块限制,侧面运动受到桡骨茎突和尺骨茎突骨块的限制。

关节的柔韧性

手腕关节囊和韧带轻微限制手腕运动。

肌肉的柔韧性

手腕不是由肌腹跨越,而是由起于前臂甚至是上臂肌肉的肌腱跨越,大部分肌腱延伸直至手指。因此,从肌肉柔韧性角度看,一个关节可以被众多多关节肌跨越。

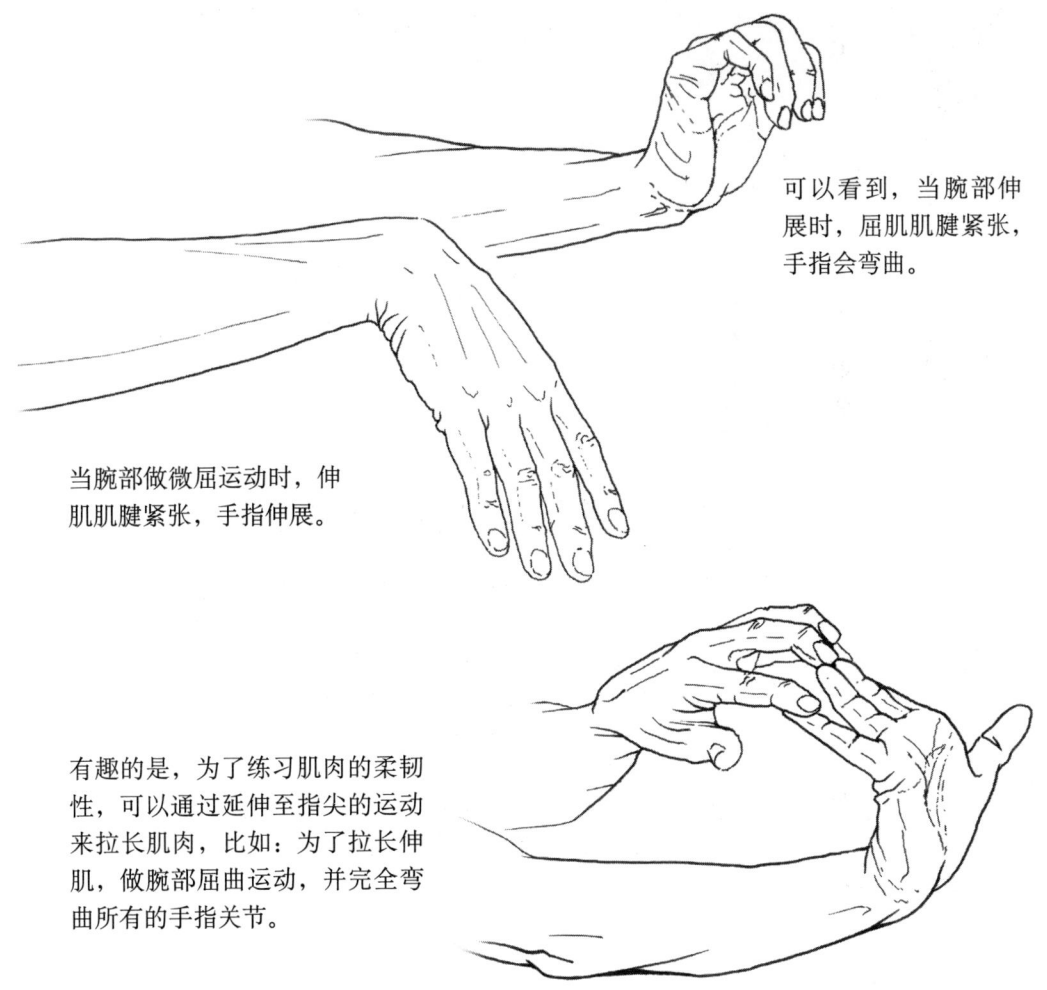

可以看到,当腕部伸展时,屈肌肌腱紧张,手指会弯曲。

当腕部做微屈运动时,伸肌肌腱紧张,手指伸展。

有趣的是,为了练习肌肉的柔韧性,可以通过延伸至指尖的运动来拉长肌肉,比如:为了拉长伸肌,做腕部屈曲运动,并完全弯曲所有的手指关节。

手腕的肌肉力量

因为只能通过肌腱工作,手腕有时会缺乏力量。但手腕是一个稳定性(需要足够的肌肉力量)比灵活性更重要的关节,因此,需要通过强化腕部四面的抗力练习来强化肌肉力量,特别是在关节力量薄弱的时候。也可以用各种姿势将身体重量支撑在手腕上并维持姿势来增加练习强度。

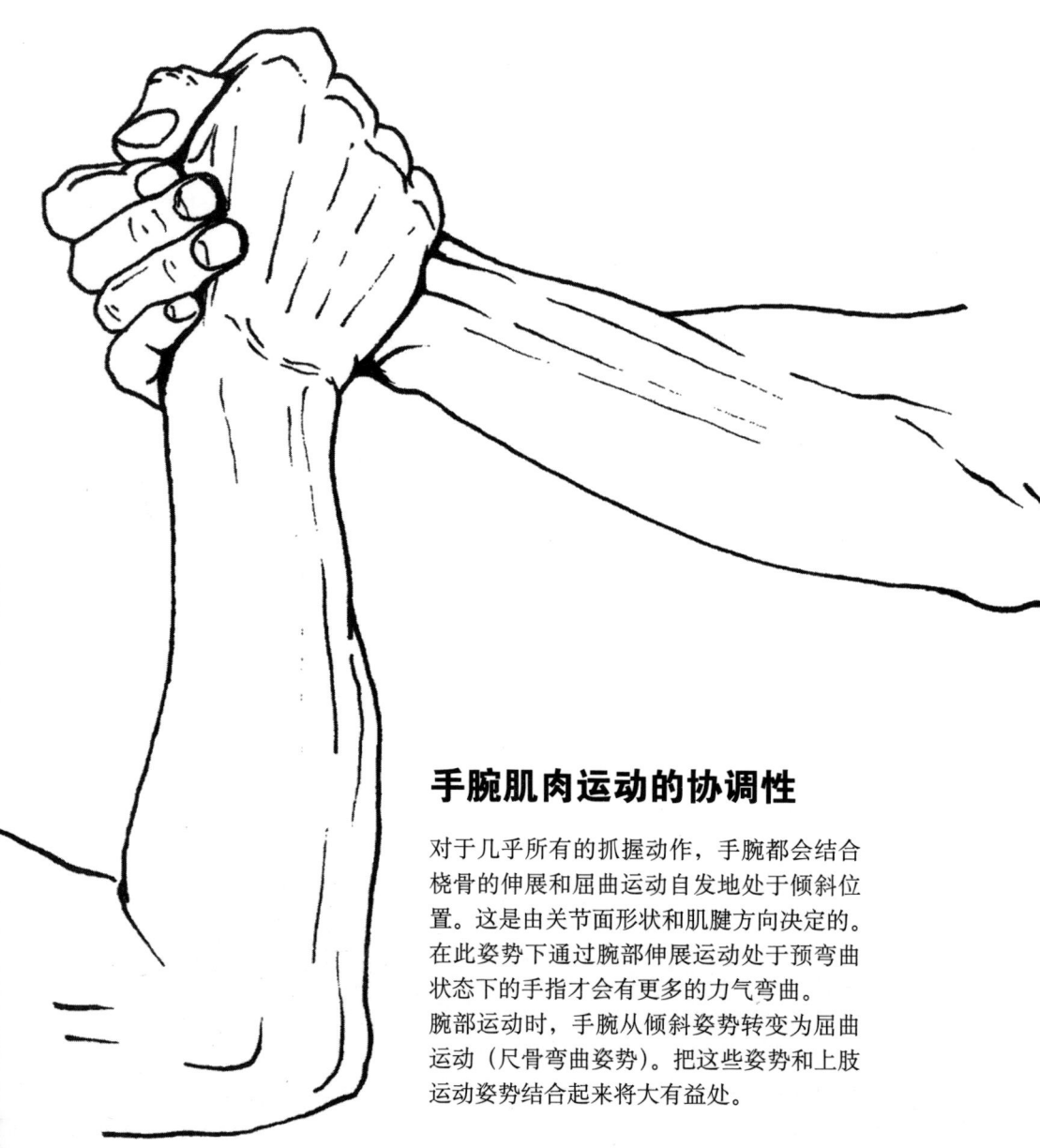

手腕肌肉运动的协调性

对于几乎所有的抓握动作,手腕都会结合桡骨的伸展和屈曲运动自发地处于倾斜位置。这是由关节面形状和肌腱方向决定的。在此姿势下通过腕部伸展运动处于预弯曲状态下的手指才会有更多的力气弯曲。
腕部运动时,手腕从倾斜姿势转变为屈曲运动(尺骨弯曲姿势)。把这些姿势和上肢运动姿势结合起来将大有益处。

手和手指的运动及其名称

掌指关节

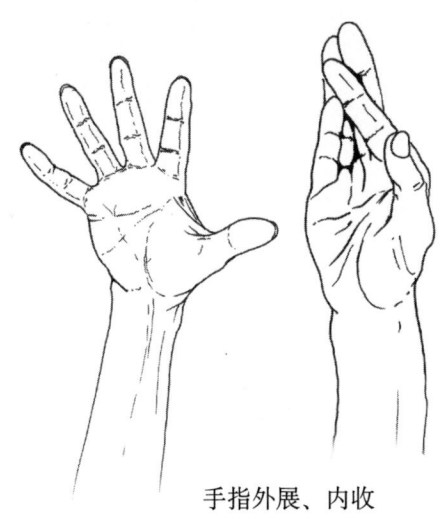

手指外展、内收

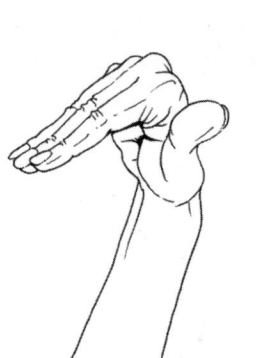

屈、伸

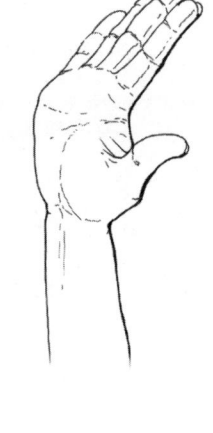

旋内或旋外

近侧指间关节

掌面屈曲运动

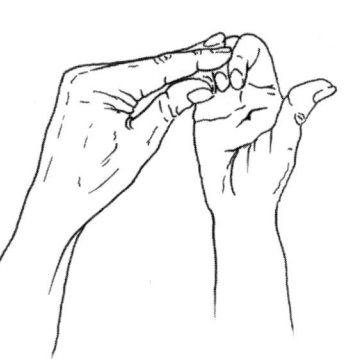

远侧指间关节

限制以上动作的通常是韧带。腕部柔韧性的要点在此同样适用于手部柔韧性：
在手指上仅有肌腱通过，而且是起于前臂甚至是上臂的多关节肌的肌腱。手指的运动幅度因此与所有这些关节的姿势相关联。

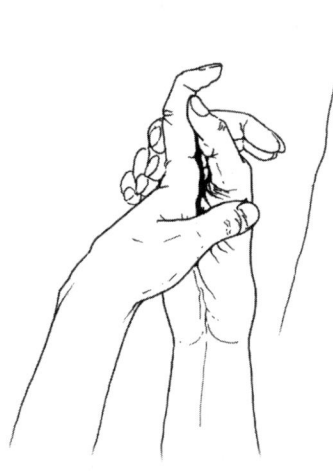
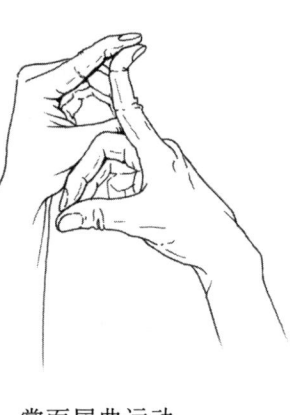

掌面屈曲运动、
掌背屈曲运动

手部的肌肉力量

区分手部**固有肌**和**非固有肌**的特定功能:前者最重要的是侧面(外侧)肌,可以调动拇指及其指骨的运动;后者调动手指和掌指骨以及手腕的运动。

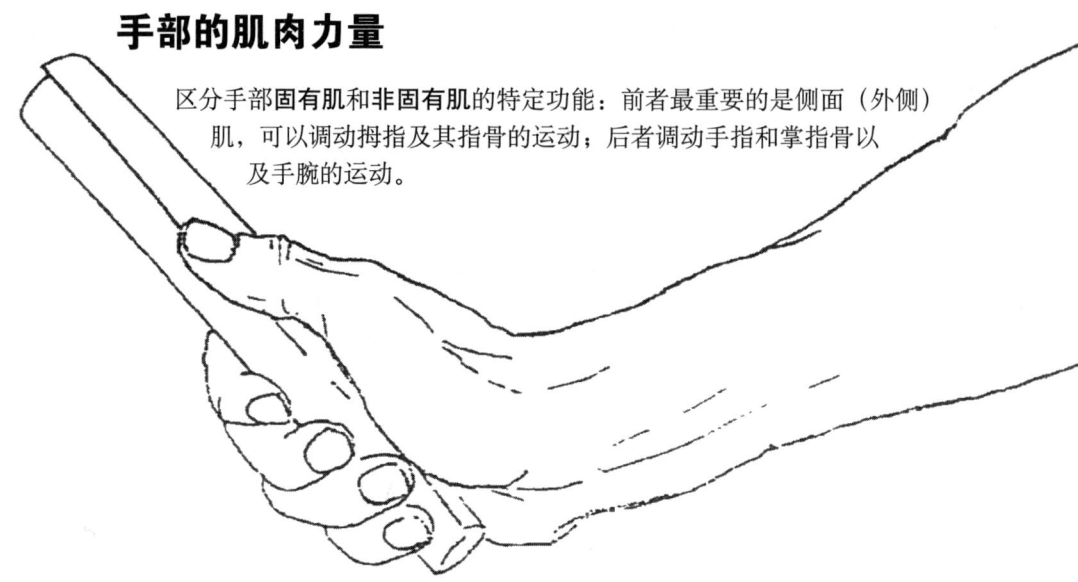

相比于伸肌,屈肌更具优势,抓握功能在手部力量功能中也是最为重要的。

手部肌肉运动的协调性

由于关节面形状和肌肉运动的存在,手部形成3道褶皱。

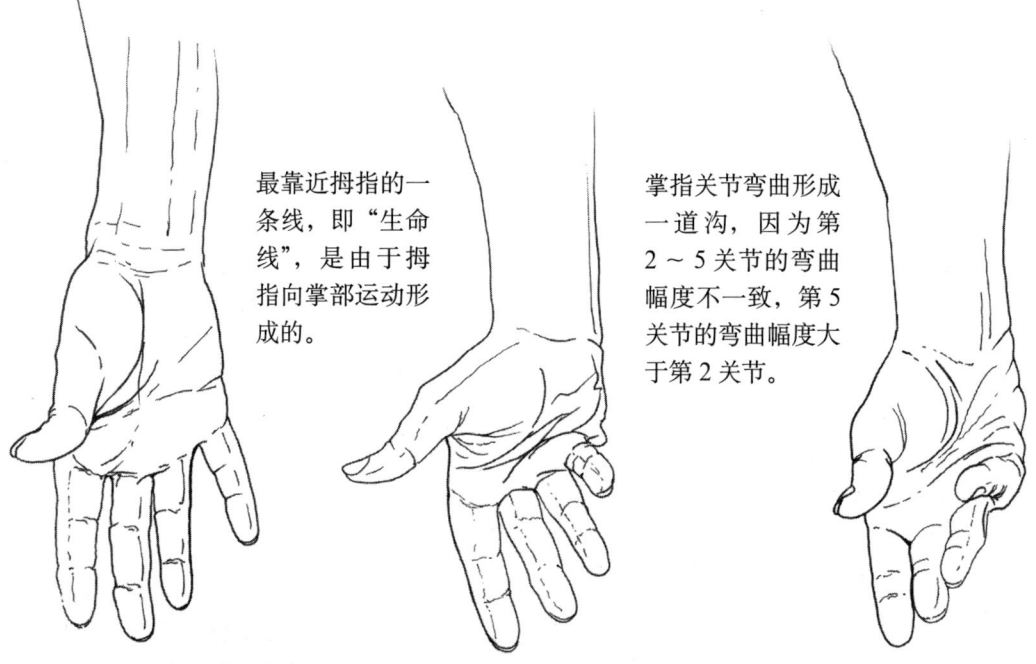

最靠近拇指的一条线,即"生命线",是由于拇指向掌部运动形成的。

掌指关节弯曲形成一道沟,因为第2~5关节的弯曲幅度不一致,第5关节的弯曲幅度大于第2关节。

由此,在进行屈曲运动时,掌心形成一道斜沟来握住拿在手中的物体。

上肢的整体柔韧性

双膝着地并坐在双足上,或保持站立。

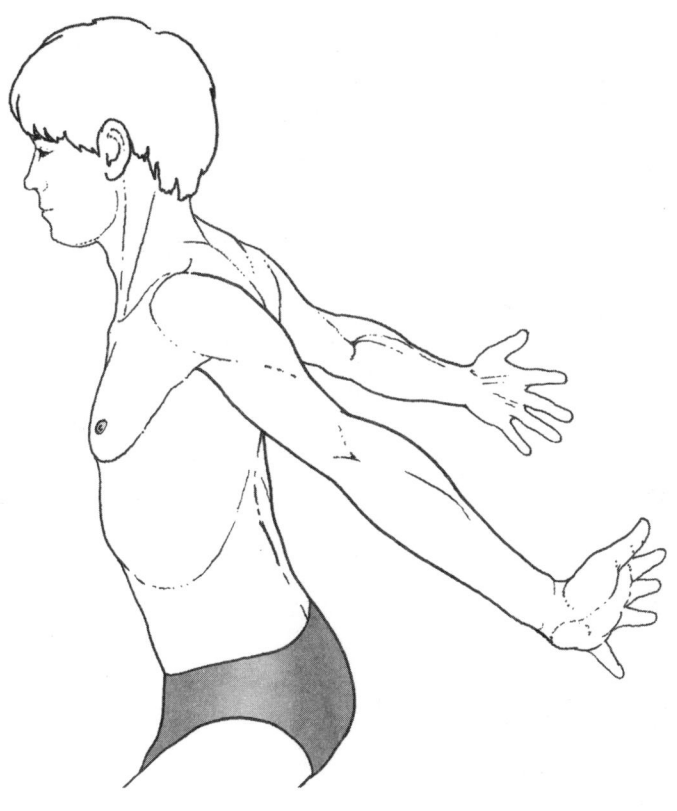

将一只**手臂尽量向后伸展**。

伸展肘关节和手腕。手掌尽可能打开,同时伸展掌指关节。
分开所有指头(注意:平时并不经常分开五指)。借此机会练习手指的分开。
伸张所有指骨。

用同样的方式练习另一只手臂。然后,两臂同时运动。

练习时看到肩胛骨间有凹陷是正常的。
可以两个人结伴练习,其中一个人帮助另一个人向后拉手臂。

此运动目的在于伸展从胸骨到指尖的整个上肢的一系列肌肉和筋膜。

注意:该运动可能会使肱骨头处于脱位姿势,因此,不建议肩部有过扭伤或者脱臼,特别是有复发情况的人群进行练习。

肘、手腕、手掌实用练习

肘、手腕、手部的强化训练

一只手握紧成拳头，另一只手作为支撑靠在拳头内侧。

然后靠在拳头外侧。

对于作为支撑的手，此练习可以锻炼腕部的屈肌。对于握紧拳头的手，此练习可以持续锻炼手指和腕部的内收肌。也可以将拳头支撑在手背上，手指展开，以此锻炼腕部和手指的伸肌。

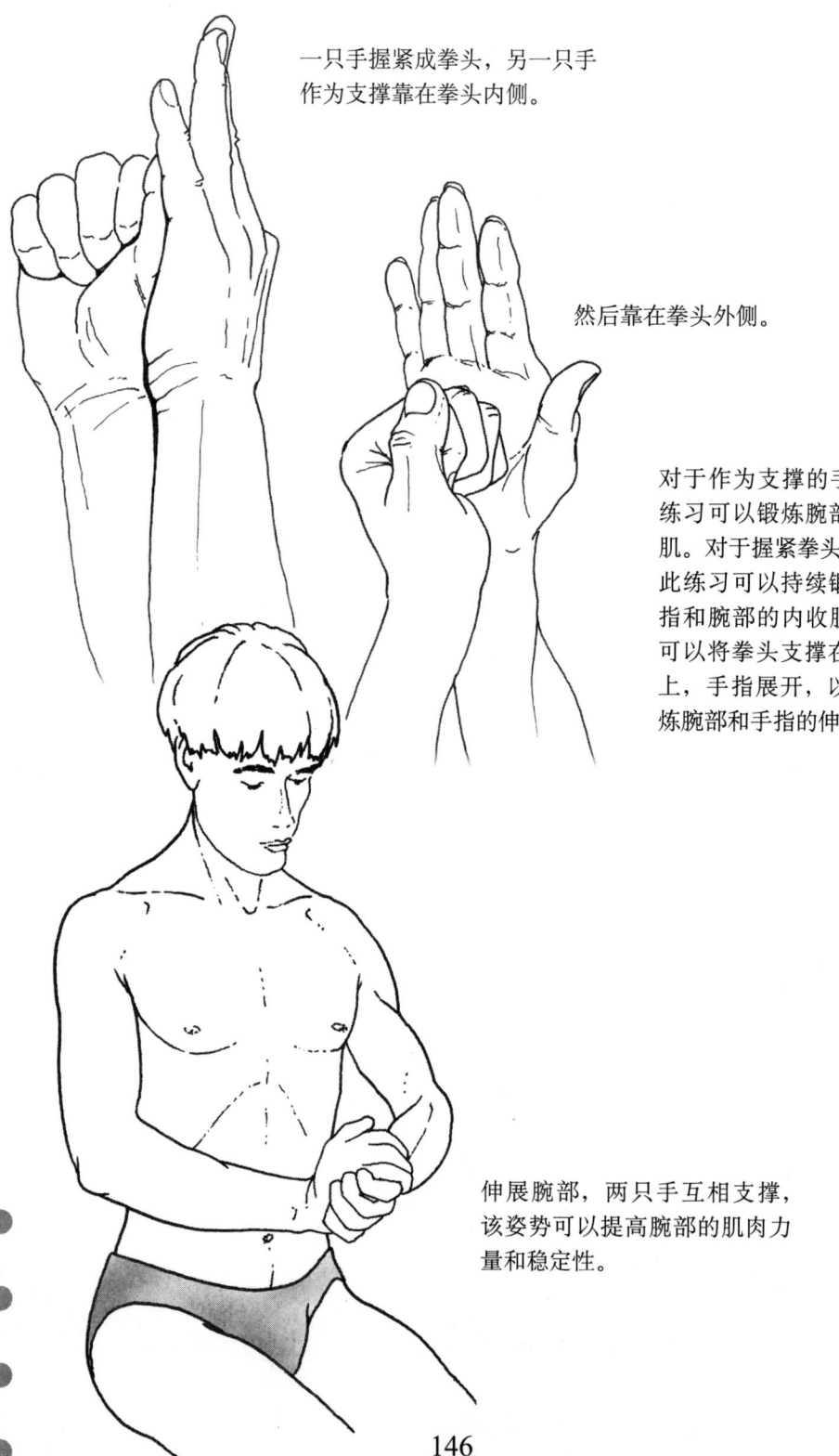

伸展腕部，两只手互相支撑，该姿势可以提高腕部的肌肉力量和稳定性。

两手指尖相对，手指用力按压。

这个练习可以强化前臂和双手的肌肉力量。

双手支撑身体进行同样的练习，保证手指用力绷紧。

可以通过十指和足趾支撑身体加大强度，强化肌肉力量。

上肢的协调性

肩部、手部动作双向传导

保持站姿,**将双手置于身前**,两手轻轻相靠,肘半屈。保持双手姿势不变,**双臂抬高**。

肘部抬高并互相远离,然后下降。保持运动的连续性。

然后**分开双手**,此时双手没有接触。在保持双手位置不变的情况下,重复肘抬高、下降的连续动作。

感受如何带动动作:
— **从肩部出发**,通过肩部外展带动肘和手腕。
— **从手出发**,以手部支撑作为前臂运动的出发点,从而带动上臂直到肩部的运动。

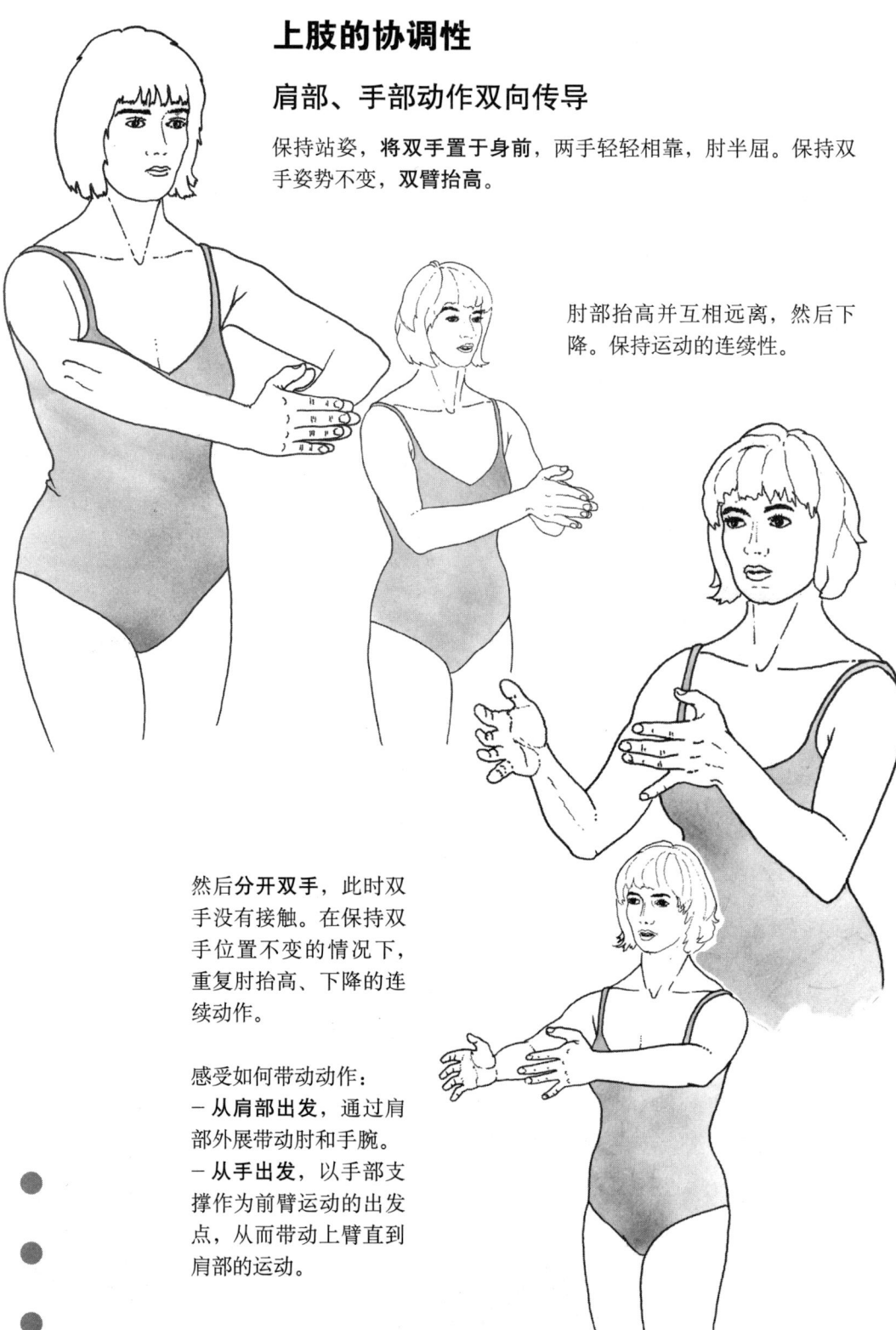

将肘尽量伸直，重复同样的练习。此时肩部做回旋运动。

使双手分开，保持手部位置不变，转动上臂和前臂。

接下来可以用其他姿势做同样的运动。
这种双向的肌肉传导练习有益于连接手的远端动作至肩部甚至到躯干，也可以反向使肩部的动作延伸到手上。

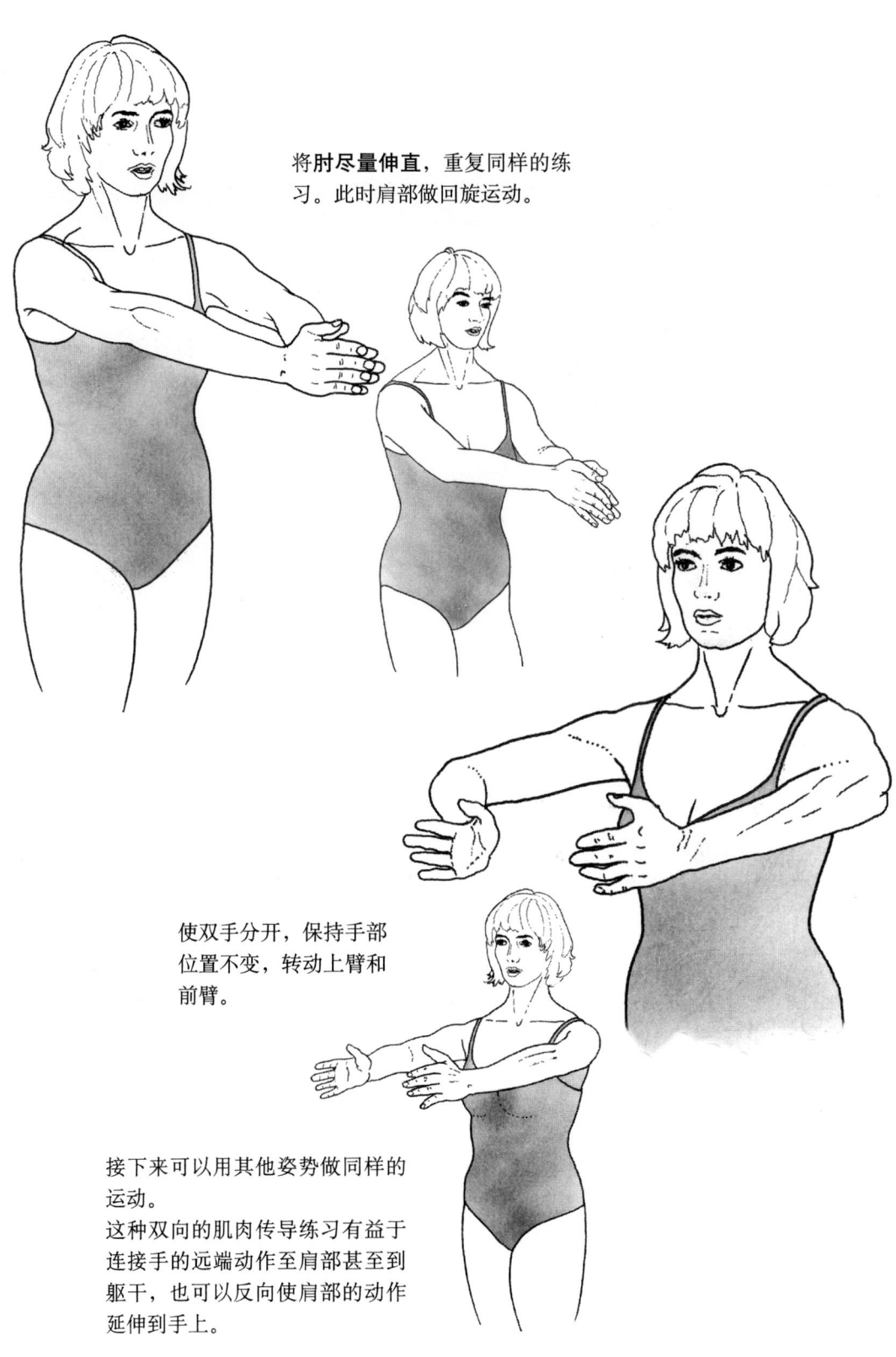

对角–螺旋运动

保持站姿。

右臂轻微外展,后伸,旋内。

然后,**手臂倾斜向对侧**,**抬高肩膀**,同时使肩部和前臂的 2 根长骨做螺旋运动,这样带动手在到达顶点时做旋后动作。之后,沿着相同的倾斜轨迹,做相反的旋转运动。

接着,**从抬高的手出发**,外展、旋外、旋后,然后向对角方向旋内、旋前倾斜下降。

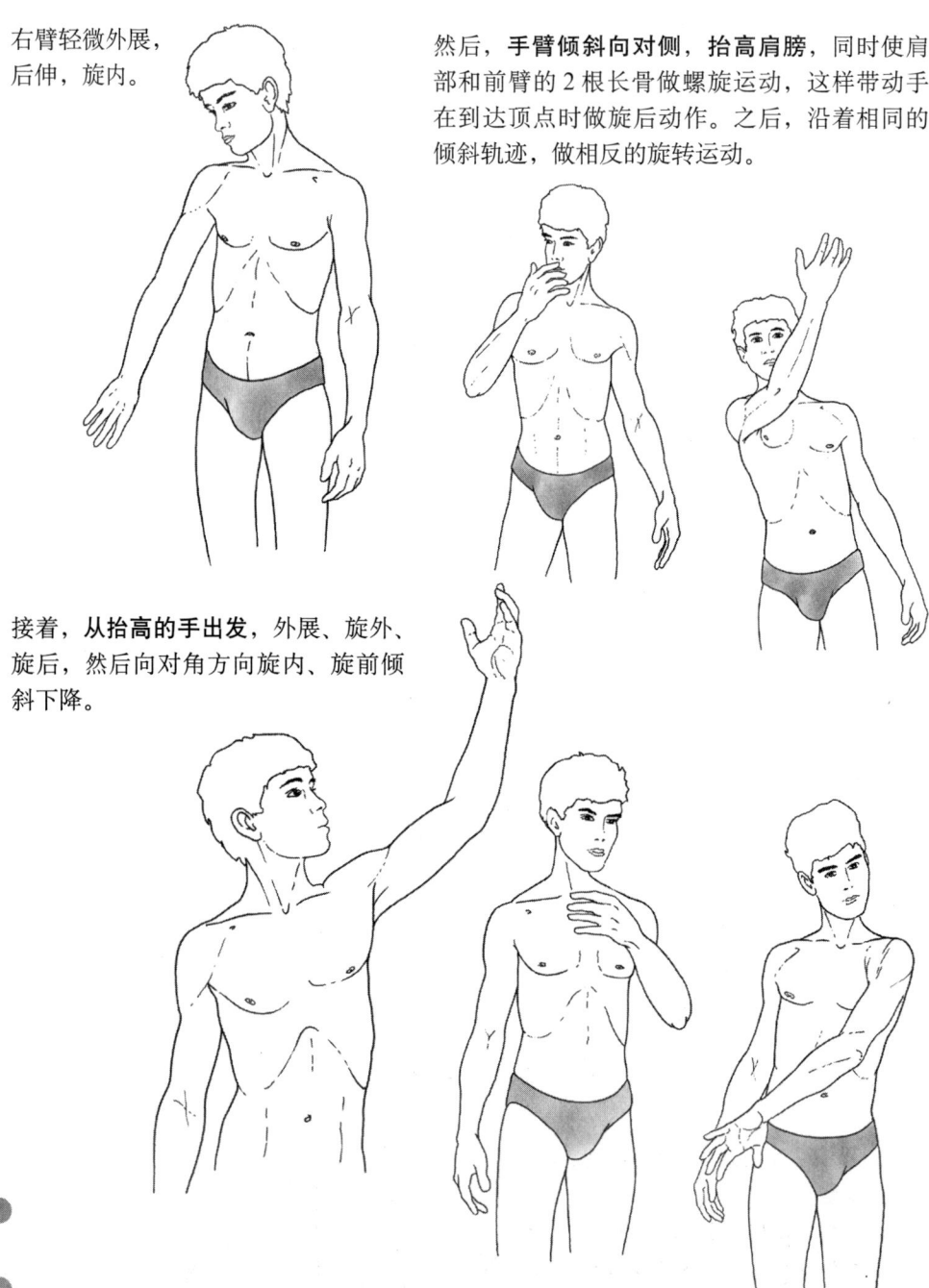

最后,**我们可以将这 2 个练习连起来做**,就像在体前画 "8" 一样,动作幅度要尽可能大。

肘和前臂的协调性

在体前用一只手画圆，如同在垂直的墙面上作画一样。从一个很小的圆开始，越画越大。使动作连续，呈螺旋状进行。再反过来越画越小。

然后，在水平面上画圆，就像一只手上放着托盘，另一只手在托盘上画圆。水平画圆动作更符合人体生理学。

接着，用同样方法在体前画垂直的"8"。在画"8"过程中，其上环逐渐靠近身体，下环逐渐远离身体。

和画圆一样，我们也可以改变动作的幅度。

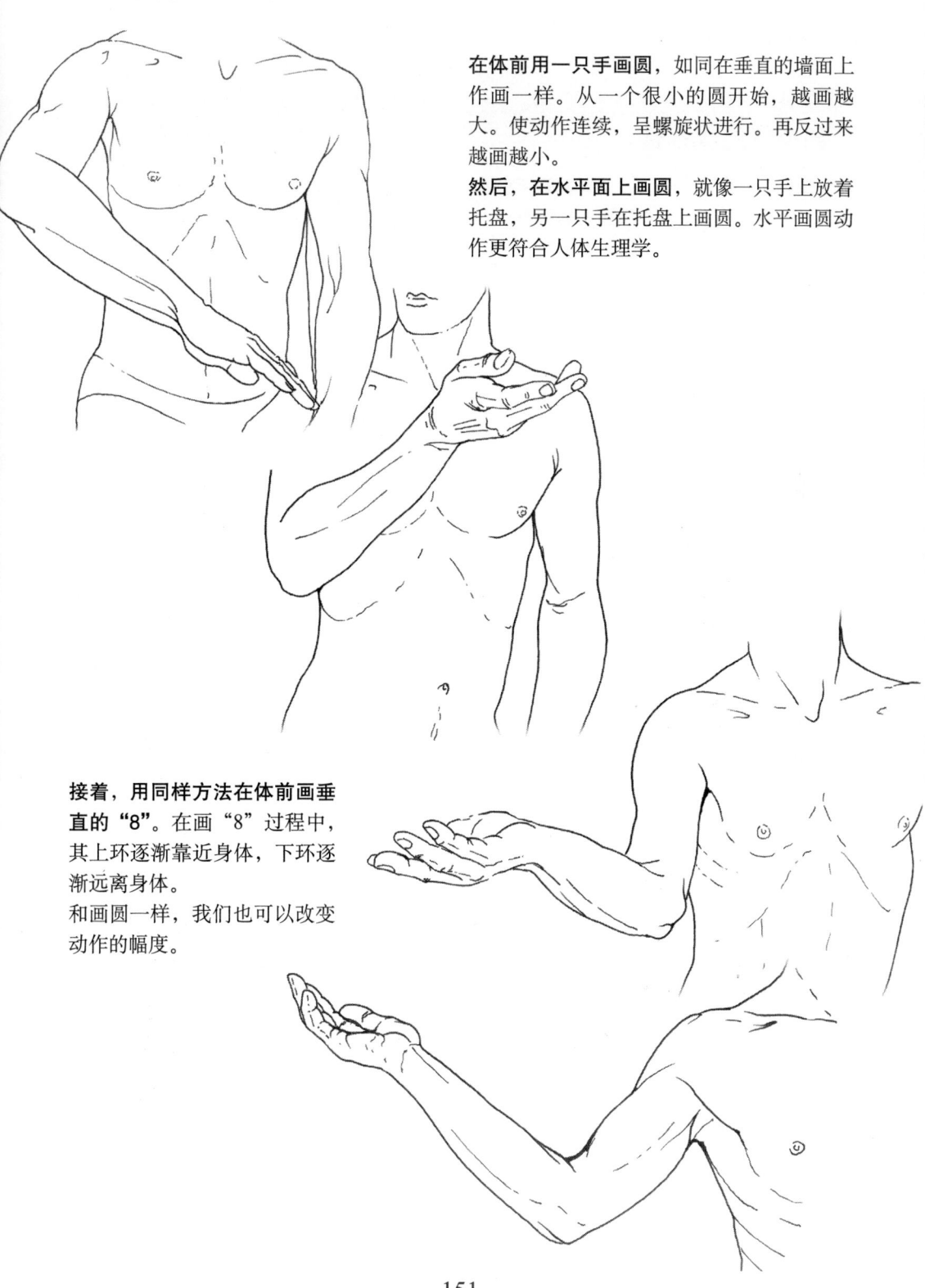

手部练习

以下练习都是例举,并不全面。

手部整体的柔韧性

两手交叠,十指完全交叉。然后**翻转手腕**,使掌心朝向身体和上方,**尽量使两肘靠近**。

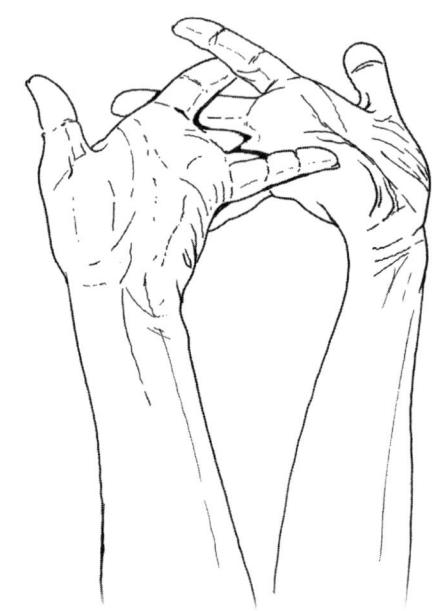

手部肌肉的强化

(参考第 147 页)

手和手指的协调性

以不同的方式弯曲手指。

- **弯曲中指和无名指**,保持食指和小指伸展。

- **弯曲食指和小指**,保持中指和无名指伸展。

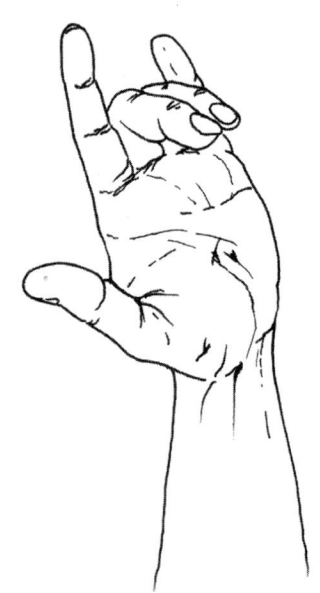

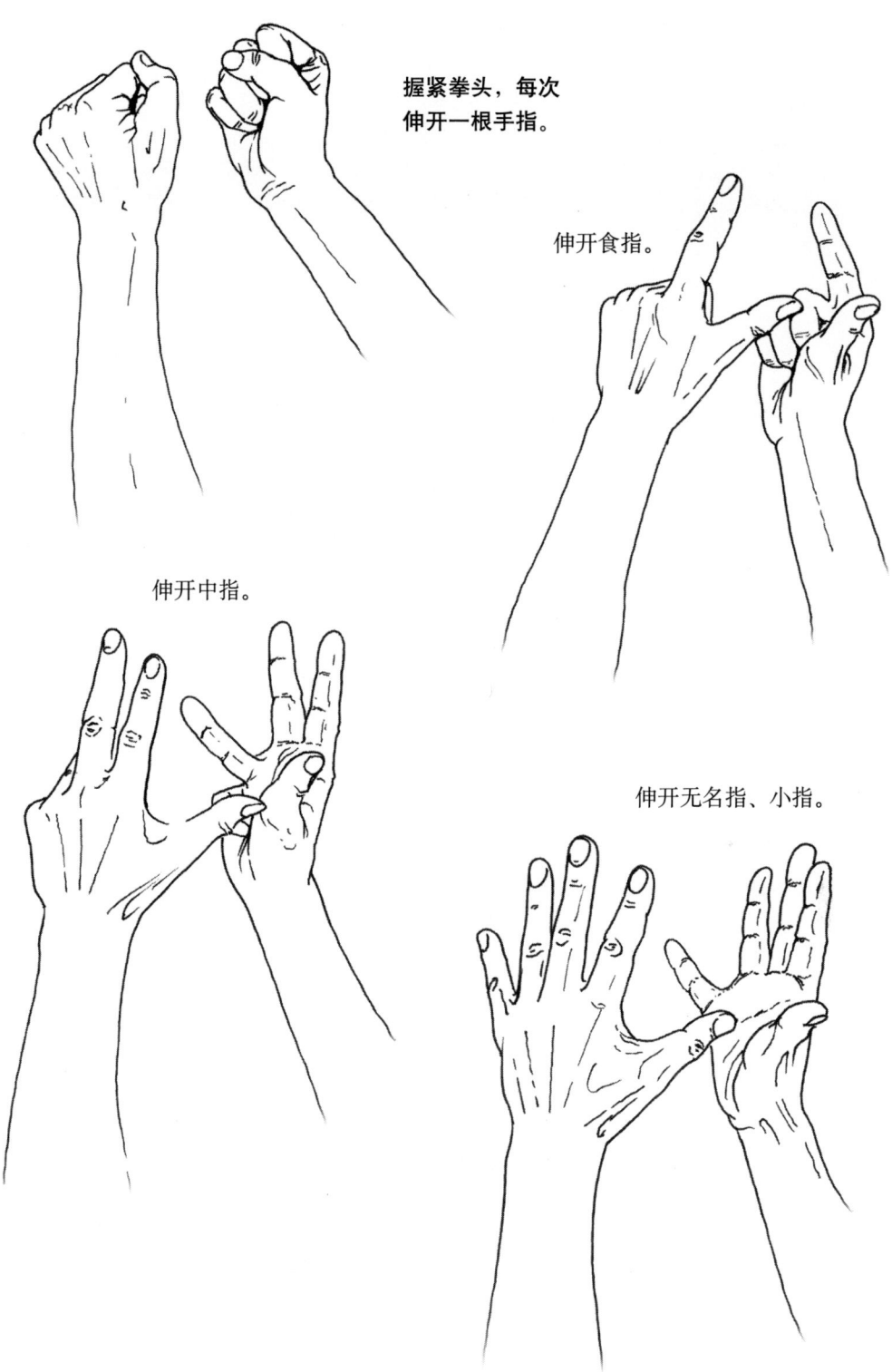

握紧拳头,每次伸开一根手指。

伸开食指。

伸开中指。

伸开无名指、小指。

或者反方向练习。再次握紧拳头,以不同的顺序,每次伸开一根手指进行练习。

第六章　髋

髋部同时涉及骨盆和股骨。骨盆的位置影响脊柱腰段的弯曲度，股骨通过从上到下的作用引导下肢运动。

因此，髋关节是下肢和躯干的交叉点。

髋部的柔韧性对于其自由活动是必不可少的，它的强直会对腰椎、膝部和足部产生影响。强直情况很少出现在孩子身上，多见于成人，预防强直和维持髋关节的灵活度是很有益处的。

运动及其名称

在所有关节运动中，我们可以观察到或者两块骨同时移动，或者一块骨保持固定，另一块骨处于活动状态。

在髋部，髂骨固定、股骨移动被称为*髋部的股骨运动*；反过来，股骨固定、髂骨移动，被称为*髋部的髂骨运动*。

屈

股骨屈的动作使大腿前面靠近骨盆。

这一运动在许多日常动作中可以见到，如行走、上台阶、坐着。

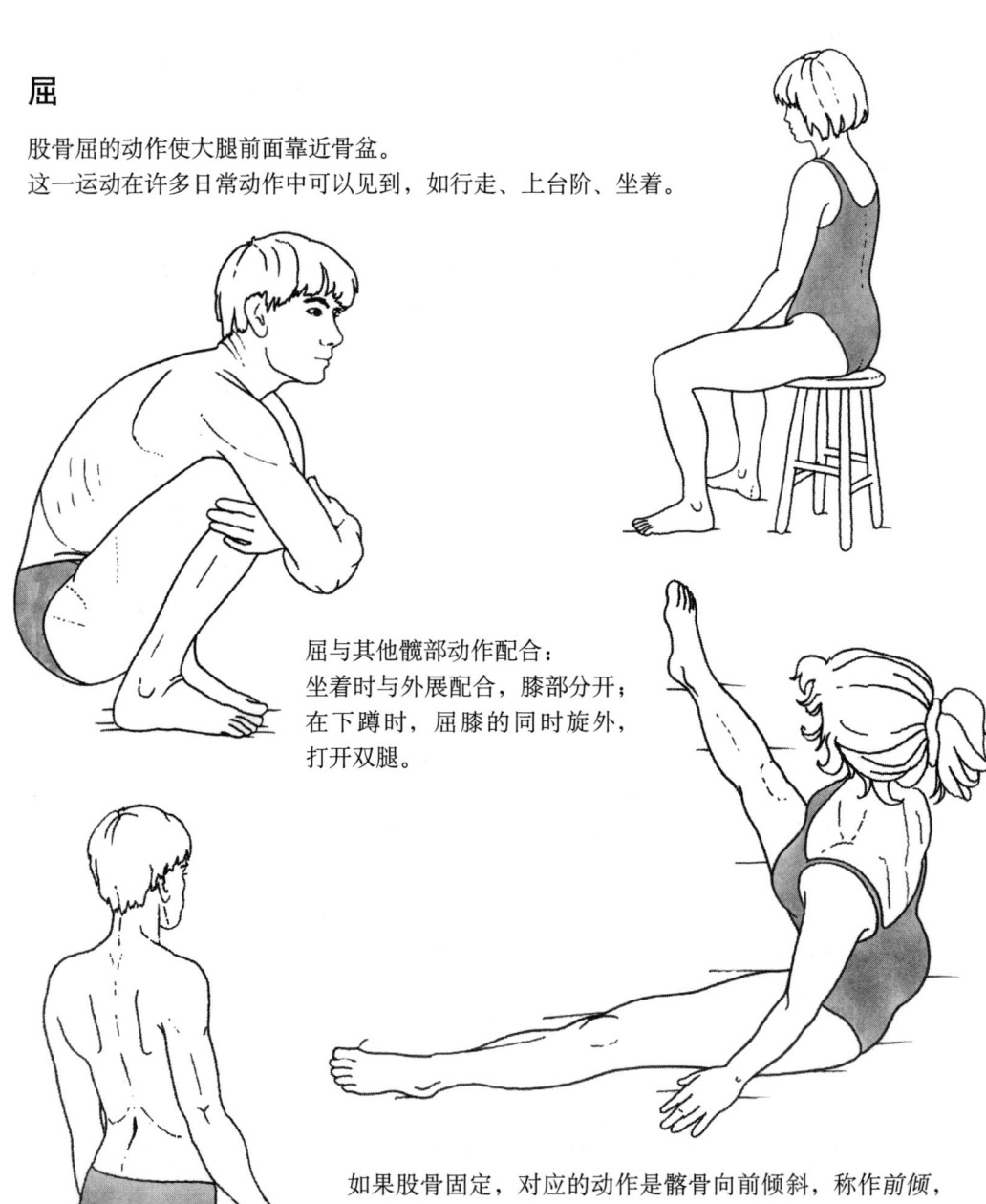

屈与其他髋部动作配合：
坐着时与外展配合，膝部分开；
在下蹲时，屈膝的同时旋外，打开双腿。

如果股骨固定，对应的动作是髂骨向前倾斜，称作前倾，这个动作常与腰椎前凸相混淆，但二者其实不在一个动作层面（参考第 40 页）。

伸

股骨伸的动作使大腿后面靠近背部。
股骨伸的动作会出现在行走或跑步时。在古典舞中,它可以配合侧旋(旋外)动作(例如,在阿拉贝斯克舞姿中就结合了伸与侧旋动作)。

股骨的伸展幅度会受到很大限制。
关于这种限制的解释,在髋部柔韧性部分可以找到。
股骨伸的动作常引起骨盆前倾,如果配合屈膝的动作,前倾会更明显。

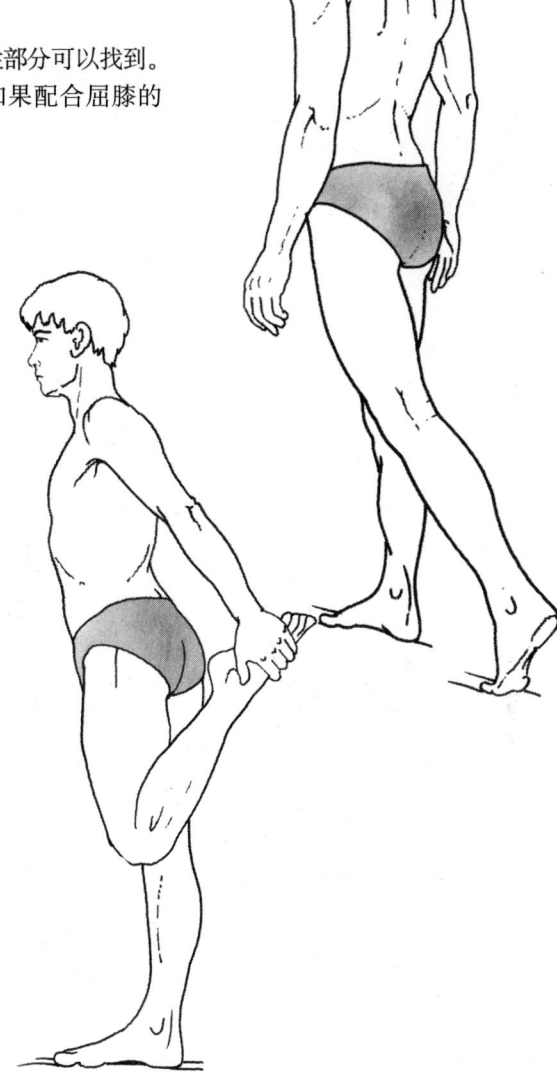

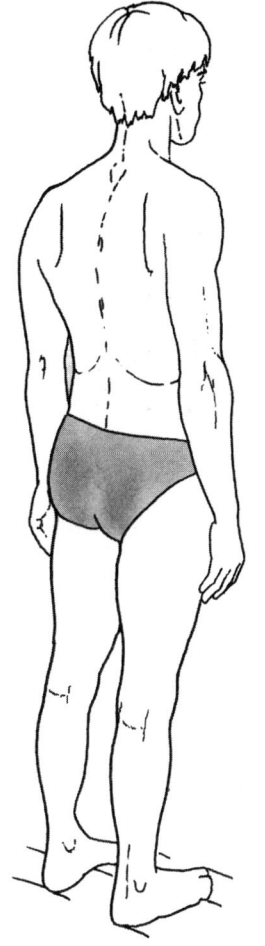

如果股骨固定、骨盆移动,对应的动作是骨盆向后倾斜,称作后倾。
在运动锻炼过程中,这个动作常被用来矫正骨盆后倾,以便"消除前凸"(参考第38页)。

外展

这项运动使大腿外侧靠近躯干。如果外展时膝向前,即不做回旋动作,则外展会因为股骨颈靠在髋臼窝边缘而受限。

外展动作经常与其他动作配合,比如侧旋(旋外)或者屈,这使得动作幅度加大,此时不再有骨的阻碍。

如果此时骨盆是移动的,则对应的动作是骨盆外侧倾斜。

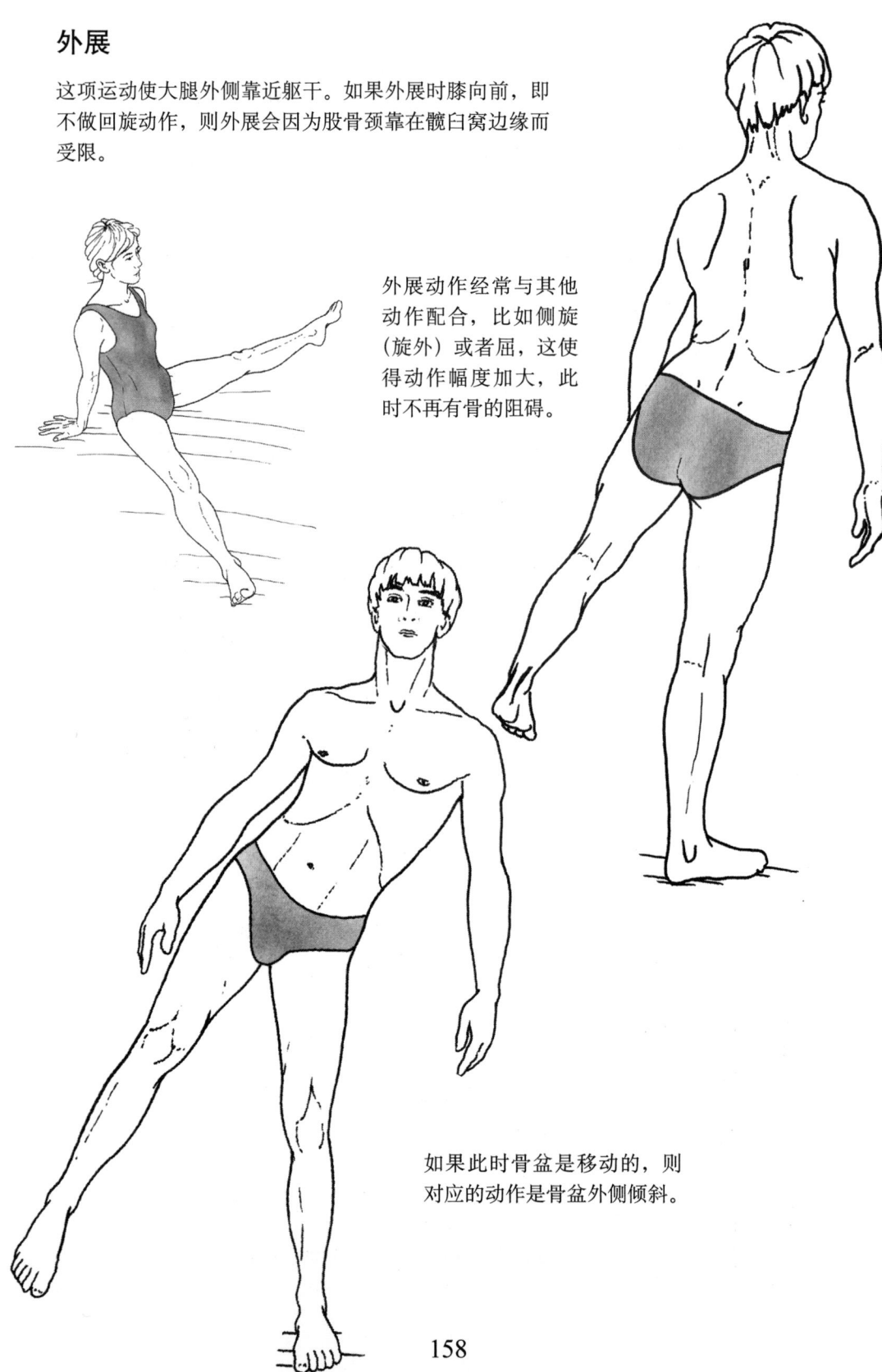

内收

这项运动使大腿的内侧面向对侧移动。
这是个小幅度动作。
内收经常结合屈或伸进行向前或向后的交叉运动,或者进行被称为"裂缝"的运动。

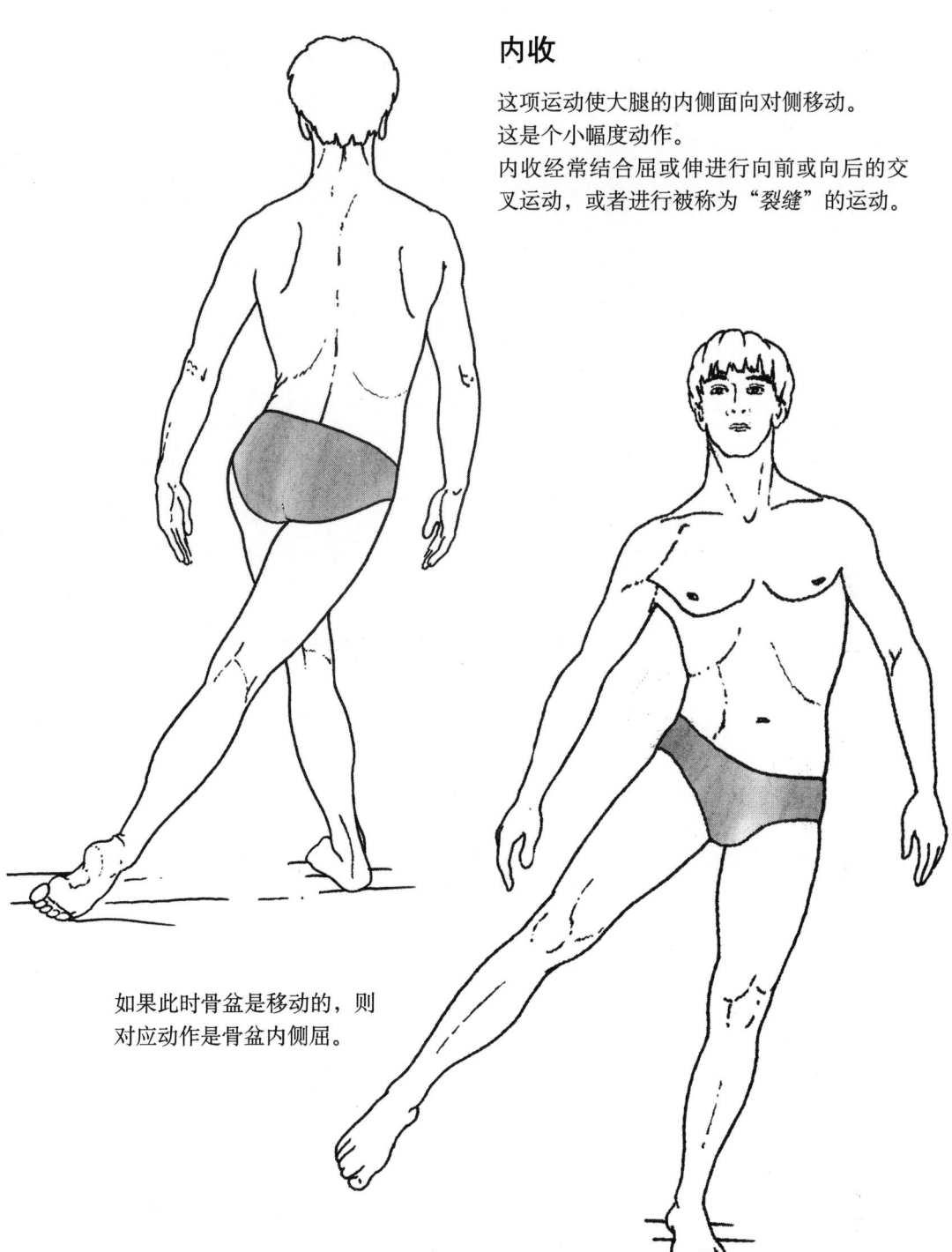

如果此时骨盆是移动的,则对应动作是骨盆内侧屈。

伴随着股骨活动的髋部侧面运动,在日常生活中很少见。
然而,当我们用单足支撑时(如在行走时的每一步),骨盆在股骨的支撑下进行的正是这种类型的运动。

回旋

这项运动使股骨在其纵轴上以螺旋的形式转动。注意与膝关节回旋或足回旋相区分。

旋内时，髌骨朝向身体中部。

如果此时股骨固定，对应的动作是髂骨旋内。

旋外时，髌骨朝向身体侧面。
这项运动有时被称为"打开"，在古典舞蹈动作中可以见到。

如果此时股骨固定，对应的动作是髂骨旋外。在此图上展示的即为髋部被股骨支撑时的旋外动作。

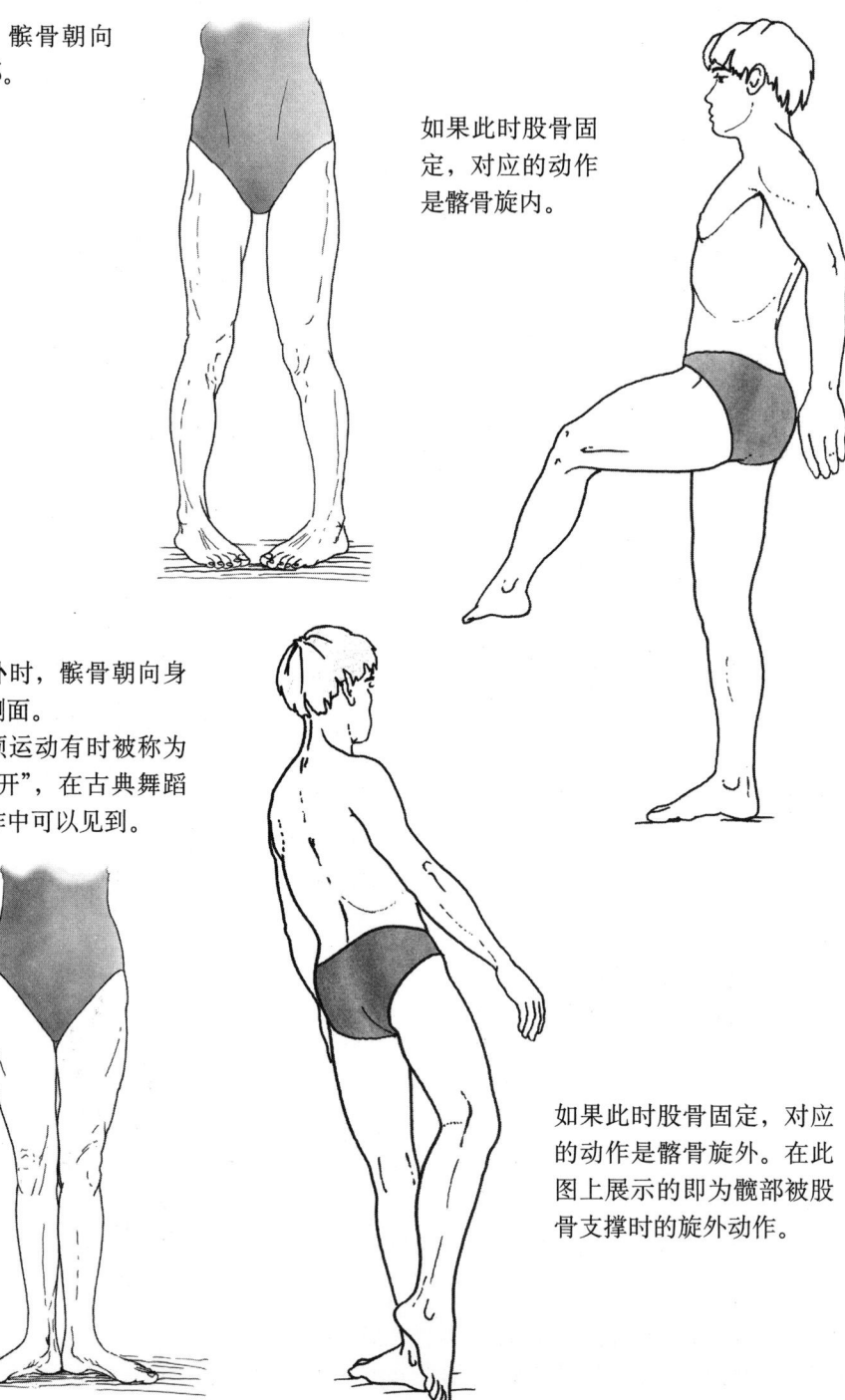

骨盆骨骼的运动

骨盆的 3 块骨之间，存在活动的可能性。尽管活动的幅度极小，但会伴随所有髋部运动或脊柱低段运动发生。我们可以在坐骨采用坐姿的情况下逐个感受 3 块骨的活动。

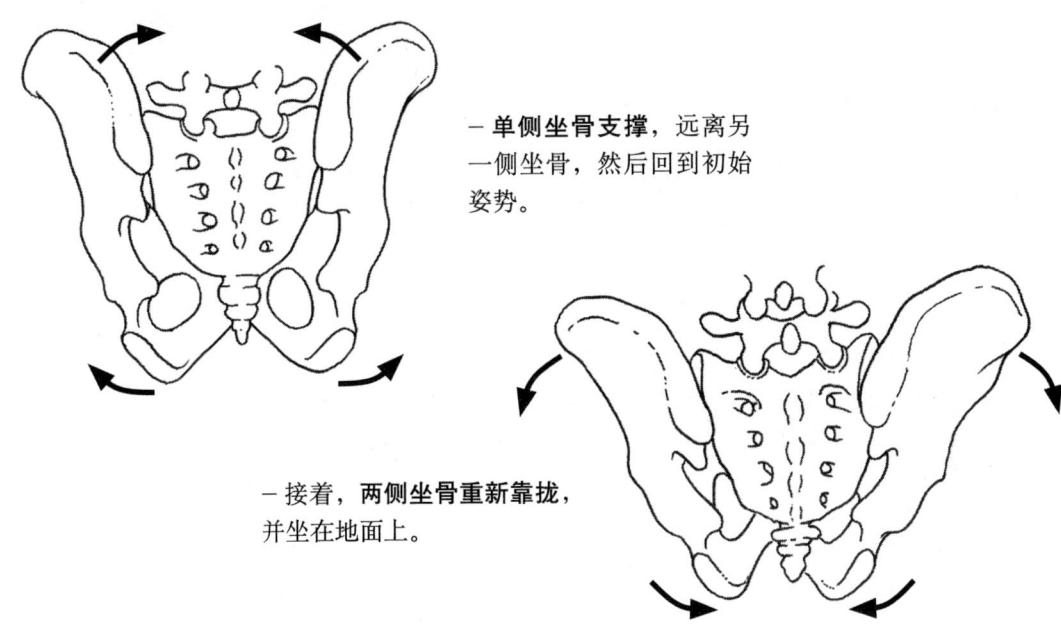

— **单侧坐骨支撑**，远离另一侧坐骨，然后回到初始姿势。

— 接着，**两侧坐骨重新靠拢**，并坐在地面上。

— **单侧坐骨支撑**，两侧坐骨向前移动，接着，一侧坐骨向前，一侧坐骨向后：

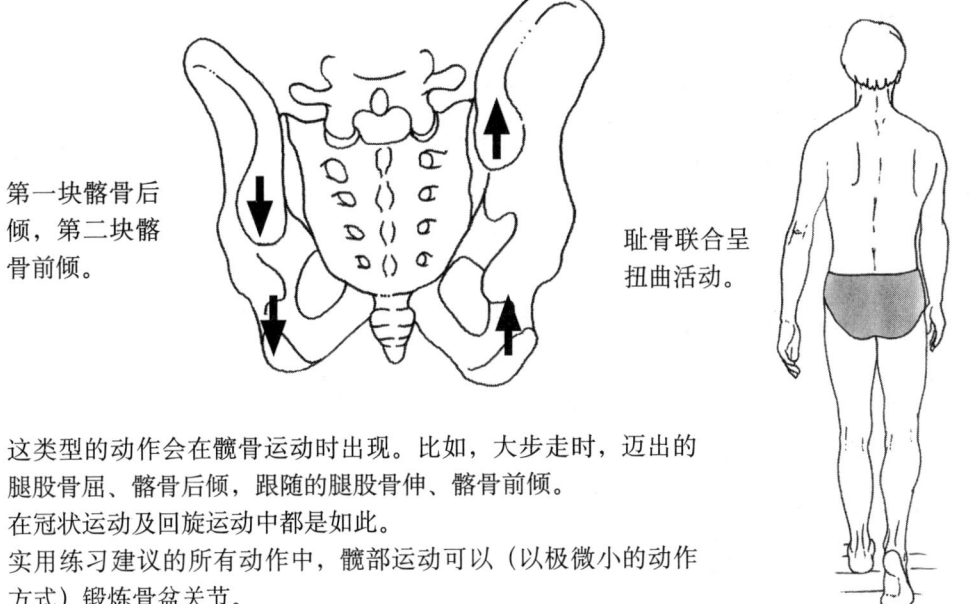

第一块髂骨后倾，第二块髂骨前倾。

耻骨联合呈扭曲活动。

这类型的动作会在髋骨运动时出现。比如，大步走时，迈出的腿股骨屈、髂骨后倾，跟随的腿股骨伸、髂骨前倾。
在冠状运动及回旋运动中都是如此。
实用练习建议的所有动作中，髋部运动可以（以极微小的动作方式）锻炼骨盆关节。

髋部的柔韧性

髋部的柔韧性对于许多动作的进行是至关重要的。同时，在日常生活中，髋部的柔韧性对身体的自由活动也起着重要作用。目前，这个关节的强直现象经常发生在成人身上，所以，了解强直的原因以及如何在某种程度上预防强直的出现是有必要的。

骨骼的柔韧性

髋部在骨骼层面几乎不受限制（参考《运动解剖书》第 204、205 页）。
然而，髋部骨骼形状存在众多变化。为了更好地了解这些变化，我们来简单观察一下髋部骨骼的生长。

髋部的骨骼生长

胚胎在子宫内的第 2 个月，髋关节出现。起初，它只是个软骨，出生后会骨化。
股骨头是由一个 5 个月大时出现的骨核从中心向四周骨化而成。
同样，髋骨起初也是软骨。可以看到，在子宫内的 3 ~ 6 个月时出现的 3 个骨核对应的是 3 个部位：髂骨、坐骨、耻骨。
这 3 个骨核逐渐伸展并互相接合，形成 Y 字形的髋臼窝软骨。在出生后的头 6 个月中，关节窝仅仅是软骨。

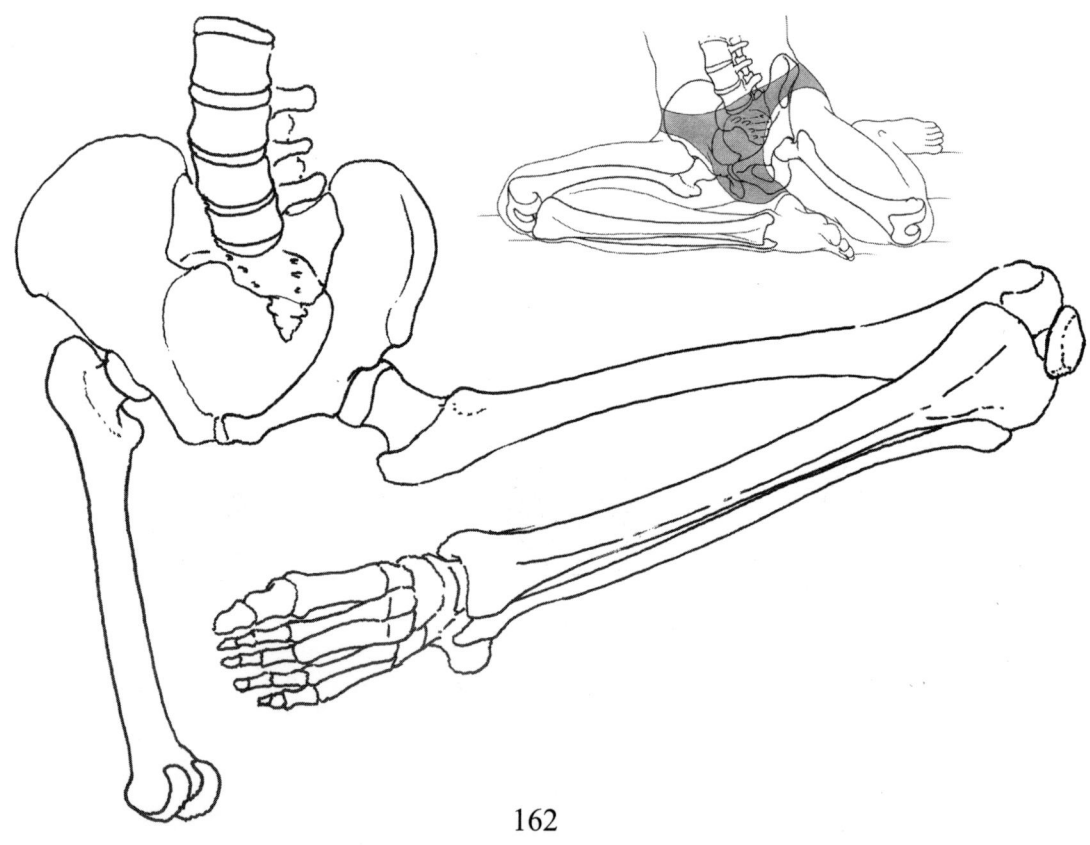

关节的形状是逐渐形成的：股骨头位于髋臼窝中心，使得髋臼窝对其施加的压力是均匀的，从而形成一个标准的圆头。而髋臼窝凹陷的形成要求股骨头在一个具体点上施加压力，这个点位于 Y 形软骨中心。这样，这 2 个表面在生命初期相互作用成型。

在生命初期，这些软骨要一个朝向另一个，使得这种相互作用可以正确地形成表面。在婴儿出生后会对此进行检测以及进行可能需要的矫正（最常见的方式是把婴儿包裹成外展姿势）。以前婴儿出生后常被包裹成笔直的、内收的姿势，这会造成软骨朝向发生问题的危险。

当支撑和行走时，骨末端之间承受彼此施加的压力。而在学会行走前，确保这种压力的是婴儿进行不同的腿部动作时的肌肉收缩。

这些属于关节的常见姿势。
这些因素与遗传因素一起，塑造了关节面的骨骼形状以及髋臼窝和股骨颈的边缘形状。
这些形状成为阻止或允许髋部大幅度运动的决定因素，确保了运动更多或更少的稳定性。
详情参考《运动解剖书》第 204、205 页。

总之，髋部的柔韧性或强直情况取决于该部位的骨骼形状。
这些在一定程度上解释了不同人之间髋部运动幅度的差异性。如果是骨骼形状的原因，那么没有任何训练可以改变状况。因此，不要追求过度柔韧，也不要鼓励任何人在练习中超越骨骼的运动幅度，而要预防髋部上部或下部可能出现的补偿性运动。

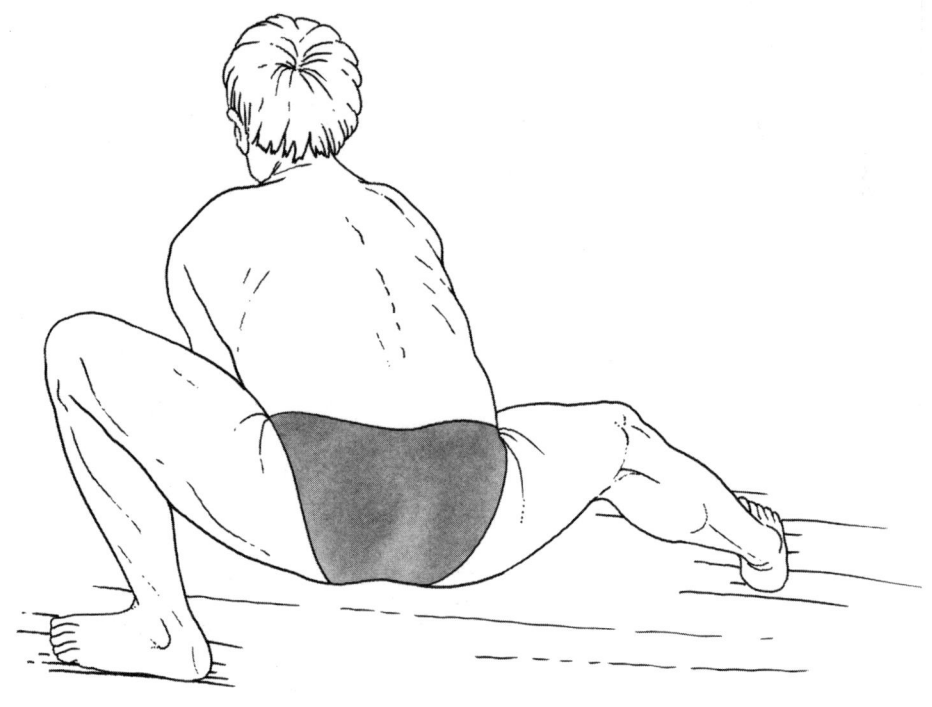

如何分辨出髋部强直可能源于骨骼

通过一次练习很难做出精确的判断。
如果动作幅度的限制在于骨骼,能感觉到动作的进入角度受阻;若限制在于肌肉或韧带强直,则是在动作的发出角度感受到紧张。

以下给出了几个测试髋部屈运动幅度的方法。这几个动作不能用于精确的诊断,目的在于帮助分辨出一些明显的强直问题。

这些公认的动作难点、疼痛或明显的限制,如果在一个人的身上表现得比他人明显,或者对于同一个人,发生在从髋部一侧向对侧运动的过程中,应引起该练习者的注意,必要时请咨询医师。

背部平躺于地面,手臂牵引膝关节弯曲,髋部做屈曲运动。

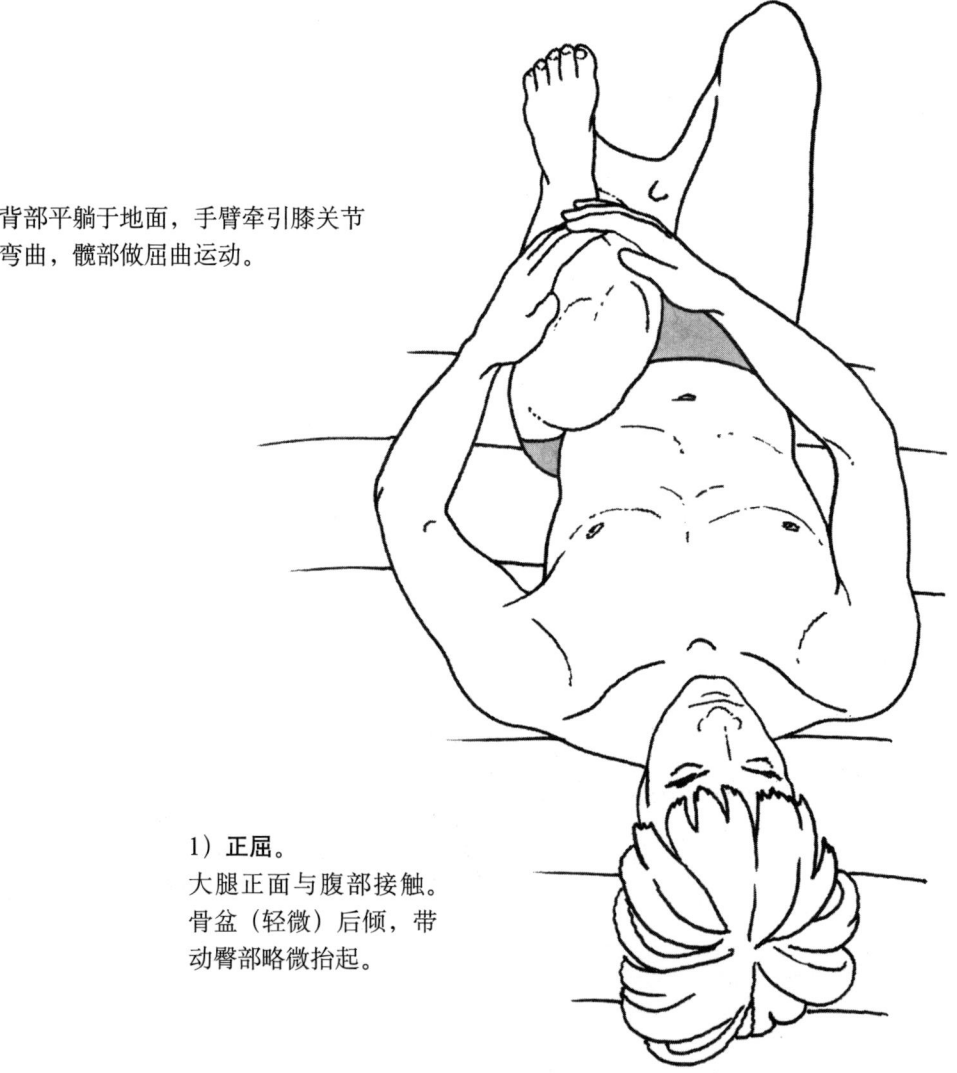

1)**正屈**。
大腿正面与腹部接触。
骨盆(轻微)后倾,带动臀部略微抬起。

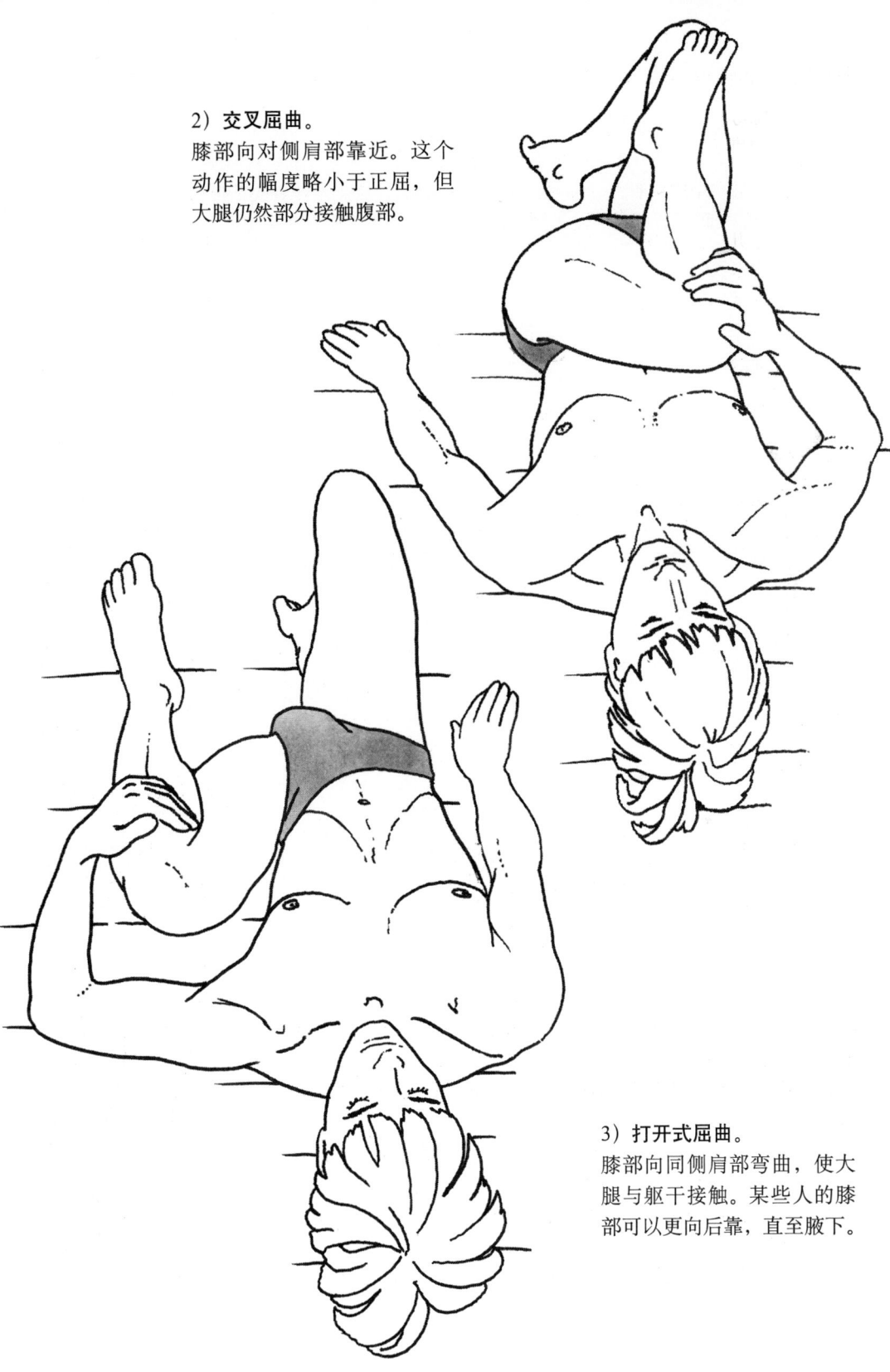

2）交叉屈曲。
膝部向对侧肩部靠近。这个动作的幅度略小于正屈，但大腿仍然部分接触腹部。

3）打开式屈曲。
膝部向同侧肩部弯曲，使大腿与躯干接触。某些人的膝部可以更向后靠，直至腋下。

韧带的柔韧性

从骨骼的角度看，如果活动骨骼，髋部几乎不会受限，股骨几乎可以向各个方向充分活动，除了《运动解剖书》第196页上方提到的外展。

但若动作受限不是因为骨头，而是因为韧带和肌肉，这类动作就无法进行。根据在成人身上观察到的表现，我们甚至可以预见将要发生强直的韧带和肌肉。

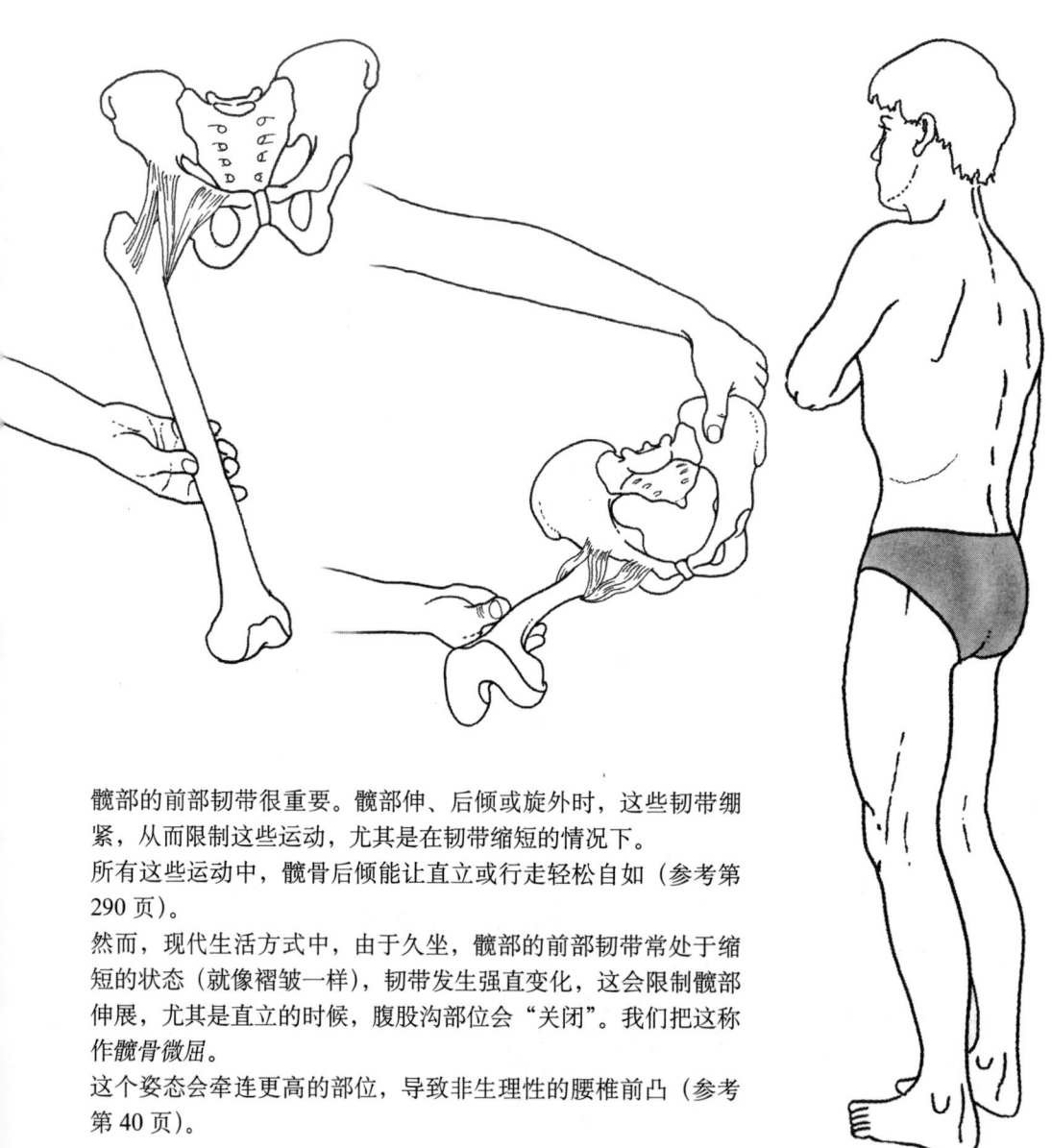

髋部的前部韧带很重要。髋部伸、后倾或旋外时，这些韧带绷紧，从而限制这些运动，尤其是在韧带缩短的情况下。

所有这些运动中，髋骨后倾能让直立或行走轻松自如（参考第290页）。

然而，现代生活方式中，由于久坐，髋部的前部韧带常处于缩短的状态（就像褶皱一样），韧带发生强直变化，这会限制髋部伸展，尤其是直立的时候，腹股沟部位会"关闭"。我们把这称作髋骨微屈。

这个姿态会牵连更高的部位，导致非生理性的腰椎前凸（参考第40页）。

相反，如果我们观察一下打开式屈曲，将会看到在这个姿势中，髋部前韧带伸展，处于伸长的状态。在有些国家，婴儿就是以这个姿势被母亲背在背上。

孩子蹲在地上玩的时候也经常采用这个姿势，这维持了髋部的前部韧带的柔韧性。这种柔韧性在伸展（直立）姿势中，能使骨盆在髋部的运动更流畅。

所以在练习中可以多采用这个姿势（参考实用练习）。柔韧性良好的前部韧带对于旋外运动很有帮助，这也为身体技能练习，如古典舞、武术等提供了良好的髋部条件。

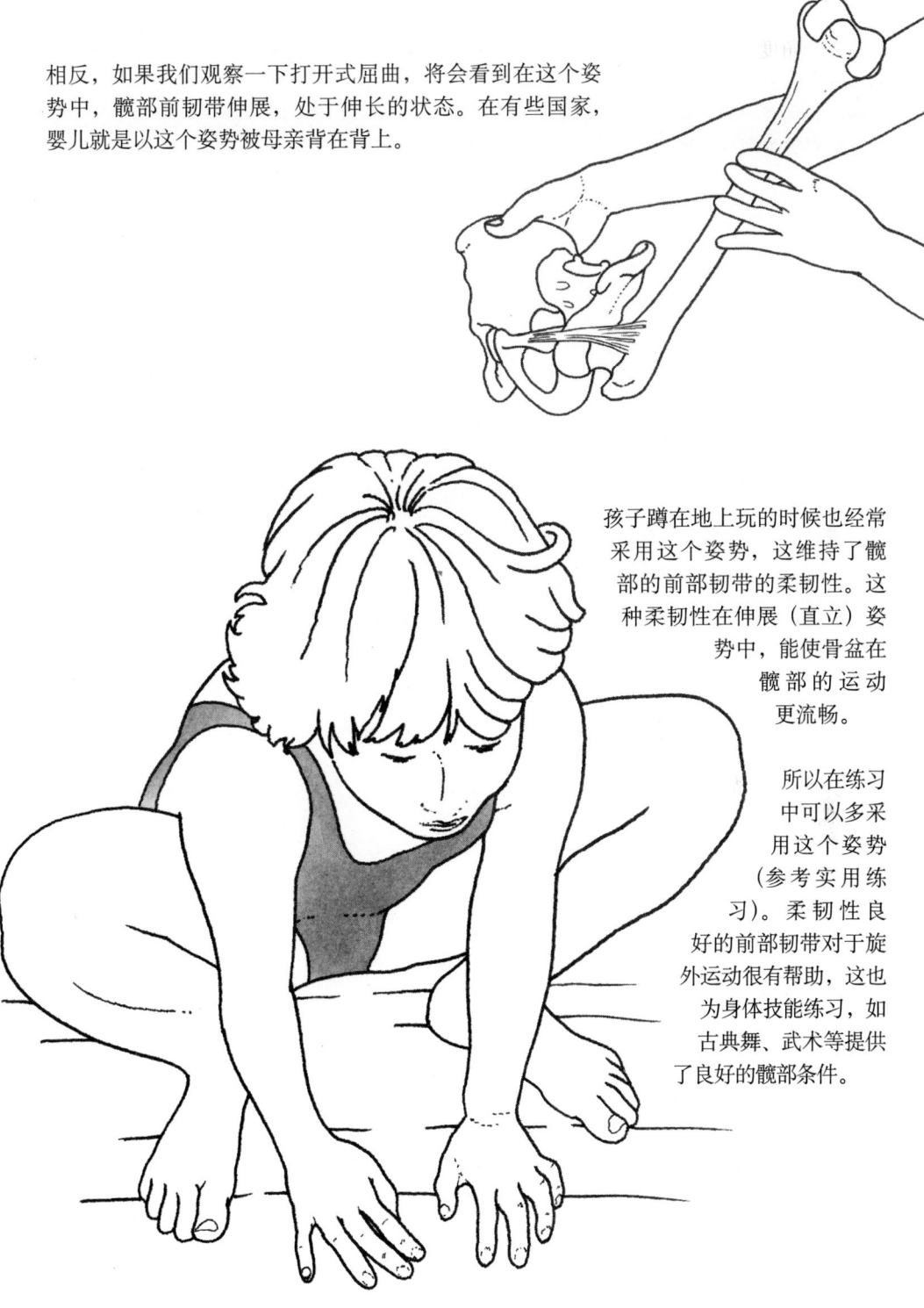

肌肉的柔韧性

髋部存在一种特有的肌肉结构——在矢状面（侧面）中使髋部运动的多关节肌，但它们的功能完全相反。
- 前面的肌肉：股直肌。
- 后面的肌肉群：腘绳肌。

股直肌

股直肌是股四头肌（位于整个大腿前面的重要肌群，跨越膝部）的一部分。股四头肌的主要功能在于伸展膝关节（参考《运动解剖书》第 238 页）。

股直肌较靠前，跨越膝关节以及髋关节，它的功能在于使髋关节屈及膝关节伸。

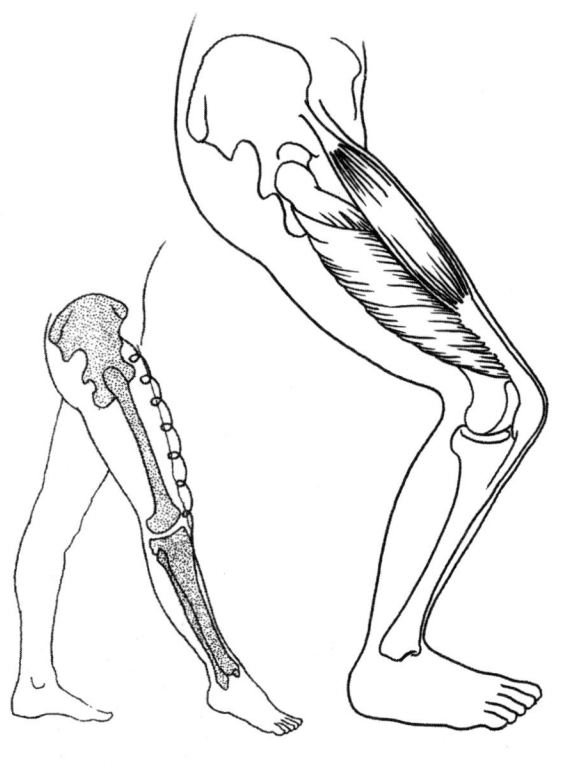

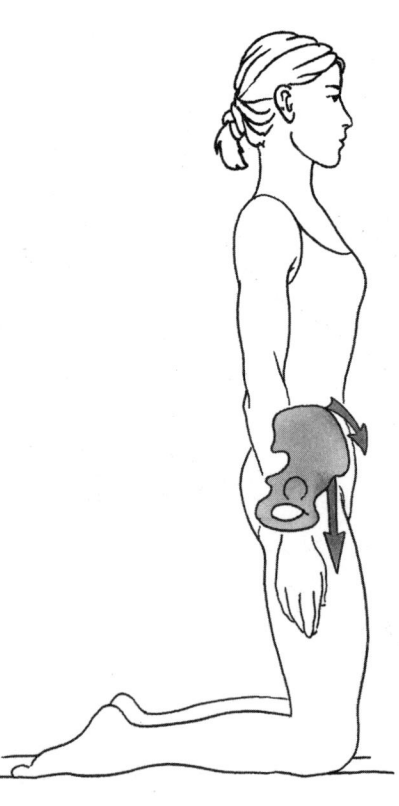

当股直肌因髋关节伸展而被拉伸时，会引起骨盆前倾，前倾程度因屈膝关节而更加明显（因股直肌缩短）。这会加重韧带强直情况，引起补偿性的腰椎前凸，是"非生理性"的前凸。

所以，拉伸股直肌对于骨盆活动的自由度和预防腰部因过度的腰椎前凸导致的疼痛非常重要（股直肌拉伸运动见实用练习）。

腘绳肌

这是 3 块起于坐骨、止于 2 块小腿骨的肌肉（参考《运动解剖书》第 242 页）。可使髋部伸及膝部屈。

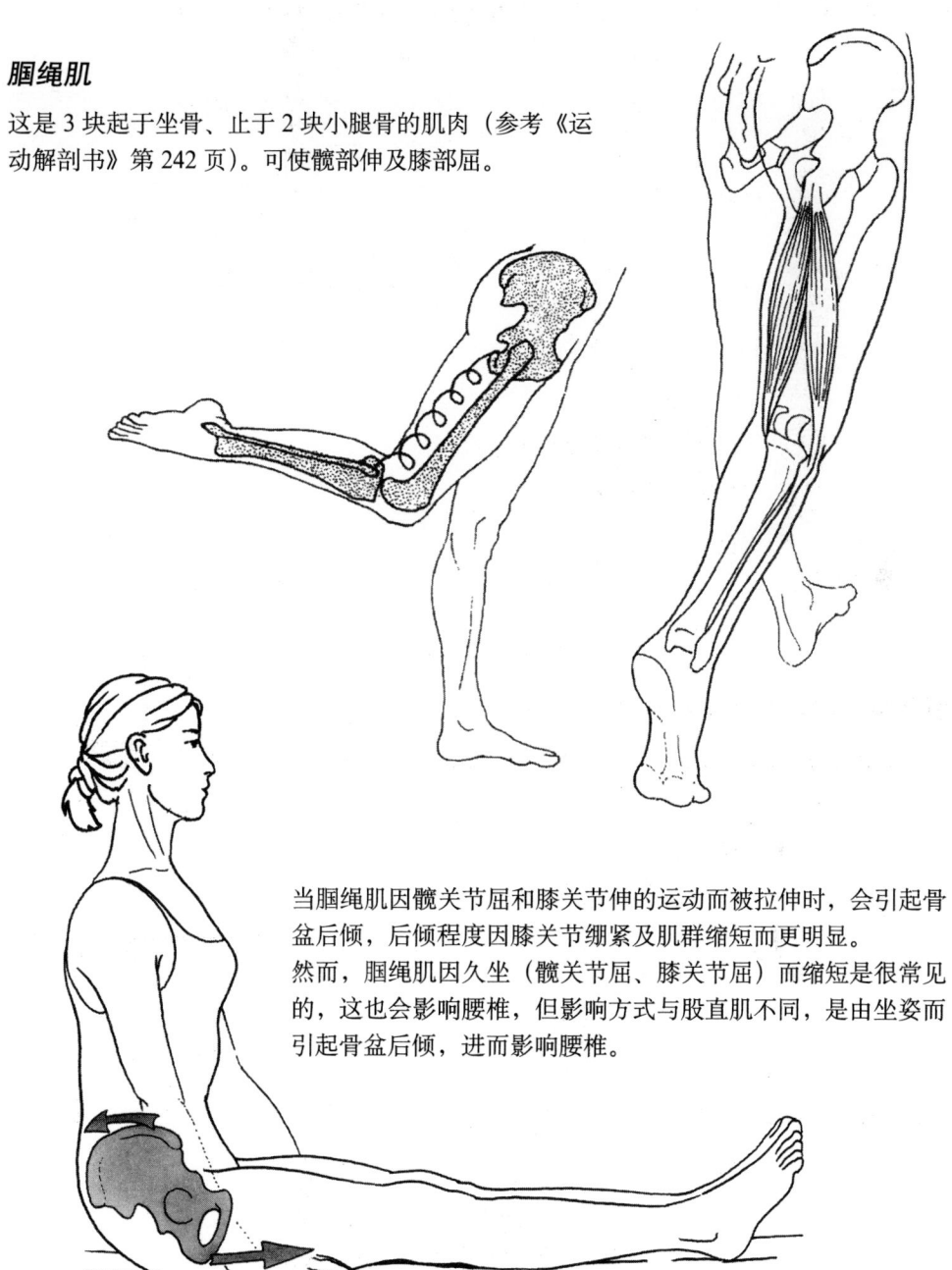

当腘绳肌因髋关节屈和膝关节伸的运动而被拉伸时，会引起骨盆后倾，后倾程度因膝关节绷紧及肌群缩短而更明显。

然而，腘绳肌因久坐（髋关节屈、膝关节屈）而缩短是很常见的，这也会影响腰椎，但影响方式与股直肌不同，是由坐姿而引起骨盆后倾，进而影响腰椎。

这会引起从腰椎最下层开始弯曲躯干的趋势，使得后部韧带绷紧，有时甚至出现疼痛感。所以，从小保持腘绳肌柔韧性对于日后的腰部健康是非常重要的。背部的不良姿势经常源于腘绳肌强直。

引起骨盆前倾的动作或姿势

以下均为髋部的伸展动作（髂股韧带绷紧）。

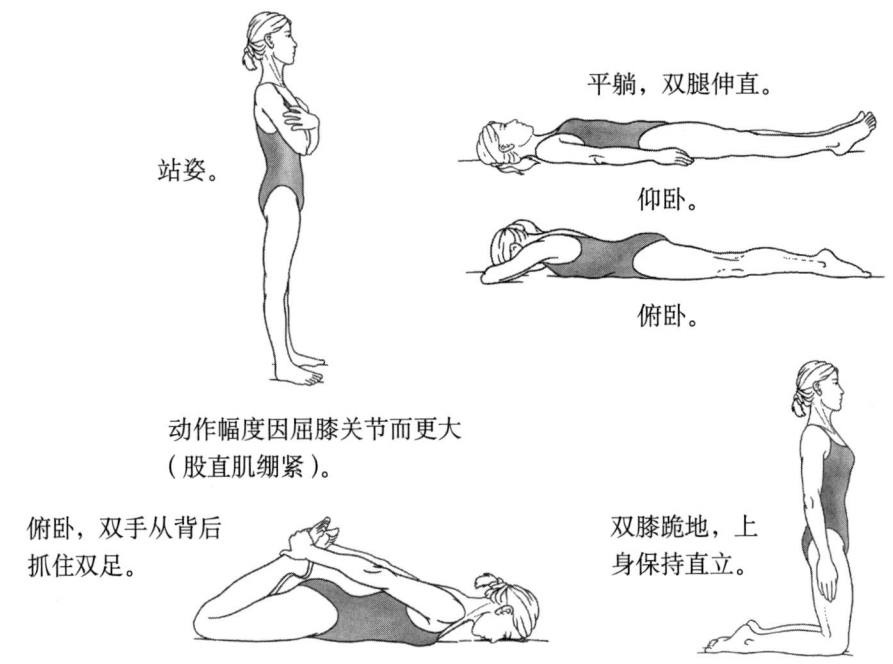

站姿。

平躺，双腿伸直。

仰卧。

俯卧。

动作幅度因屈膝关节而更大（股直肌绷紧）。

俯卧，双手从背后抓住双足。

双膝跪地，上身保持直立。

引起骨盆后倾的动作或姿势

以下是髋部向上屈曲超过 90° 的几个动作（后部韧带及髋部单关节肌绷紧）。

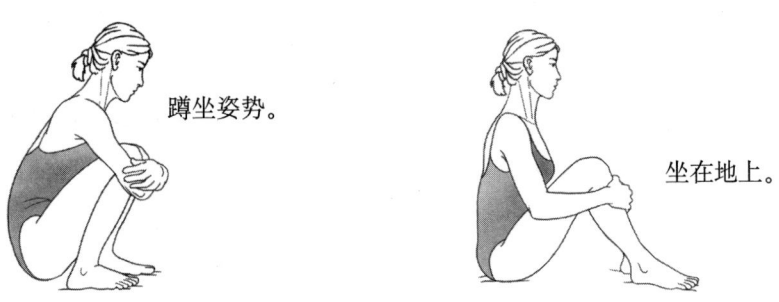

蹲坐姿势。

坐在地上。

骨盆后倾在膝部伸展时更快发生（由于腘绳肌紧绷）。

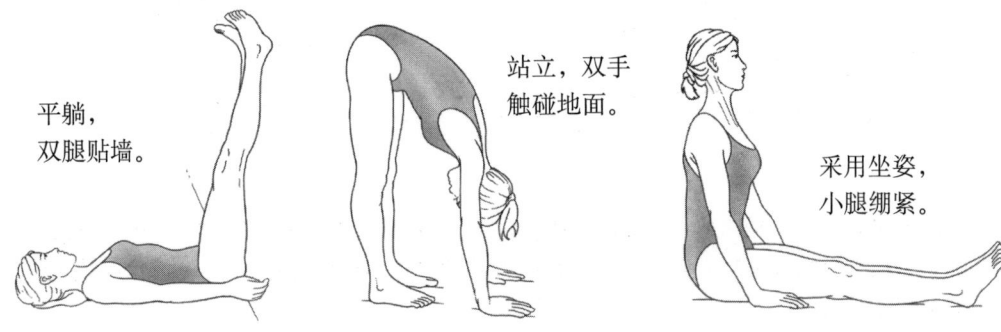

平躺，双腿贴墙。

站立，双手触碰地面。

采用坐姿，小腿绷紧。

在某些姿势中，骨盆可以自由前倾或后倾

为此需要以中等幅度屈髋关节（放松股直肌），并结合屈膝动作（放松腘绳肌）。

当我们想进行脊椎练习时，这些姿势可以优先采用，此时可自行决定脊椎位置。

在一些动作或姿势中，两侧髂骨运动不对称

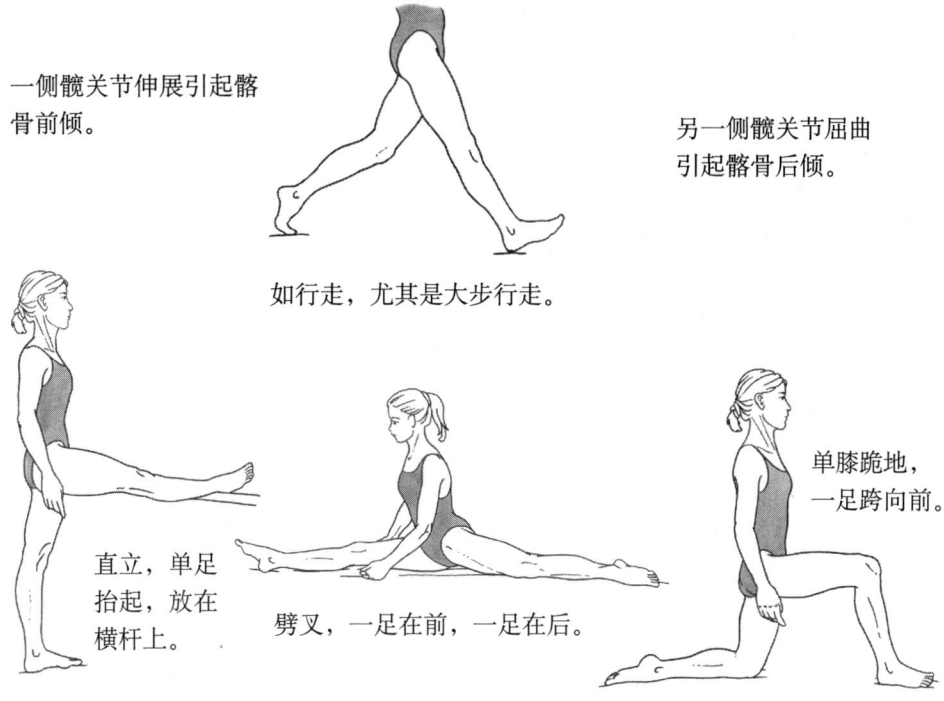

这些动作中，骶髂关节以不对称的形式进行运动。
- 位于前方的腿的骶髂关节做回转运动。
- 位于后方的腿的骶髂关节做反转运动（参考第 161 页）。

髋部的肌肉力量

髋部较大幅度的运动对于躯干以及下肢的灵活运动很重要。拥有强大的肌肉组织,以髋部为起点,持续地引导以下运动同样重要。
· 脊椎向上方。
· 下肢向地面。

这是一个很难控制的肌肉活动,原因有 2 个。
- 骨盆作为这些肌肉的附着点之一,在身体内部很难定位。
- 髋关节被众多肌肉群包围,与膝关节和踝关节不同,髋关节很难摸到。

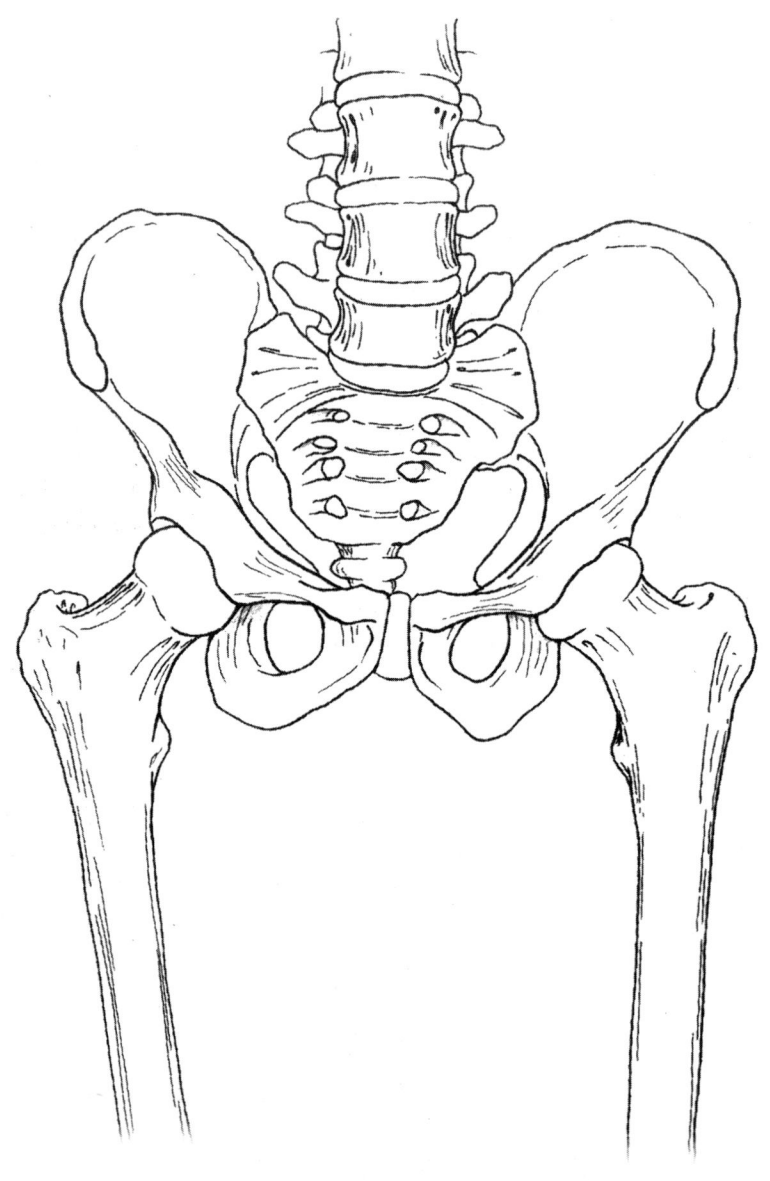

髋部练习有几个注意事项。
- 要区分深层肌肉锻炼和浅层肌肉锻炼。
- 髋部深层肌肉小,作用相对微弱,使人产生深层收缩感。其作用是持续为位于下肢上方的骨盆确定运动方向,并带来脊柱弯曲。

这些肌肉主要是骨盆-大转子肌群(参考《运动解剖书》第228~233页),以及臀小肌和髂肌。前者都是股骨的旋外肌,如果股骨固定,它们可引起骨盆前倾或后倾。它们如同为一艘小船定向一样,持续维持骨盆平衡(参考第194~197页)。

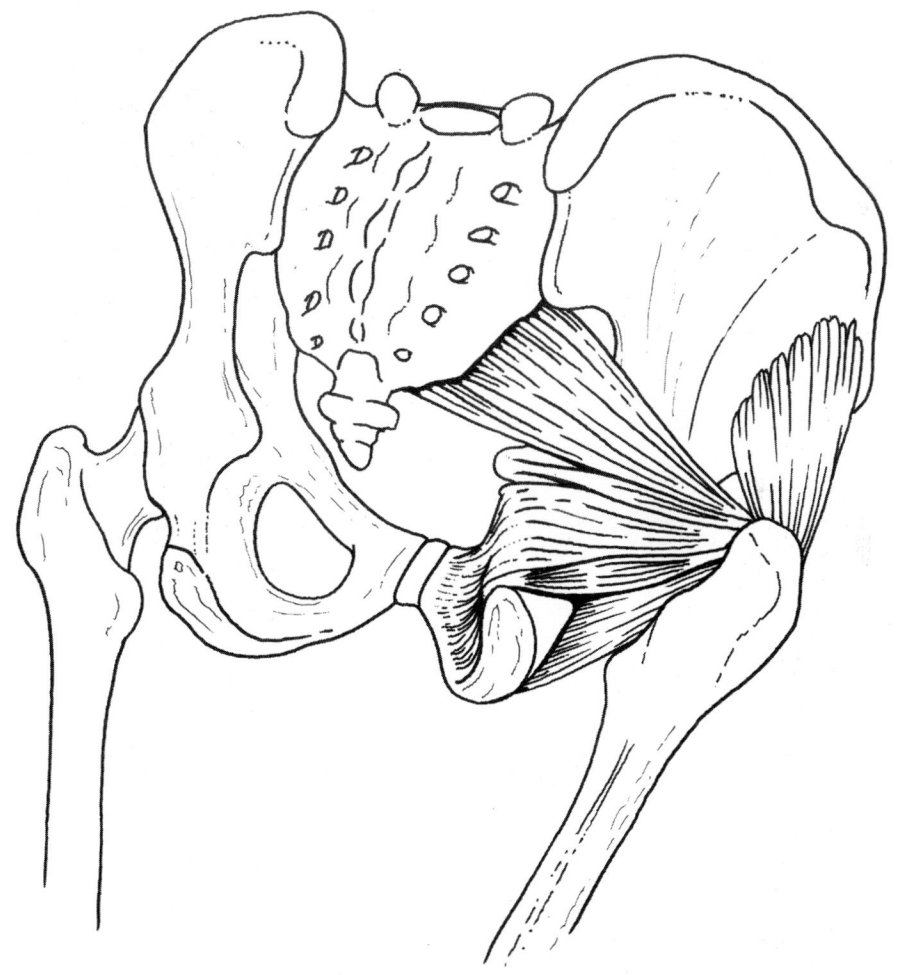

参考《运动解剖书》第233页的详细描述,这些肌肉在支撑骨盆方面发挥了重要的作用,并因此主动减轻髋部的压力。这对于成人的髋部活动尤其重要,因为这一部位最易因过度挤压而发生骨关节炎。

浅层肌肉块较大，功能更强，多为间歇性工作。

我们可以在大腿和髋部四周观察到这些肌肉。

后面为伸肌群：臀大肌、腘绳肌。

前面为屈肌群：腰大肌、髂肌、缝匠肌、股直肌。

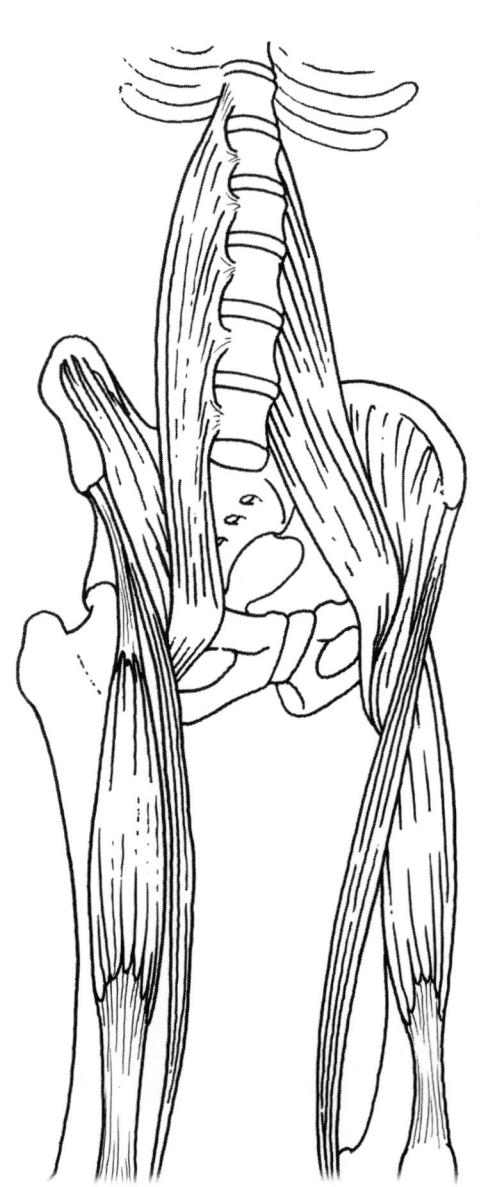

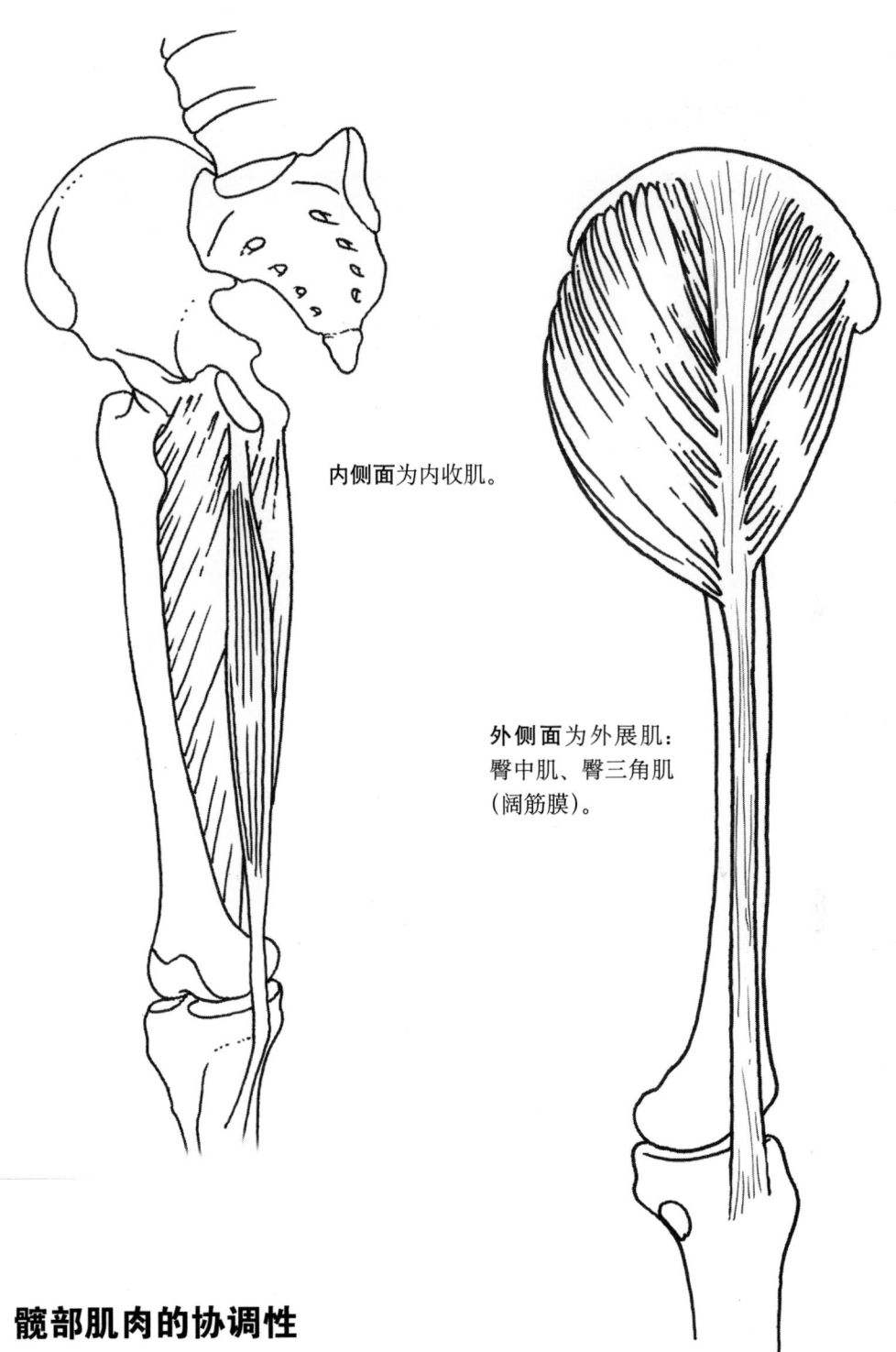

内侧面为内收肌。

外侧面为外展肌：
臀中肌、臀三角肌
（阔筋膜）。

髋部肌肉的协调性

本章介绍的是骨盆在股骨上向不同方向的运动。
我们观察脊柱是如何根据这些骨盆运动进行弯曲。随后，将在下肢运动中研究髋部肌肉组织的协调性。

髋部的柔韧性

髋关节的柔韧性

在使用以下2种动作练习时，要将动作姿势保持一定时间（每次练习保持几分钟）。

该动作对愿意以此姿势玩耍的儿童来说比较容易，对某些人来说也比较简单，但对很多西方的青少年和成人来说并非如此。

对于孩子，可以让他们以此姿势听口令或者听音乐，并引导他们保持该姿势进行下蹲行走的练习。

对于成人以及做这个动作有困难的人，我们可以尝试其他2种方式。

－无负荷柔韧性练习。悬挂在把杆上，停留几秒钟（不要向上弹跳，因为这并不能带来练习效果）。

－坐在15～20厘米高的小支座上。

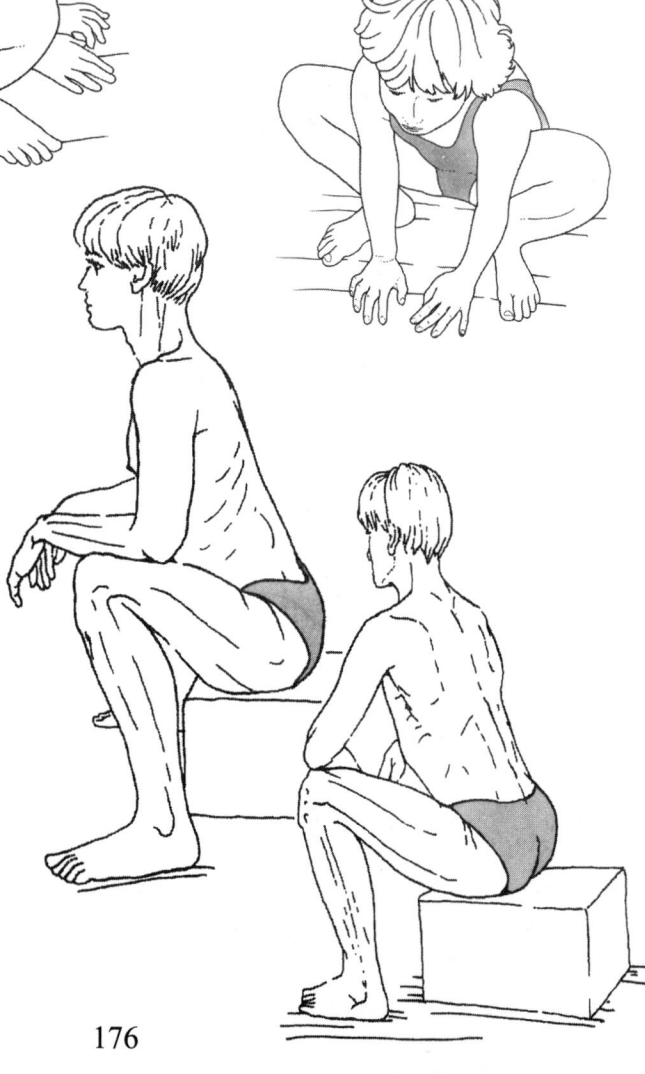

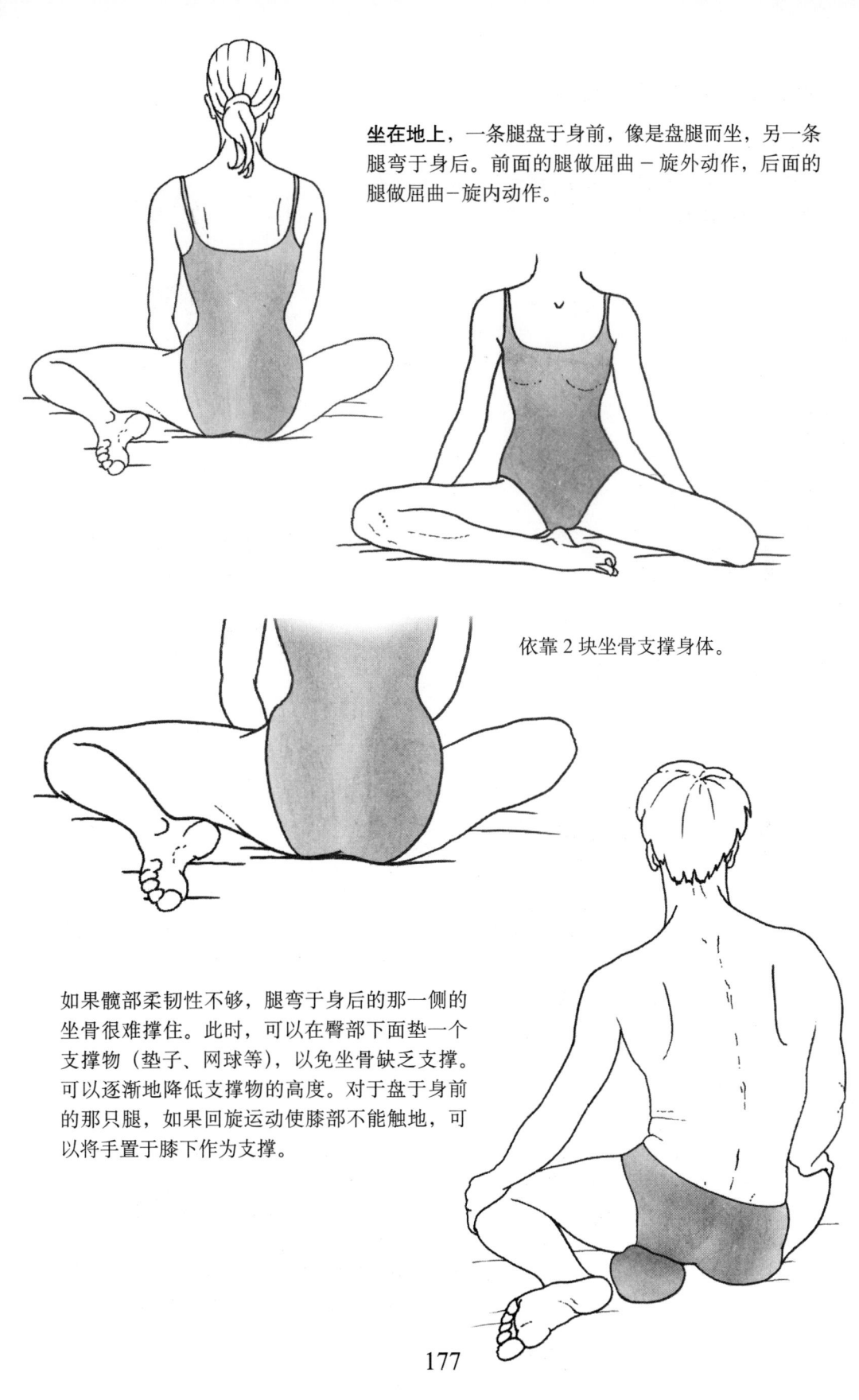

坐在地上，一条腿盘于身前，像是盘腿而坐，另一条腿弯于身后。前面的腿做屈曲－旋外动作，后面的腿做屈曲－旋内动作。

依靠2块坐骨支撑身体。

如果髋部柔韧性不够，腿弯于身后的那一侧的坐骨很难撑住。此时，可以在臀部下面垫一个支撑物（垫子、网球等），以免坐骨缺乏支撑。可以逐渐地降低支撑物的高度。对于盘于身前的那只腿，如果回旋运动使膝部不能触地，可以将手置于膝下作为支撑。

髋关节和肌肉的柔韧性

被动运动

需要两人以合作方式进行练习。练习者背部着地平躺，同伴帮助其进行一些环绕运动。

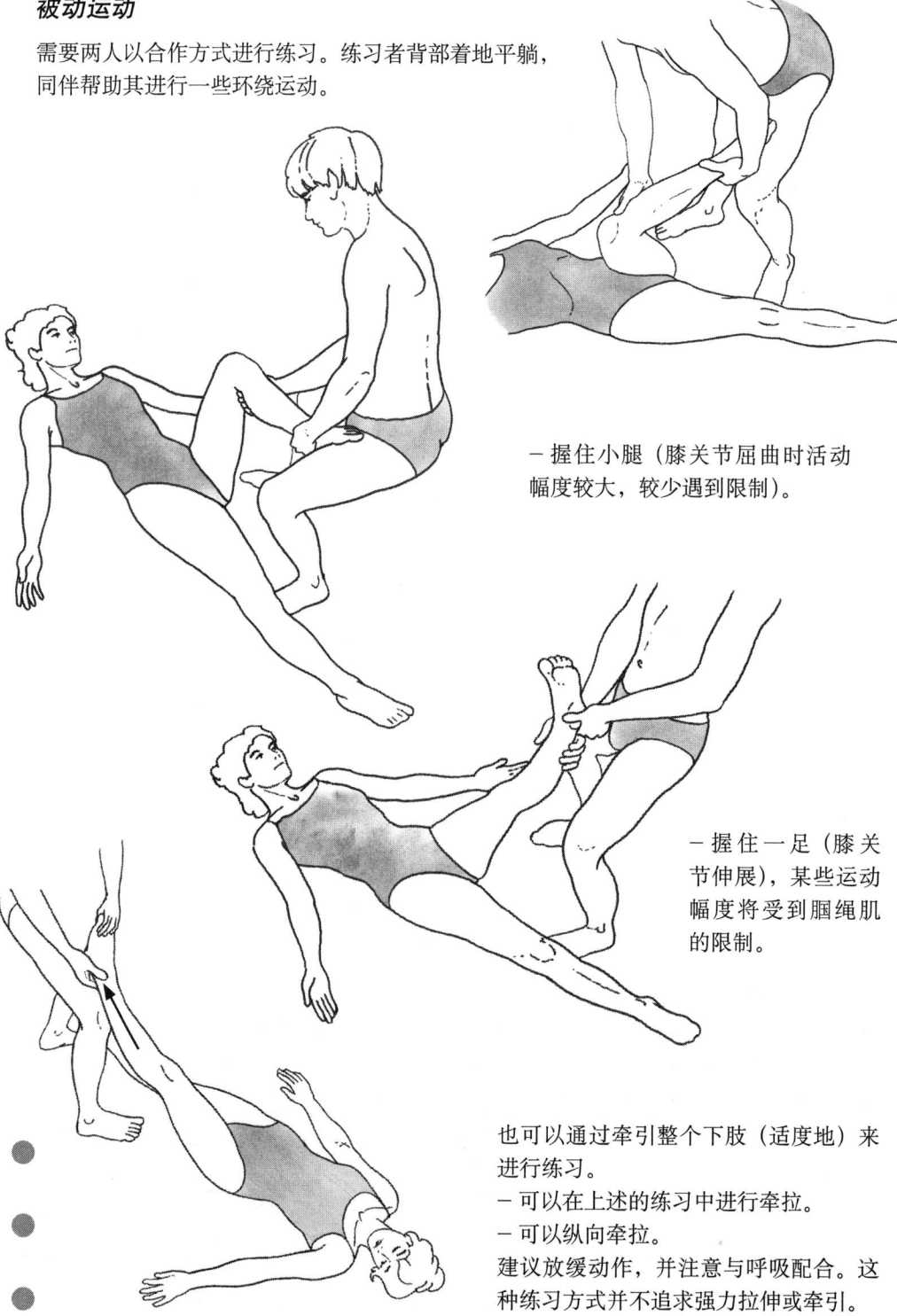

— 握住小腿（膝关节屈曲时活动幅度较大，较少遇到限制）。

— 握住一足（膝关节伸展），某些运动幅度将受到腘绳肌的限制。

也可以通过牵引整个下肢（适度地）来进行练习。
— 可以在上述的练习中进行牵拉。
— 可以纵向牵拉。
建议放缓动作，并注意与呼吸配合。这种练习方式并不追求强力拉伸或牵引。

髋部环转运动

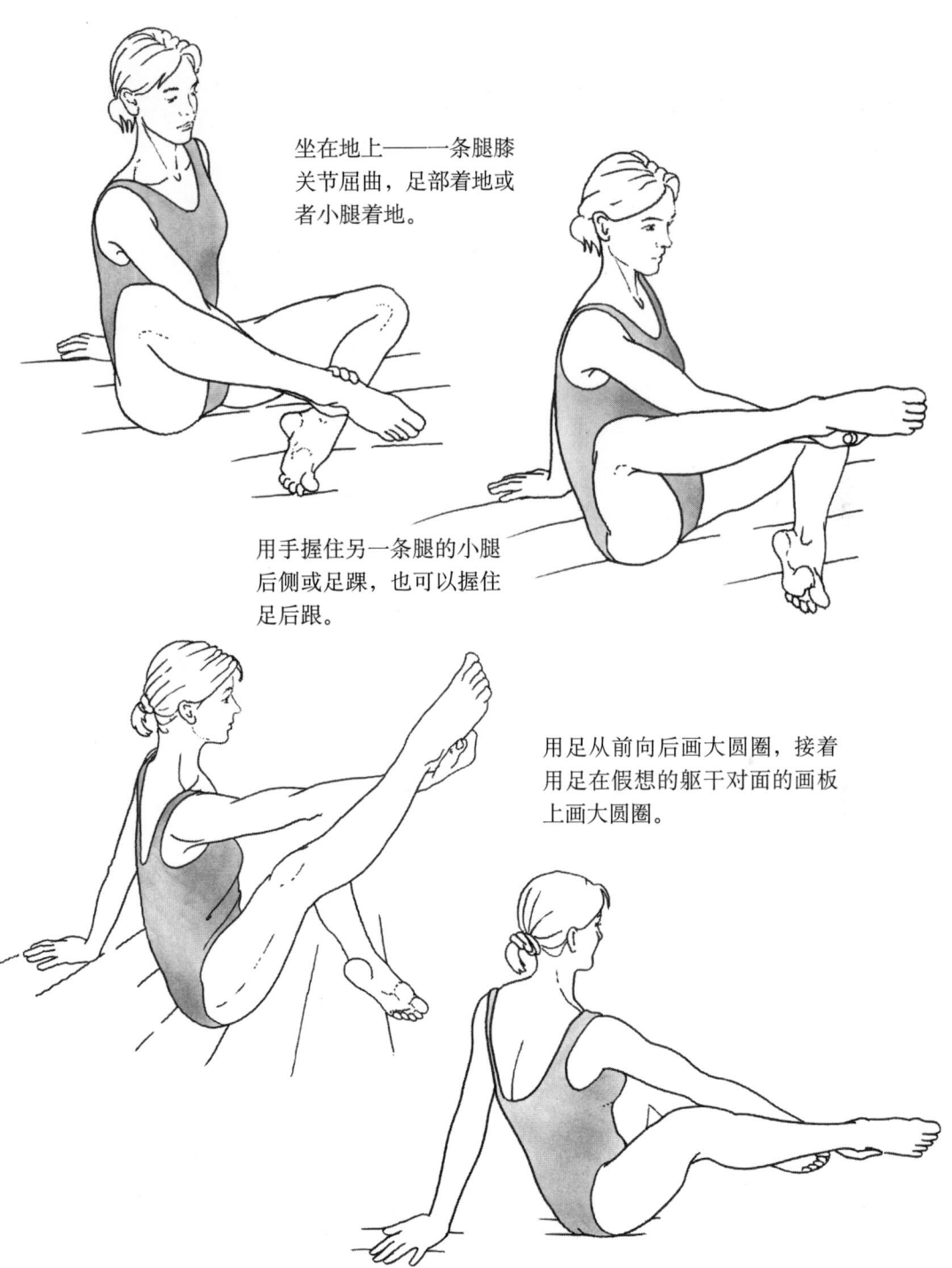

坐在地上——一条腿膝关节屈曲，足部着地或者小腿着地。

用手握住另一条腿的小腿后侧或足踝，也可以握住足后跟。

用足从前向后画大圆圈，接着用足在假想的躯干对面的画板上画大圆圈。

开始时，可以进行小幅度的练习，并且可将骨盆后倾（此时，双手在身后支撑身体）。

髋部肌肉的柔韧性

拉伸股直肌

腹部朝下俯卧,使胸骨与耻骨互相靠近(背部腰椎伸展)。

骨盆的2种定位:
- **前倾**(耻骨离开地面,髂前上棘靠近地面)。
- **后倾**(与前倾相反,耻骨贴近地面,髂前上棘远离地面)

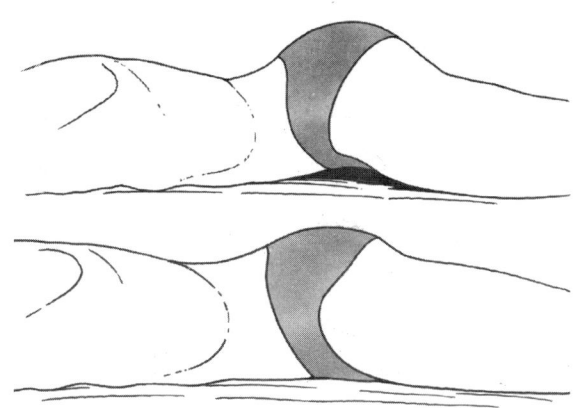

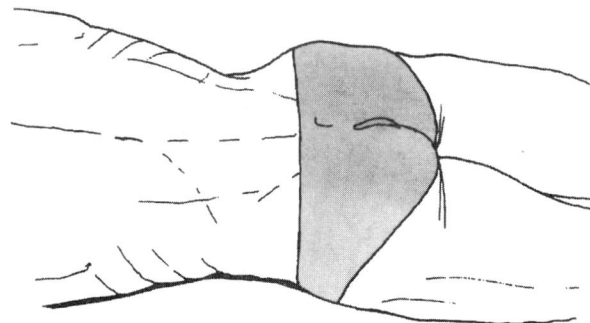

分辨后倾的几种肌肉运动:
- 臀肌或者腹直肌的收缩最容易实现。
- 仅使一侧进行后倾。

严格的拉伸:
一侧膝关节屈曲,并用手抓住足部。股直肌在髋关节伸展和膝关节屈曲的时候绷紧。

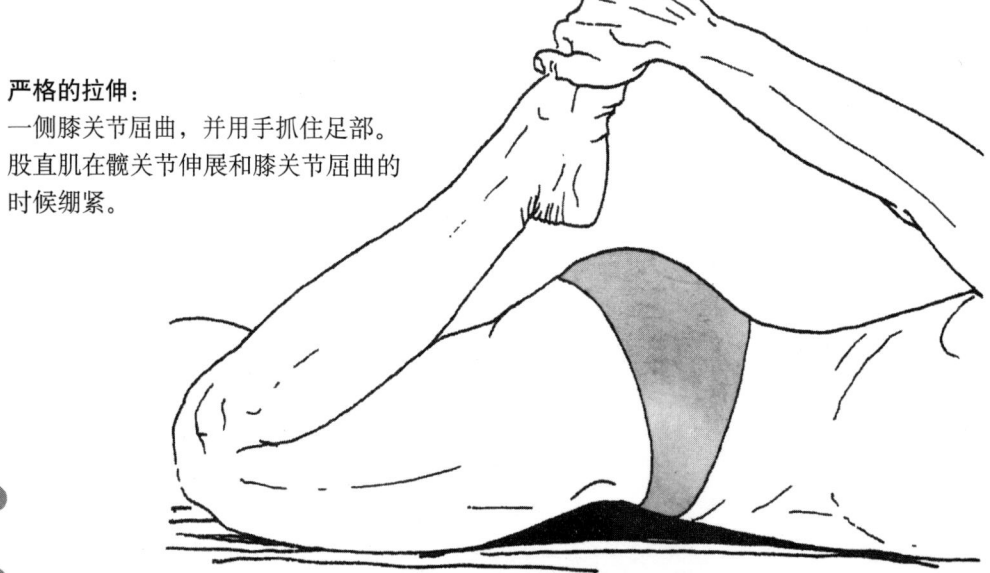

感觉到耻骨一半(与弯曲的膝关节同侧)离开地面,股直肌绷紧引起该侧的髂骨前倾。

也可以通过腹直肌或者臀大肌收缩使髂骨后倾。

这样可以拉伸大腿前面。

根据人群不同，这个拉伸的位置可能在大腿上部、中部或者下部。

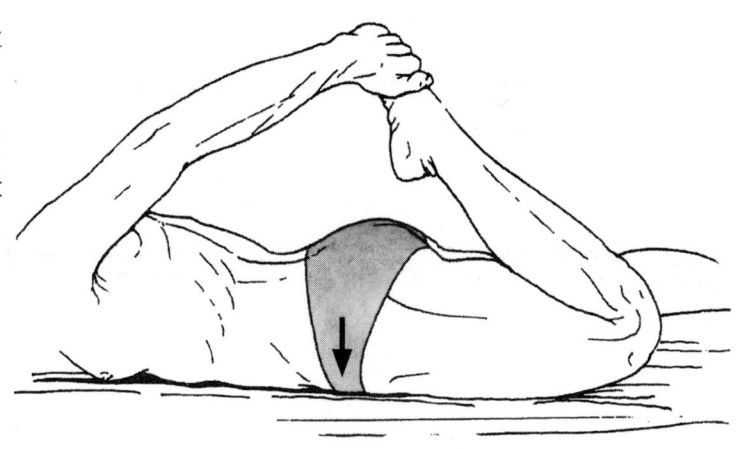

患有膝关节疼痛，特别是髌股关节痛的人群不适合进行此练习。
这种情况下，有以下 2 种调整方式。

－**使用一根带子**拉住足部，这样能够大大减轻膝关节屈曲的程度。

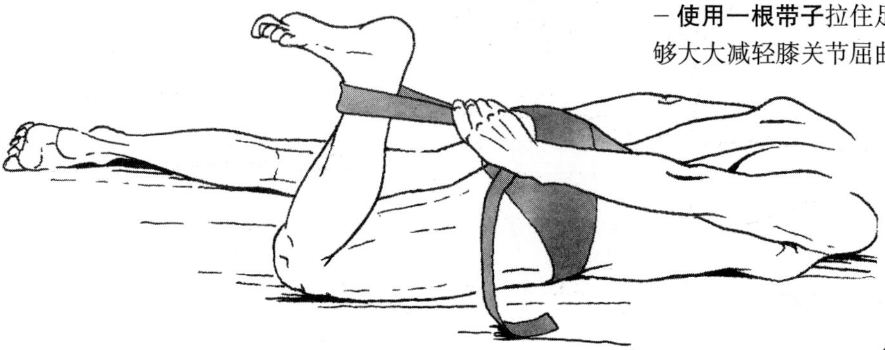

－**也可以和另一个人配合**进行练习。同伴抬高练习者的大腿，弯曲或者不弯曲膝关节。

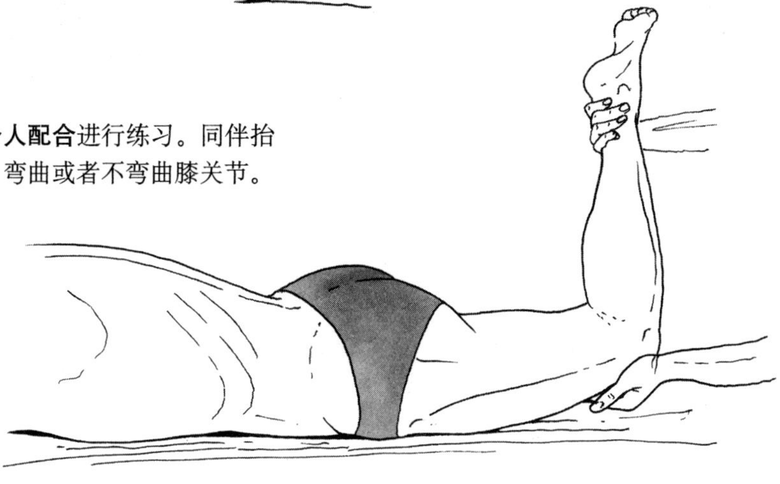

拉伸腘绳肌

将足置于脚凳或者把杆上,保持坐骨朝向后下方。

可以用手扶住坐骨并将其向后拉。

如果把杆太高,引起骨盆后倾,此时无法再移动骨盆。

采用仰卧姿势，借助带子牵拉足部进行练习。

借助带子的牵拉，将足部抬高至髋部上方，腿与髋部垂直（如有必要，弯曲膝关节）。
同时尽量：
- 使**坐骨**贴近地面。
- 使**足跟**朝向天花板。
这将使膝关节伸展。

注意校正下肢的补偿性运动，即股骨的旋内倾向（可以看到髌骨朝向内侧）。
为了校正此旋内倾向，以髋部为出发点，足部进行旋后运动。

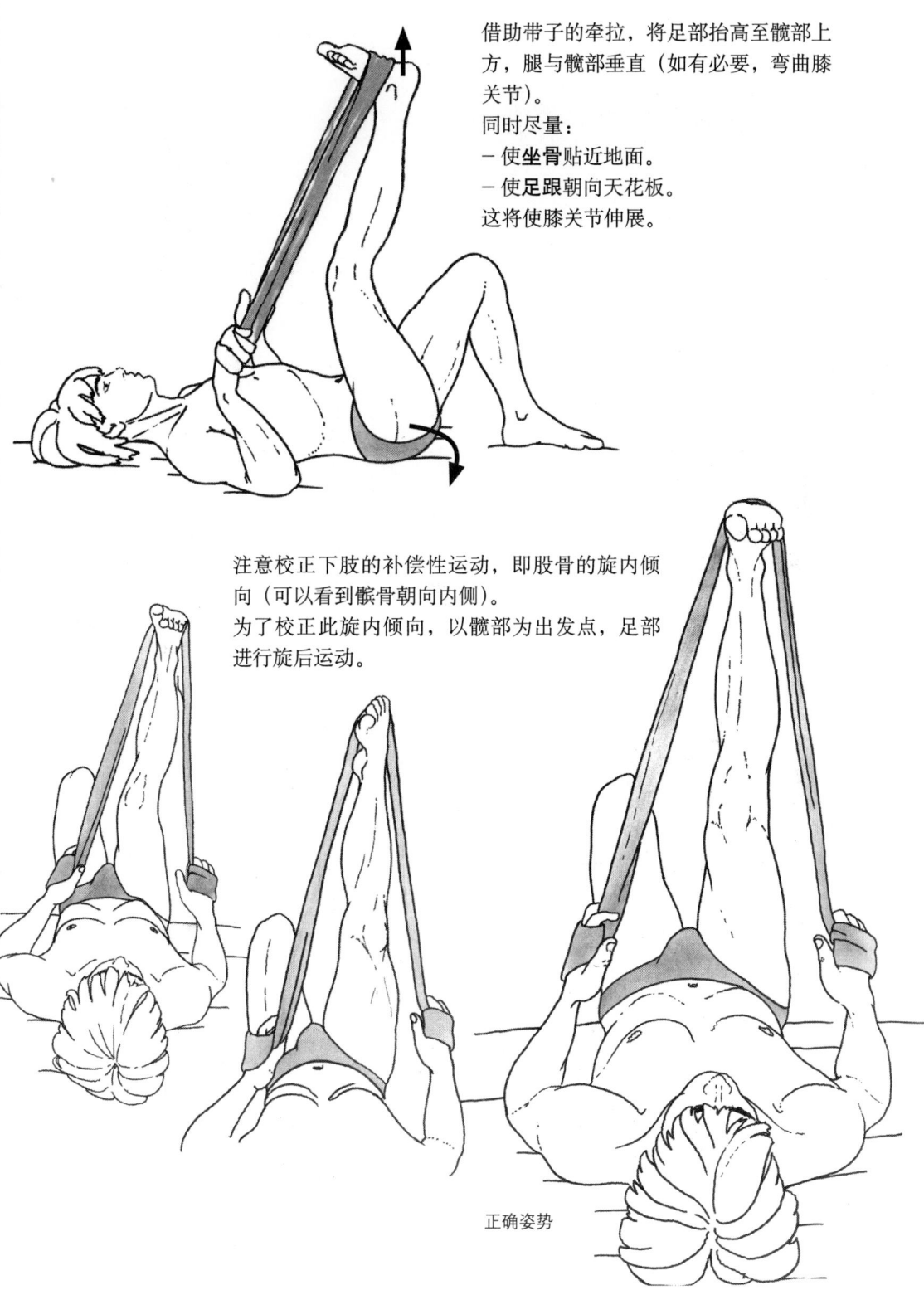

正确姿势

183

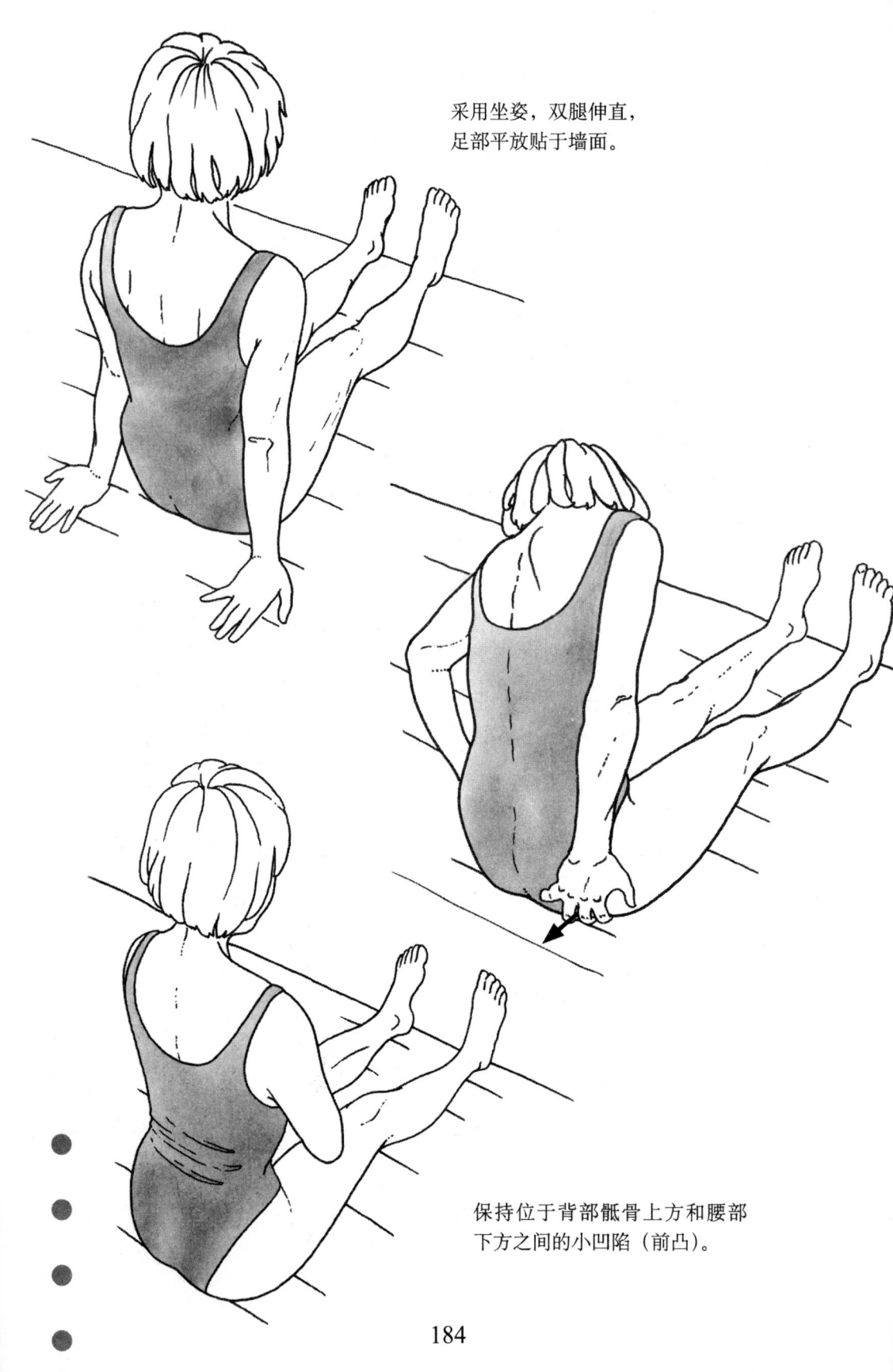

采用坐姿，双腿伸直，足部平放贴于墙面。

保持位于背部骶骨上方和腰部下方之间的小凹陷（前凸）。

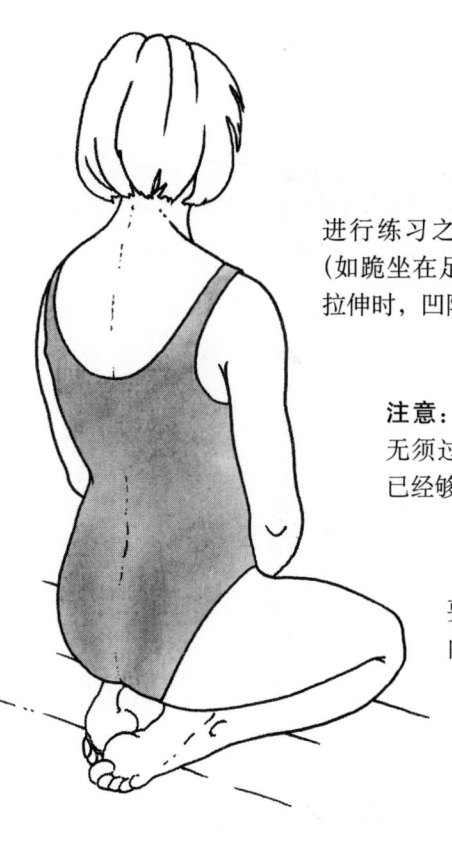

进行练习之前,可以在使骨盆不受力的姿势下(如跪坐在足跟上),用手感受背部的凹陷,进行拉伸时,凹陷趋于消失。

注意:对于初学者而言,当进行腘绳肌拉伸时,无须过于追求椎骨的姿势,因为腿部的练习难度已经够大了。相反,应该尽可能精确地定位骨盆。

要注意下肢的补偿性回旋运动。髋部有旋内的倾向,这显然是由于两侧髌骨会互相转向对侧。

可以通过以髋部的运动使髌骨朝向天花板来进行校正。
注意:如果髌骨过度朝外,会使足部翻转,足内侧离开墙。

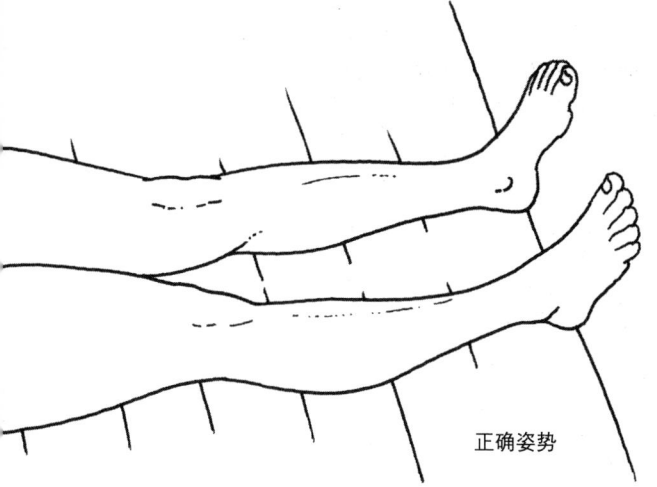

尝试适度回旋,同时保持双足平行并且平贴于墙面。

正确姿势

拉伸内收肌 – 回旋肌

拉伸这 2 种肌肉对日常生活很有益处，能够极大地增加髋部的灵活性。

可以采用下蹲的姿势练习关节柔韧性。然而，在膝关节屈曲的情况下，作为内收肌之一的股薄肌没有得到拉伸。

为了拉伸股薄肌，可以在髋部外展时伸展膝关节：采用坐姿，膝关节分开并绷紧，尝试用坐骨支撑身体。如果做不到，可以将骨盆后倾，双手撑在身后。

另一种练习更方便控制背部，但需要借助更多的器械或设施：背部平躺，下肢伸直靠墙。在双腿外侧准备 2 个支撑物（也可以是 2 个同伴）。将双腿放于支撑物上，双腿分开的幅度要在能承受的拉伸范围之内。

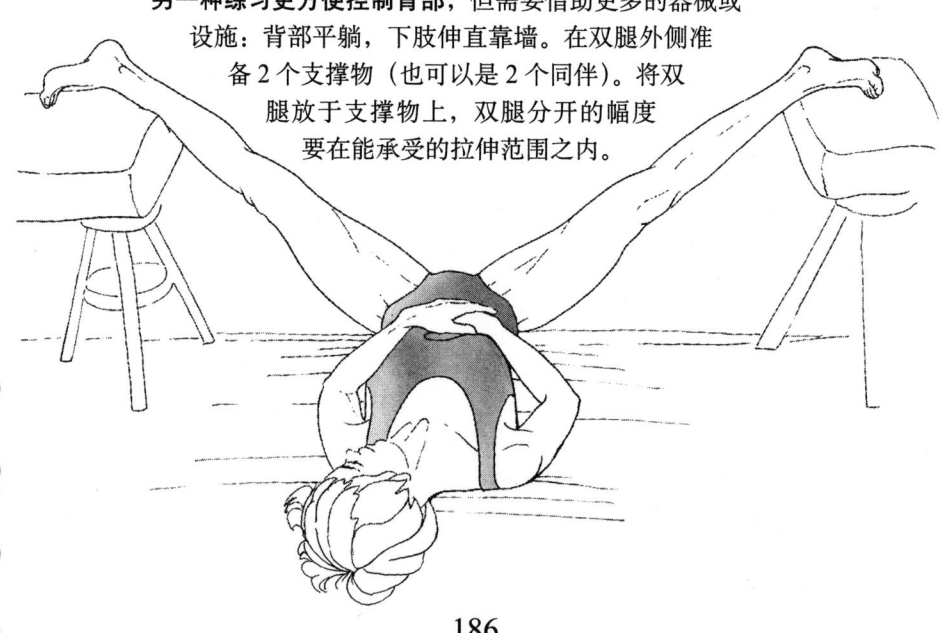

我们经常会发现此姿势下两腿打开的幅度不对称,无须纠正,但是要保证骨盆在地面上支撑的对称性,可以通过移动支撑物的位置来进行调整。

首先:将足部从支撑物上抬起,进行髋部的旋内或旋外运动。

然后休息一下(放松内收肌)。

再进行前倾或后倾运动。

进行侧屈运动。

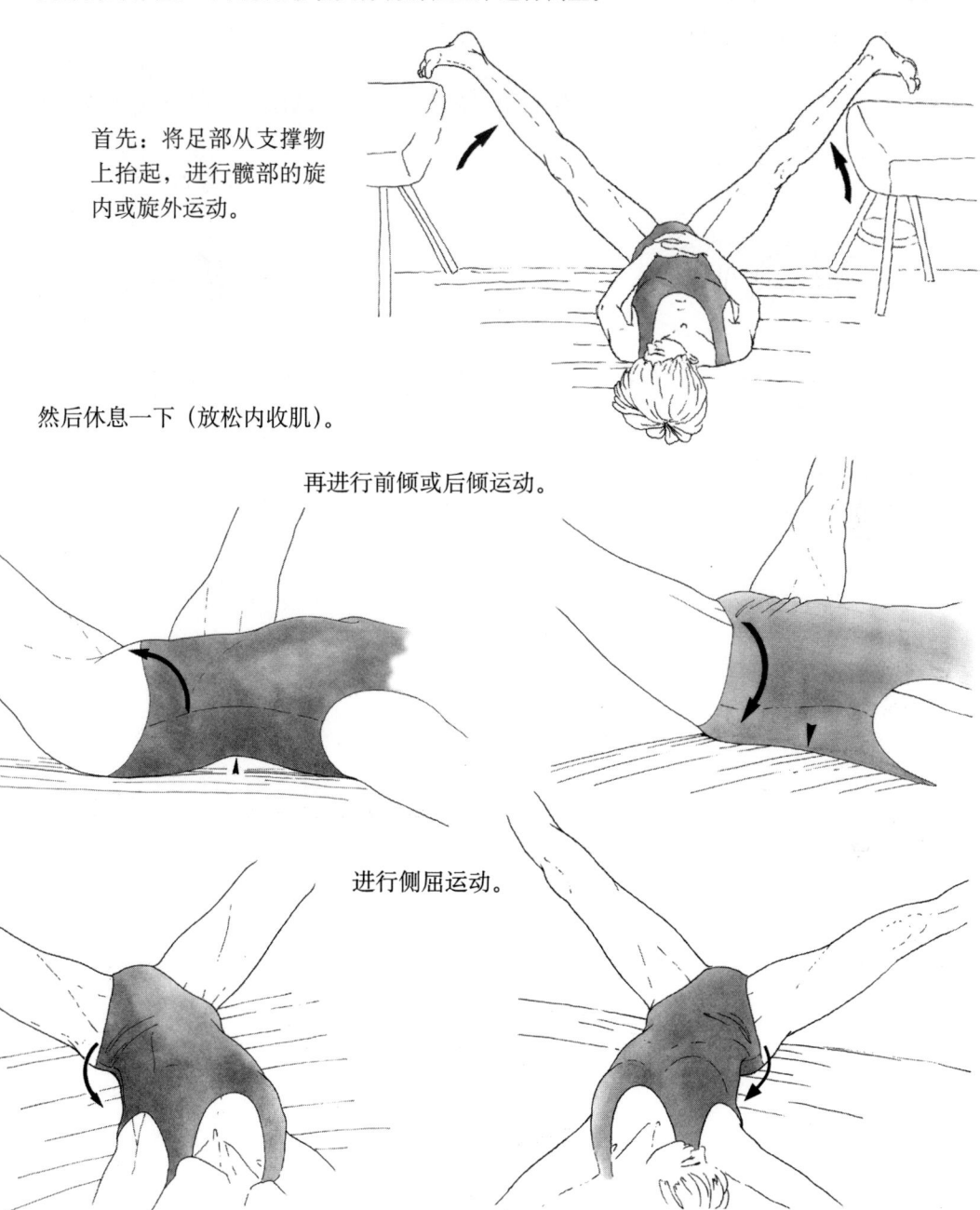

横向回旋(用一侧臀部支撑,抬起另一侧,此处无图示)。

这些骨盆运动会引起不同内收肌群和内收肌层的拉伸。可以逐渐增加支撑物的距离,但须保持在拉伸的可承受范围内。

拉伸外展肌

仰卧，左右大腿交叉。
借助交叉的双足的推动作用，增强外展肌的拉伸。

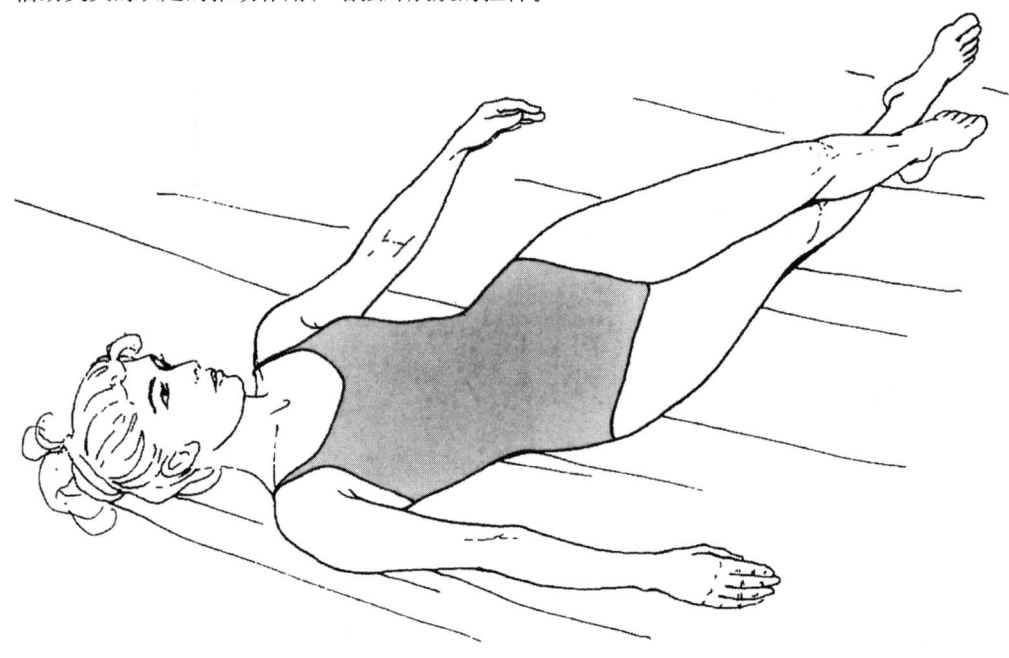

在这种姿势下，骨盆进行前倾、后倾和横向回旋运动（尽量用一侧臀部支撑，然后换另一侧）（参考第187页）。

阔筋膜张肌的拉伸可以参考股直肌的拉伸练习（参考第180页），建议膝关节屈曲一侧的大腿达到最大内收。

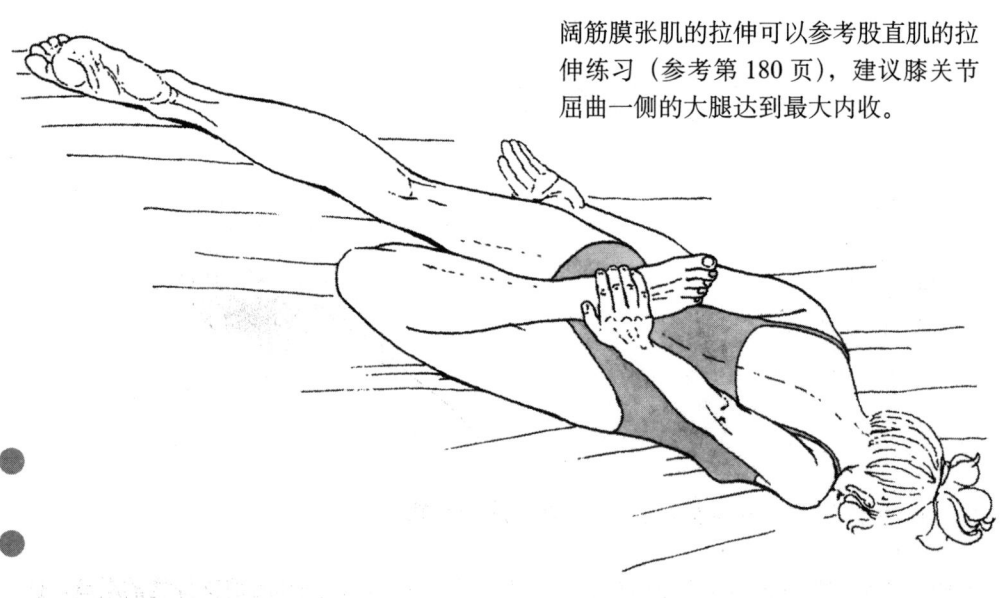

髋部肌肉的强化

深层肌肉的强化

仰卧,双膝向腹部方向屈曲。

1) **双手分别放在双膝外侧面,双膝尽量分开,同时用双手对抗。**
在此姿势下,骨盆-大转子肌群收缩。
臀肌有可能参与其中,可以通过放松臀肌来使骨盆-大转子肌群单独作用。

2) **单手握拳,置于双膝之间**并尽力用双膝挤压拳头(内收肌收缩)。

3) **双手放置在双膝前面。**尽力弯曲髋部并且使双膝靠近,同时用双手对抗(髂肌运动。尽量使腰部紧贴地面以收缩腰大肌)。

4) **双手置于大腿后面**并且尽力使大腿靠向地面,同时用双手对抗(臀肌放松,深层肌肉运动)。

浅层肌肉的强化

屈肌的运动

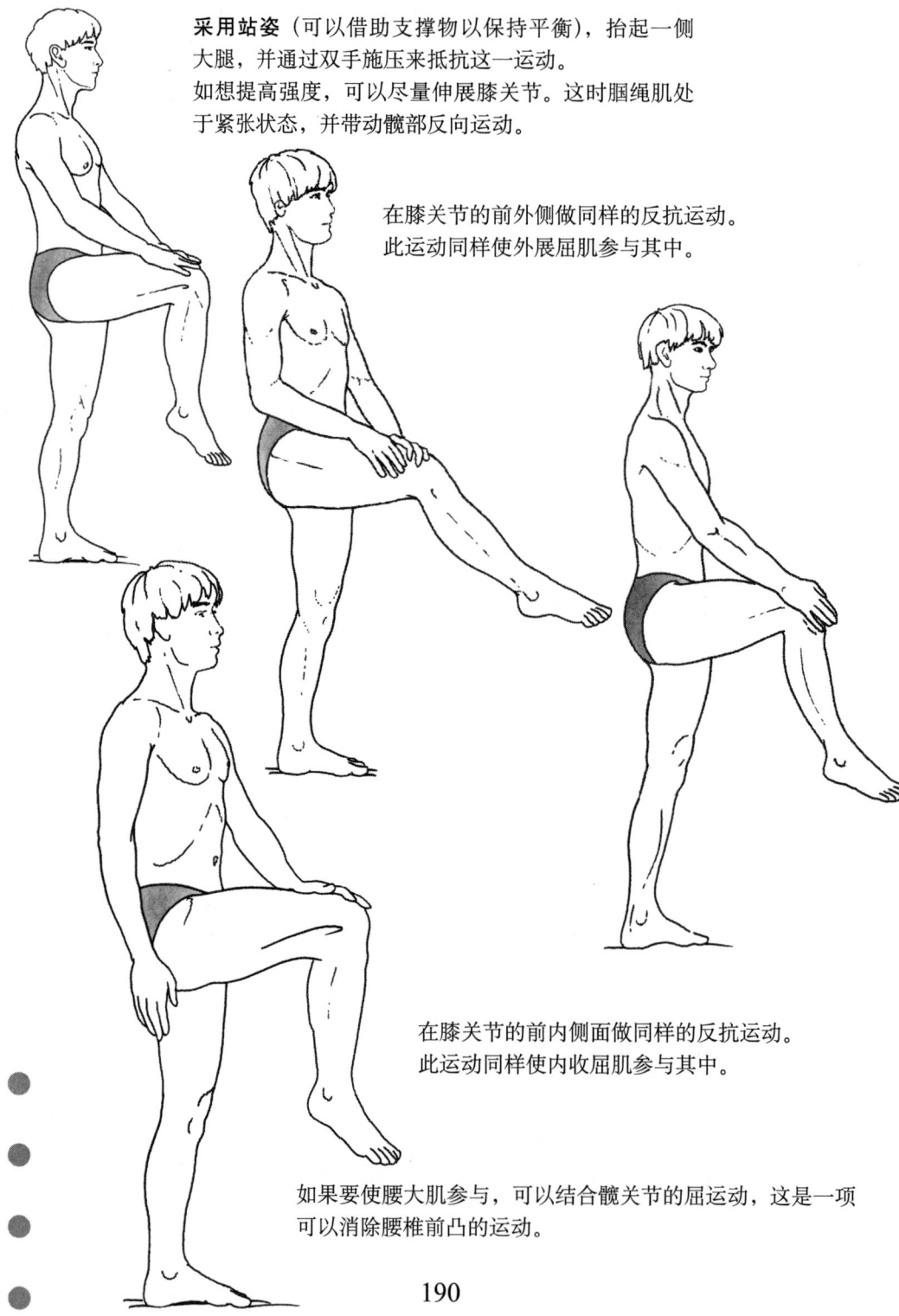

采用站姿（可以借助支撑物以保持平衡），抬起一侧大腿，并通过双手施压来抵抗这一运动。
如想提高强度，可以尽量伸展膝关节。这时腘绳肌处于紧张状态，并带动髋部反向运动。

在膝关节的前外侧做同样的反抗运动。
此运动同样使外展屈肌参与其中。

在膝关节的前内侧面做同样的反抗运动。
此运动同样使内收屈肌参与其中。

如果要使腰大肌参与，可以结合髋关节的屈运动，这是一项可以消除腰椎前凸的运动。

伸肌的运动

四肢触地，背部保持水平。
尽可能高地向后抬起一侧下肢，这样可以完全放松足部和膝关节后部。

采用站立姿势，时借助支撑物做同样的运动。

俯卧，最大限度地使骨盆后倾，同时略微抬起一条腿。

在这些练习中，股骨可能处于中轴回旋或旋外的情况下，此时臀大肌的运动最剧烈。使骨盆保持固定几乎是不可能的，但这正是我们所要追求的目标。

外展肌－回旋肌的运动

侧卧，支撑在或伸直或弯曲的一侧下肢上。
任意选择以肘或躯干的一侧作为支撑。
抬高另一侧下肢，让髋骨朝前。

足向前伸

通过以髋部为出发点的运动。

这时，进行股骨的旋内运动（臀小肌和臀中肌前束的运动），或进行旋外运动（阔筋膜张肌的选择性运动）。

足向后移动

通过以髋部为出发点的运动（不要弯曲膝关节）。

这时进行股骨的旋内或旋外运动（臀大肌的选择性运动）。

同样可以通过支撑在一只手臂或一只足上锻炼这些肌肉，这时不以整个身体侧面作为支撑。

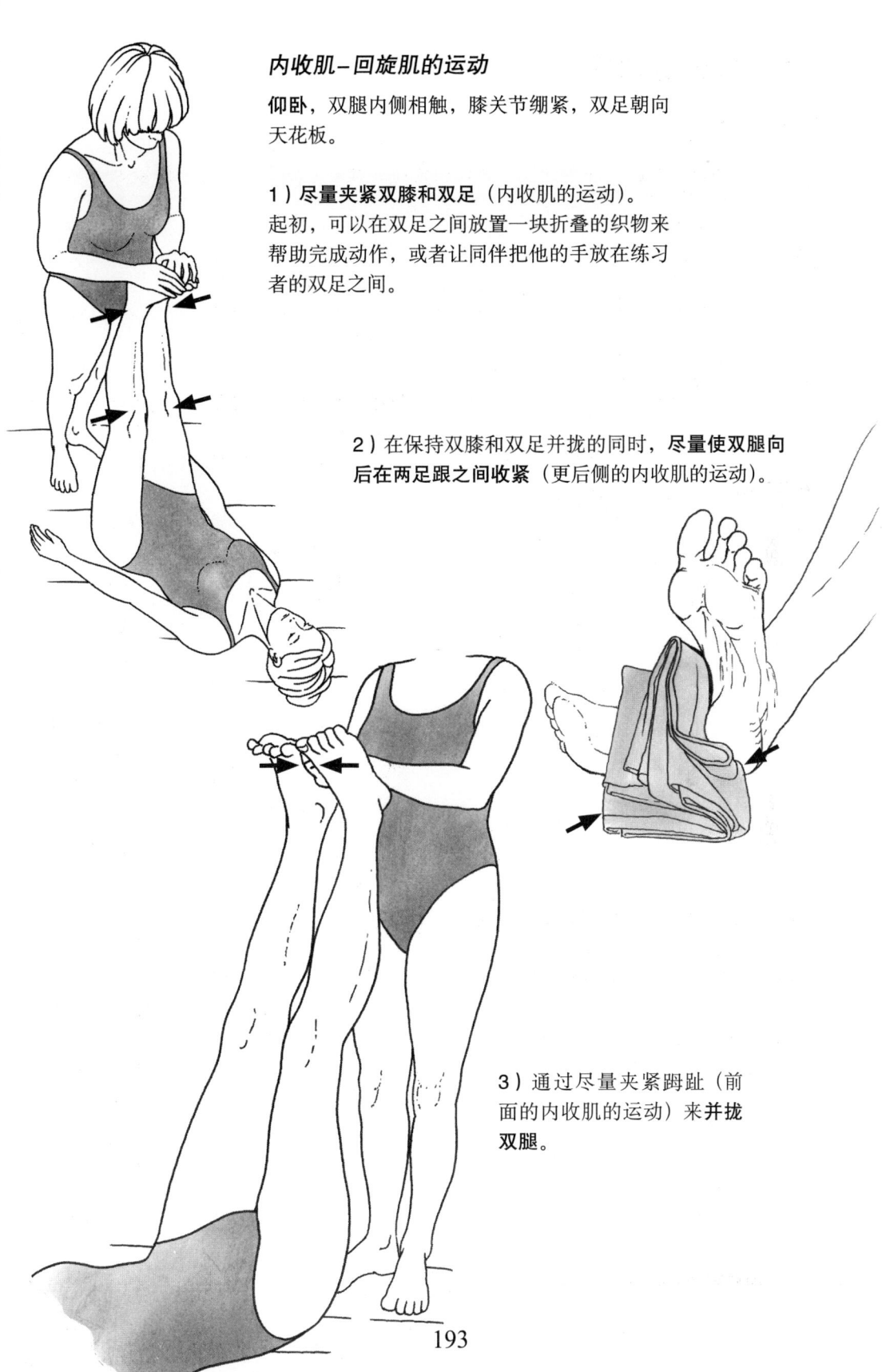

内收肌-回旋肌的运动

仰卧,双腿内侧相触,膝关节绷紧,双足朝向天花板。

1)尽量夹紧双膝和双足(内收肌的运动)。起初,可以在双足之间放置一块折叠的织物来帮助完成动作,或者让同伴把他的手放在练习者的双足之间。

2)在保持双膝和双足并拢的同时,**尽量使双腿向后在两足跟之间收紧**(更后侧的内收肌的运动)。

3)通过尽量夹紧踇趾(前面的内收肌的运动)来**并拢双腿**。

髋部肌肉的协调性

前倾、后倾

采用站姿（髋部、膝部、踝部微屈，该姿势使得骨盆在运动中不受力，详情参考第 171 页）。

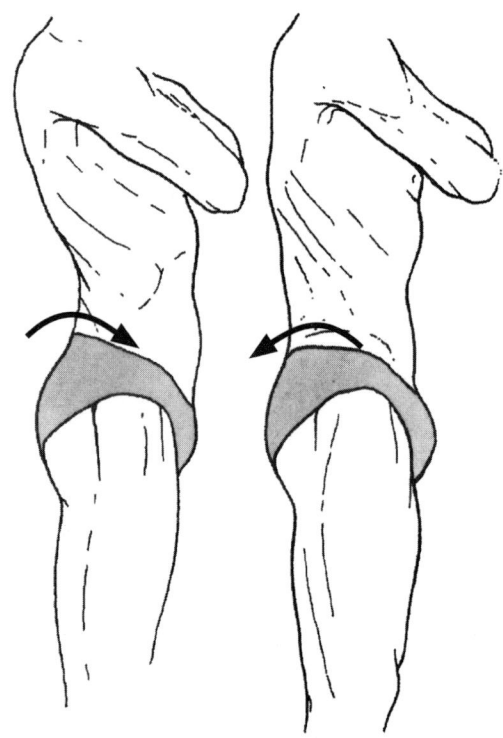

进行"关闭"或"打开"腹股沟的**骨盆前倾或后倾运动**。

注意：不要把这些骨盆运动与腰椎前凸或消除腰椎前凸运动混淆，因为后者位置更高，且是由不同肌肉进行的运动。

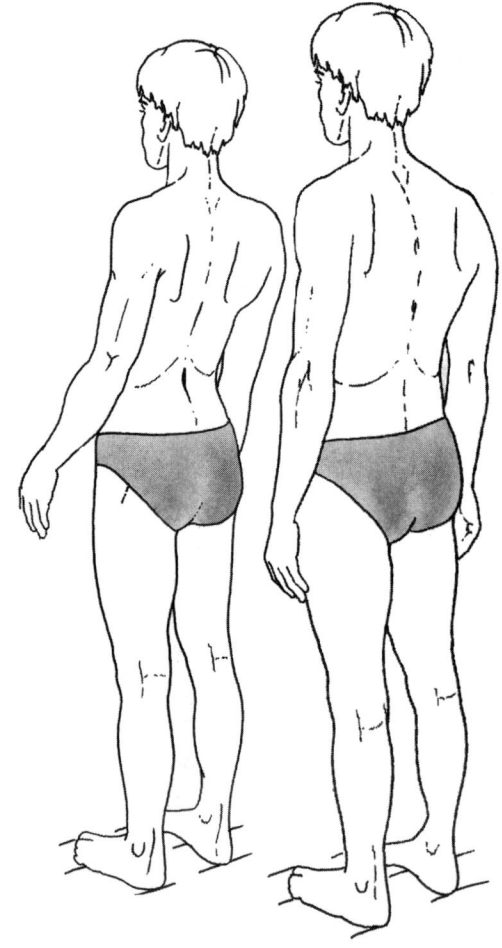

应了解**骨盆前倾**如何通过腰椎前凸而得以延伸，以及相反的情况，即后倾如何通过腰椎前凸的消除而得以延伸。

进行**前倾运动**的肌肉中，最强大的是以下这些肌肉。
- 股直肌（大腿股直肌，大腿前面肌肉收缩的感觉）。
- 髂肌（髂骨翼里面收缩的感觉）。
- 腰椎肌肉（背后下部收缩的感觉）。
这个收缩会引起腰椎前凸。

进行**后倾运动**的肌肉中，最强大的是臀肌和腹直肌。

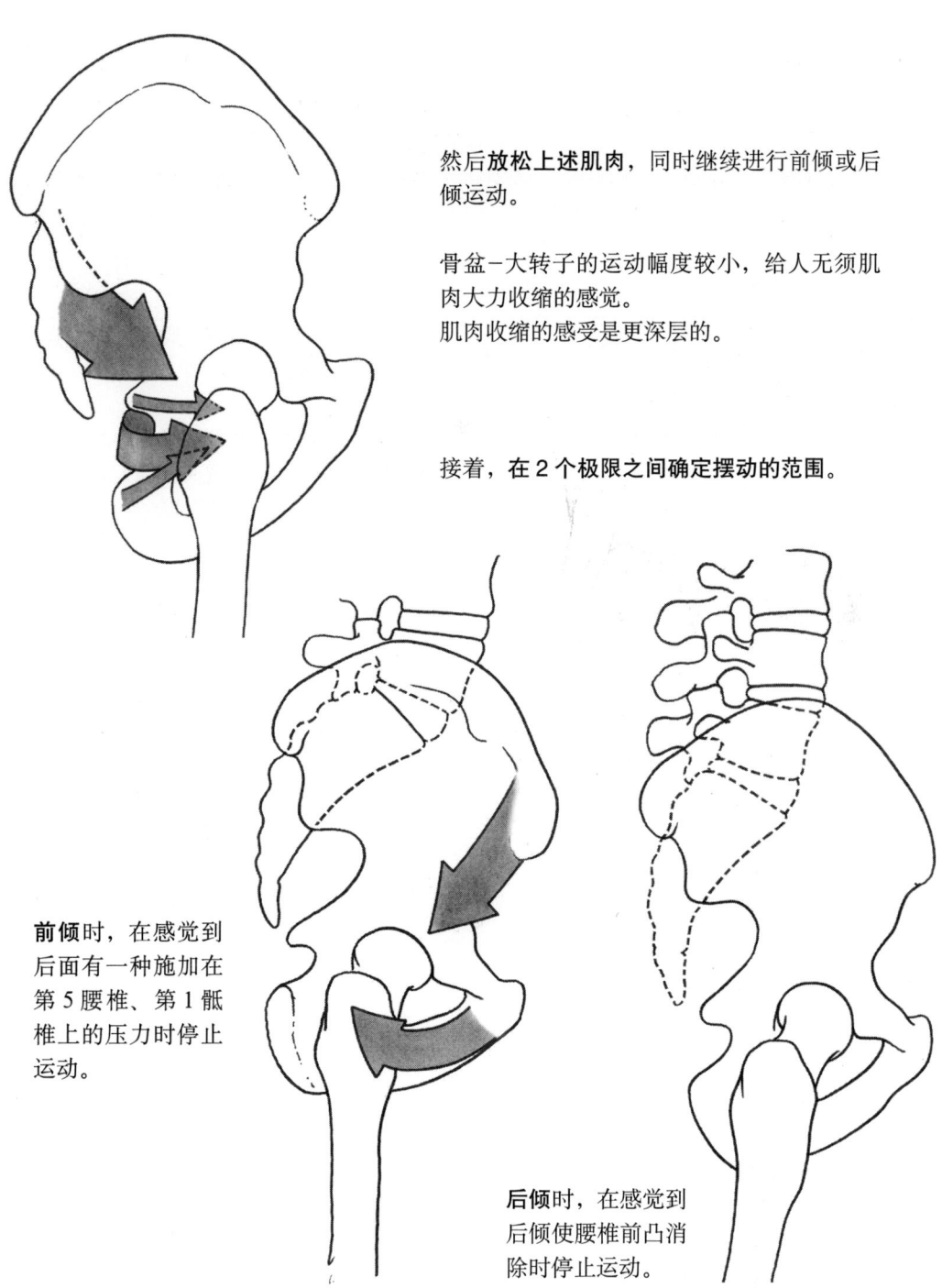

然后**放松上述肌肉**，同时继续进行前倾或后倾运动。

骨盆-大转子的运动幅度较小，给人无须肌肉大力收缩的感觉。
肌肉收缩的感受是更深层的。

接着，在2个极限之间确定摆动的范围。

前倾时，在感觉到后面有一种施加在第5腰椎、第1骶椎上的压力时停止运动。

后倾时，在感觉到后倾使腰椎前凸消除时停止运动。

这时，骨盆在髋部的运动得到引导，并且形成了骨盆上方脊柱的曲线。运动持续进行。
这与"骨盆的安置"这一概念非常不同。掌握这一运动应成为一种习惯。
此处，骨盆在髋部上达到平衡，不是通过浅层肌肉的有力的锁定，而是通过深层肌肉的运动。这一运动对于背部健康来说是很重要的。

屈、伸

在这些运动中，**骨盆水平移动**，相对于地面，像抽屉一样处于平移状态。
这些运动不会改变躯干的姿势，但会改变下肢的姿势。

骨盆远远向前（屈），

骨盆远远向后（伸）。

注意这个运动是在肱骨头而不是在腰部进行，因为在腰部我们可能会：

－在屈运动时
使脊柱前凸。

－在伸运动时消
除脊柱前凸。

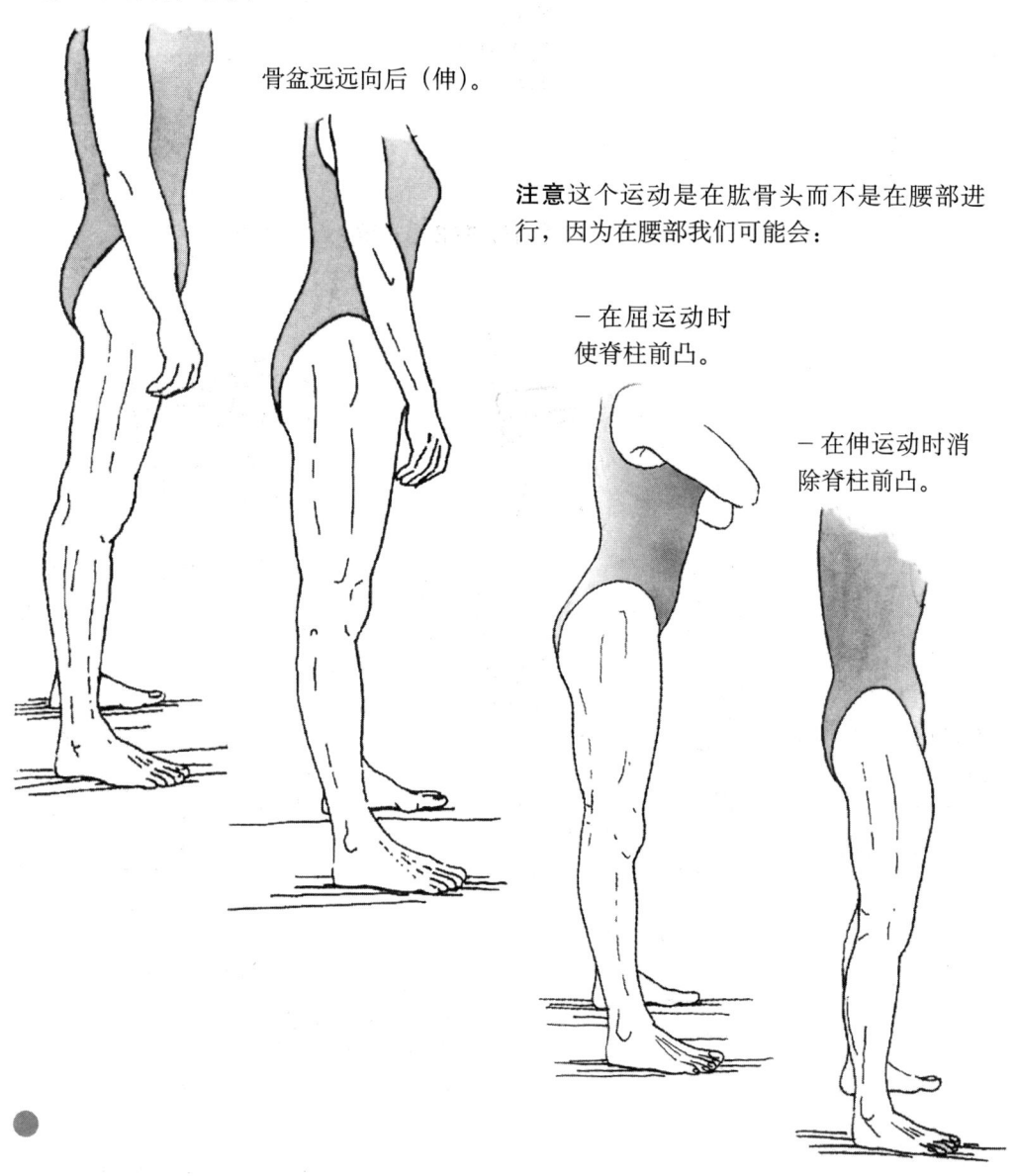

- 起初，依靠最强大的肌肉进行运动。然后，逐渐放松这些肌肉，减小运动幅度并且寻求一种更深层的、相对较弱的运动。
- 通过这些运动，躯干在髋部达到平衡，正如我们踩在高跷上保持平衡状态。

同样的运动可以在**侧面**进行。

练习通过单足支撑,在**髋部支撑下使骨盆移动**。

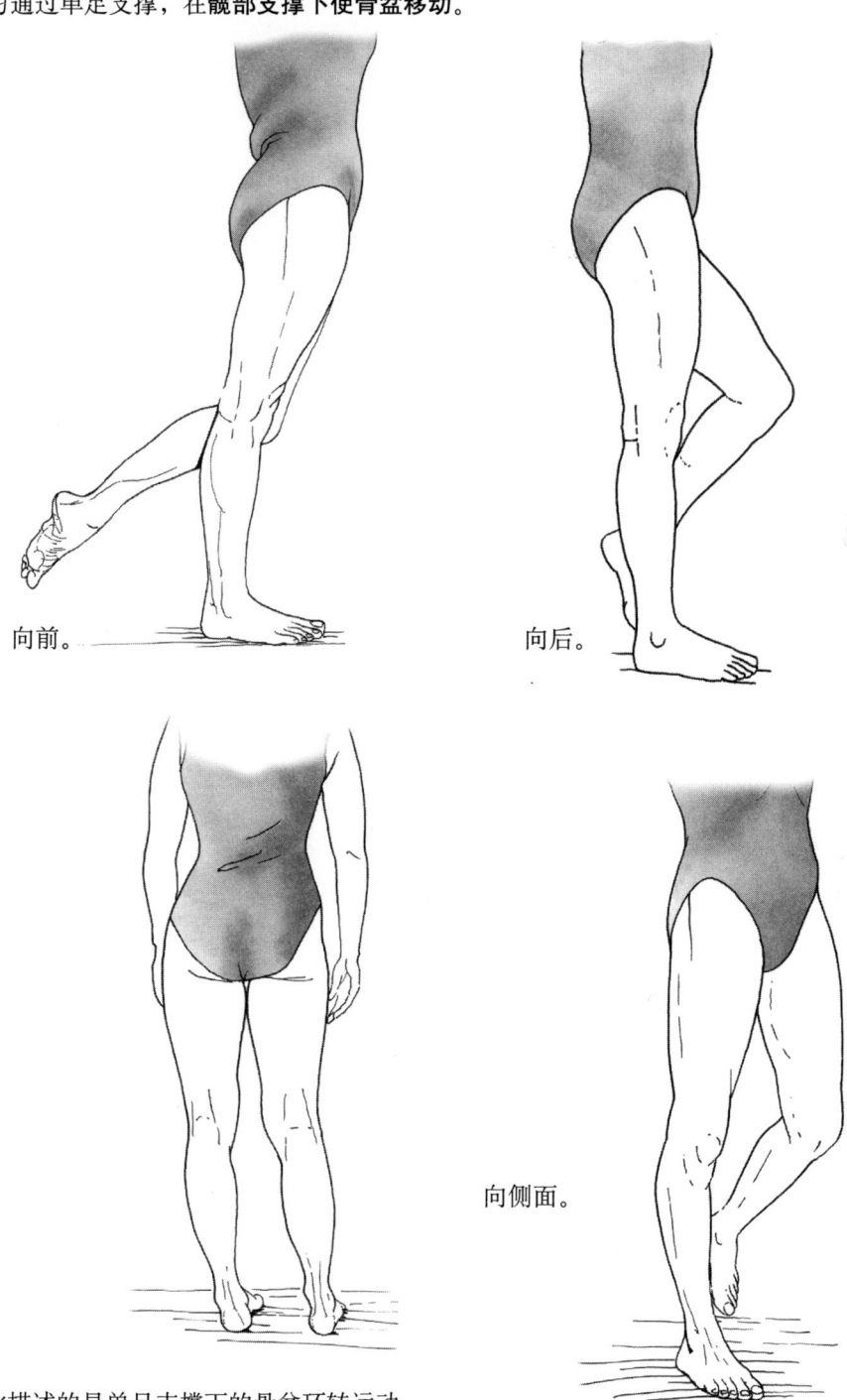

向前。

向后。

向侧面。

在此描述的是单足支撑下的骨盆环转运动。
这是平衡性练习的准备运动。

第七章　膝

膝部，如同上肢的肘部，可以使下肢完全向自身折叠。

膝部的活动性以较小的运动幅度在行走时参与其中，而以较大的运动幅度参与身体需要改变高度的所有情况。

这种屈运动通常会结合回旋运动来共同完成动作，而且应进行多项协调性方面的练习。

此处，肌肉力量是非常重要的，因为它保证了关节的稳定性。

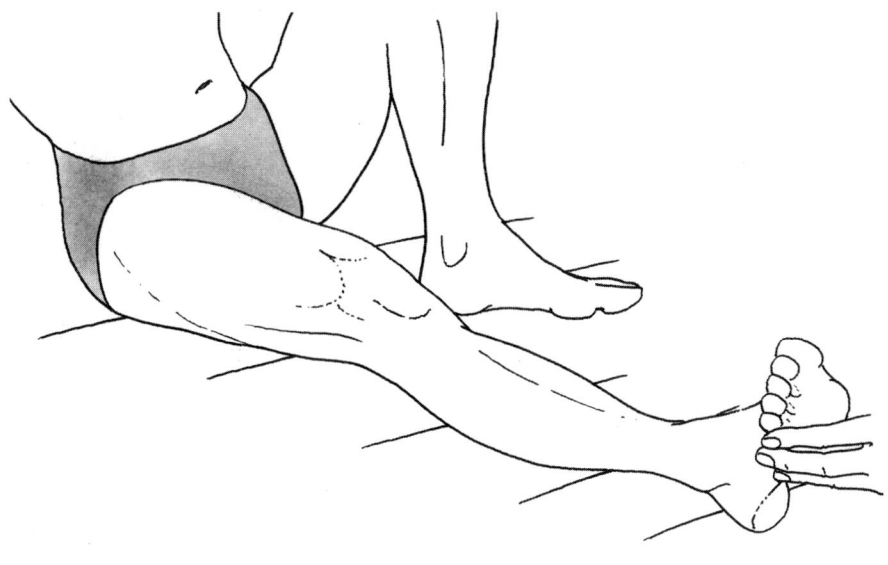

运动及其名称

屈

屈使大腿与小腿的后面靠近。我们可以在一些运动，诸如舞蹈中的屈膝、跳跃中的跃起或落下以及跨越障碍中看到这一动作。

大幅度的屈使大腿和小腿后侧的肌肉群处于互相挤压的状态。

通常，股骨和胫骨是同时活动的。
我们也能观察到这两骨之一可以单独活动。

还有第三种情况，就是股骨活动、胫骨固定。这是极少见的情况，然而，这种情况常用于描述解剖学意义上的膝关节运动，通常称为股骨在胫骨上的运动。

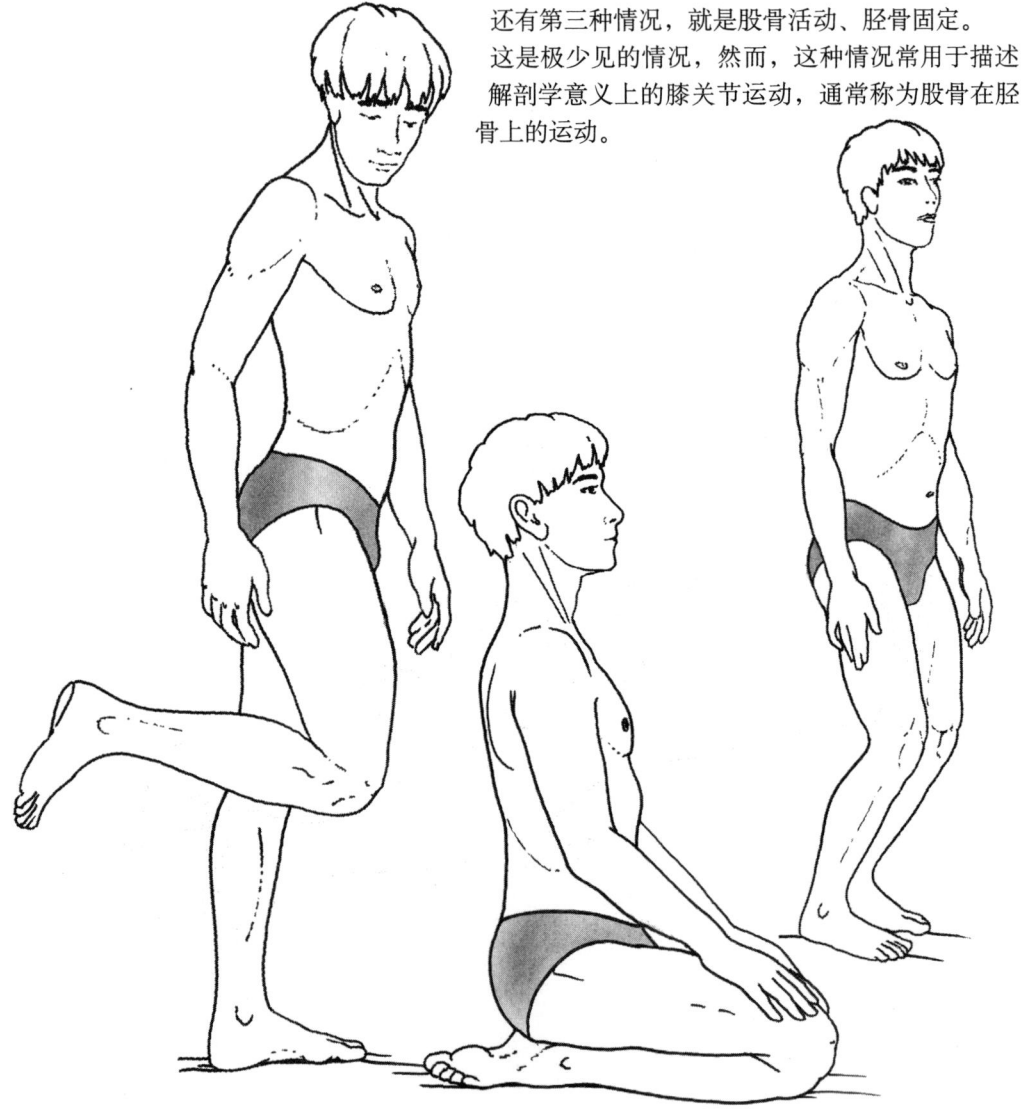

伸

伸使得下肢能恢复到直立姿势。在行走中足的摆动以及所有重新上升的伸直运动，如屈膝起身中可以找到伸运动。

回旋运动

膝关节也可以做回旋运动,如两骨互为螺旋状的运动。

当膝关节屈曲时,回旋运动无法进行,因为此时膝关节的某些韧带处于放松状态。

我们把膝关节的回旋运动与髋部或足部的回旋运动区分开来(参考《运动解剖书》第210页)。

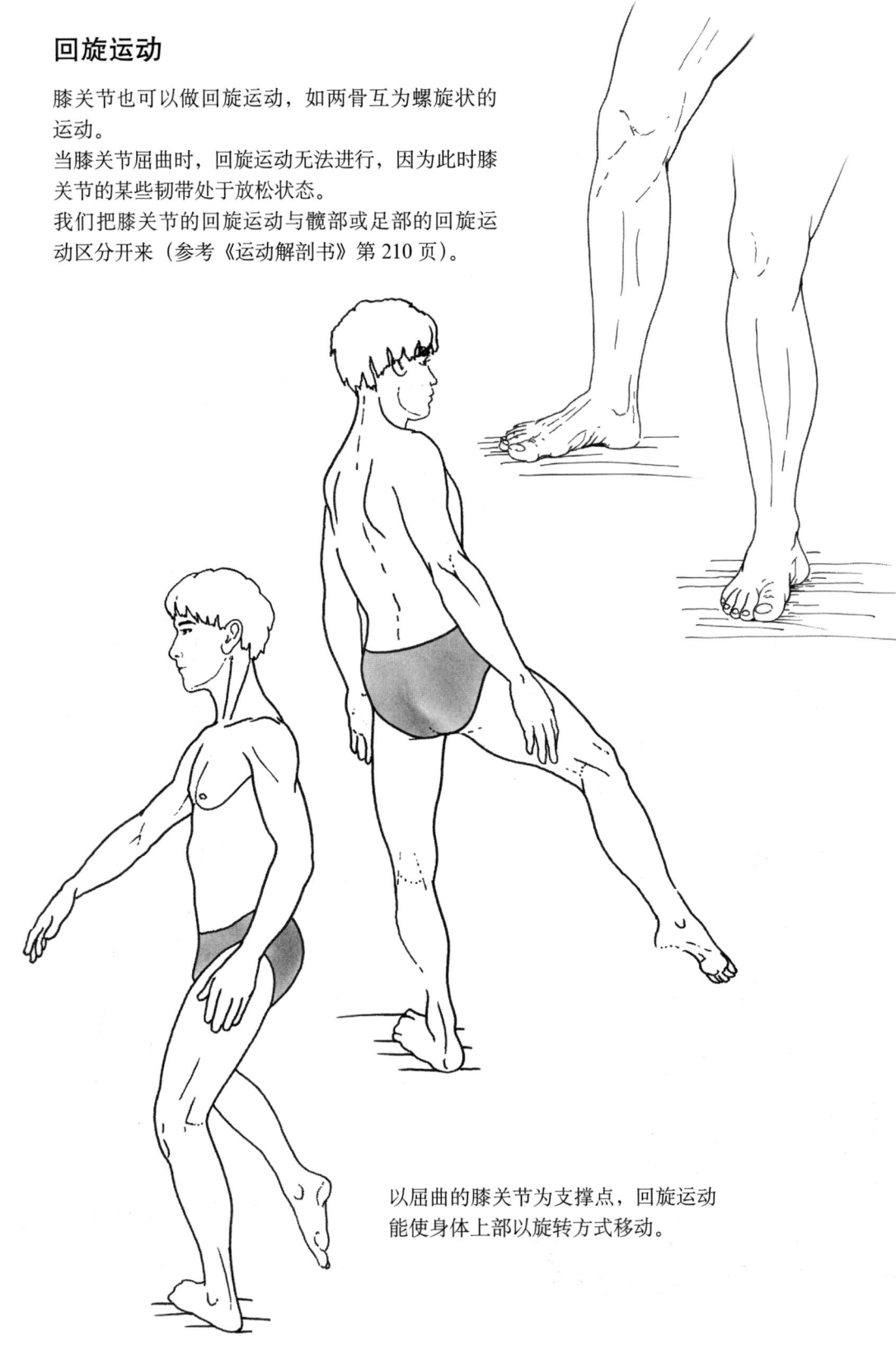

以屈曲的膝关节为支撑点,回旋运动能使身体上部以旋转方式移动。

解剖学概念

膝关节的"自动"回旋

屈伸运动和回旋运动相互组合。
这是由关节的解剖学位置决定的(参考《运动解剖书》第 223 页)。

在做屈运动时,股骨轻微旋外,而胫骨轻微旋内。

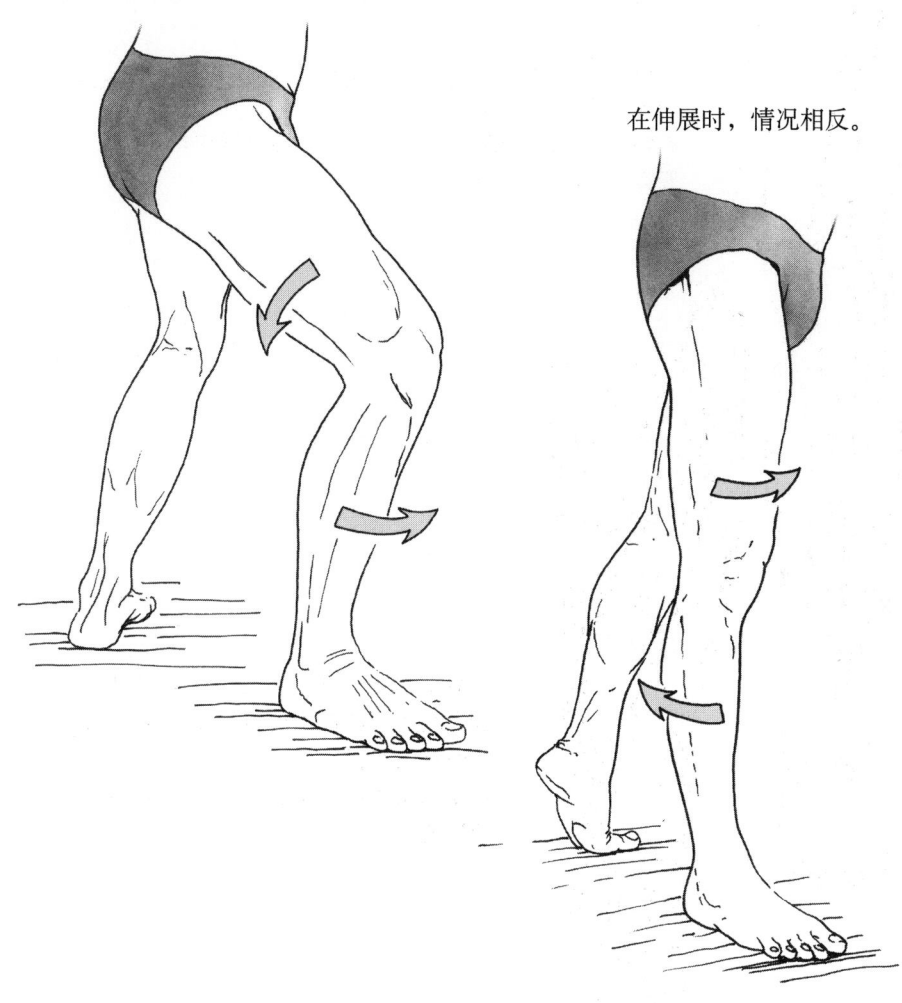

在伸展时,情况相反。

当回旋运动与屈伸运动组合在一起时,回旋运动的幅度非常小。然而,对于关节中滑液的分布以及足在行走中的定向来说,回旋运动是必不可少的。

当我们在进行屈伸练习时,明确这些微小幅度的回旋运动是必要的(见实用练习)。

膝关节骨骼的排列

关于下肢的不同轴线，请参考《运动解剖书》第 215 页。

股骨、胫骨排列在膝关节处，是下肢的构成部分，并且和对侧的下肢一起承担躯体的负荷。
这种排列表现出 2 个特点：
- 它不是完全垂直的（下肢受力的轴线与垂直线有 3°的夹角）。
- 这 2 块骨并不位于彼此的延长线上，而是形成了一个 170°～175°的向外的开角，称为膝关节生理外翻。
我们将过度的外翻称作膝外翻，将外翻反位向内形成一个开角的情况称作膝内翻。

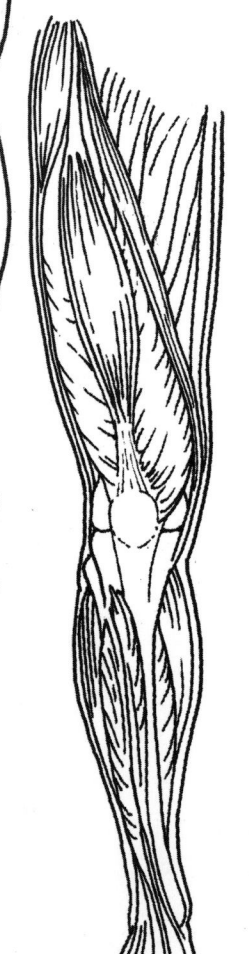

下肢的骨骼并不完全位于肌肉群正中，股骨位于大腿肌肉群侧边，胫骨在小腿肌肉群内侧。
本章的实用练习中有关于下肢竖直排列的描述。

关于膝部骨骼生长的几个概念

　　下肢平均能生长 60 多厘米。
　　这种生长的 2/3 是在股骨和胫骨上,也就是靠近膝部的区域。
　　和所有长骨一样,纵向生长是在软骨联合区域实现的(与关节软骨不同)。这些区域位于骨骺(长骨的末端)和骨干(长骨的主体)的接合处。

在这一区域,骨骼的快速生长时间长达 5 年。膝外翻和膝内翻现象在骨骼快速生长的年龄段很常见,但通常是可逆转的。具体诊断需咨询医师。
之后,骨骼生长速度放慢,但仍保持相当快速的增长,直到 10 岁。

密切关注下肢的骨骼排列。胫骨平台上的应力的平衡作用对于软骨联合区的匀称生长是非常重要的。
在练习中,应注意下肢的骨骼排列并且不断去感知其活动,尤其是 10 岁以下的儿童。重点放在以下 3 个方面。
- 在无负荷的练习或游戏中,**膝、踝、足的排列**(练习参考第 260 ~ 263 页)。
  - **单足或双足站立的姿势下**,感受骨骼的排列。无须长时间保持这些静态姿势,可以在运动中不断回到这些姿势。
  - 在所有复杂运动中出现的**下肢基本运动的协调性**(参考第九章的内容)。

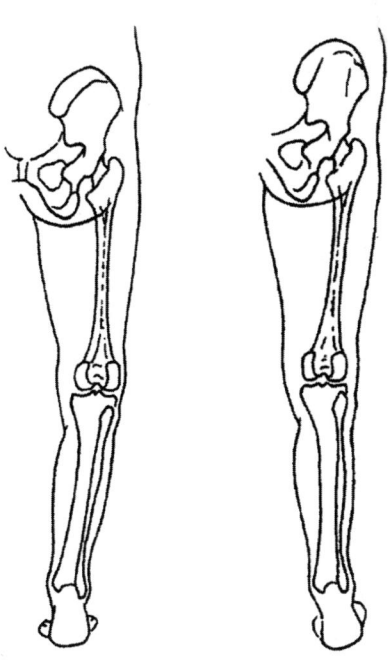

膝关节的柔韧性

韧带的柔韧性

与我们通常的想法相反,膝部没有骨骼的限制。许多人认为髌骨阻碍了膝关节的伸展,然而这种观点并不正确。因为关节的形状并不是完全嵌合,是韧带的支撑使得骨骼固定在一起,也就是说韧带对于膝部的稳定性起着核心作用,如果提到柔韧性,拉伸韧带是必不可少的。

韧带允许的运动幅度

- 屈运动可以是大幅度的,甚至可使大腿压在小腿上,如我们跪坐在足跟上时。这时,前侧关节囊被完全"去褶"。然而,有时关节囊也会不完全展开,此时膝关节的屈曲并不完全,但对于日常活动来说已经足够。

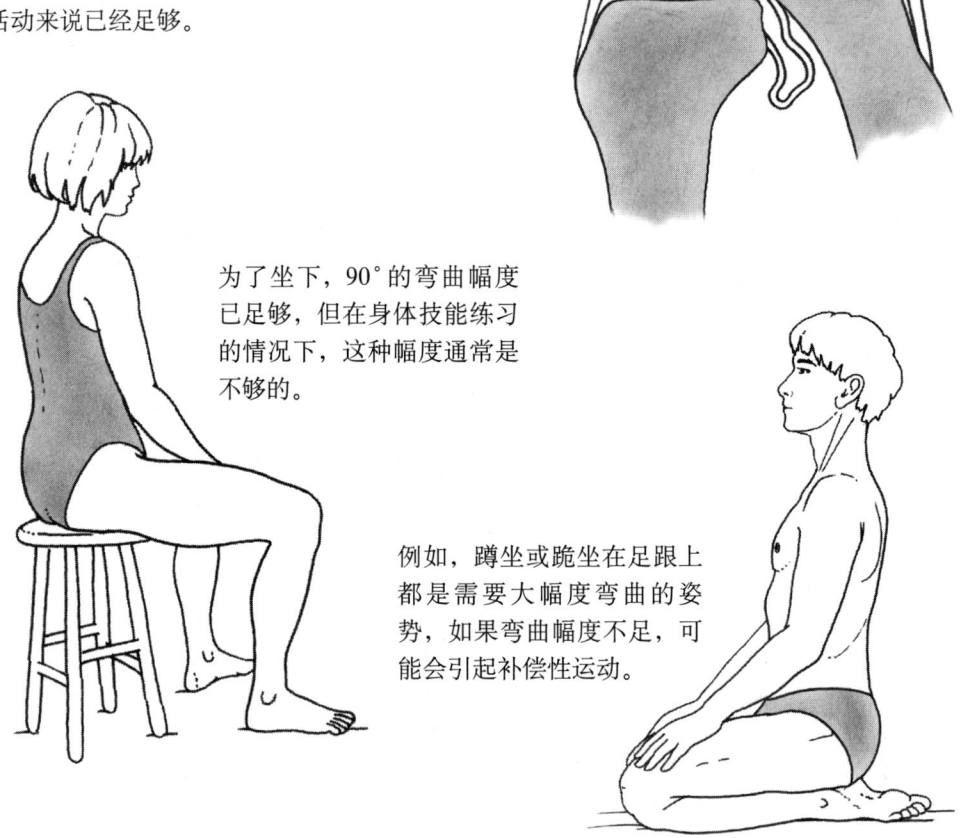

为了坐下,90°的弯曲幅度已足够,但在身体技能练习的情况下,这种幅度通常是不够的。

例如,蹲坐或跪坐在足跟上都是需要大幅度弯曲的姿势,如果弯曲幅度不足,可能会引起补偿性运动。

- 伸运动能使下肢的两骨恢复到直立姿势。这种运动的限制在于关节囊较厚实的后侧部分,我们称之为髁状壳。有时,会观察到超过180°的过伸现象,尤其是在孩子身上:这就是我们所谓的膝关节反屈,是膝关节后侧关节囊松弛的表现。

膝关节不能在侧面做运动，如果可以，则是病态的。这些运动被称为外倾，通常是由于侧面韧带之一出现了松弛。外倾使得膝关节不稳定，这就是在身体技能练习中要绝对避免任何侧面韧带拉伸的原因。

在《运动解剖书》第 221 页中，我们介绍了胫骨在股骨下面做旋外运动时，侧面韧带是绷紧的（当股骨在胫骨上做过度的旋内运动时也是如此）。因此，要避免进行任何强制性的回旋运动，尤其在负重时。

两个例子

例 1
坐在两足之间，该动作意味着髋部的大幅度旋内运动。
如果髋部的运动幅度达不到，该动作就由胫骨的强制性旋外运动完成。通常，因为孩子的髋部比较灵活，所以在做这个动作时比较自在。

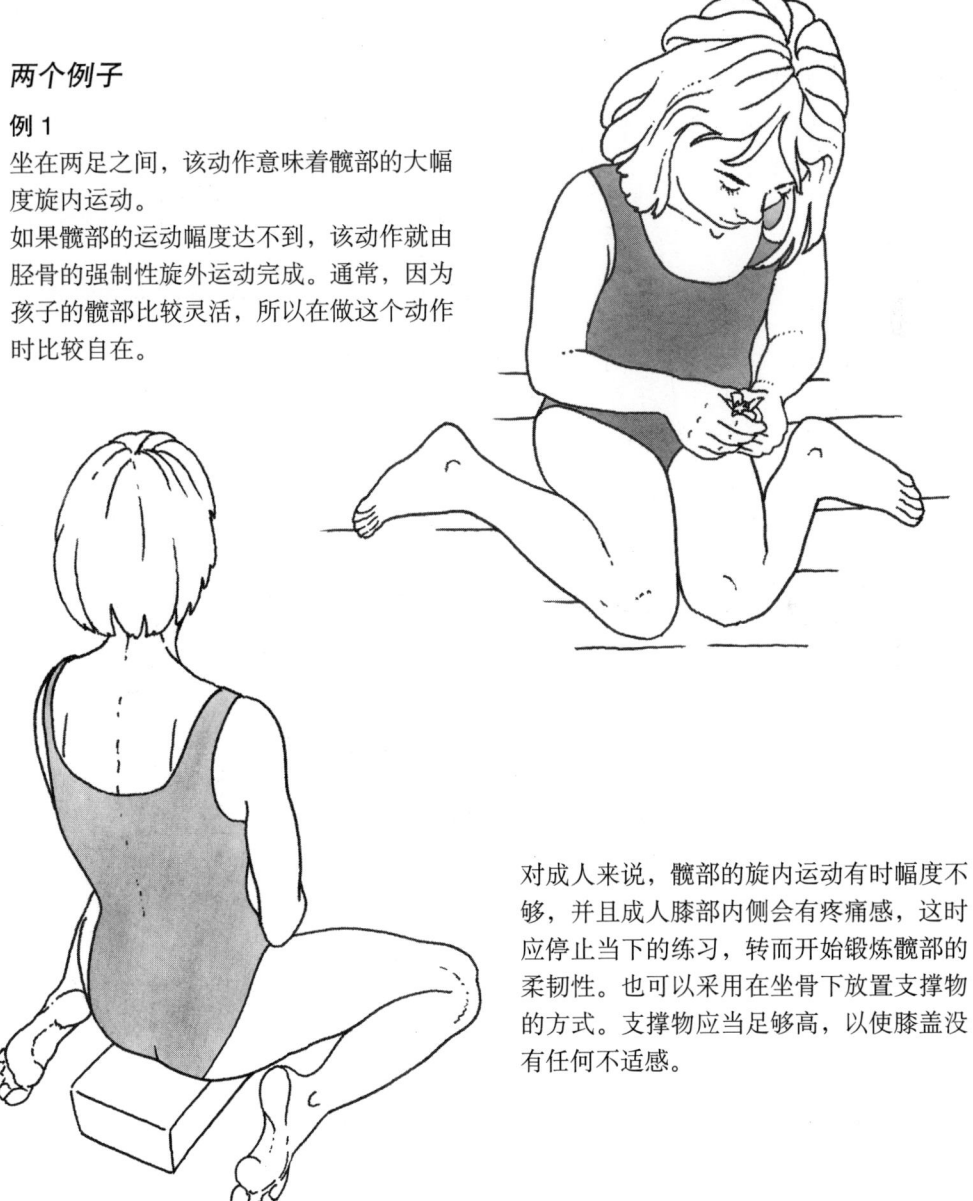

对成人来说，髋部的旋内运动有时幅度不够，并且成人膝部内侧会有疼痛感，这时应停止当下的练习，转而开始锻炼髋部的柔韧性。也可以采用在坐骨下放置支撑物的方式。支撑物应当足够高，以使膝盖没有任何不适感。

例 2

这是膝关节内侧韧带绷紧的运动：髋部旋外运动幅度不够时，足部进行强制性旋外运动。

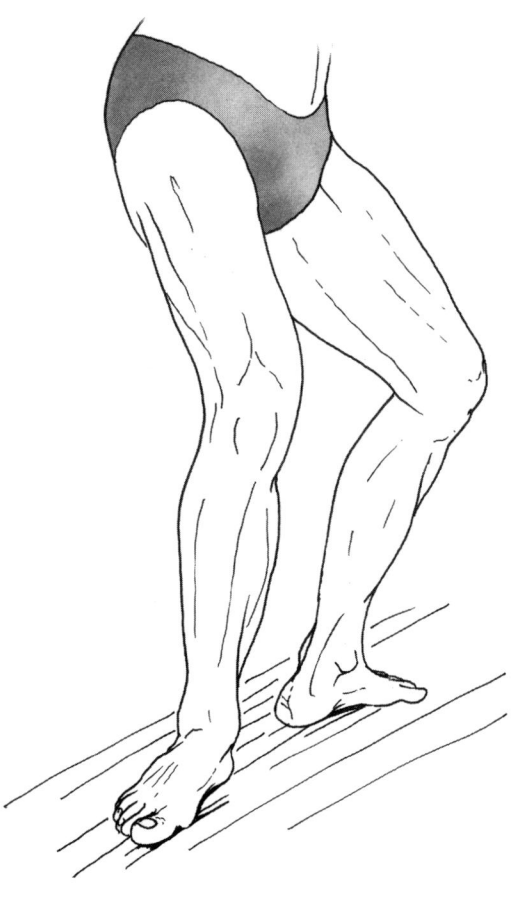

如果我们在此姿势下做一个屈膝动作，膝部位于比足部更靠近身体正中线的位置。胫骨完全朝向股骨外侧。

对于膝关节的侧面（外侧）韧带来说，这是有害的，尤其在跳跃时，或在该姿势下以单足支撑身体旋转时。

肌肉的柔韧性

膝关节被矢状的多关节肌跨越,这些肌肉与在髋关节部分提到的肌肉相同,即前面的股直肌和后面的腘绳肌。腘绳肌是膝关节完全伸展的主要约束。这些肌肉的柔韧性练习对于实现膝关节的柔韧性来说是必要的(参考髋部的实用练习)。

关于膝关节的伸展,有 3 种情况。

1)**膝关节微屈**。有如此特征的人难以彻底伸直膝关节,即使是被动的情况下也很难。因此,应当通过单关节或多关节肌的训练来拉伸膝关节后部,这些练习使髋部和踝也共同参与(参考实用练习)。膝关节微屈很少发生在孩子身上,在老年人身上比较常见。

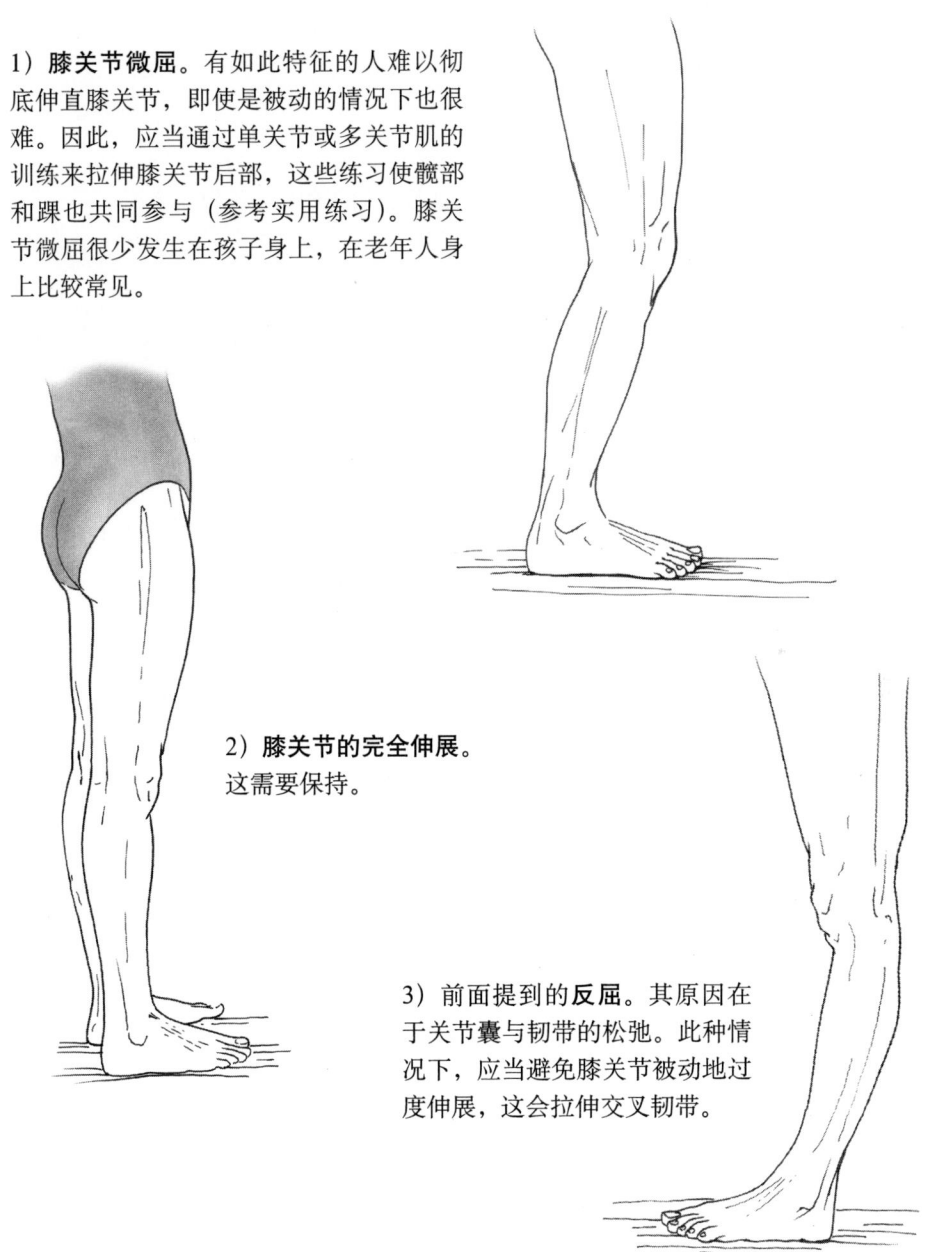

2)**膝关节的完全伸展**。
这需要保持。

3)前面提到的**反屈**。其原因在于关节囊与韧带的松弛。此种情况下,应当避免膝关节被动地过度伸展,这会拉伸交叉韧带。

膝关节的肌肉力量

膝关节肌肉力量练习有 2 个目的。

1) 与韧带一起增强关节的稳定性。
这种稳定性与骨骼因素无关，而是取决于关节的被动附着（韧带）或者主动附着（肌肉）。

2) 改善关节和下肢整体运动功能。

股四头肌

有一处重要的肌肉、关节组合需要维护，此处被称为膝关节伸肌结构。

这一结构由以下几部分组成。
- 一块肌肉（下肢力量最强大的肌肉）：**股四头肌**。
- 宽而厚的肌腱：**胫骨粗隆**。
- 一块骨头：**髌骨**。
- 连接髌骨与股骨的关节：**髌股关节**。

该结构保证了膝关节的主动伸展。

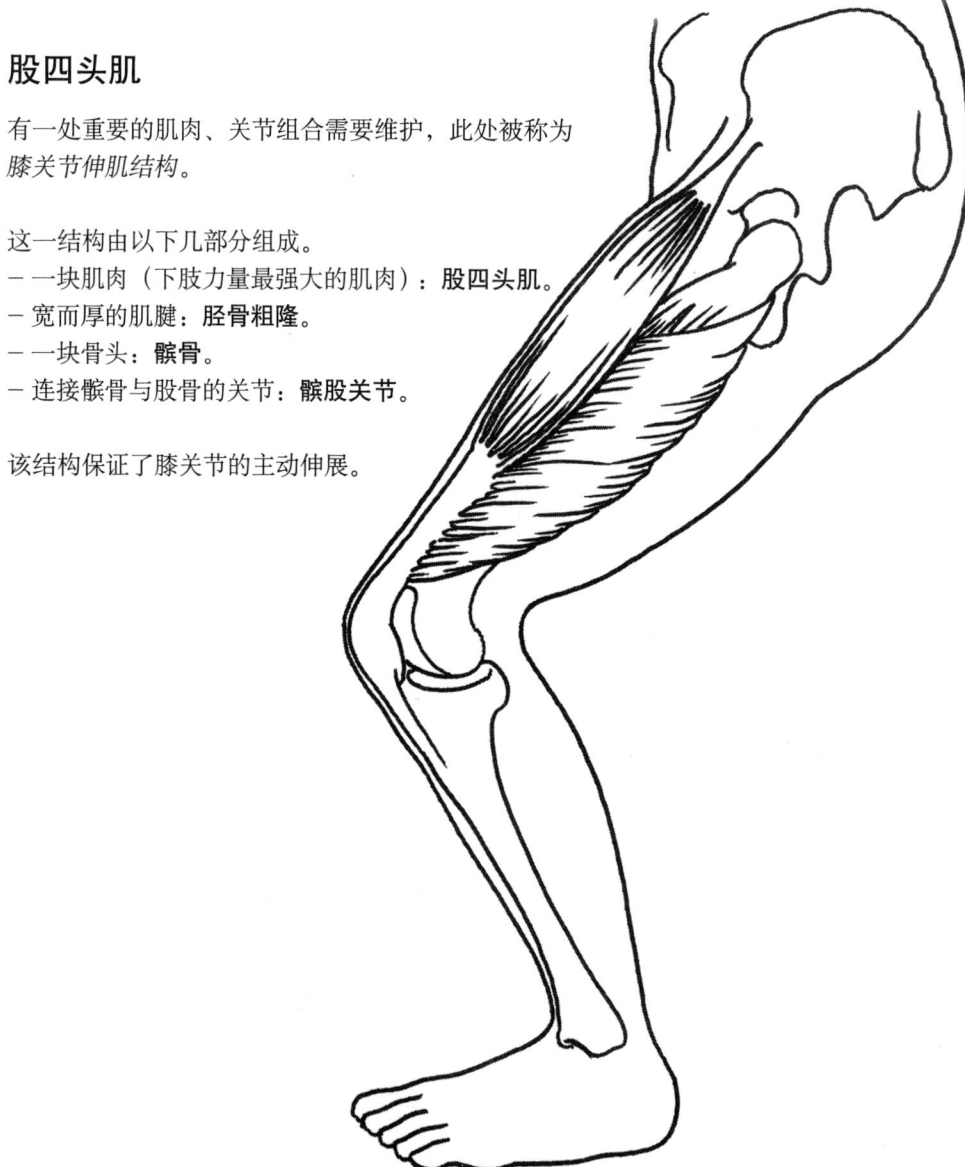

借助伸肌结构,可以进行诸如主动绷紧小腿、伸直弯曲的膝关节、带动跳跃等动作。

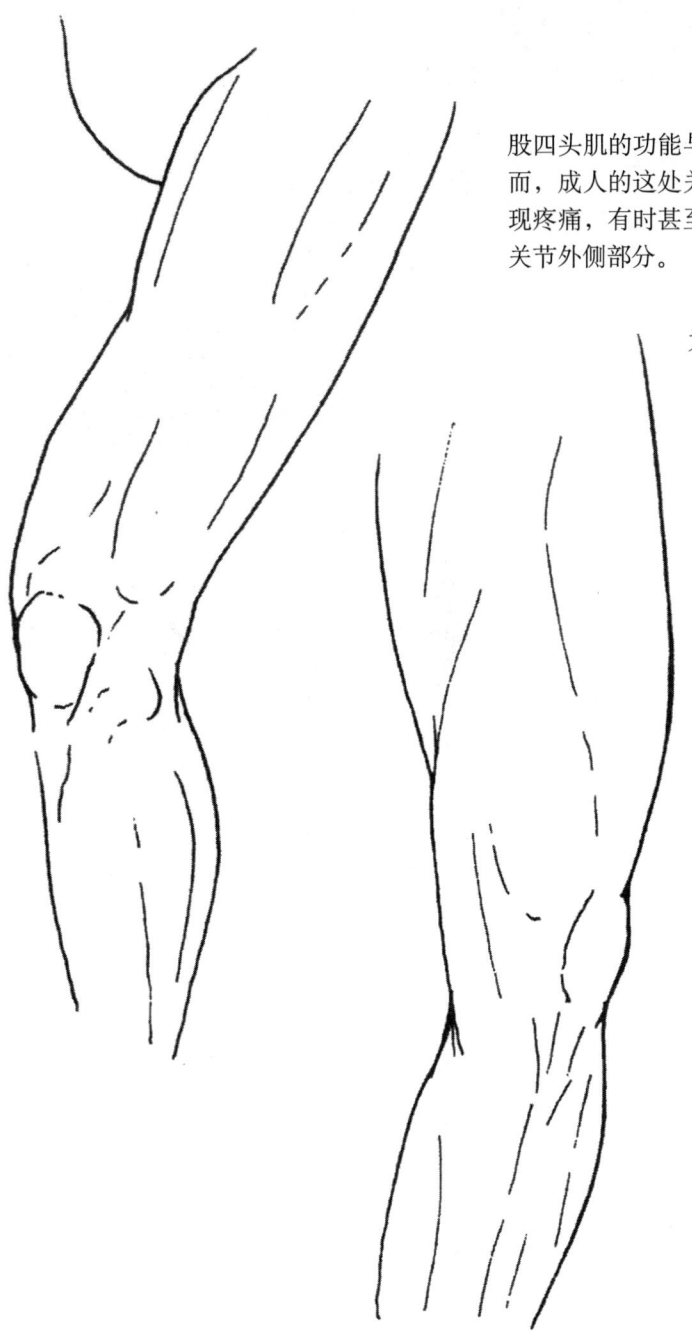

股四头肌的功能与髌股关节功能相关。然而,成人的这处关节经常因受力过大而出现疼痛,有时甚至会引发关节炎,尤其是关节外侧部分。

为此,需要从以下2个方面对此关节进行强化。

－为了减少髌股软骨的损耗,将采用**集中的**、**静态的**方式进行练习。

－接着将在动态练习中提高肌肉的协调性。**动态练习**对肌肉强度要求相对较小(见第九章内容)。

内侧或内后侧肌肉的强化

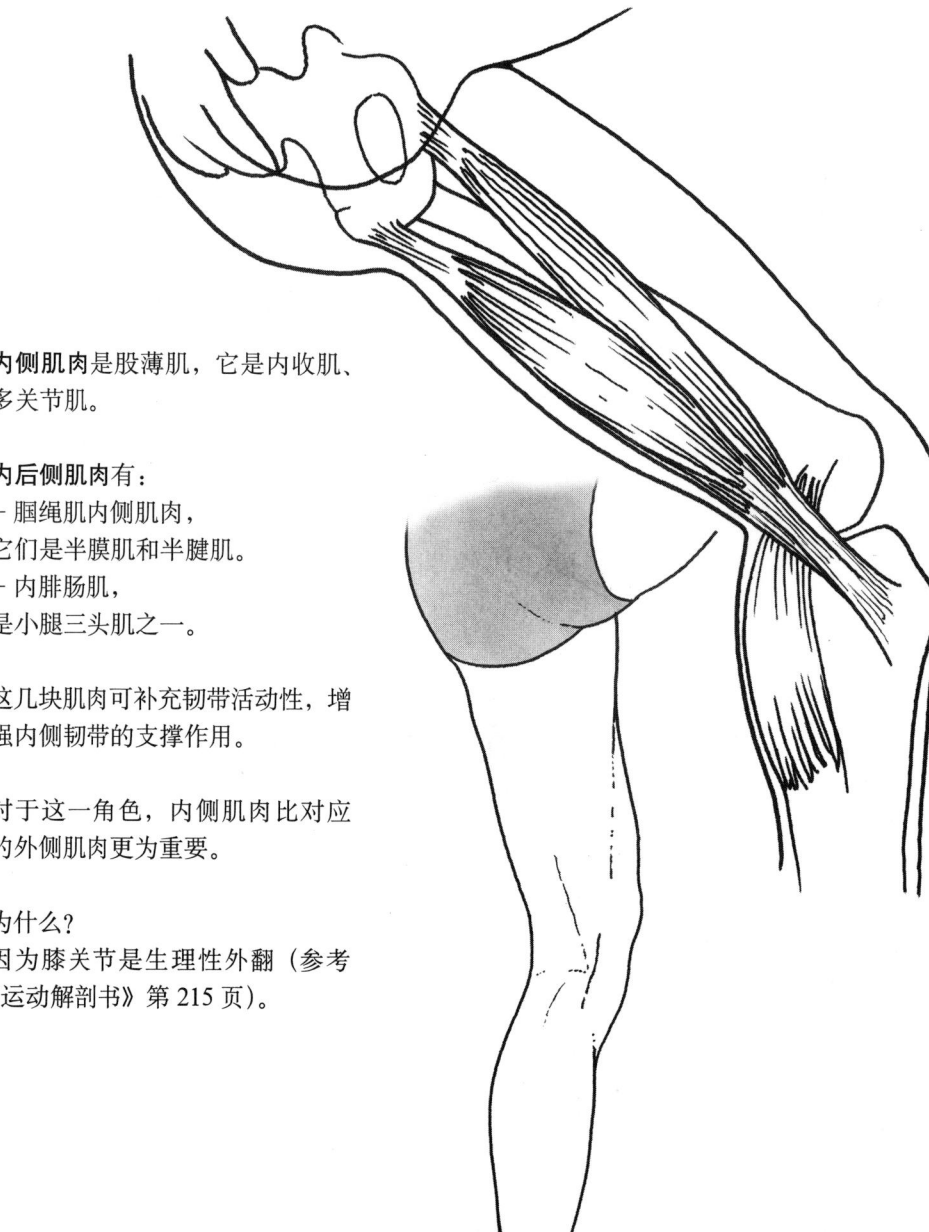

内侧肌肉是股薄肌,它是内收肌、多关节肌。

内后侧肌肉有:
- 腘绳肌内侧肌肉,
它们是半膜肌和半腱肌。
- 内腓肠肌,
是小腿三头肌之一。

这几块肌肉可补充韧带活动性,增强内侧韧带的支撑作用。

对于这一角色,内侧肌肉比对应的外侧肌肉更为重要。

为什么?
因为膝关节是生理性外翻(参考《运动解剖书》第 215 页)。

膝外翻会导致关节外侧被压迫,内侧有"开口"倾向,因此,维持内侧肌肉力量是非常必要的。

外侧及外后侧肌肉的强化

外侧肌肉有：
- 阔筋膜张肌。
- 股二头肌。
- 外腓肠肌。

外侧肌肉对维持膝关节外侧稳定性非常重要，可加强外侧韧带的作用，同时对行走时整个下肢外侧的稳定性也起着重要作用（见实用练习页）。

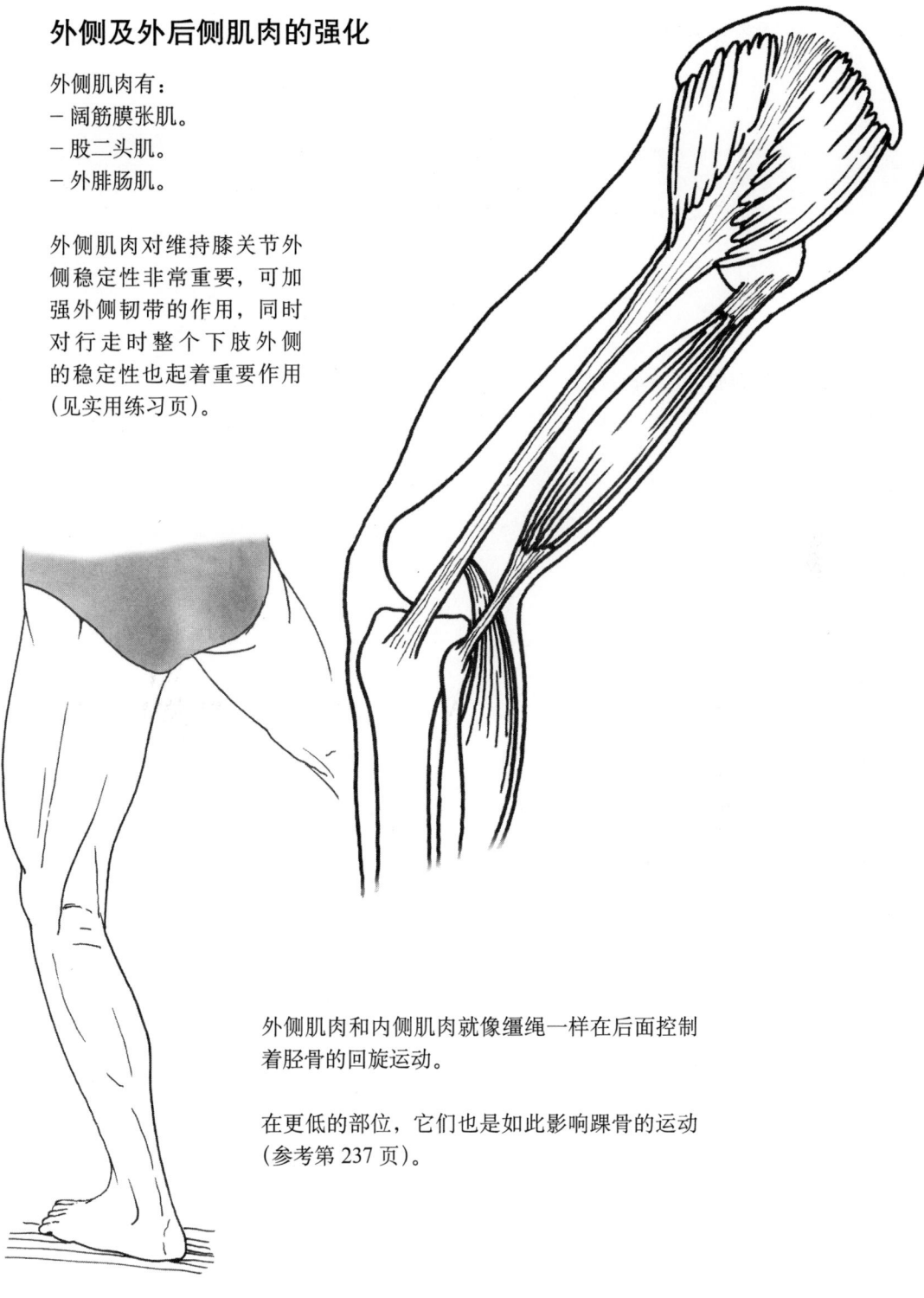

外侧肌肉和内侧肌肉就像缰绳一样在后面控制着胫骨的回旋运动。

在更低的部位，它们也是如此影响踝骨的运动（参考第 237 页）。

膝关节的柔韧性

屈-回旋运动

如果一个人再也不能完全弯曲他的膝关节，应尽快就医。

如果没有产生疼痛感，仍可以尝试这个练习。

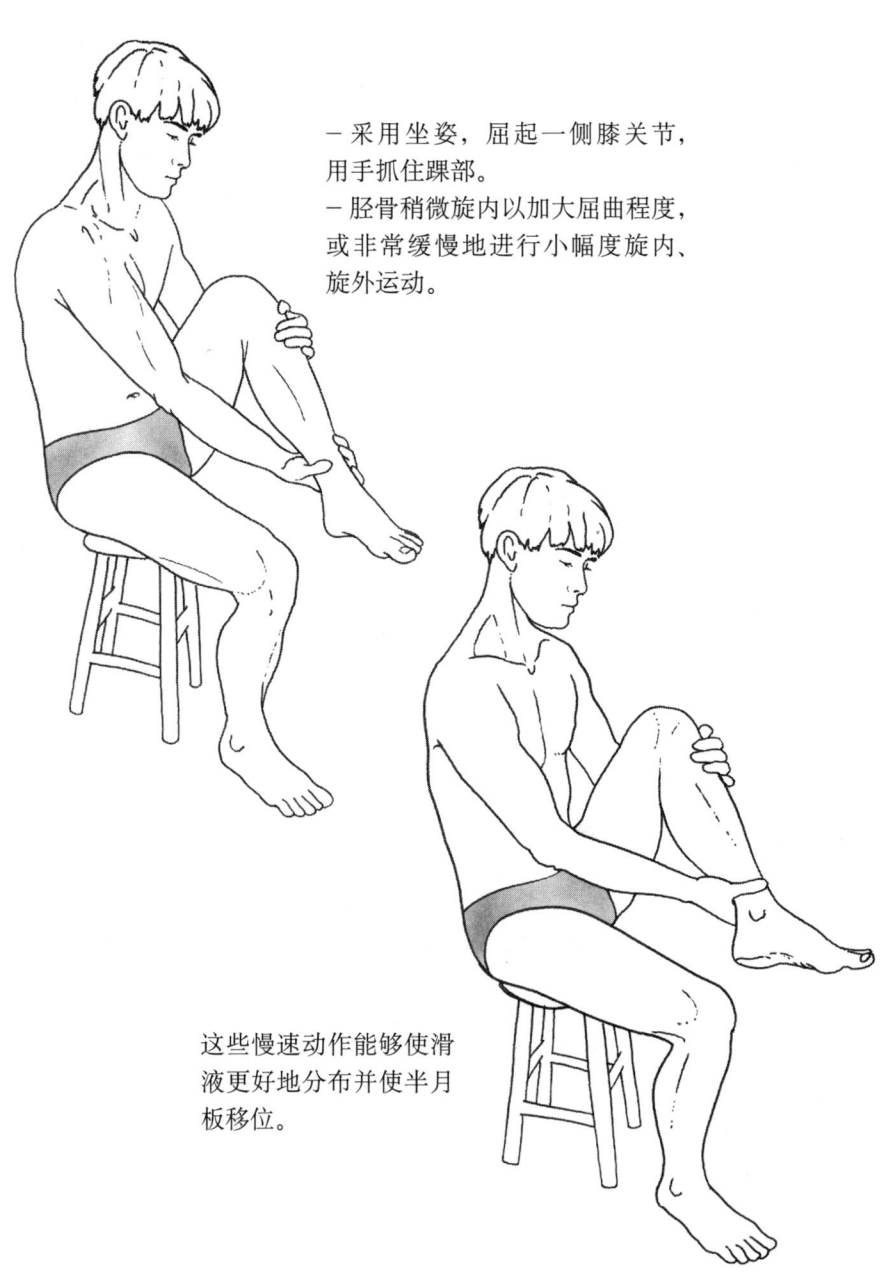

— 采用坐姿，屈起一侧膝关节，用手抓住踝部。
— 胫骨稍微旋内以加大屈曲程度，或非常缓慢地进行小幅度旋内、旋外运动。

这些慢速动作能够使滑液更好地分布并使半月板移位。

髌骨的被动活动

屈膝时,髌骨是不能活动的,因为此时它嵌入股骨髁内。当股四头肌活动的时候,髌骨也不能够活动,因为它的肌腱正处于紧绷状态,阻碍了髌骨的所有运动。

为了使髌骨能够活动,需要同时具备2个条件。
- 膝关节必须处于伸展状态。
- 伸展必须是被动的。

为此,我们可以坐在地上,将膝关节绷紧,手放在膝部,来回移动髌骨。我们可以使髌骨进行下面的运动。

侧面运动,向内或向外(后者无图示)。

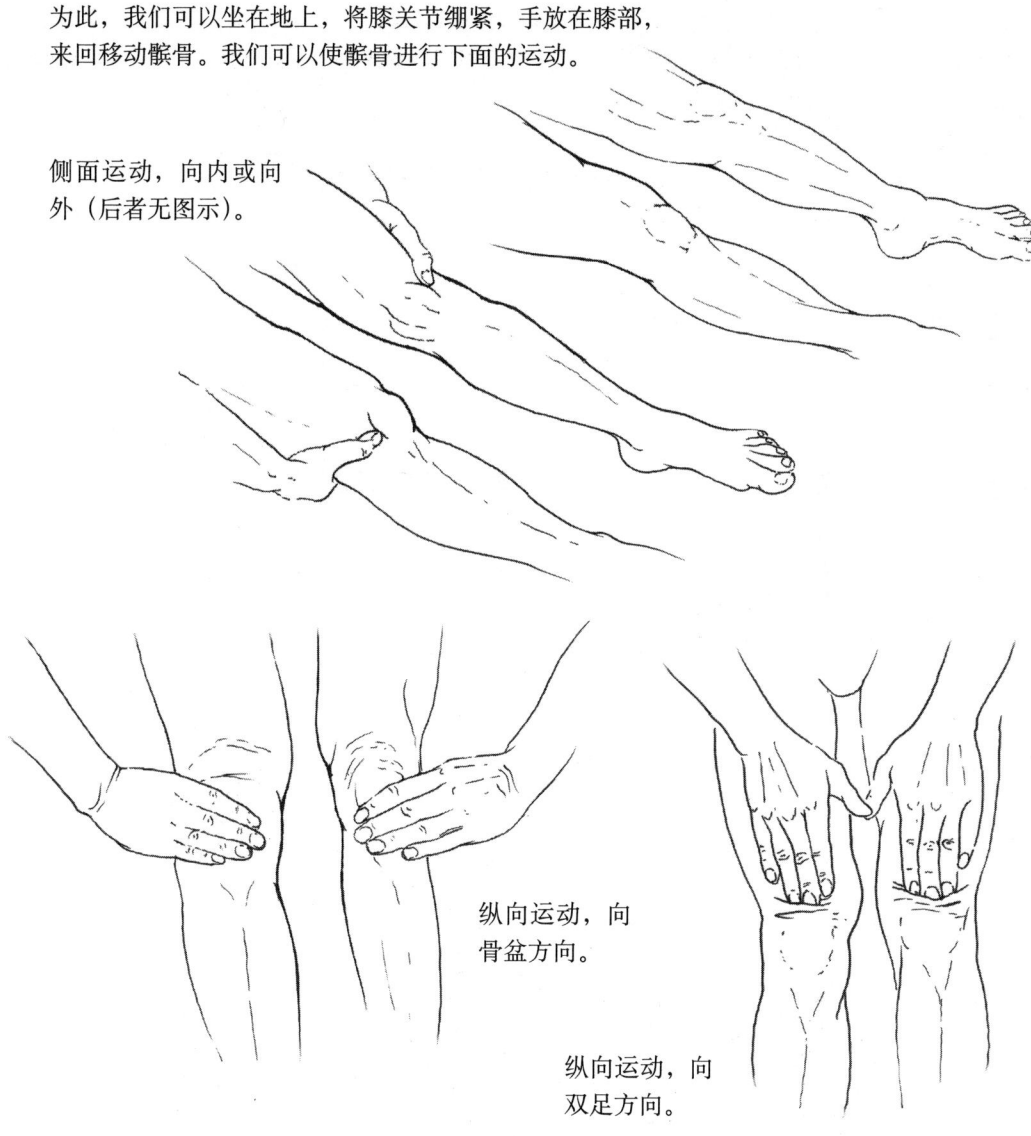

纵向运动,向骨盆方向。

纵向运动,向双足方向。

这些动作会略微减轻关节内部压力并使得滑液更好地分布。
注意:运动时应避免髌骨挤压股骨。

膝关节肌肉的柔韧性

以下练习见髋部柔韧性实用练习。

股直肌拉伸（参考第 180 页）。

内收肌拉伸（参考第 186 页）。

外展肌拉伸（参考第 188 页）。

腘绳肌拉伸（参考第 182～185 页）。

踝、足的实用练习中解释了腓肠肌的拉伸方法（参考第 243 页）。

我们可以在一个动作中同时拉伸腘绳肌和腓肠肌。
- 髋关节屈、膝关节伸（注意后倾时骨盆不移动）。
- 踝背屈。

如采用坐姿（如同第 184、185 页提到的姿势），使双足用力朝向身体方向。

或者借助带子进行拉伸（参考第 183 页）。将带子置于足掌前部（而不是足跟）来牵拉，使足部背屈。

膝关节肌肉的强化

股四头肌运动

股四头肌收缩时很容易观察到，并且可引起髌骨上升。

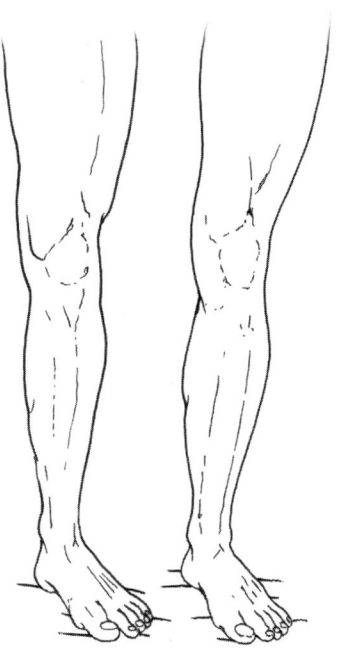

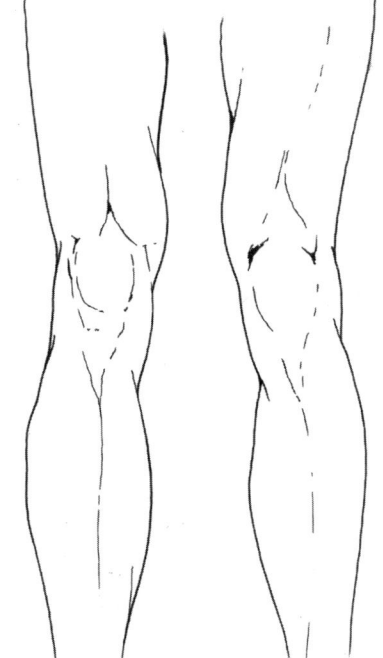

闭上双眼，感受髌骨的上升和下降。如果坐在地上，双腿伸直贴地，这个动作会更容易进行。这种感觉和视觉方式是极好的检测方法，可以用来了解膝盖是否完全伸展或接近完全伸展。

采用坐姿，双手支撑地面，一条腿伸直，使腘窝贴地，足跟离地，感觉如同用力蹬向远方。

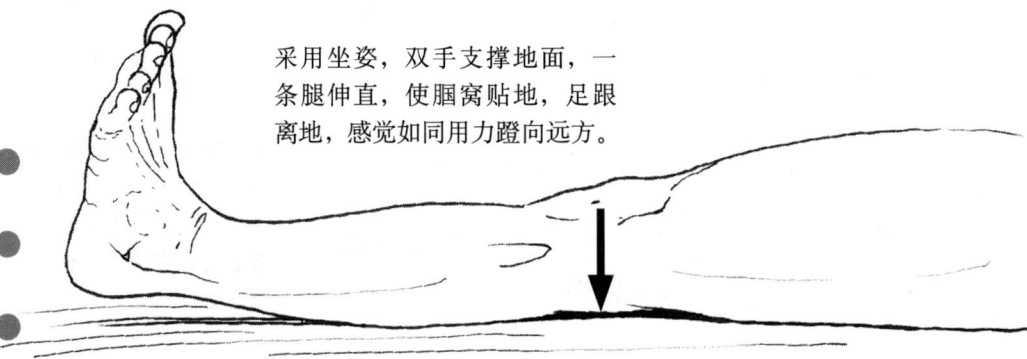

我们可以如此练习以**区分 4 个肌束的收缩**。股中间肌的收缩位于正中且位置较深。

为了收缩股四头肌，一开始可以借助他人的帮助，让他人用手推动下肢回旋，自己用股四头肌对抗回旋运动。

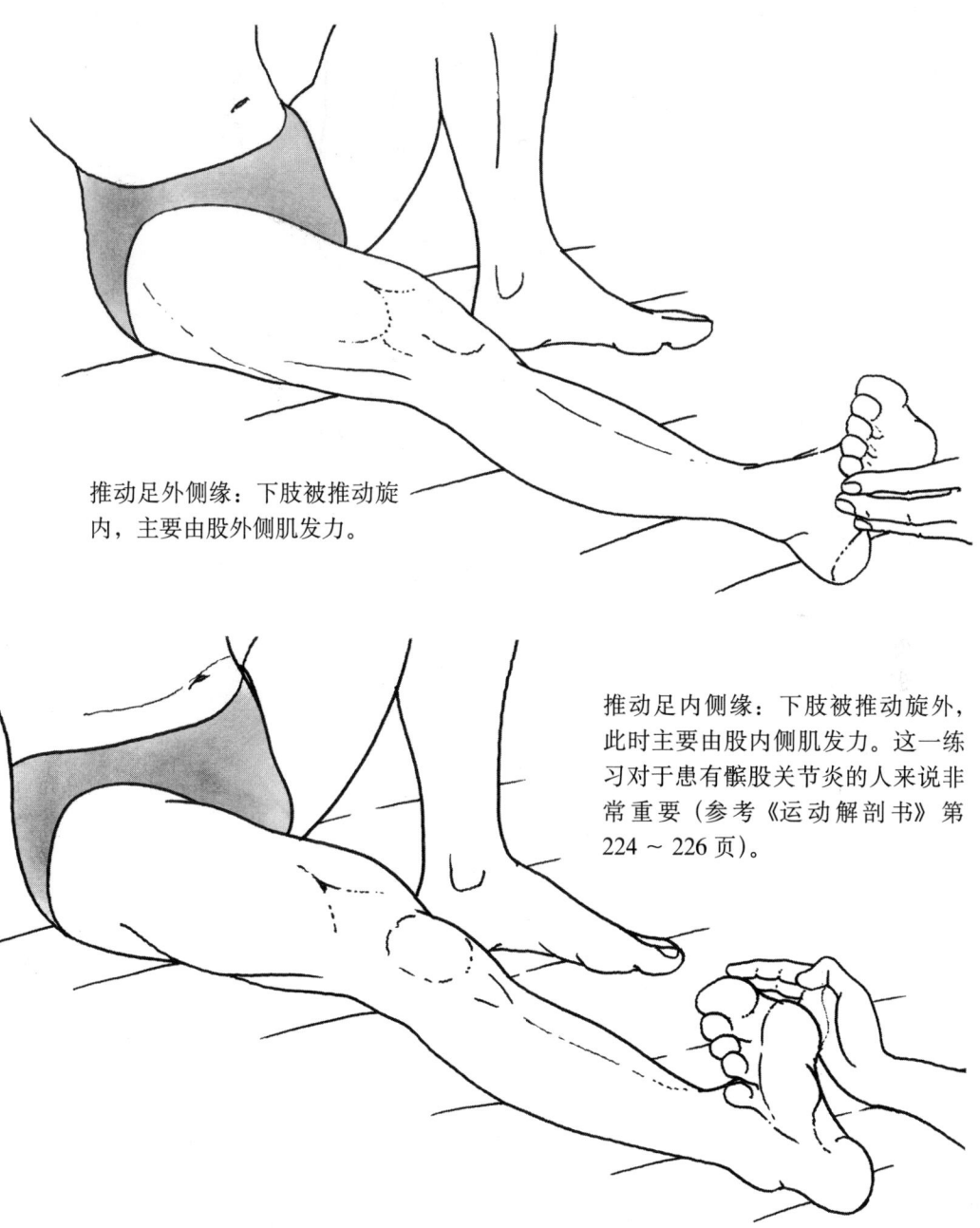

推动足外侧缘：下肢被推动旋内，主要由股外侧肌发力。

推动足内侧缘：下肢被推动旋外，此时主要由股内侧肌发力。这一练习对于患有髌股关节炎的人来说非常重要（参考《运动解剖书》第 224～226 页）。

最后，我们可以绷紧膝关节，从髋部开始抬起下肢。这个动作可以锻炼股直肌，因为在膝关节伸的基础上，加入了髋关节伸。此练习也可以锻炼股四头肌。实际上，因髋关节屈而被拉伸的腘绳肌会引起膝关节屈，这让膝关节更加难以伸展。

也可以背部靠墙或两人背对背，以静态方式锻炼股四头肌。像坐在椅子上一样屈膝，需要适当高度以使肌肉必须发力才能维持动作。如果想增大强度，可以两人同时用单足支撑进行练习。

把这个练习与足部三角支撑练习及从足部发出的下肢练习结合起来，效果更佳（参考第 268 页）。

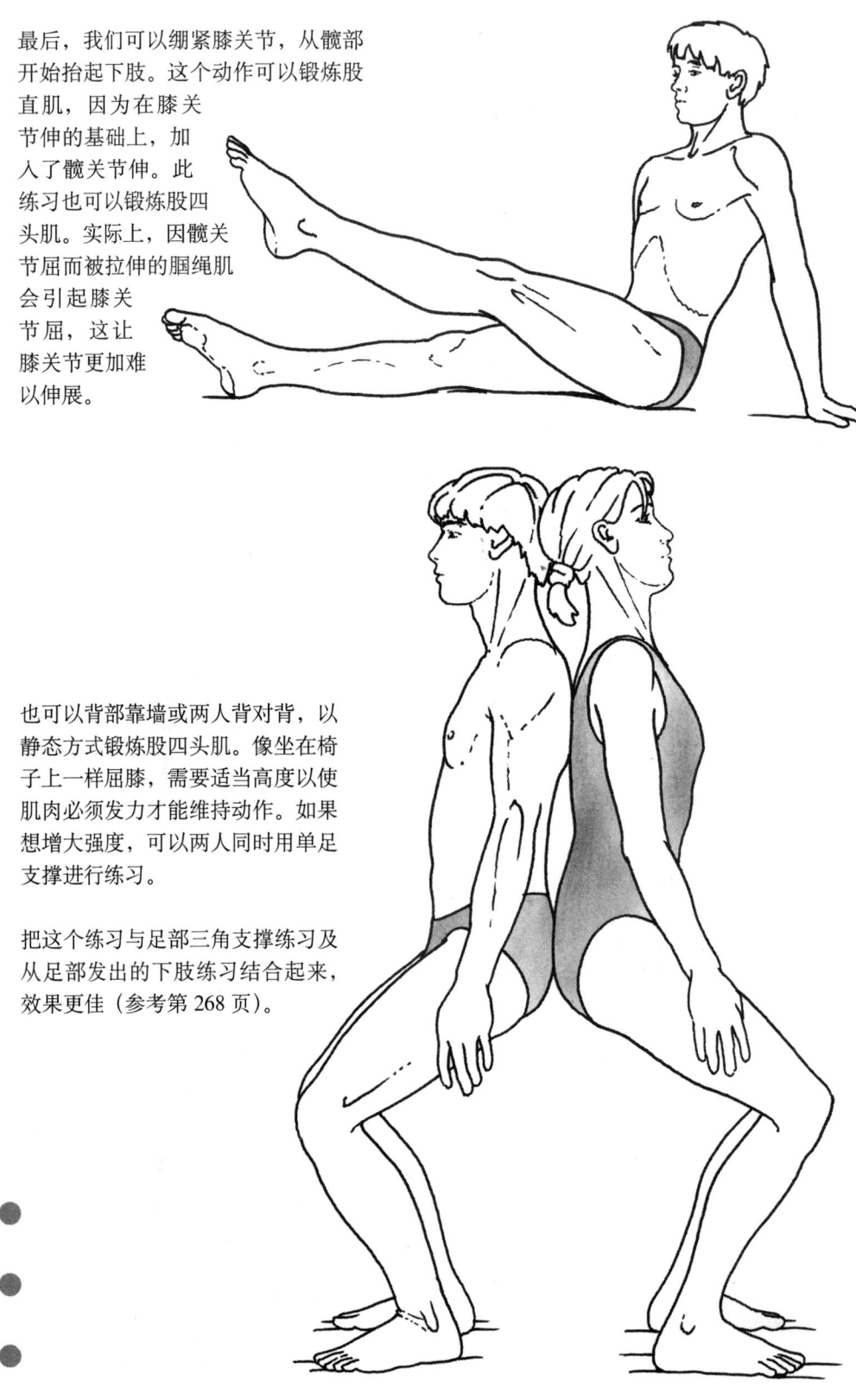

外侧肌肉和后侧肌肉的强化

髋部章节已经做过相关描述。

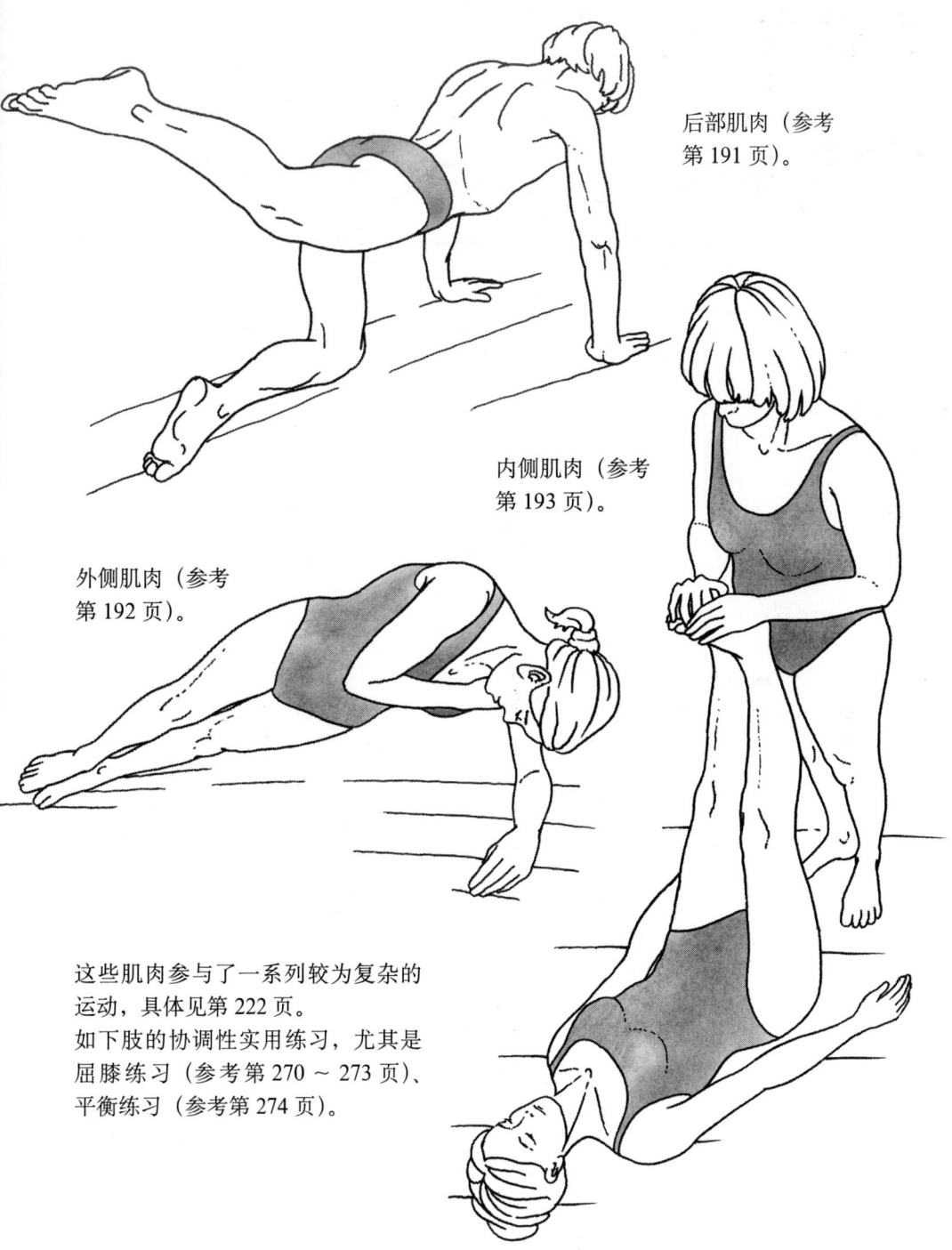

后部肌肉（参考第 191 页）。

内侧肌肉（参考第 193 页）。

外侧肌肉（参考第 192 页）。

这些肌肉参与了一系列较为复杂的运动，具体见第 222 页。
如下肢的协调性实用练习，尤其是屈膝练习（参考第 270 ~ 273 页）、平衡练习（参考第 274 页）。

膝关节的协调性

从韧带角度看，膝关节在屈曲时是不稳定的。
因此，肌肉的稳定性作用就很重要了。
我们用一条腿做支撑来进行膝关节半屈练习。在练习过程中，我们将变化手臂、头部或躯干的姿势。

外侧运动

外侧运动能够促使膝关节外侧保持稳定。

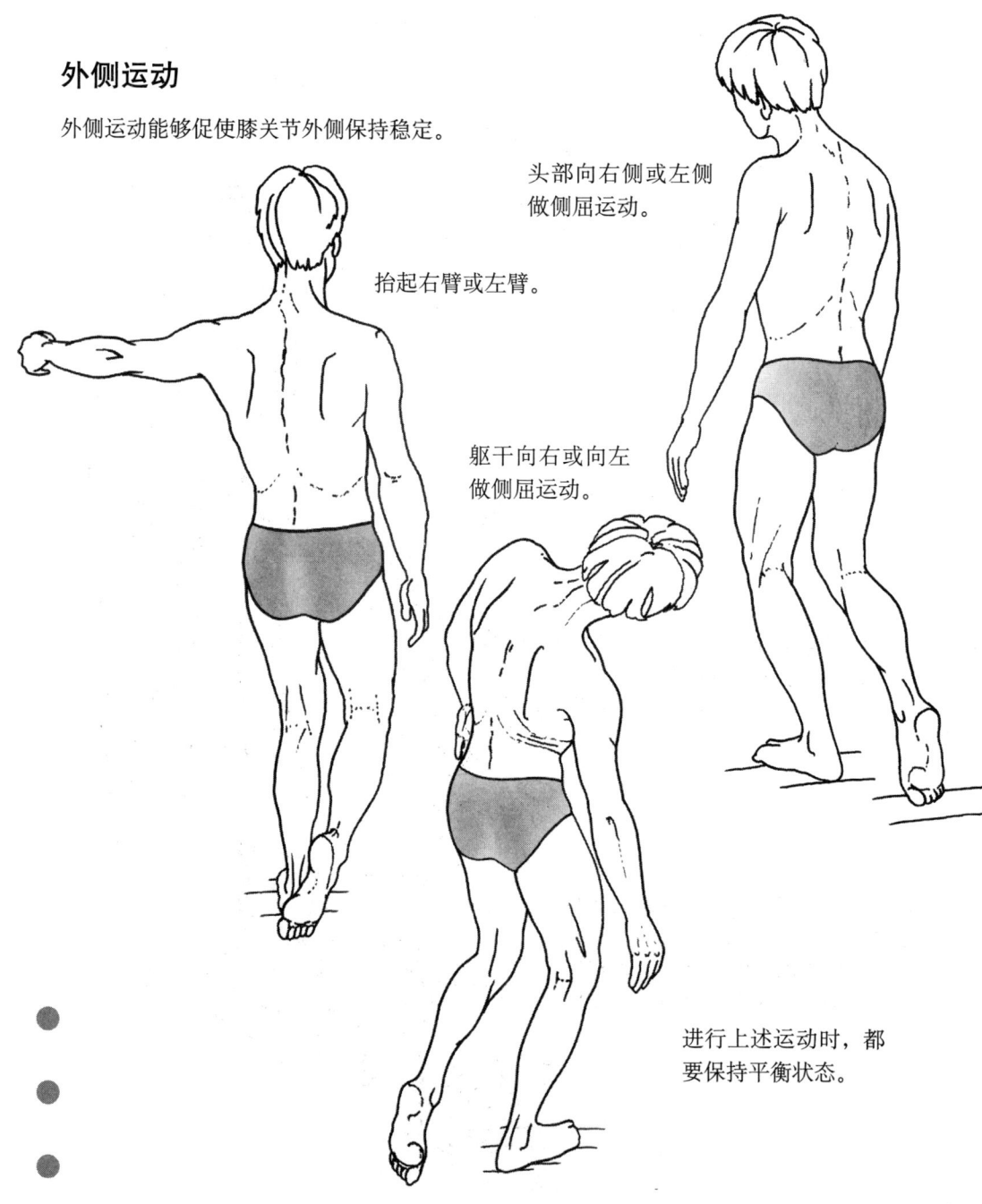

头部向右侧或左侧做侧屈运动。

抬起右臂或左臂。

躯干向右或向左做侧屈运动。

进行上述运动时，都要保持平衡状态。

回旋运动

膝关节的回旋运动能够促使身体旋转时保持平衡。

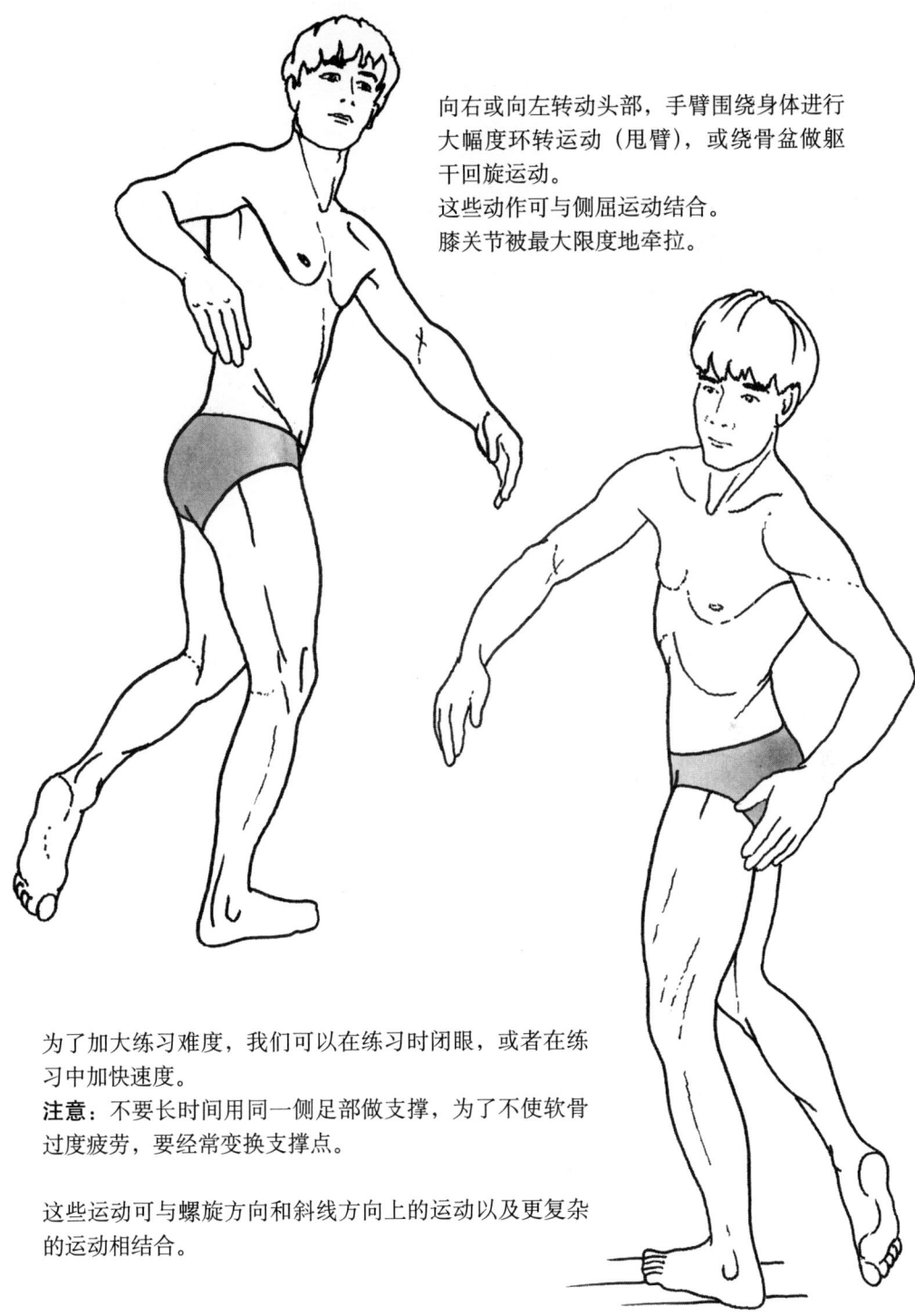

向右或向左转动头部，手臂围绕身体进行大幅度环转运动（甩臂），或绕骨盆做躯干回旋运动。

这些动作可与侧屈运动结合。

膝关节被最大限度地牵拉。

为了加大练习难度，我们可以在练习时闭眼，或者在练习中加快速度。

注意：不要长时间用同一侧足部做支撑，为了不使软骨过度疲劳，要经常变换支撑点。

这些运动可与螺旋方向和斜线方向上的运动以及更复杂的运动相结合。

第八章　踝与足

足具有双重功能，它既是身体与地面的接触点（支撑点），又是承担身体重量的基础构造。

踝是身体垂直面和足部水平面的交汇部位。应该重视足部距骨的特殊性，距骨上没有附着任何肌肉。

踝和足的功能既敏锐又积极，这些功能需要多个关节的多重活动，以及所有相关肌肉的参与。

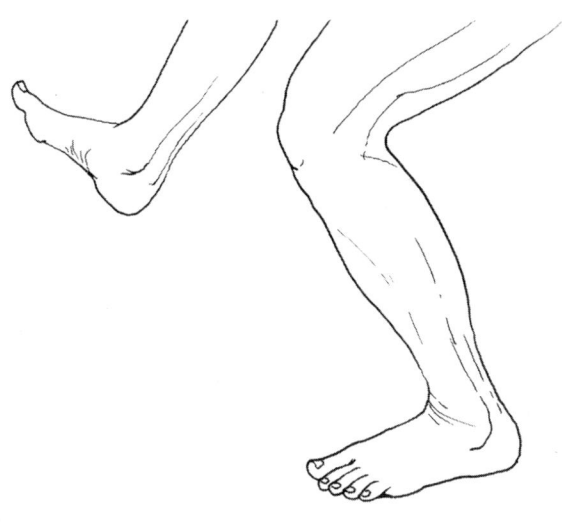

运动及其名称

踝的运动

为了更方便,踝及足的所有运动采用通用名称。
踝的动作只发生在矢状面上。

背屈

背屈是使足前面靠近小腿前面的动作。

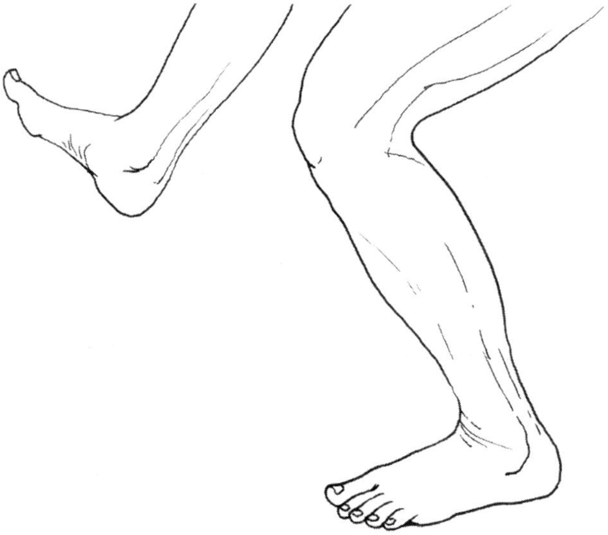

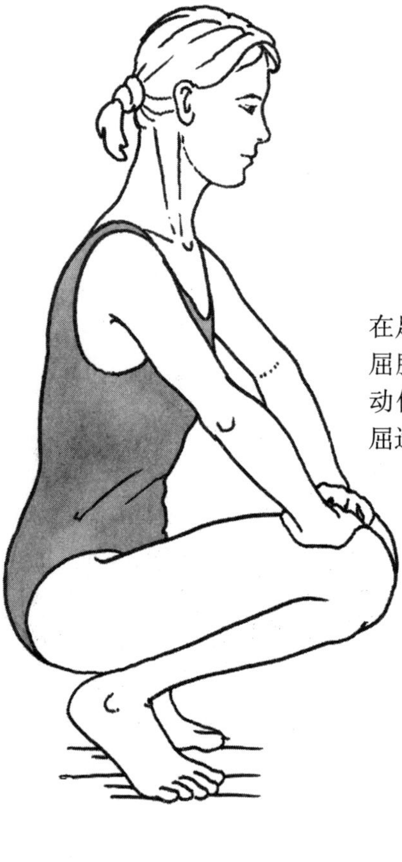

在足部支撑身体的情况下,屈膝、下蹲和跳跃的起止动作中,我们可以看到背屈运动。

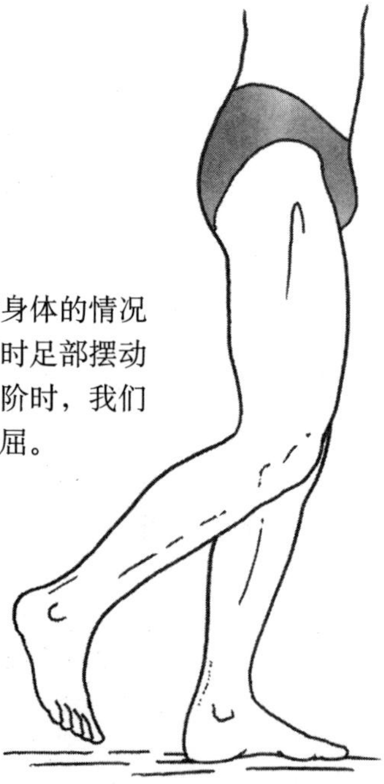

在足部不支撑身体的情况下,如在步行时足部摆动过程中或上台阶时,我们也可以看到背屈。

跖屈

跖屈是使足底靠近小腿后面的动作。

在行走过程中，后一步快结束时，我们可以看到跖屈，此时足部不支撑身体。

在足尖踮立姿势时和跪坐姿势时，我们也可以看到跖屈，此时足部处于支撑状态。

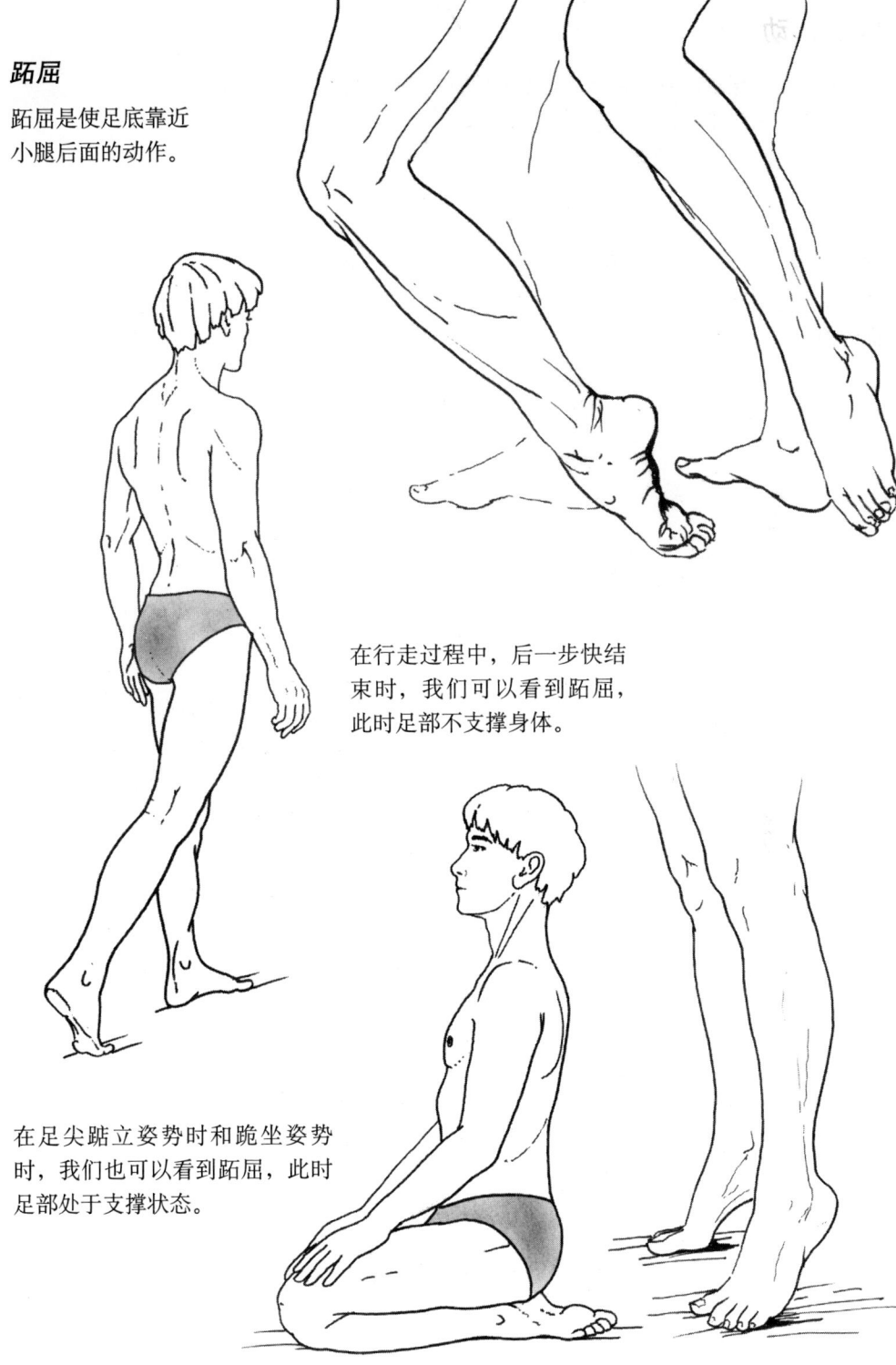

足的整体运动

我们要注意区分：

- 矢状面内的背屈和跖屈运动，其与踝的运动一致，但发生在足的远端部位。

- 外展和内收的侧面运动。

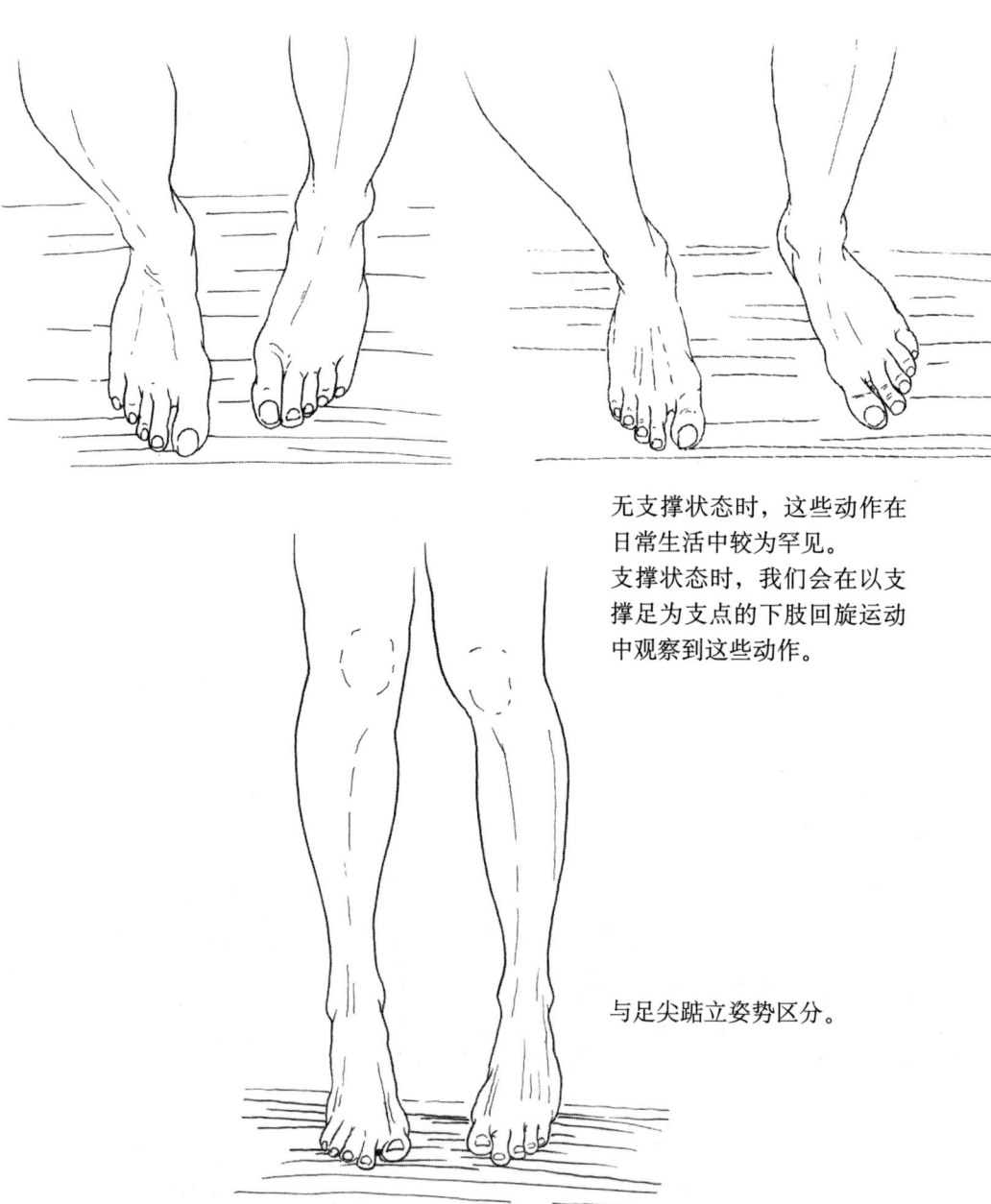

无支撑状态时，这些动作在日常生活中较为罕见。
支撑状态时，我们会在以支撑足为支点的下肢回旋运动中观察到这些动作。

与足尖踮立姿势区分。

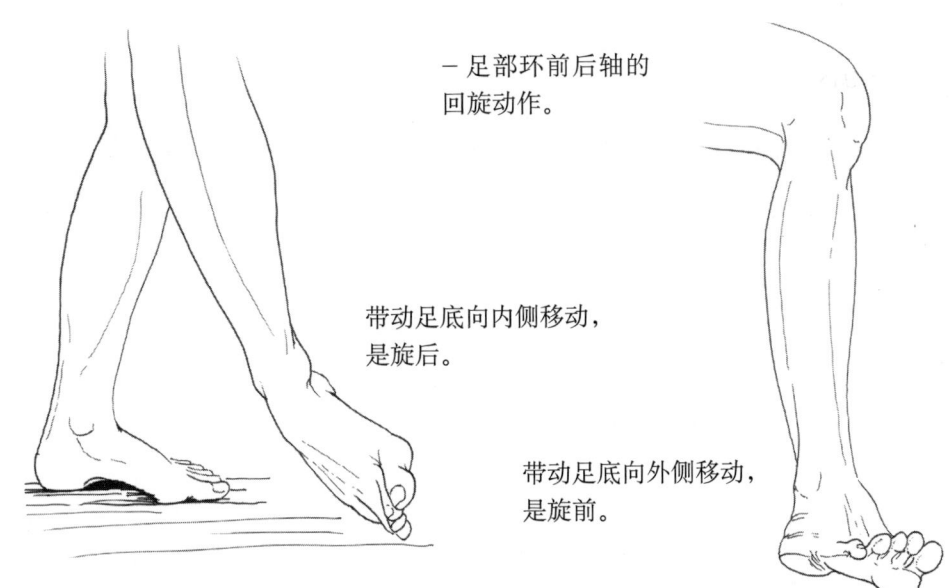

— 足部环前后轴的回旋动作。

带动足底向内侧移动，是旋后。

带动足底向外侧移动，是旋前。

位于支撑状态时，这些运动使足底（整个足底或者部分足底）呈如下状态。

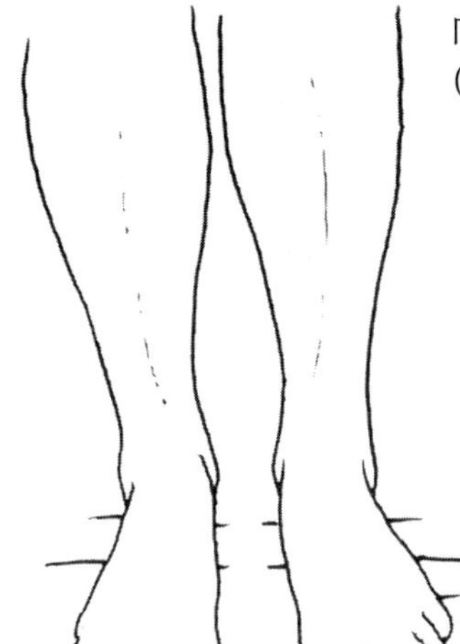

向里面倾斜（内侧）。

或者向外面倾斜（外侧）。

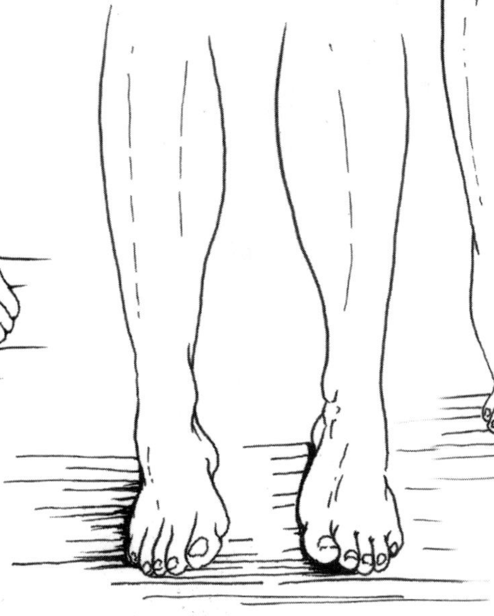

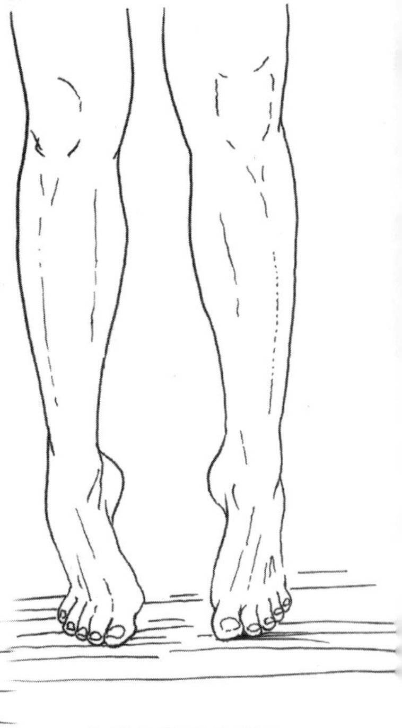

尤其是使足尖踮立。

练习时，在整个足部层面，由于关节表面的形状，这些动作会进行如下结合。
— 足背屈、外展、旋前联合形成外翻。
— 跖屈、内收、旋后联合形成内翻。

踝的柔韧性

骨骼的柔韧性

踝关节的骨骼形状使矢状面内的跖屈和背屈运动得以完成,回旋和侧面运动则无法进行,因为距骨滑车被内、外两踝从侧面固定了。

但是,距骨滑车的形状使其对不同部位的固定也有所不同。距骨滑车的前部比后部更为宽大。

背屈时,距骨滑车几乎完全嵌入踝中,此时无法进行任何侧面动作和回旋动作。

跖屈时,距骨滑车后部的嵌入相对较松,使一些侧面和回旋动作变为可能(处于支撑状态时,关节骨的稳定性变得较差,需要韧带和肌肉加以稳固,参考第276、277页)。

韧带的柔韧性

主要的韧带是侧韧带。
内侧韧带有两层,比外侧韧带更为重要。
外侧韧带更易扭伤。这个韧带不适合参与过度内翻运动。

(例如,在缺乏髋部足够的旋外运动配合的情况下,一只足向对侧大腿做交叉动作)。

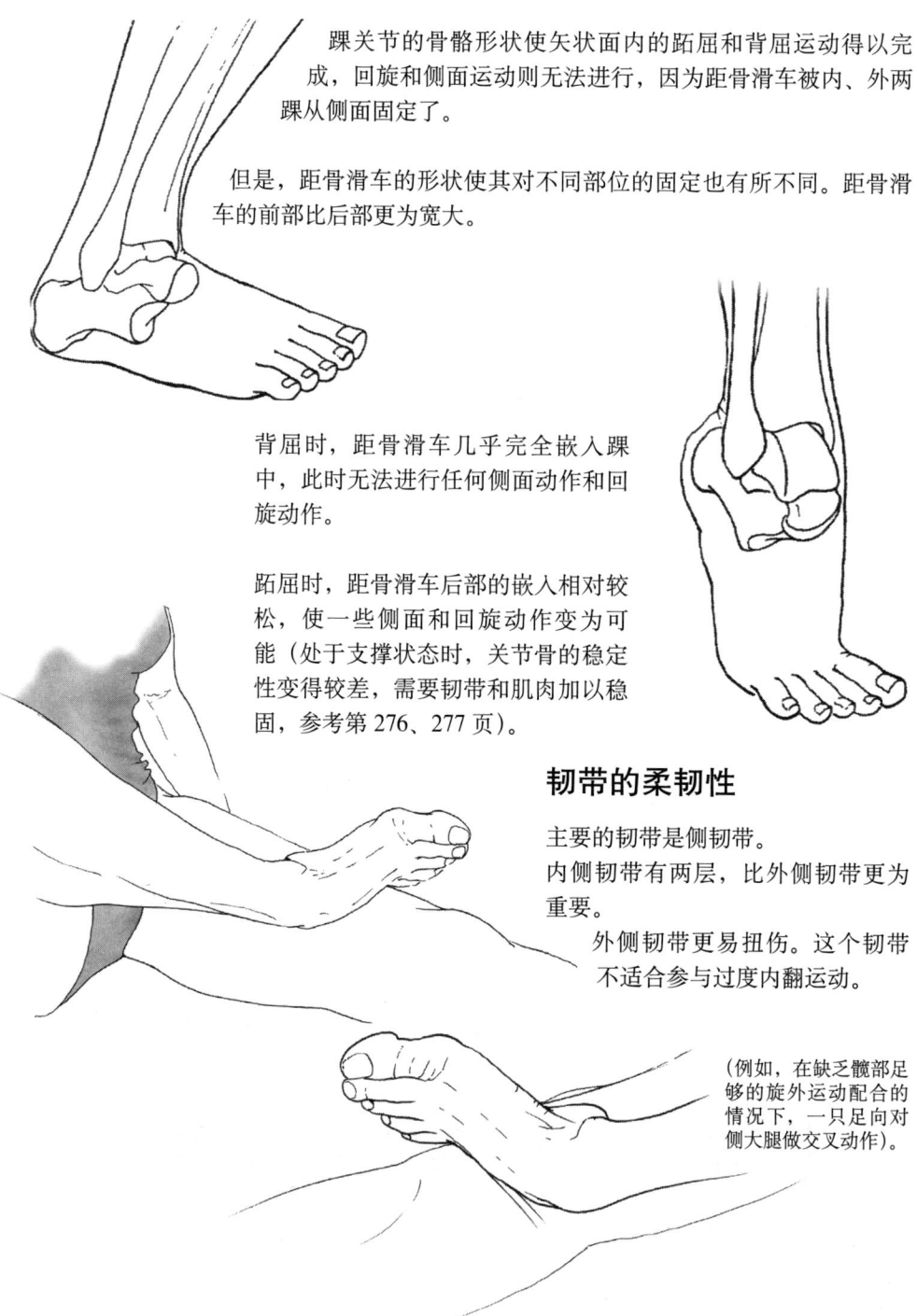

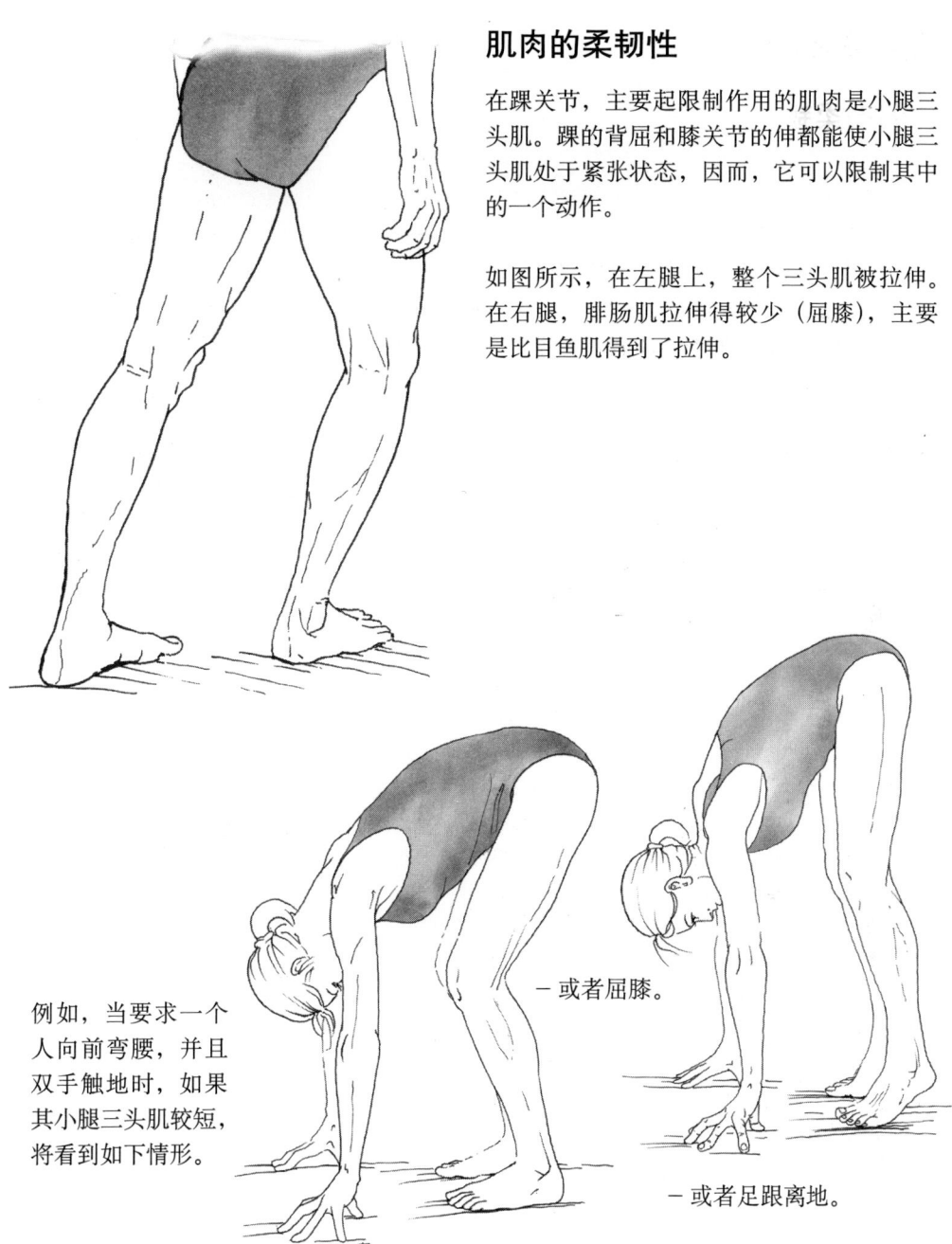

肌肉的柔韧性

在踝关节，主要起限制作用的肌肉是小腿三头肌。踝的背屈和膝关节的伸都能使小腿三头肌处于紧张状态，因而，它可以限制其中的一个动作。

如图所示，在左腿上，整个三头肌被拉伸。在右腿，腓肠肌拉伸得较少（屈膝），主要是比目鱼肌得到了拉伸。

例如，当要求一个人向前弯腰，并且双手触地时，如果其小腿三头肌较短，将看到如下情形。

— 或者屈膝。

— 或者足跟离地。

但是，对于一些没有经过练习的人，或者经常穿高跟鞋的人而言，小腿三头肌可能缩短至一定程度，以至于在做简单的背屈动作时（膝关节没有参与）就已经感觉到紧绷。

任何情况下，以循序渐进的方式拉伸小腿三头肌都是较为合适的。虽然跟腱很厚，但它实际上相当脆弱，并且经常会有发生断裂的危险（见实用练习的踝、足关节肌肉柔韧性练习）。

足的柔韧性

我们无法在此详述所有关节,但将讨论主要关节、这些关节的主要运动以及可能受到的限制。

距跟关节

在足后部,距骨通过前后 2 个双关节面位于跟骨上(参考《运动解剖书》第 269 页)。

就骨骼而言,这是一个可以朝多方向活动的关节,此处如同位于一个滑板上。

然而,这些多重活动的幅度受到连接跟骨和距骨的韧带(尤其是骨间韧带)和其他自踝到跟骨的多关节韧带(踝的侧韧带,尤其是限制关节旋前的内侧韧带)的约束。

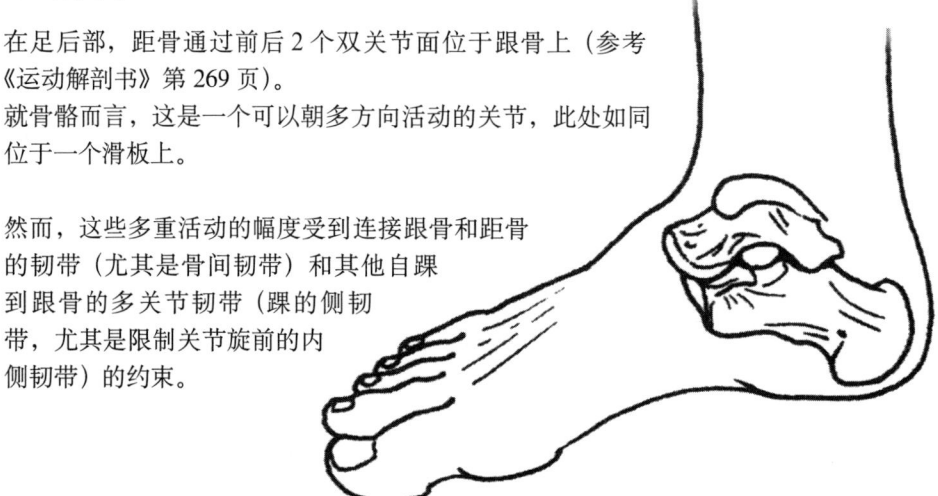

跗横关节

此关节的运动与距跟关节的运动相似,但关节的平面并不是水平的,而是垂直的。相关运动包括:跖屈、背屈、回旋运动、外展、内收。后 2 种运动占主导地位。

跗跖关节

这是形成一条圆齿状线条的一组关节。
该部位能在 3 个基本面内进行运动,但跖屈和背屈运动占主导地位,其运动幅度很受限制。

跖趾关节

该关节可以在 3 个基本面内运动。

在成人的足部,这些运动经常会受到限制。

通常,最受限制的运动是跖屈,关节甚至持久处于背屈的状态(此现象由多种因素造成,如身体重量的分配、穿的鞋子等,具体参考实用练习)。

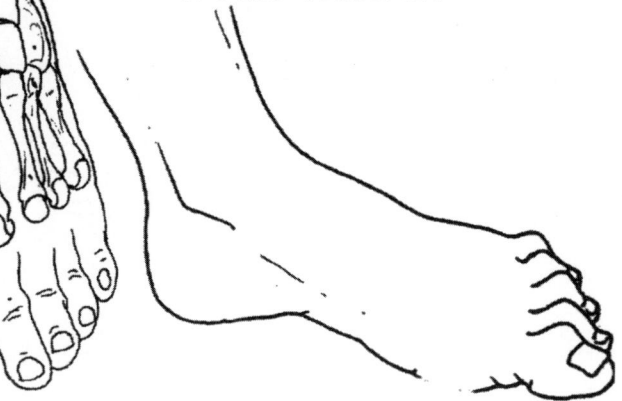

近端趾骨间关节

这些关节只能进行一些跖屈运动。

通常,这些运动在成人的足部占主导地位,并以限制其他运动或其他关节在其他基本面的运动为代价。因此,不需要锻炼这些关节,但维持关节的直线状排列是很重要的,因为成人此处的关节经常会呈现微屈的形状。

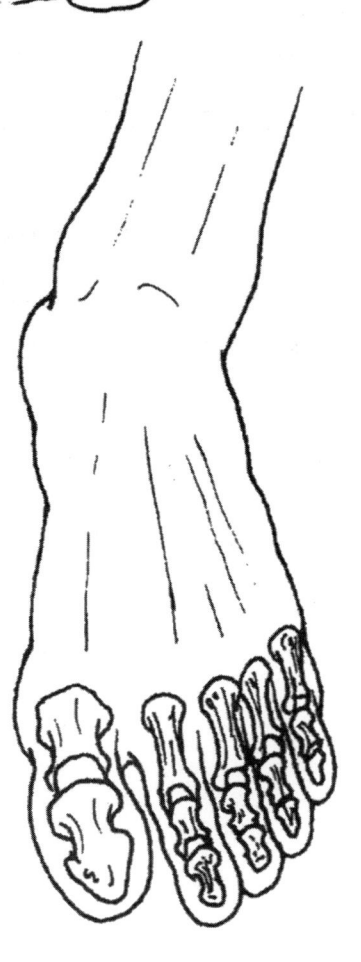

远端趾骨间关节

这些关节能做跖屈与背屈。这些幅度微小的运动,乃至小趾的最小关节的运动经常"卡住"。

改善这些关节的活动性对于保持足部良好的运动功能来说十分必要。

踝与足的肌肉力量

先区分2种肌肉组织。
- **位于足部**的肌肉组织,称为固有肌,这是些使足部骨骼之间互相活动的小肌肉。这些肌肉经常不运动,或者说活动很少,或活动性很差。
- **来自小腿**的肌肉组织。这些肌肉更强大,通过踝部的动作使足部运动。

这一差异使我们可以进行2种练习。
- 小肌肉的分解练习。这是非常精细的练习,目的在于找回自开始穿鞋时即失去的肌肉的运动。
- 包括小腿、踝和足的整体练习。这一练习会逐渐加入整个下肢的练习之中(参考第270页)。

非固有肌

这些肌肉在踝部都有其运动,具体参考《运动解剖书》第294页。

我们会发现,**跖屈肌比背屈肌多3倍。**

原因是什么?
因为这些肌肉主要用于行走和行走时足的驱动,为此,需要一些向后部推的肌肉,即跖屈肌。

背屈肌在行走摆动的过程中使足部抬高,这时需要的力量较少。

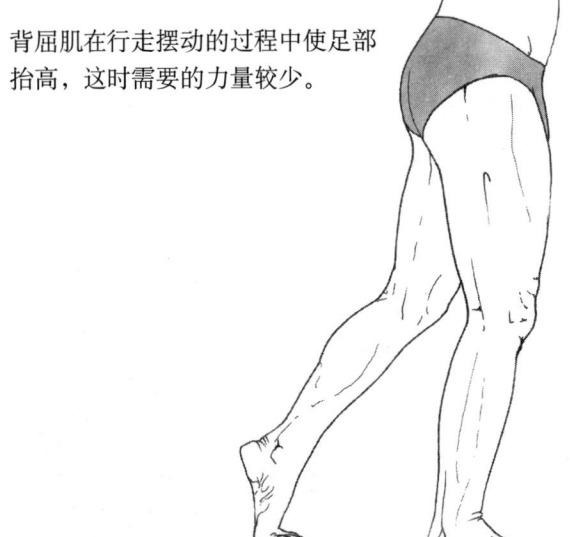
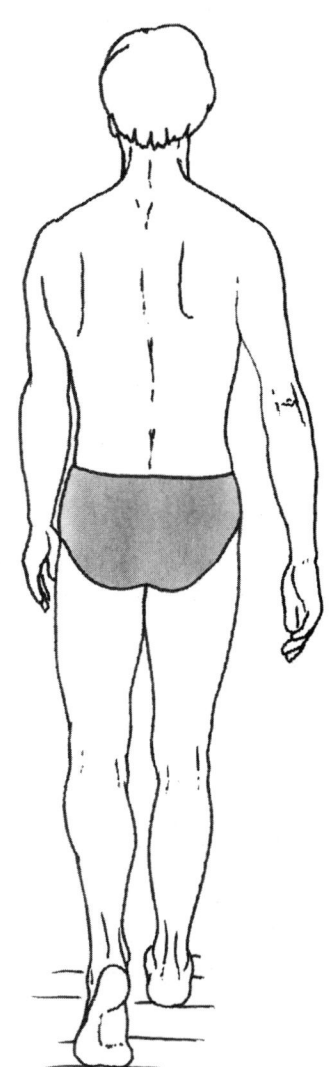

如果我们设定一个穿过距骨中间和第2趾的足部纵轴，所有肌腱在内侧通过的肌肉是旋后肌，在外侧通过的是旋前肌。

同样，我们会发现旋后肌比旋前肌多3倍。
原因是什么呢？因为足的构造是一个向内弯曲的弓形，更确切地说像是一个"屋架"（参考《运动解剖书》第296页）。
这个弓形不是由骨骼堆积形成的，而是由韧带和肌肉构成的"调紧装置"在支撑。因此，需要更多的位于内侧的肌肉以支撑弓形。

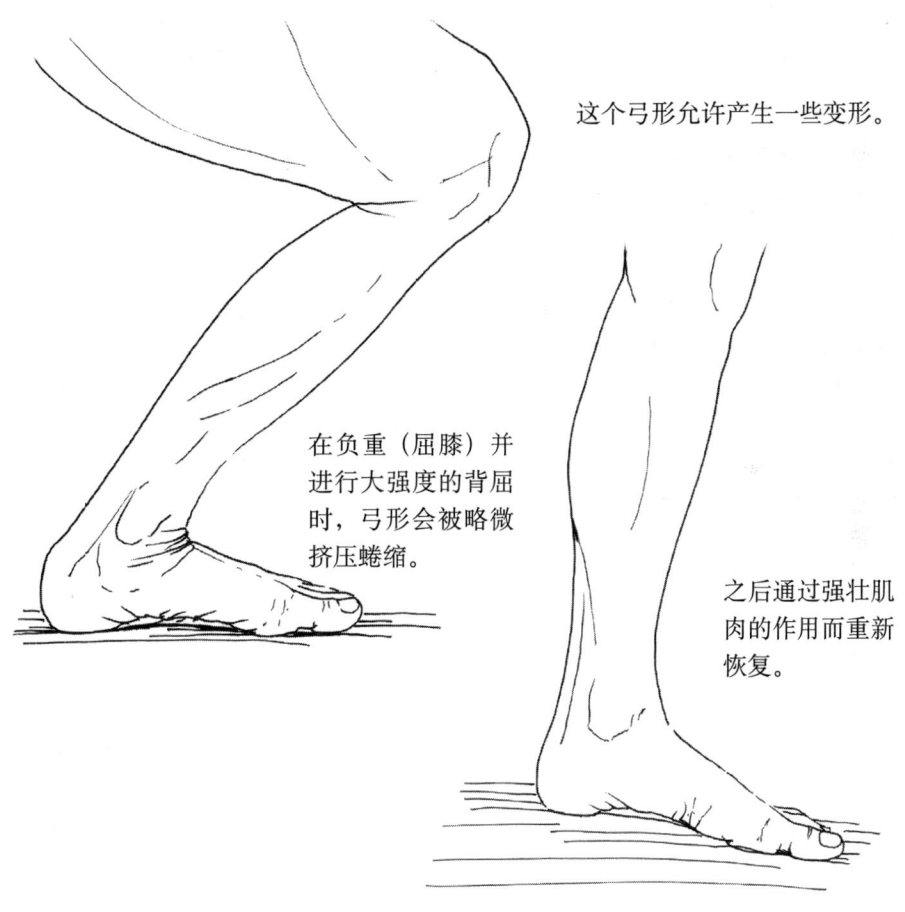

这个弓形允许产生一些变形。

在负重（屈膝）并进行大强度的背屈时，弓形会被略微挤压蜷缩。

之后通过强壮肌肉的作用而重新恢复。

这使我们理解了足的某些形态。
我们经常看到一些人在站立等待时采用旋后姿势，以使内侧进行支撑的肌肉得到休息。

踝与足的协调性

我们将研究踝与足的各个部位,以便了解这些部位如何通过肌肉运动的协调性而变得稳定,以及这些部位的姿势如何影响邻近关节的姿势,从而引起足的多种不同形态。

距骨在胫骨与腓骨之间的主动维持

就骨骼而言,踝在背屈时稳定性较好,在跖屈时稳定性较差。

就韧带而言,侧韧带:
- 向前时绷紧。
- 向后时放松。

正是在跖屈姿势时踝错误运动的风险最高(旋后时距骨扭伤),侧(外侧)韧带扭伤的风险也最高。

踝由一组肌肉与韧带组织支撑(参考《运动解剖书》第 295 页),这会带来 2 种结果。
- 扳手状结构通过降低腓骨来调整它的形状,以更贴合距骨的形状。
- 扳手状结构主动收紧。
距骨因而在两骨之间保持稳定。

这一情况只会在主动跖屈时发生,例如,当我们踮足站立时。
这时肌肉的收缩运动成为第 276 页详述的协调性练习的方式。

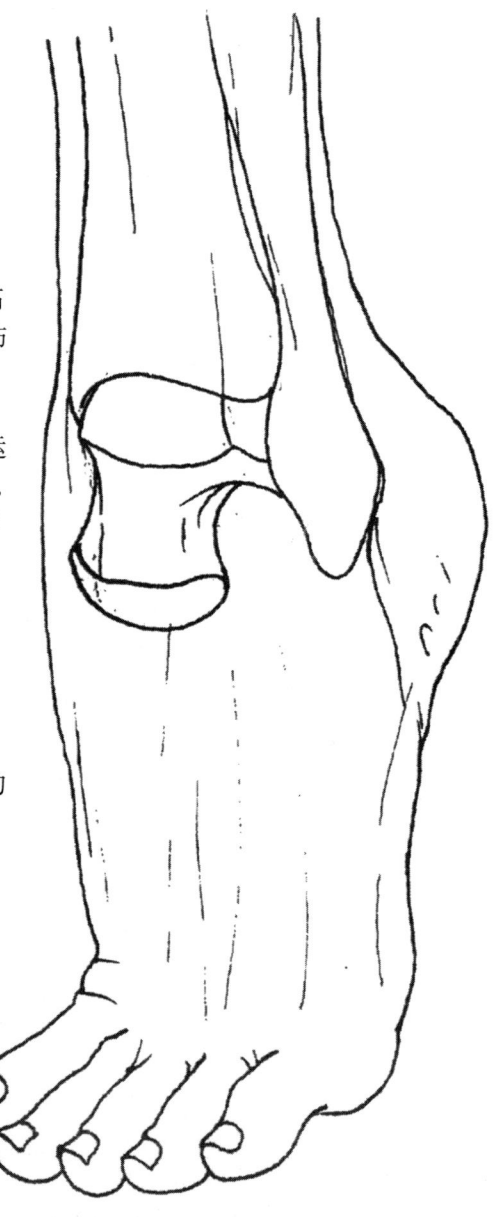

根据小腿骨骼位置而变化的距骨的运动方向

从侧面看

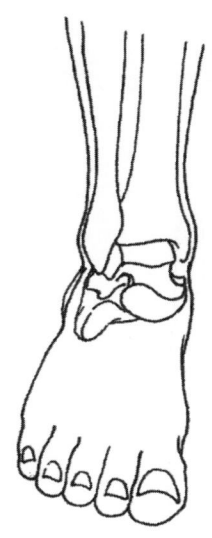

如果小腿的骨骼外翻倾斜（来自膝外翻），这可能会使距骨向内倾斜并使足后部呈外翻状态。

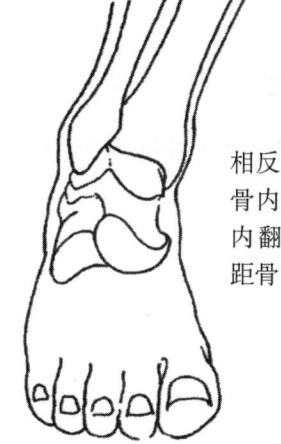

相反，如果小腿的两骨内翻倾斜（来自膝内翻），这可能会使距骨内翻。

旋转时

如果胫骨旋内，腓骨踝使距骨旋内并且引起距跟关节外翻。

相反，如果胫骨旋外（自膝关节起），胫骨踝使距骨旋外，这会导致距跟关节内翻。

因此，小腿两骨的位置改变了足后部的姿势，从而影响了足前部的形状。然而，这并不是一种对称的改变。因此，应当区分足后部与足前部的不同情况（参考第 266～269 页的实用练习）。

距跟关节的协调性

这个关节的形状使其可在不同基本面活动。这是站姿时保持平衡的基础部位，它可使小腿的骨骼向上以及使足部骨骼向前。

没有一块肌肉依附于距骨上。

因此，距骨的位置是由其上方的胫骨与腓骨构成的扳手状结构和其下方的跟骨位置决定的。

唯一直接依附于跟骨上的肌肉是小腿三头肌，侧面引导跟骨的肌肉止于足的前部。

因此，关节的侧面和旋转的平衡与足其余部位的平衡是息息相关的。影响这个部位协调性的重要因素是身体重量的分配，也就是身体重量分布于跟骨不同部位的方式。

可以从背面来观察踝：

小腿后侧、跟腱和跟骨形成一个"沙漏"。

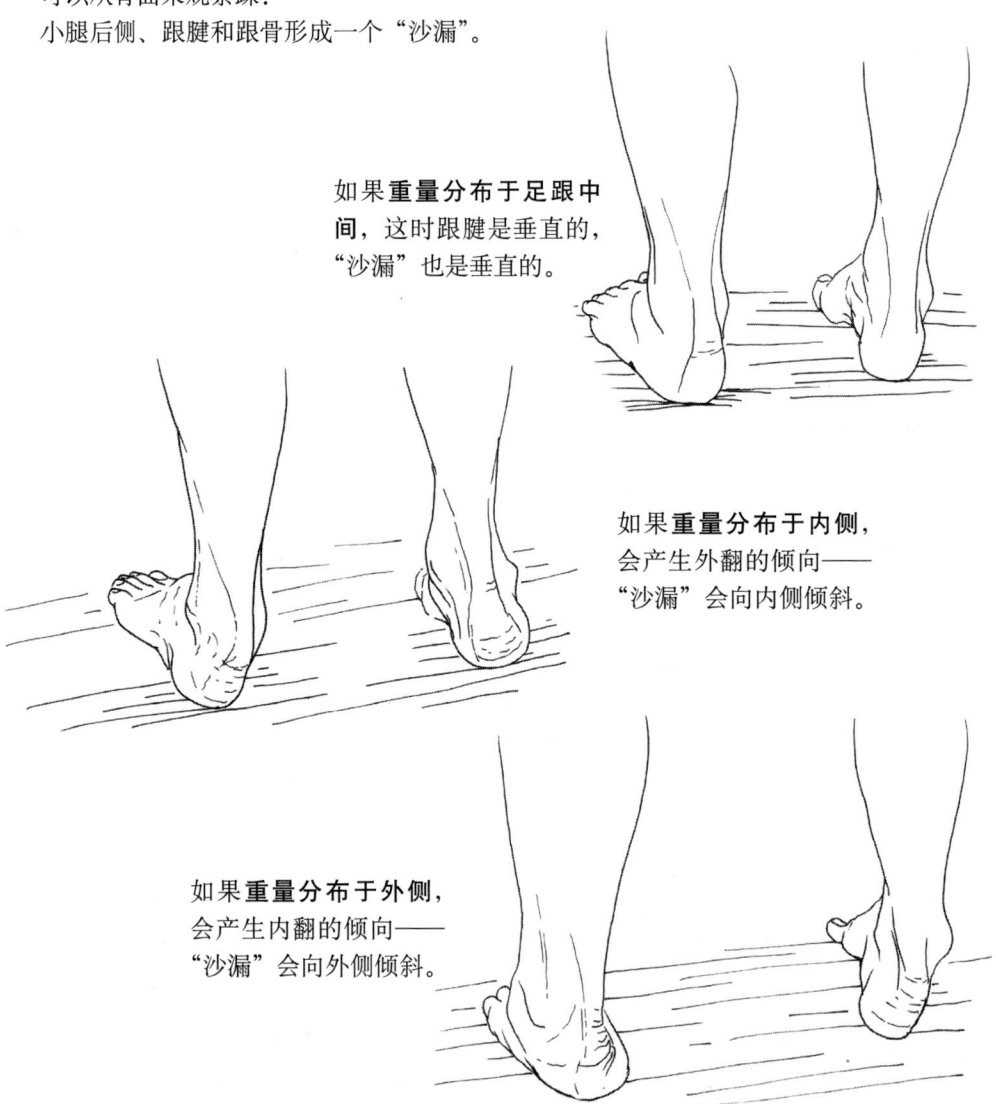

如果**重量分布于足跟中间**，这时跟腱是垂直的，"沙漏"也是垂直的。

如果**重量分布于内侧**，会产生外翻的倾向——"沙漏"会向内侧倾斜。

如果**重量分布于外侧**，会产生内翻的倾向——"沙漏"会向外侧倾斜。

跗横关节的协调性

跗横关节的关节面方向是不同的。

之前介绍的关节面都是水平的，而跗横关节的关节面是垂直的。
在此处实现的扭转将足的前部区域与后部区域之间进行了一个调整，以便将身体的重量分配在足部三角支架的 3 个支撑点上。

这个扭转可以使足前部（无论在后部的支撑如何）：
– 以第 1 跖骨头为支撑。
– 或者以第 5 跖骨头为支撑。

这一扭转同时依靠非固有肌和固有肌得以实现。
这些肌肉运动在身体重量的分配中是占主导地位的（参考第 268、284 页的实用练习）。

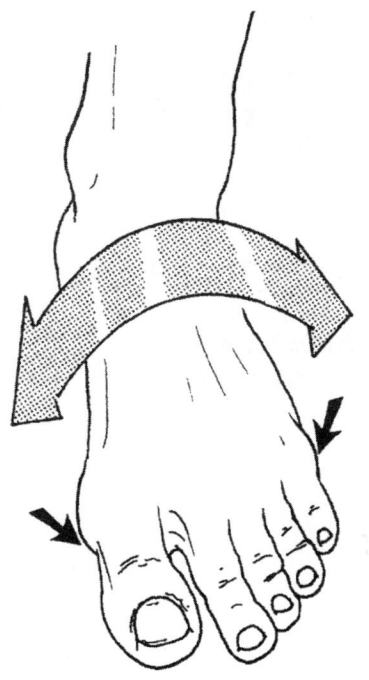

位于跗横关节前面的关节的协调性

跖骨头之间的负重平衡源于跗横关节的方向。
在此，协调性的重要性在于通过它所实现的占主导地位的支撑方式。

– 用足趾支撑，解放跖骨头。

– 或者用跖骨头支撑而解放足趾，使其自由而不再用力按压，以便重新建立平衡或者对足进行驱动。

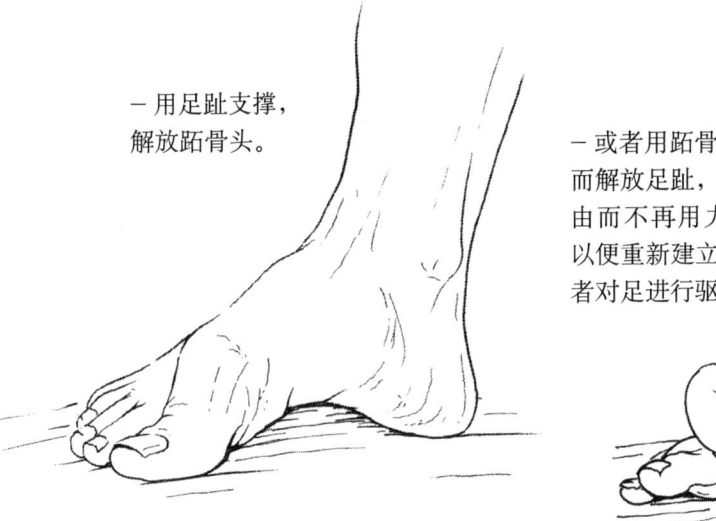
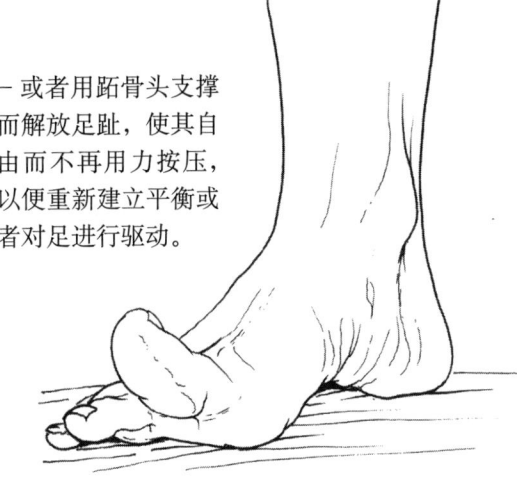

支撑状态下踝、足的协调性

足的三角支架

当我们以双足为支撑时,在每只足上会形成一个由三点限定的支撑多边形:后方的足跟、前内侧的第 1 跖骨头以及前外侧的第 5 跖骨头。

在这 3 个支撑点之间形成足的 3 块弓。
- 最明显的内侧纵弓。
- 横弓。
- 肉眼看不见的骨骼的外侧纵弓。

这 3 块弓形成了足弓。
三角支架与这个足弓由一些力量的作用而形成,主要是:
- 施加在足部的分布并不均匀的身体重量。
- 维持这些弓的肌肉的牵拉力量。

三角支架根据身体重量在足部从前向后的分布而进行改变

1) 平衡性的两个极端。

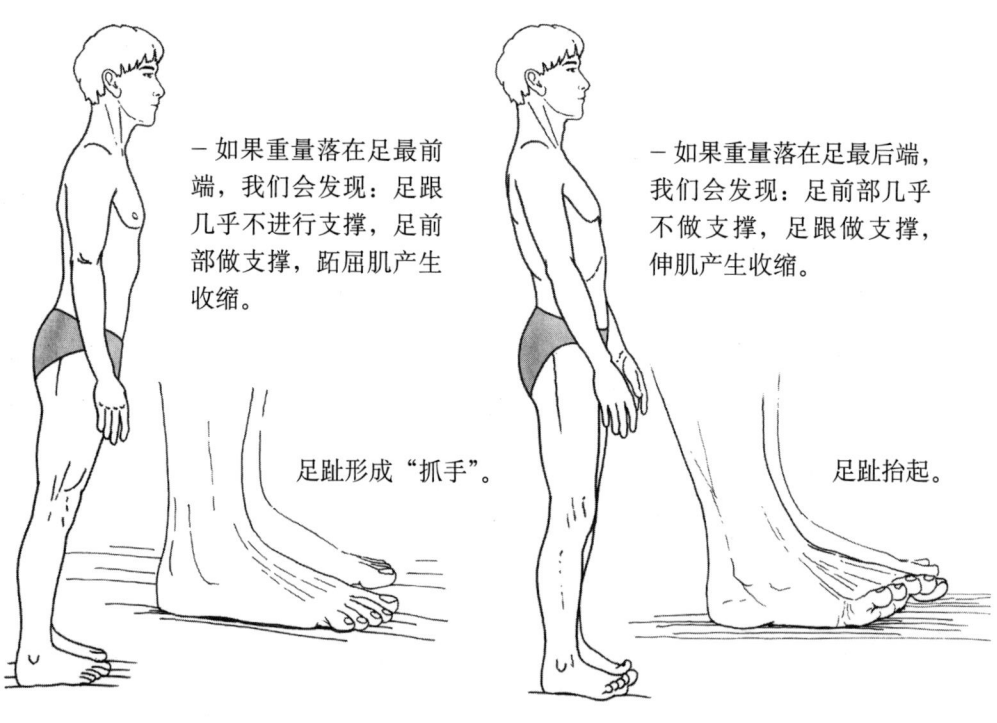

- 如果重量落在足最前端,我们会发现:足跟几乎不进行支撑,足前部做支撑,跖屈肌产生收缩。

足趾形成"抓手"。

- 如果重量落在足最后端,我们会发现:足前部几乎不做支撑,足跟做支撑,伸肌产生收缩。

足趾抬起。

2) **在这两个极端之间，我们可以练习感受 2 种居中的姿势。**

−3/4 的重量在足跟上，1/4 的重量在足前部上（足趾无支撑）。

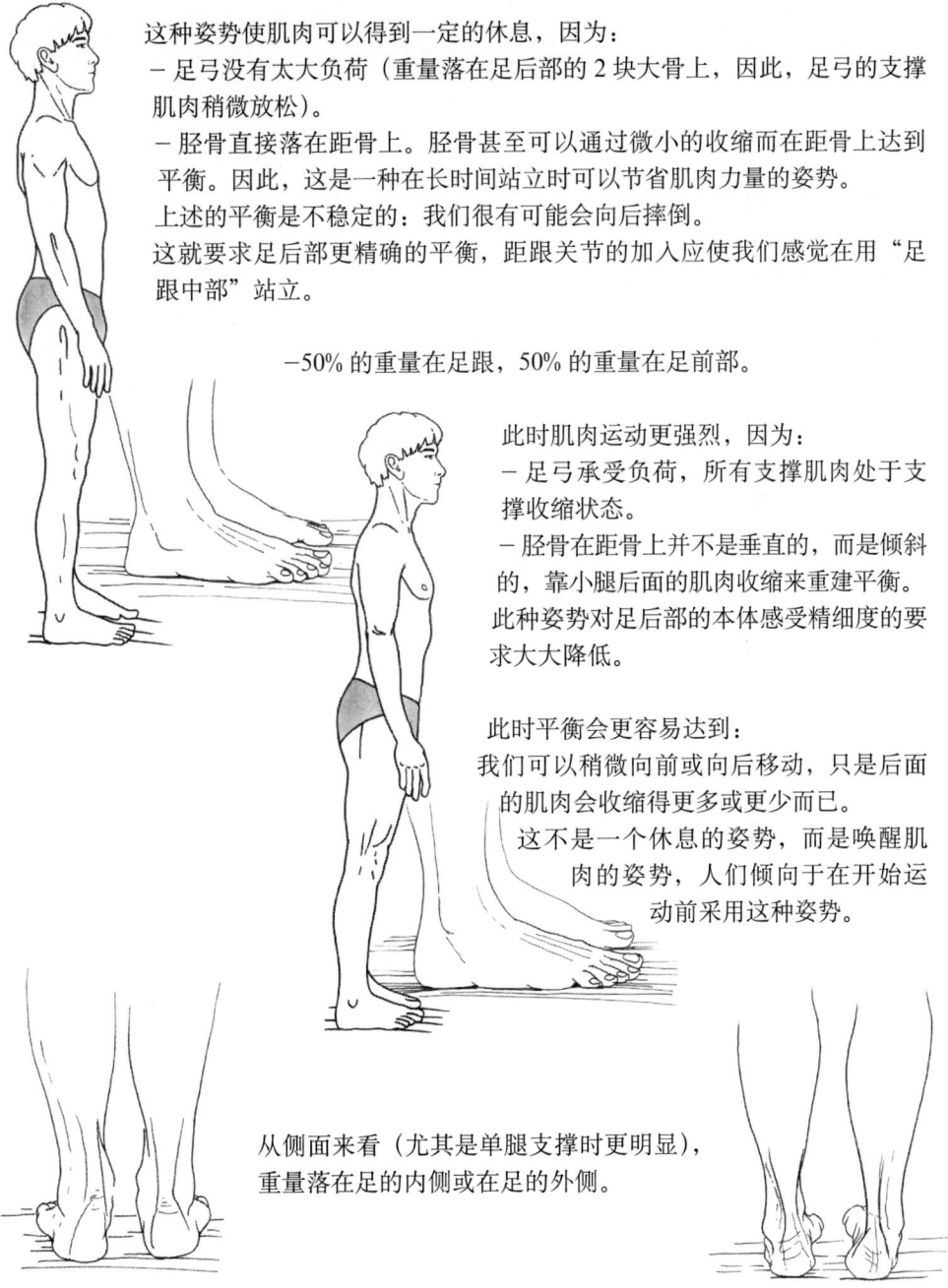

这种姿势使肌肉可以得到一定的休息，因为：
− 足弓没有太大负荷（重量落在足后部的 2 块大骨上，因此，足弓的支撑肌肉稍微放松）。
− 胫骨直接落在距骨上。胫骨甚至可以通过微小的收缩而在距骨上达到平衡。因此，这是一种在长时间站立时可以节省肌肉力量的姿势。
上述的平衡是不稳定的：我们很有可能会向后摔倒。
这就要求足后部更精确的平衡，距跟关节的加入应使我们感觉在用"足跟中部"站立。

−50% 的重量在足跟，50% 的重量在足前部。

此时肌肉运动更强烈，因为：
− 足弓承受负荷，所有支撑肌肉处于支撑收缩状态。
− 胫骨在距骨上并不是垂直的，而是倾斜的，靠小腿后面的肌肉收缩来重建平衡。此种姿势对足后部的本体感受精细度的要求大大降低。

此时平衡会更容易达到：
我们可以稍微向前或向后移动，只是后面的肌肉会收缩得更多或更少而已。
这不是一个休息的姿势，而是唤醒肌肉的姿势，人们倾向于在开始运动前采用这种姿势。

从侧面来看（尤其是单腿支撑时更明显），重量落在足的内侧或在足的外侧。

根据肌肉运动而改变的三角支架

这些变化很多，在关于肌肉强化的章节里提及（参考第 250 ~ 259 页）。

踝、足实用练习

踝的柔韧性

背屈时踝的运动

这种运动是非常重要的,因为它为跳跃时的缓冲做了直接的准备。
这是**半屈膝的姿势**,也就是说,屈膝的同时保持足跟着地。
我们可以支撑在扶杆上以减轻身体负荷。

其他引起踝强烈背屈的姿势,如**蹲坐**在足跟上的姿势(足跟应当触地)。

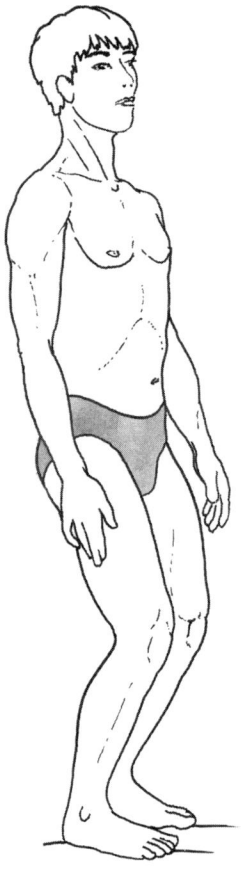

采用这种姿势时,为了维持平衡,必须让大部分躯干倾向足前部。
这意味着髋、膝、踝这3个关节处于最大屈曲状态。

如果关节的运动幅度不够，则无法实现平衡，身体就会向后倒。

有 2 种补偿办法。

第一种办法是半蹲起足尖的同时身体倾向足前部——这时的平衡是不稳定的——这个运动对于踝的柔韧性没有好处。

第二种办法是为手找到一个固定点（扶杆或搭档，如图示）。

注意：不要把这种姿势与第 176 页髋关节柔韧性练习的姿势混淆，后者两膝分开，躯干位于两膝之间，这时平衡需要髋部大幅度的运动，但踝的运动幅度较小。

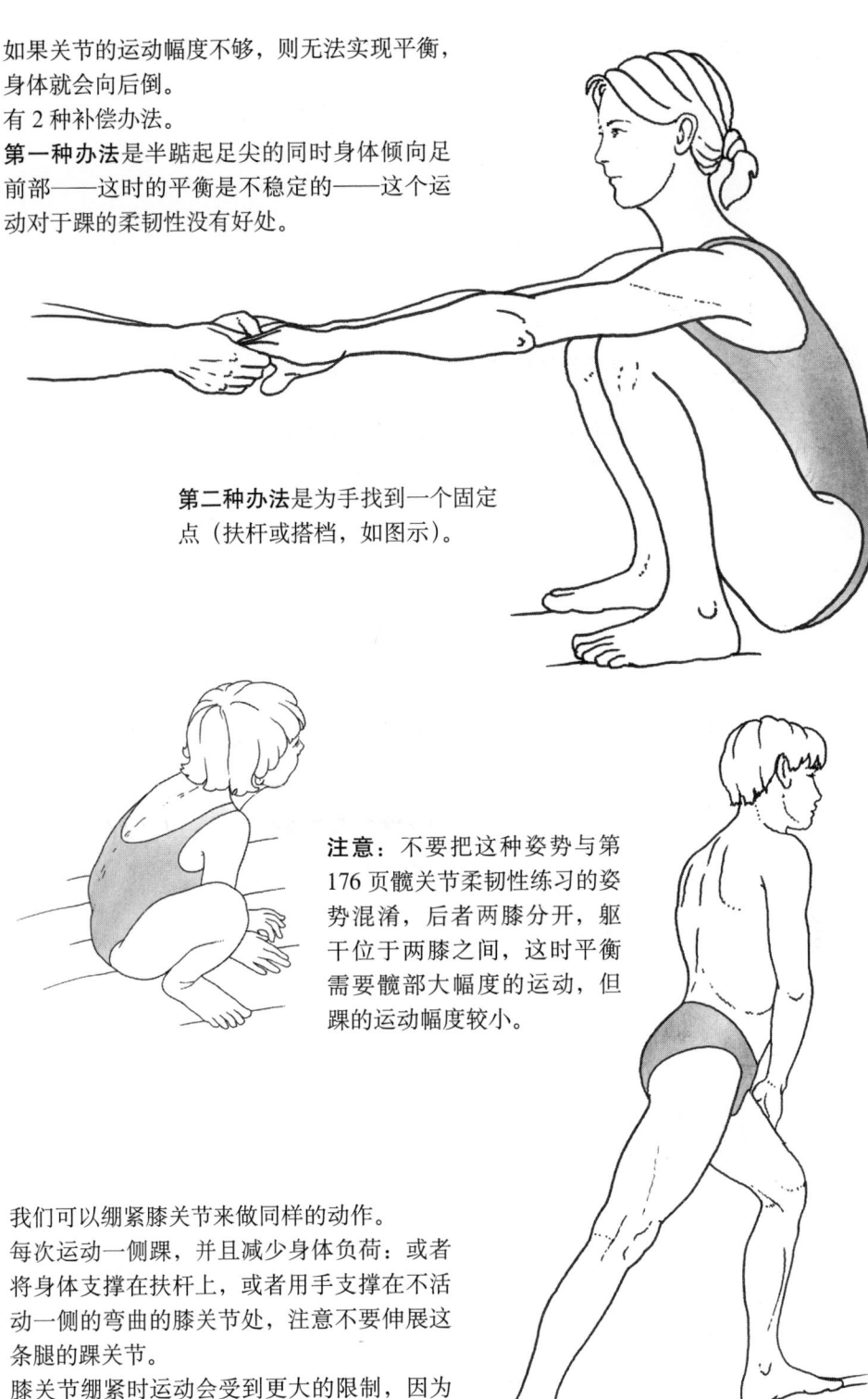

我们可以绷紧膝关节来做同样的动作。

每次运动一侧踝，并且减少身体负荷：或者将身体支撑在扶杆上，或者用手支撑在不活动一侧的弯曲的膝关节处，注意不要伸展这条腿的踝关节。

膝关节绷紧时运动会受到更大的限制，因为这时我们会碰到另一个阻碍：后部肌肉群（腓肠肌群）。

跖屈时踝的运动

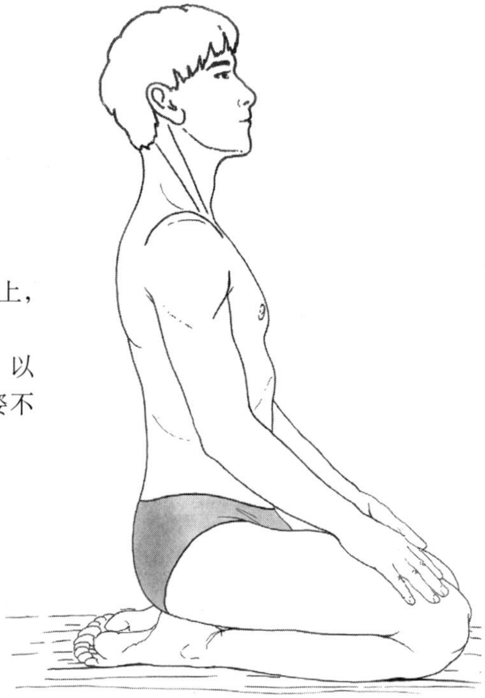

这是跪坐在足跟上，足尖伸展的姿势。对于一些人来说，以这种姿势保持坐姿不是很容易。

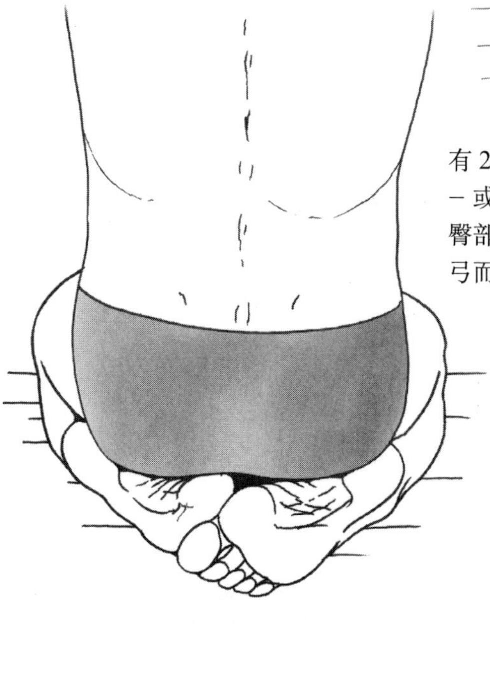

有2种情况很常见。
- 或者是足旋后时，臀部位于足弓内侧纵弓而不是在足跟上。

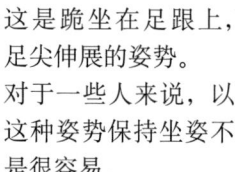

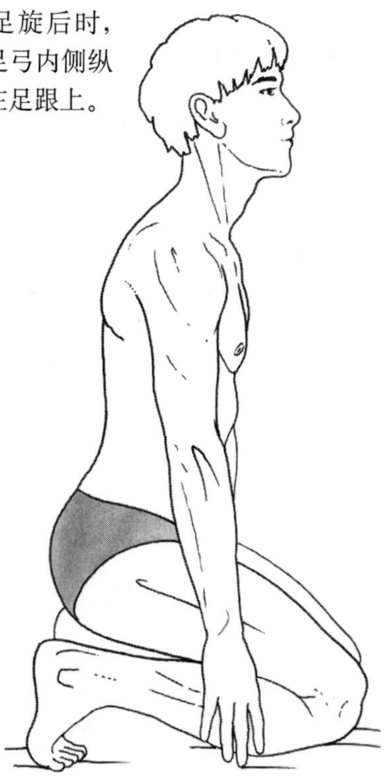

- 或者是踝和足背屈。

为了进行改善，我们可以通过双手分别置于双腿两侧支撑地面来减少身体负荷。然后，把身体重量转向膝关节，再转向双足，逐渐减少双手的支撑。

该练习能够同时拉伸可能发生僵直的足部小关节和起于小腿前部的肌肉，这些肌肉的肌腱位于足前部。

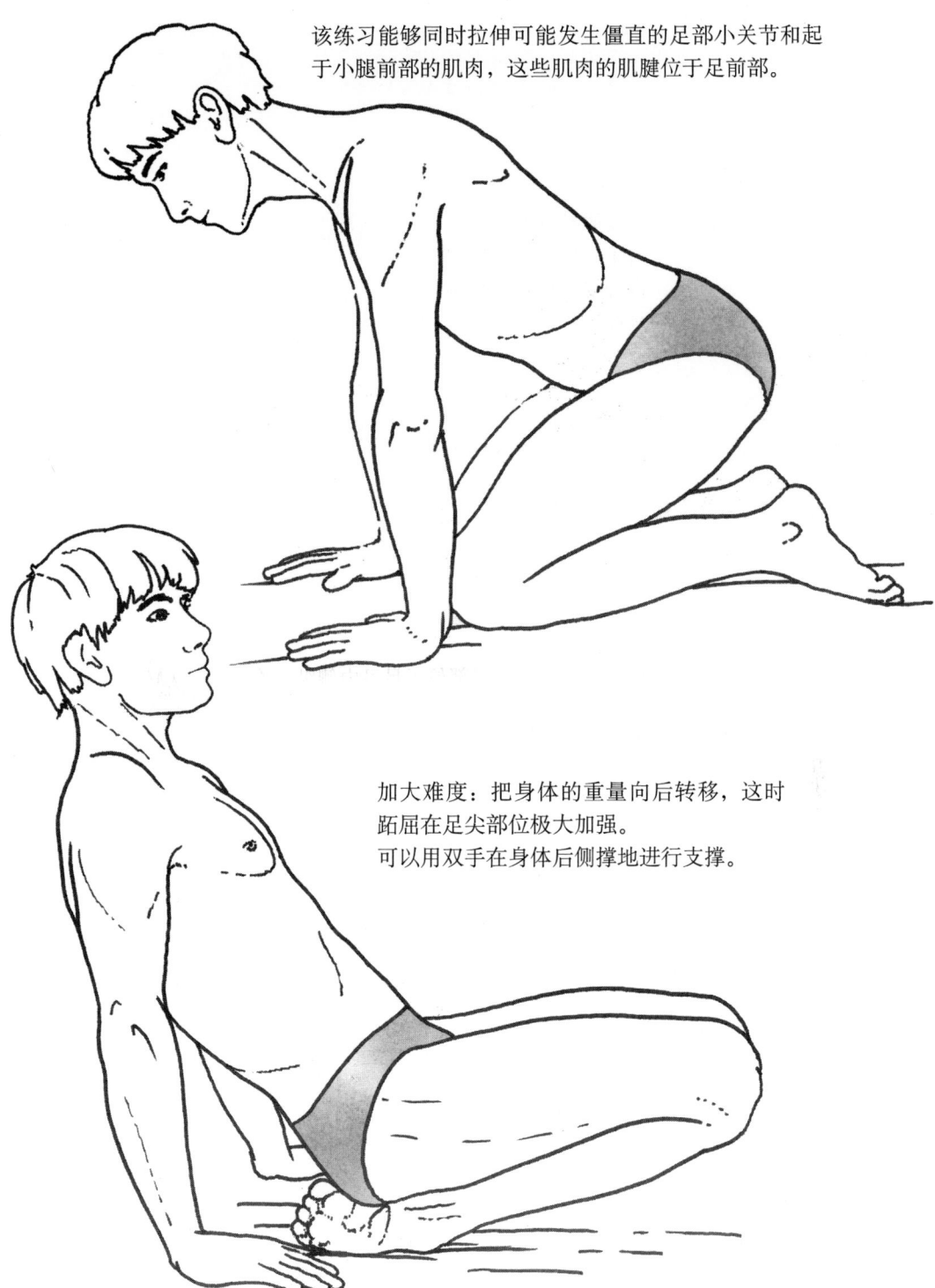

加大难度：把身体的重量向后转移，这时跖屈在足尖部位极大加强。
可以用双手在身体后侧撑地进行支撑。

足的柔韧性

距跟关节的运动

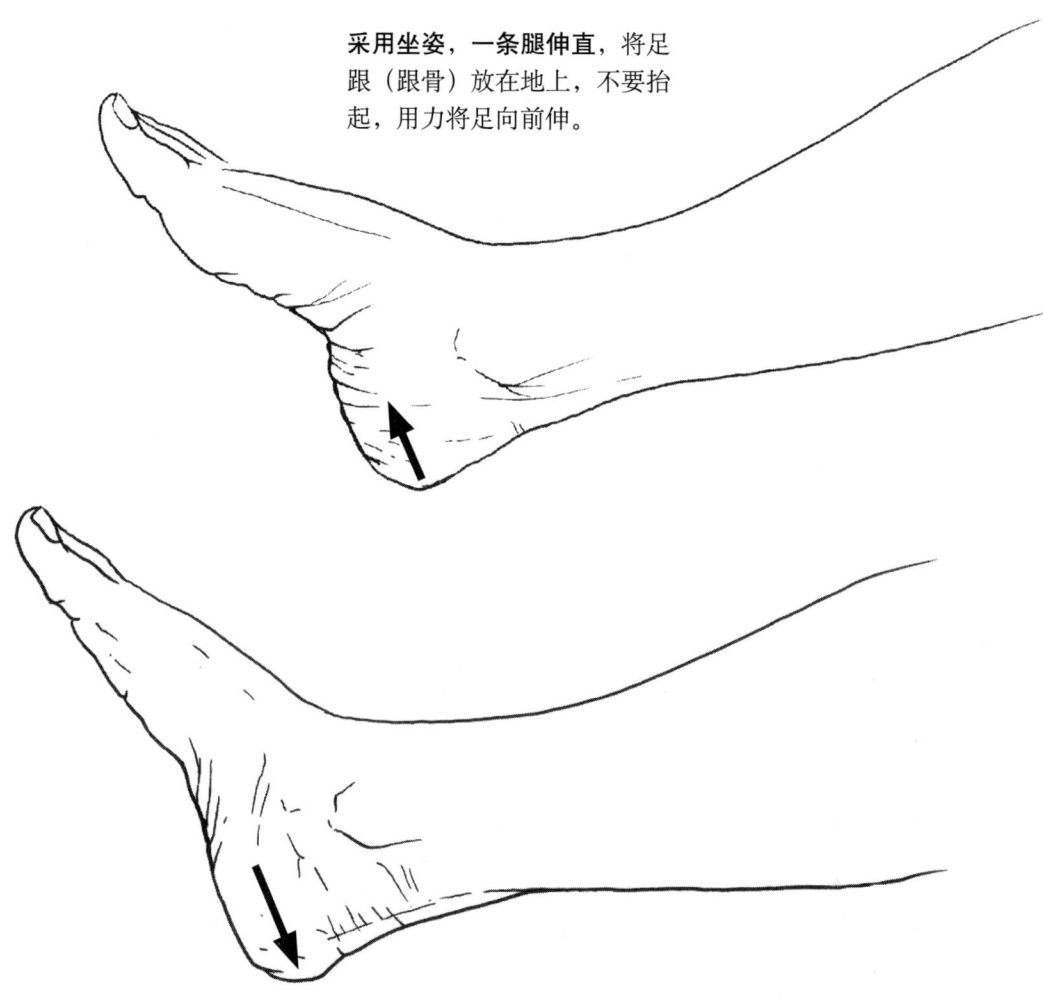

采用坐姿，一条腿伸直，将足跟（跟骨）放在地上，不要抬起，用力将足向前伸。

或者足向后缩，如同我们要将足缩短或伸长。

- 同样的练习可以在站立行走时进行，在每一步的行走中，基于跟骨与地面的接触，使足的姿势如同将其伸长或收缩。
- **重新坐下**，一条腿伸直，把跟骨想象成一颗球，以它为支点转动整只足。

采用站姿,半屈膝,以使跟腱可见。

侧向移动跟骨,如同 2 块跟骨想要分开或靠近。

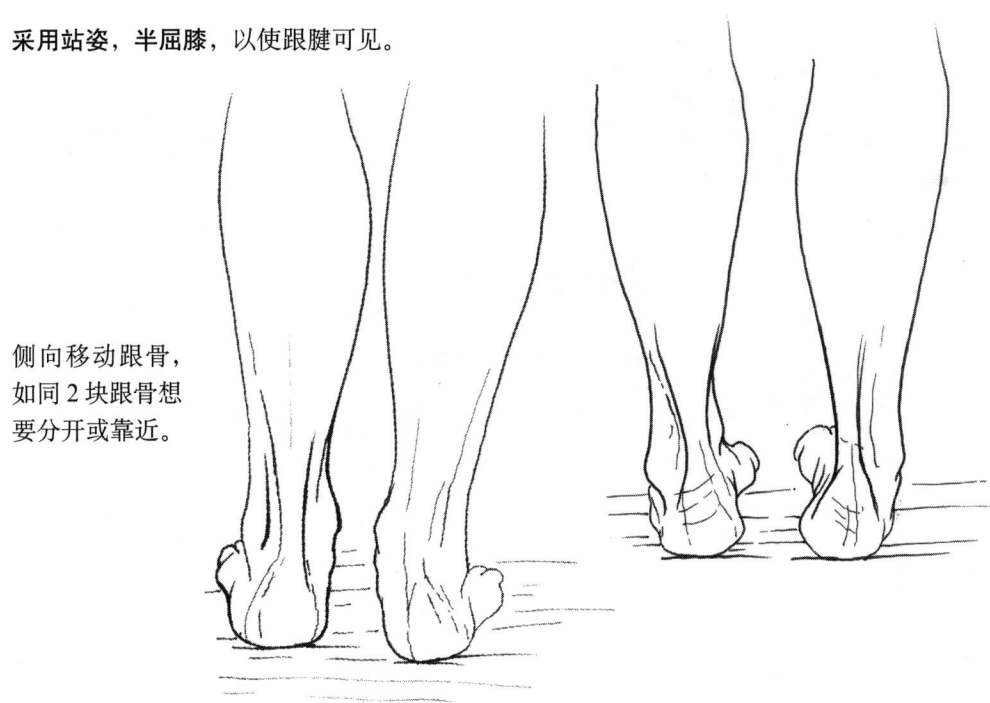

注意:有些人做此动作时会分开两膝,因此,可以将手撑在膝盖上来防止动作由膝关节处发出。

采用坐姿,一膝弯曲,将小腿置于另一条腿的膝关节上。

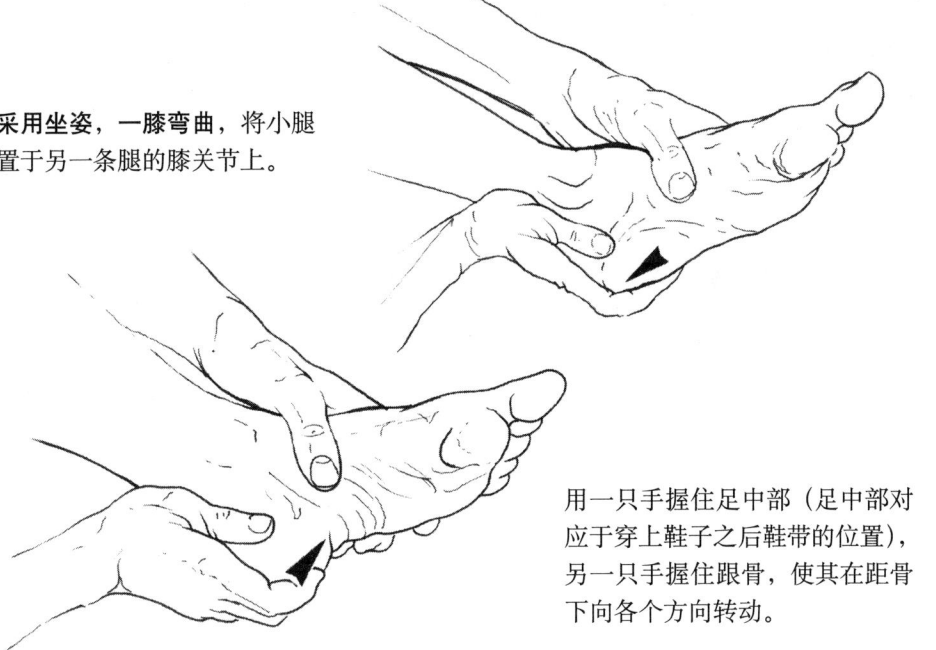

用一只手握住足中部(足中部对应于穿上鞋子之后鞋带的位置),另一只手握住跟骨,使其在距骨下向各个方向转动。

跗横关节的运动

采用坐姿，一只手握住跟骨，使其在大强度的背屈时能保持嵌入状态。在这个状态下跟骨和距骨是稳定的。
另一只手握住足中部，使其内侧"开口"，进行扭转运动以及拱起－放平运动。

跖趾关节的运动

这些关节可以在 3 个基本面进行运动。
然而，有些方向的运动对于成人而言很困难。由于穿鞋，关节被限定进行背屈运动，无法移动进行跖屈。

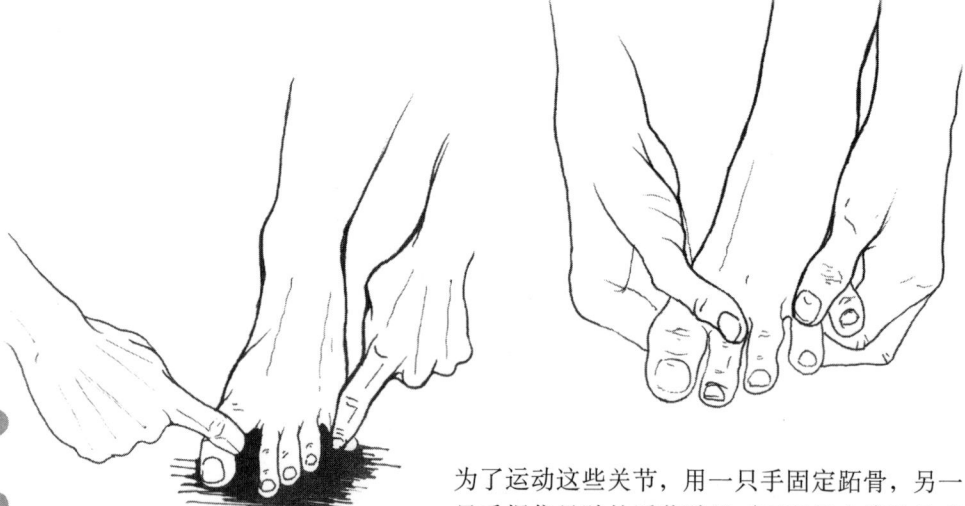

为了运动这些关节，用一只手固定跖骨，另一只手捏住足趾的近节趾骨（而不是中节趾骨或远节趾骨，动作类似于捏住足趾的根部）。

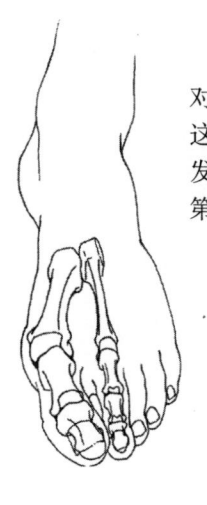

对于踇趾，有时候外展时僵直（踇趾外翻）。
这种情况下，尝试分开近节趾骨是无用的，因为，动作发自更高部位：第1跖骨反向运动（外展），因此第1和第2跖骨的跖骨头存在一个非正常的空隙。

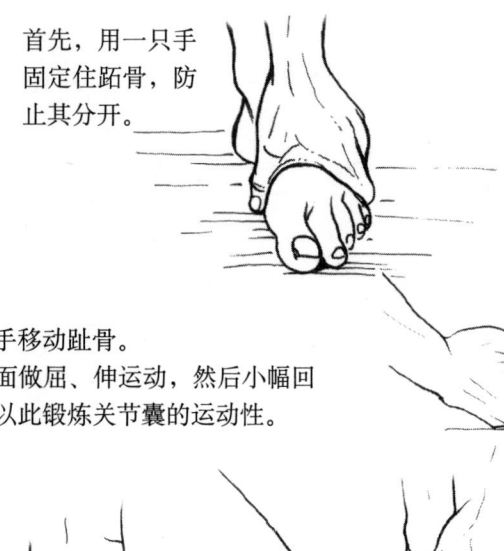

首先，用一只手固定住跖骨，防止其分开。

然后，用另一只手移动趾骨。
先让趾骨在矢状面做屈、伸运动，然后小幅回旋，甚至内收，以此锻炼关节囊的运动性。

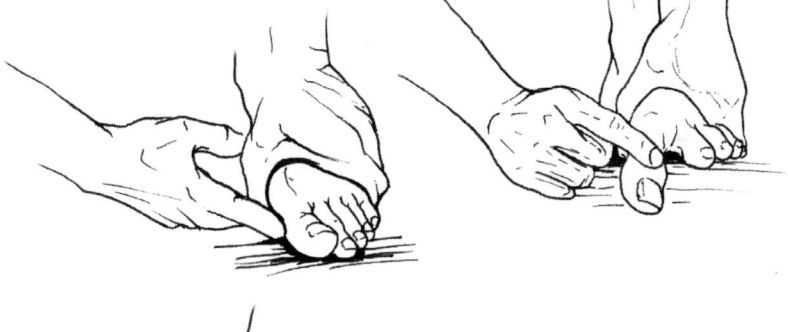

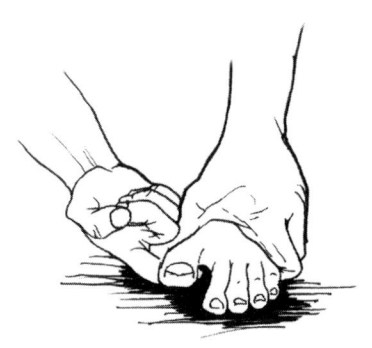

最后一步才是进行外展运动。如果踇趾外翻严重或有疼痛感，就不要进行练习。
任何情况下，一旦运动引起疼痛，就要停止。

趾骨间关节运动

这些关节将仅做列举而不详述。趾骨间关节通常被锁住，需要采用上述方式，用手来使其进行运动。

踝和足部肌肉的强化

固有肌

骨间肌

可以通过趾骨外展、内收来锻炼这部分肌肉：分开或并拢足趾。

骨间肌收缩时会压缩跖骨间空隙，这有利于阻止前足凹陷。

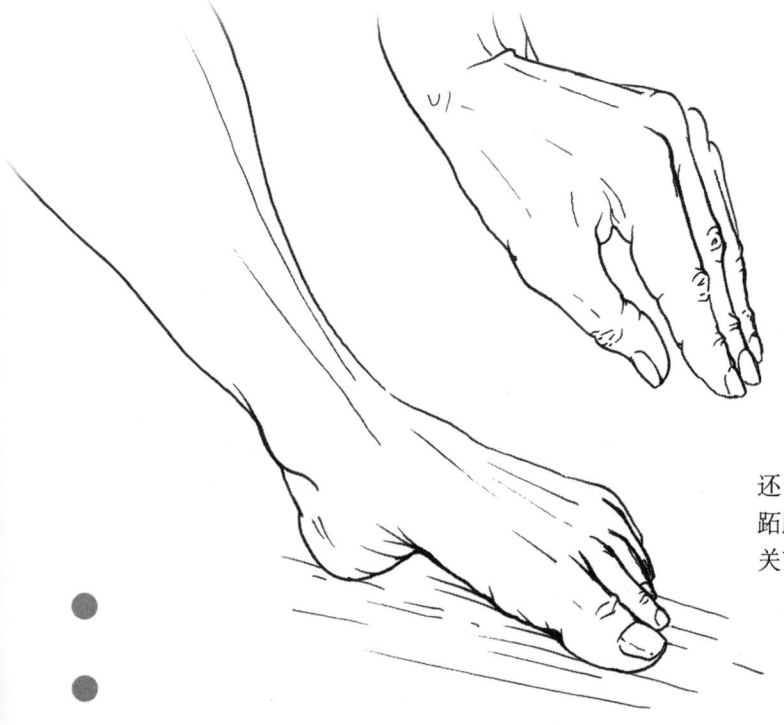

还可以进行如下练习：跖趾关节跖屈和趾骨间关节伸展。

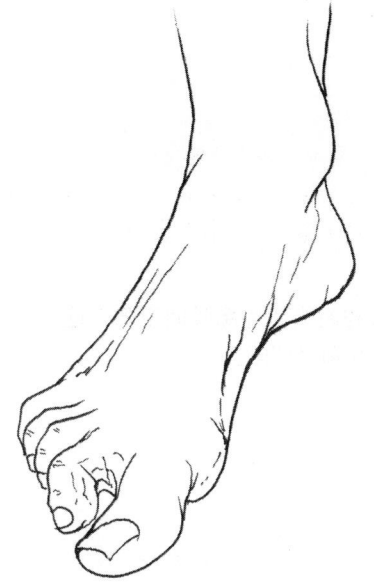

注意：
我们经常会将这个运动和近端趾骨间关节的
跖屈混淆，而后者是趾屈肌运动。

这个运动有一定的难度，可以先进行下列 2 项练习。
- 跖趾关节被动运动。感受跖屈，使跖骨头突出。
- 先用手帮助进行运动（见下面图示）。这样可以降低动作难度且有利于确认其位于足部的准确位置。

运动时，可以
按压足趾根部
以加大强度。
我们可以清楚
感受到跖骨间
的收缩（甚至
是痉挛）。

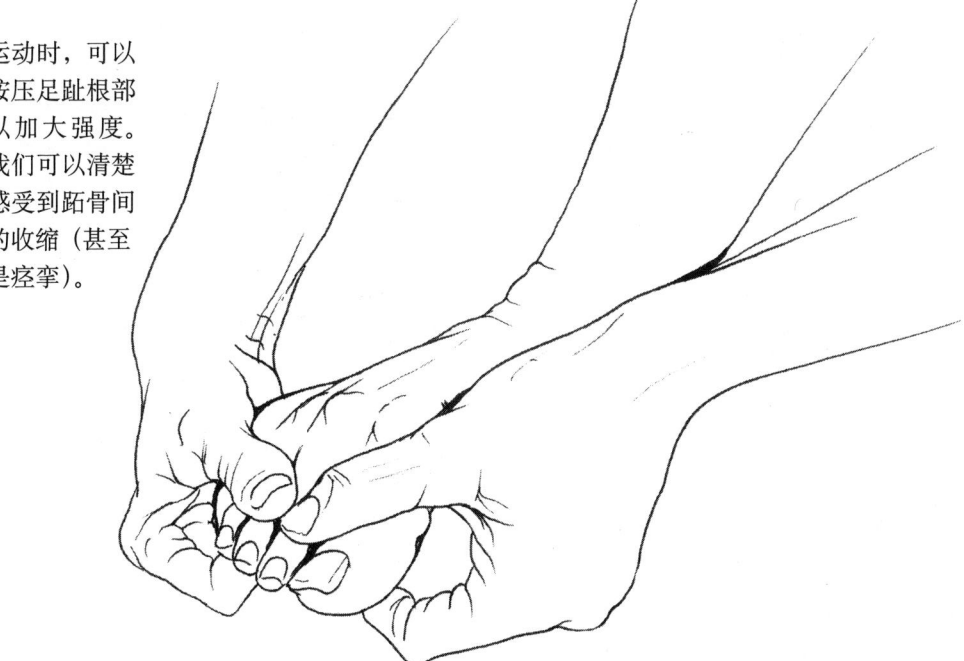

足内侧肌肉

蹈展肌

这块肌肉很重要,因为它是足内侧纵弓的主动"调紧装置"(参考《运动解剖书》第296页),但是很少有人在练习初期就立刻想到这块肌肉。
该练习在于使蹈趾与其他足趾分开(婴儿在开始穿鞋之前很容易做到)。

这个练习有时显得难度较大:运动神经的指令不起作用,以及常见关节僵直的情况。

我们可以通过被动运动方式进行练习,一只手成环状握住跖骨,防止第1跖骨分开。

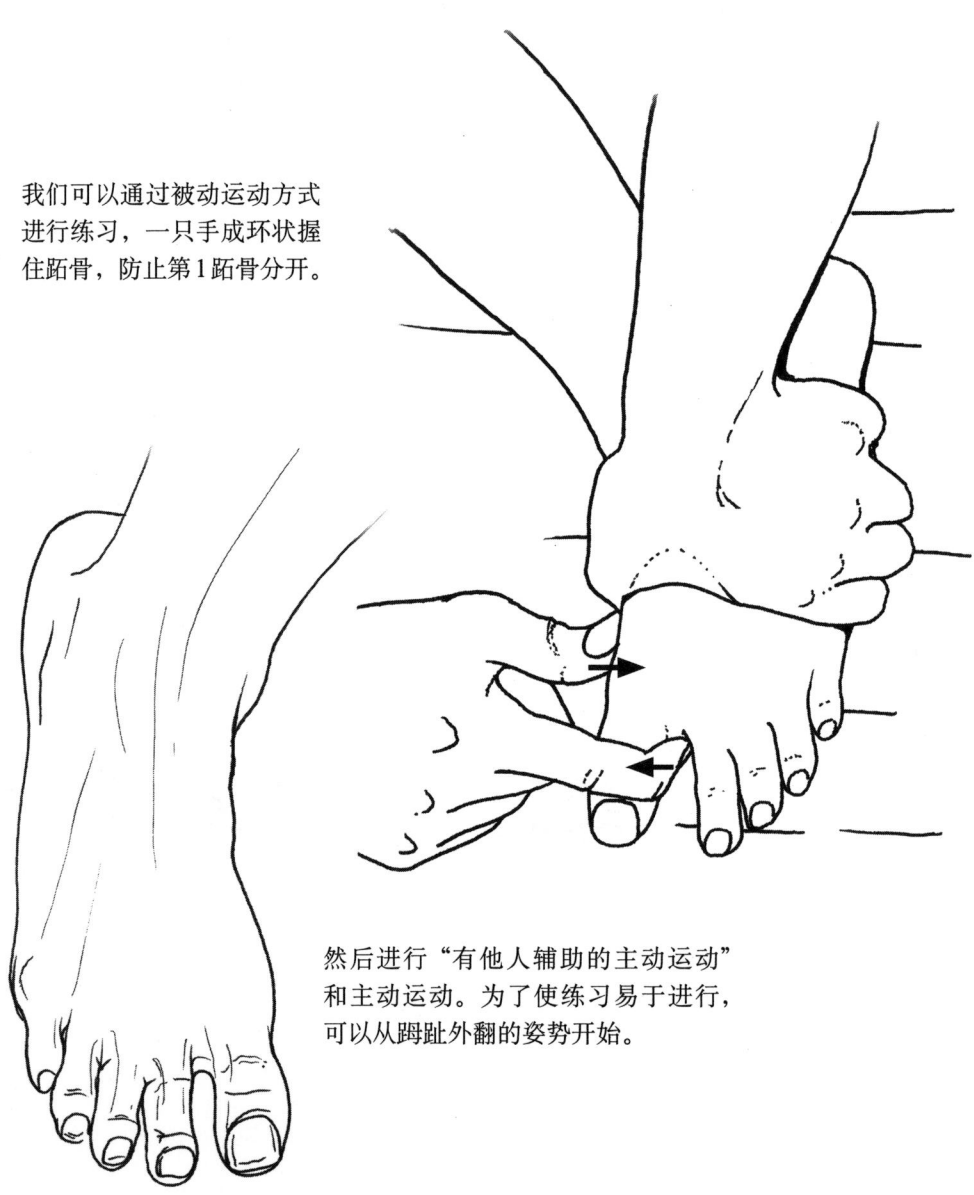

然后进行"有他人辅助的主动运动"和主动运动。为了使练习易于进行,可以从蹈趾外翻的姿势开始。

跗短屈肌

跗趾撑地，足平放，一定要和第 1
跖骨头撑地的姿势区分开来。

为了将这两者区分清楚，可以有节
奏地交替这 2 种支撑方式。这个运
动可以加固足部的三角支架结构
（参考第 240、269 页）。

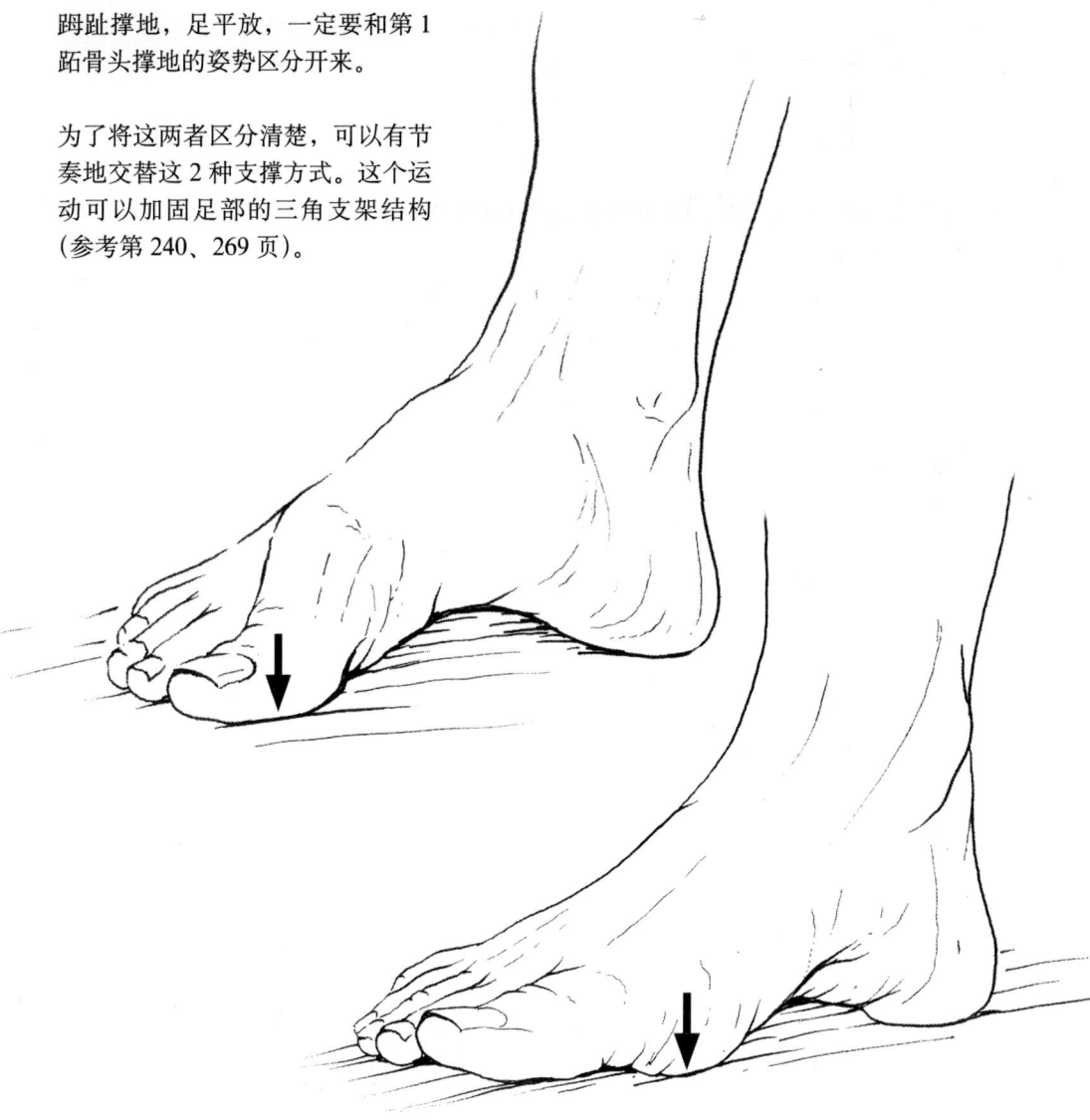

外侧肌肉的强化

可以通过使第 5 趾屈曲、远离其他 4 趾及向外侧转动的方式来进行练习，从而强化外侧
肌肉。
这些运动可以锻炼外侧的固有肌。我们很难将其余固有肌分开来讲，但是可以对其进行
整体性的练习，这有益于强化整个足外侧纵弓的支撑肌肉（参考《运动解剖书》第 297 页），
还可以增加足弓的紧张度。

非固有肌

根据肌肉的各自功能使其独立得到锻炼,以唤醒每部分肌肉的细微感受,并确保肌肉各自的收缩。

通常,一些运动习惯(如走路的习惯方式)使得仅有部分肌肉优先使用,而其他的肌肉长久不参与运动。

胫骨前肌

从足中部内侧开始抬起足,可以看见小腿前面肌肉在收缩。

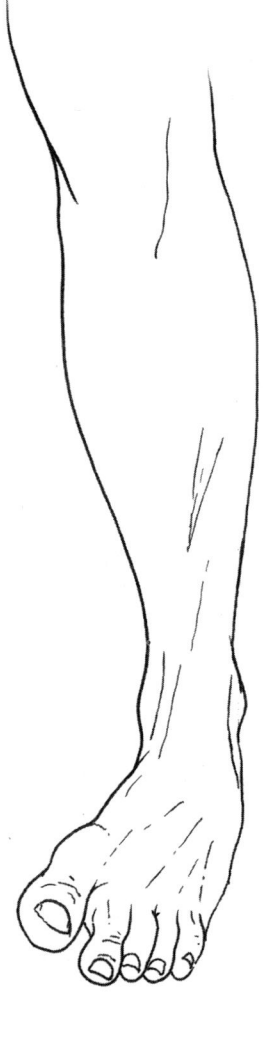

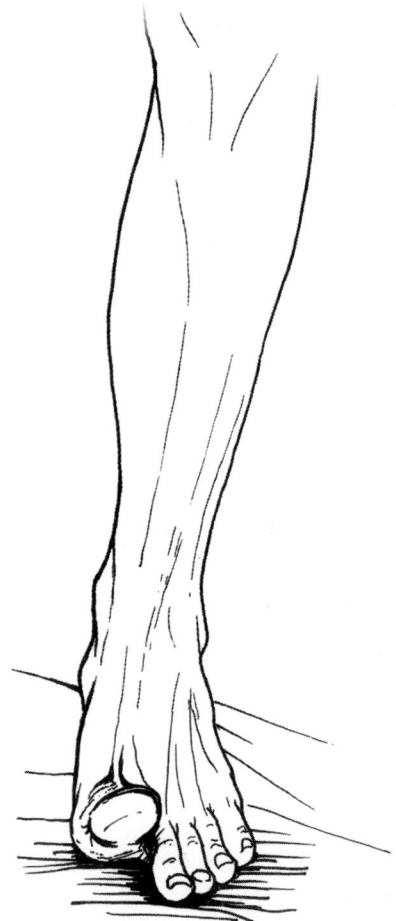

踇长伸肌

其他4趾放松不动,只抬高踇趾。

趾长伸肌

抬起除了姆趾之外的其余4趾。可以进行细分练习：一次分别抬起一趾，按第2趾—第3趾—第4趾—第5趾的顺序。还可以进行交替练习：先抬起姆趾，然后抬起其他4趾。

进行这些锻炼的时候，需要将身体重量放在后部，也就是足跟。如果身体重量落在足前部，会有产生"爪形趾"的趋势。

如果重量分布过于靠后，足部3块伸肌同时收缩来保持平衡，我们可以看到其肌腱在踝前凸出。

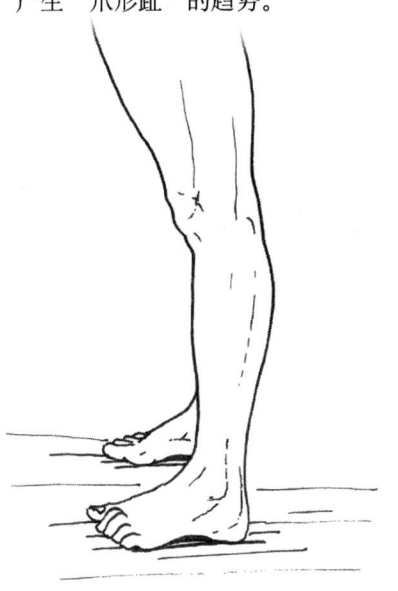
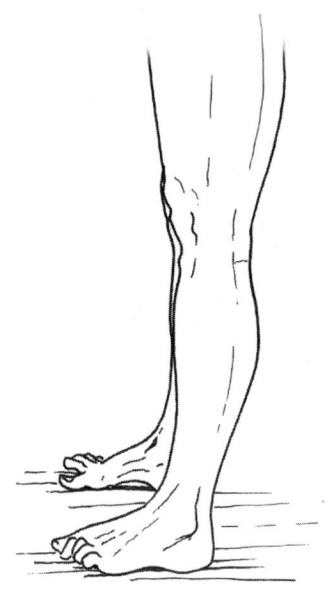

腓骨短肌

提升足外侧缘，也可以将足向外侧半翻转。

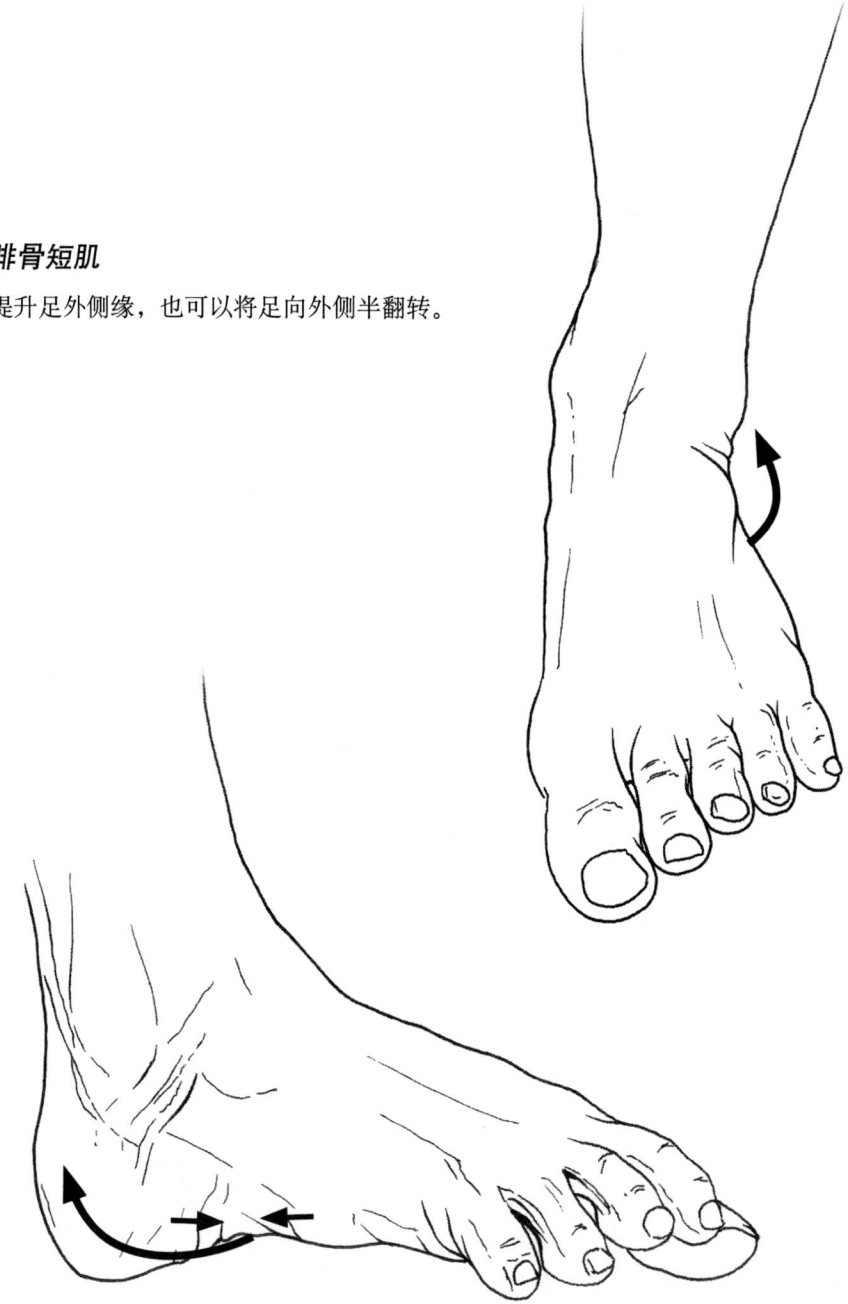

腓骨长肌

提升足外侧缘，使足中部的底部出现褶皱。

这些肌肉对于足外侧的稳定性十分重要。

当足尖踮立的时候，可以看到这些肌肉在收缩。

或者在单足平衡的时候，可以在小腿外侧面看到肌肉隆起。

这2块肌肉参与支撑足外侧纵弓。腓骨长肌还有支撑足中部的功能：如同一根带子穿过足底，向外牵拉。这一功能和胫骨后肌的功能（参考第259页）相配合。

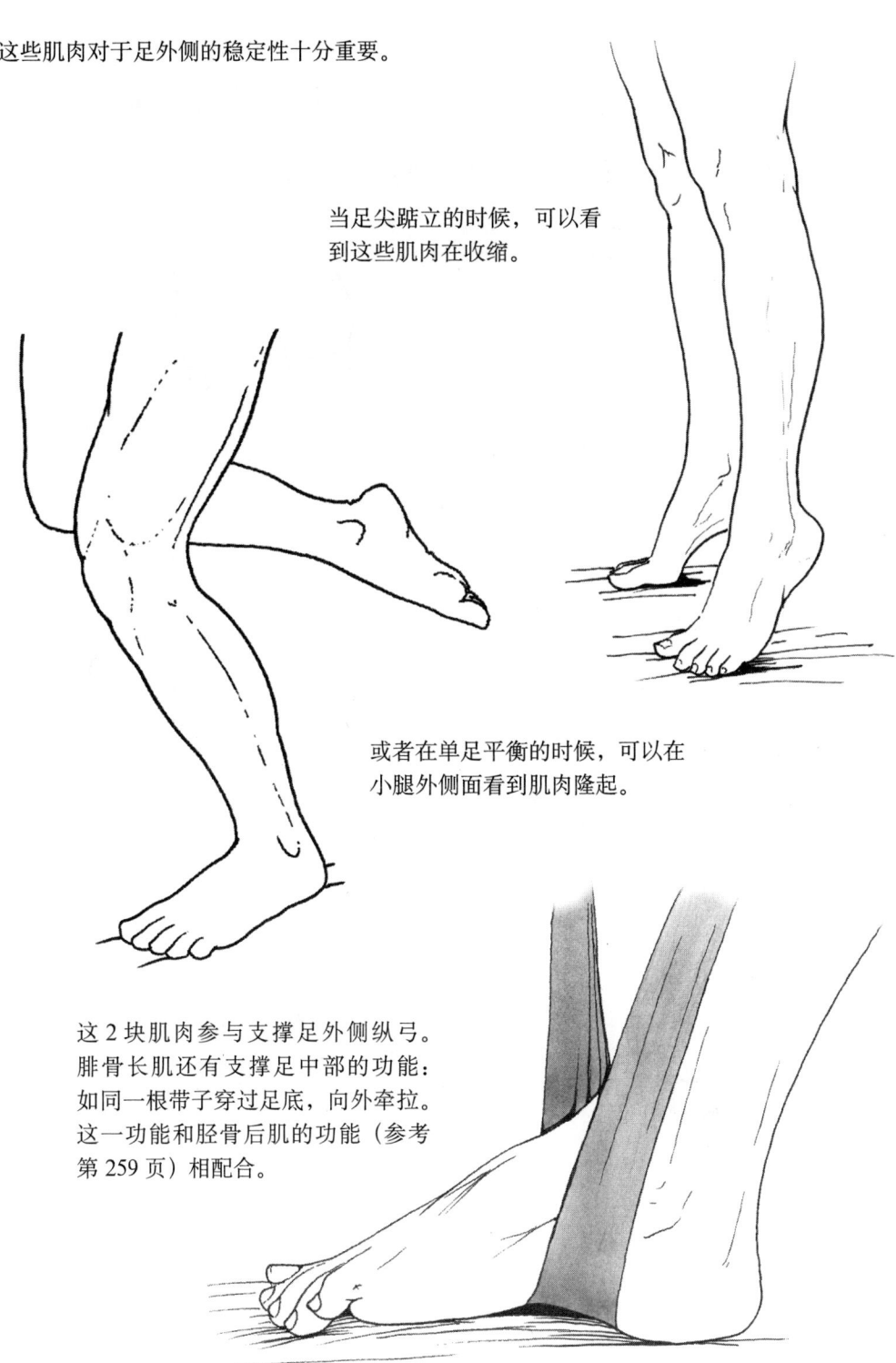

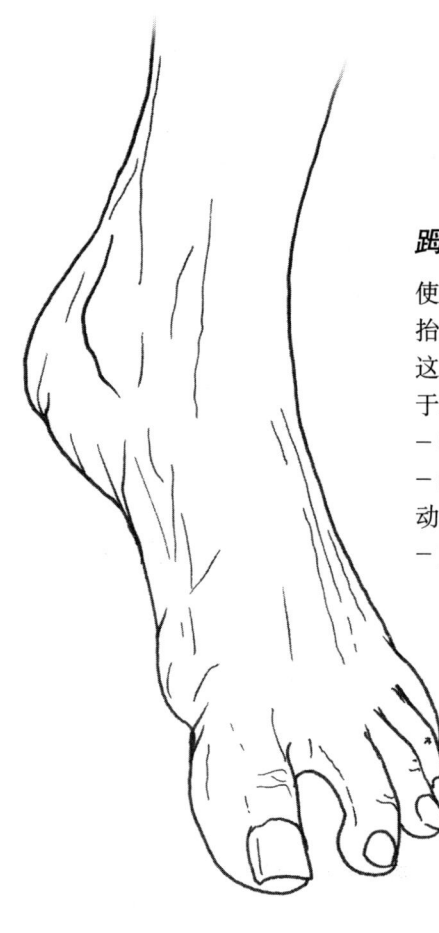

姆长屈肌

使姆趾撑地，不要以第 1 跖骨头作为支撑，也不要抬起它。

这块肌肉有利于维持踝、足部的协调性，因为它起于小腿后部，跨越多个关节。

- 收紧胫骨与腓骨构成的扳手状结构。
- 维持距骨后部稳定性（这是唯一一个在距骨上滑动的肌腱）。
- 支撑足内侧纵弓，纵向挤压足中部。

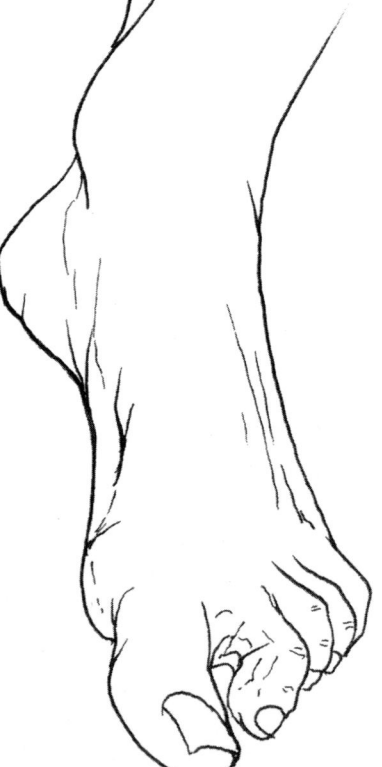

趾长屈肌

使后 4 个足趾撑地，不紧压也不提升跖骨头，然后依次紧压第 2、3、4、5 足趾。

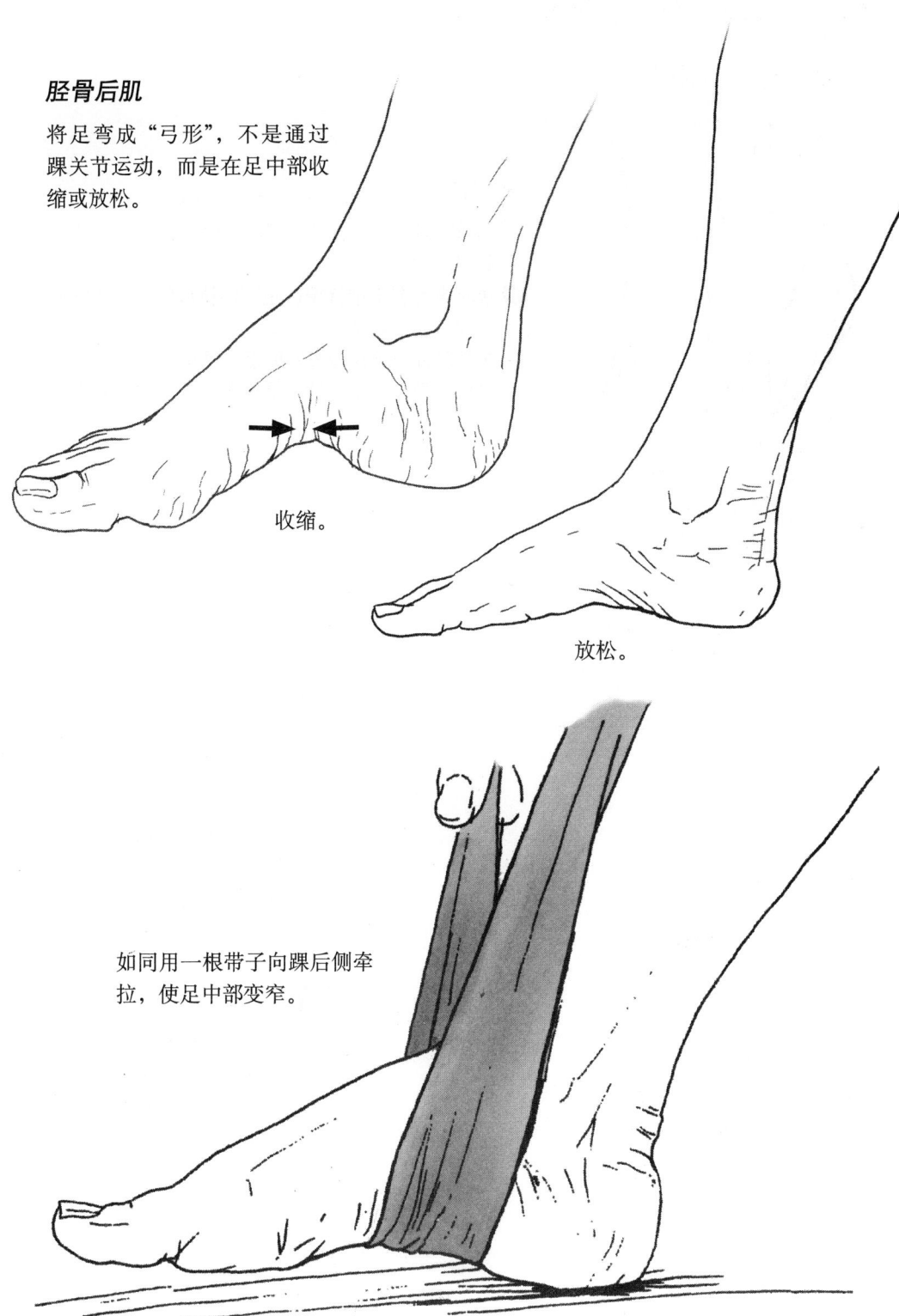

胫骨后肌
将足弯成"弓形",不是通过踝关节运动,而是在足中部收缩或放松。

收缩。

放松。

如同用一根带子向踝后侧牵拉,使足中部变窄。

踝、足部肌肉的协调性

足部运动的协调性

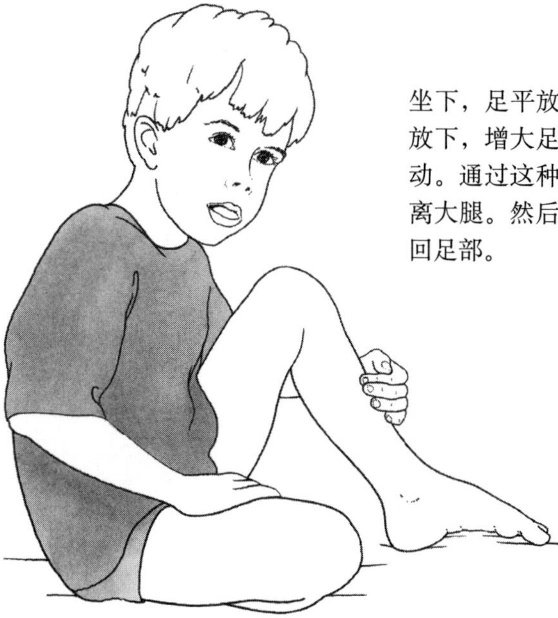

坐下，足平放于地面，抬起足趾，然后放下，增大足底凹陷，使足跟在地上蠕动。通过这种蠕行方式，使足部渐渐远离大腿。然后以同样的蠕行方式逐渐收回足部。

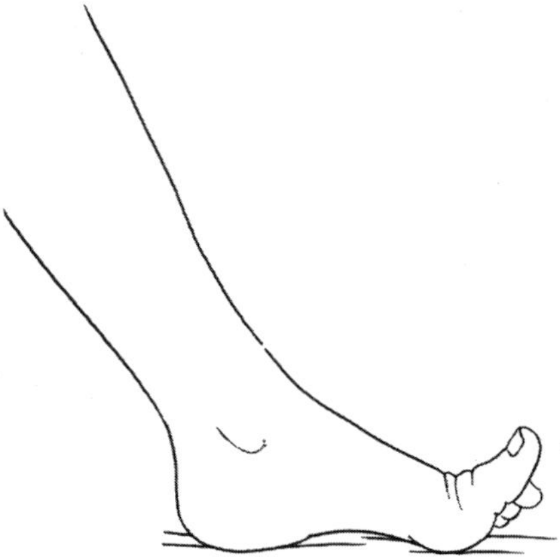

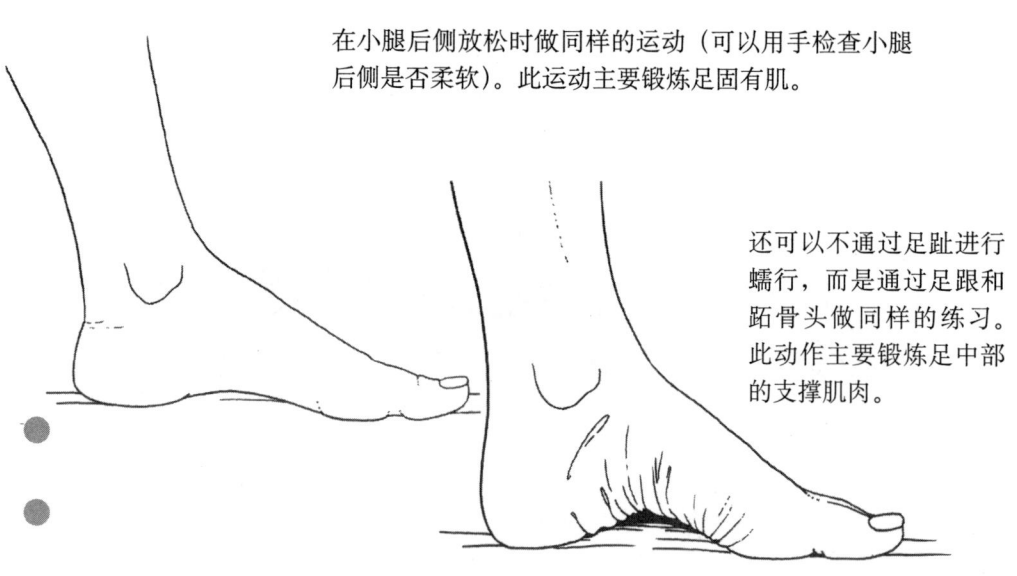

在小腿后侧放松时做同样的运动（可以用手检查小腿后侧是否柔软）。此运动主要锻炼足固有肌。

还可以不通过足趾进行蠕行，而是通过足跟和跖骨头做同样的练习。此动作主要锻炼足中部的支撑肌肉。

坐下，双足相对，足跟下部相靠，调整双足的足趾，使其互相贴合，然后将2个跖骨头靠拢。注意始终保持脚底的足弓凹陷。

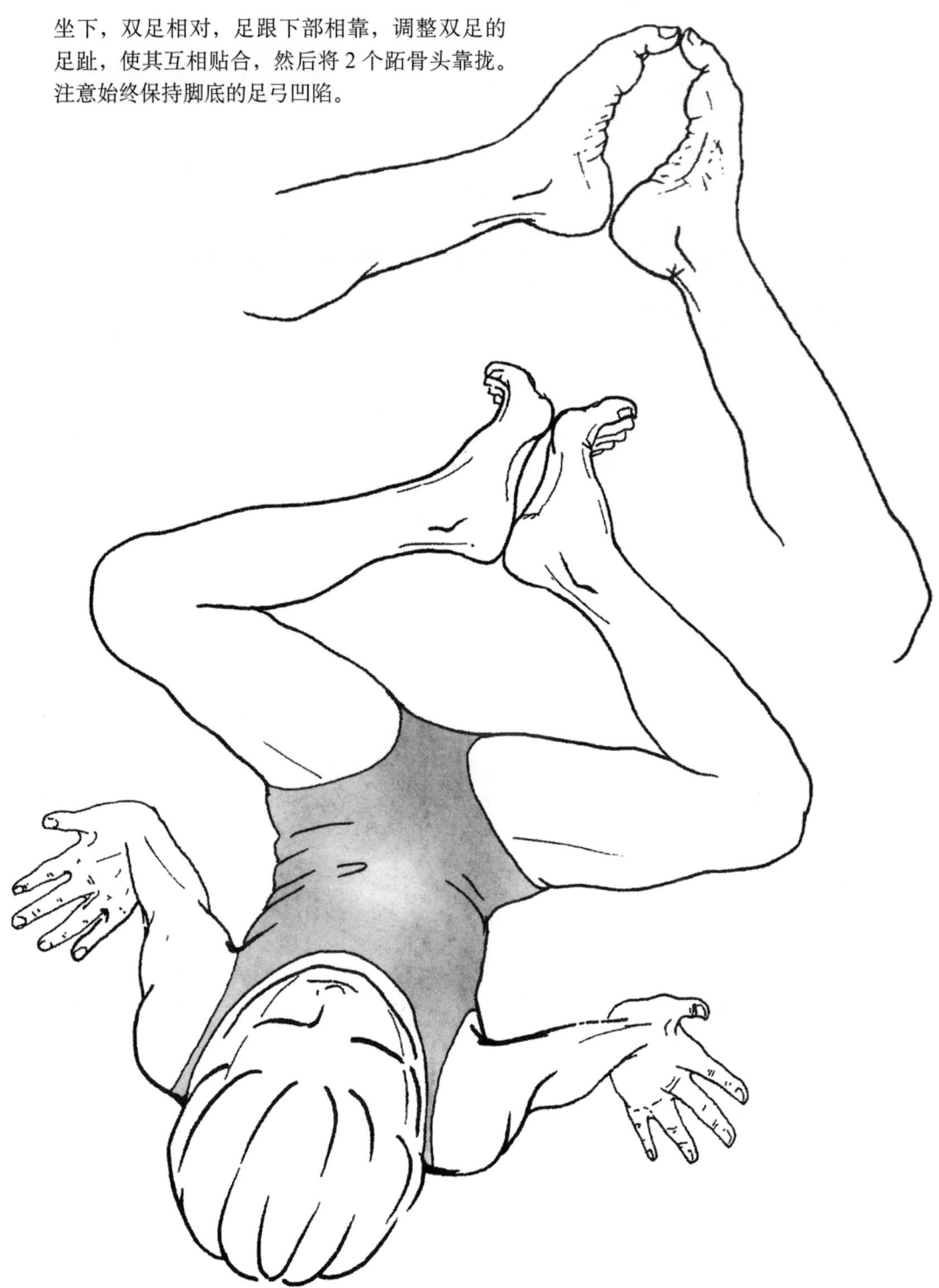

足、踝的运动

足背屈、跖屈

— 平衡感较差的人,开始运动时最好采用坐姿,弯曲一侧膝关节。

— 足背屈。一次抬起一只足,保持足跟着地的同时尽可能使足抬高,然后将足平放。
双手可以放在膝部下方感受足部提肌的收缩。

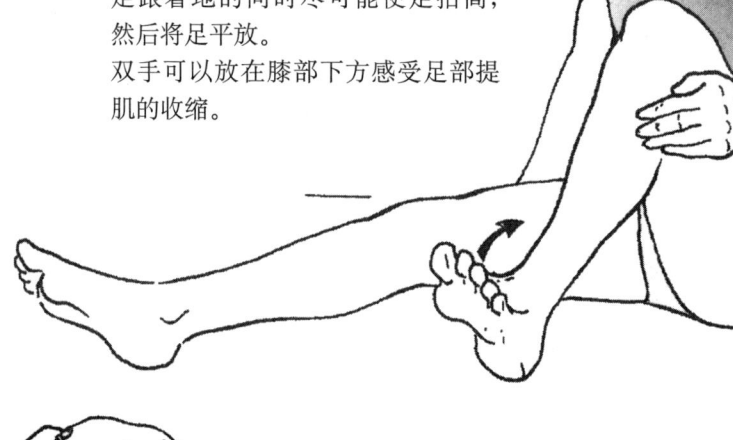

— 跖屈。足趾着地,以非常缓慢的节奏使足跟、足中部、跖骨头渐次离开地面,尽可能抬高足跟。双手撑在身后。

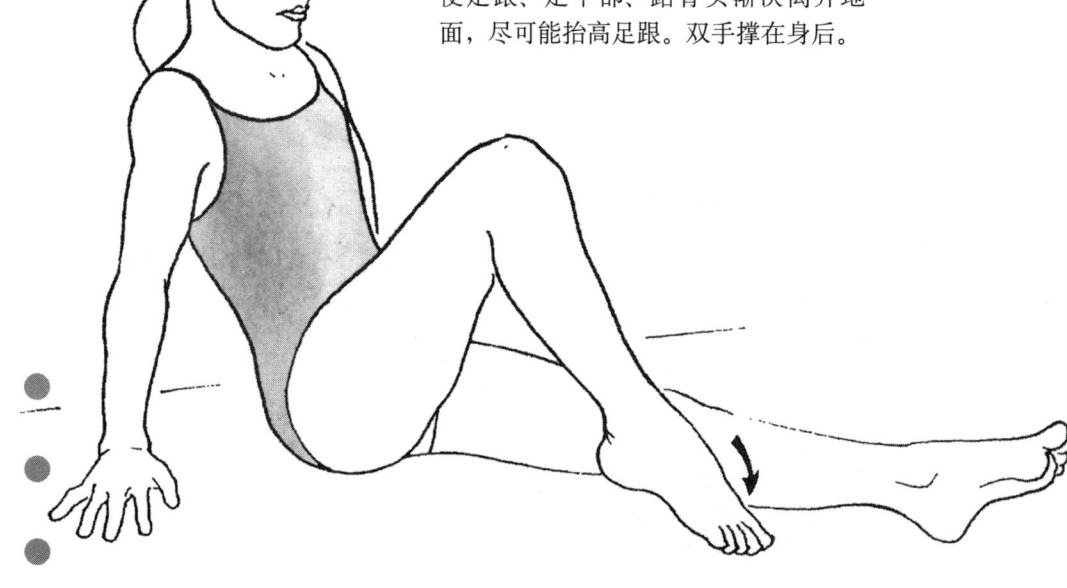

然后，双足同时进行上述运动，确保双足的运动幅度保持一致。

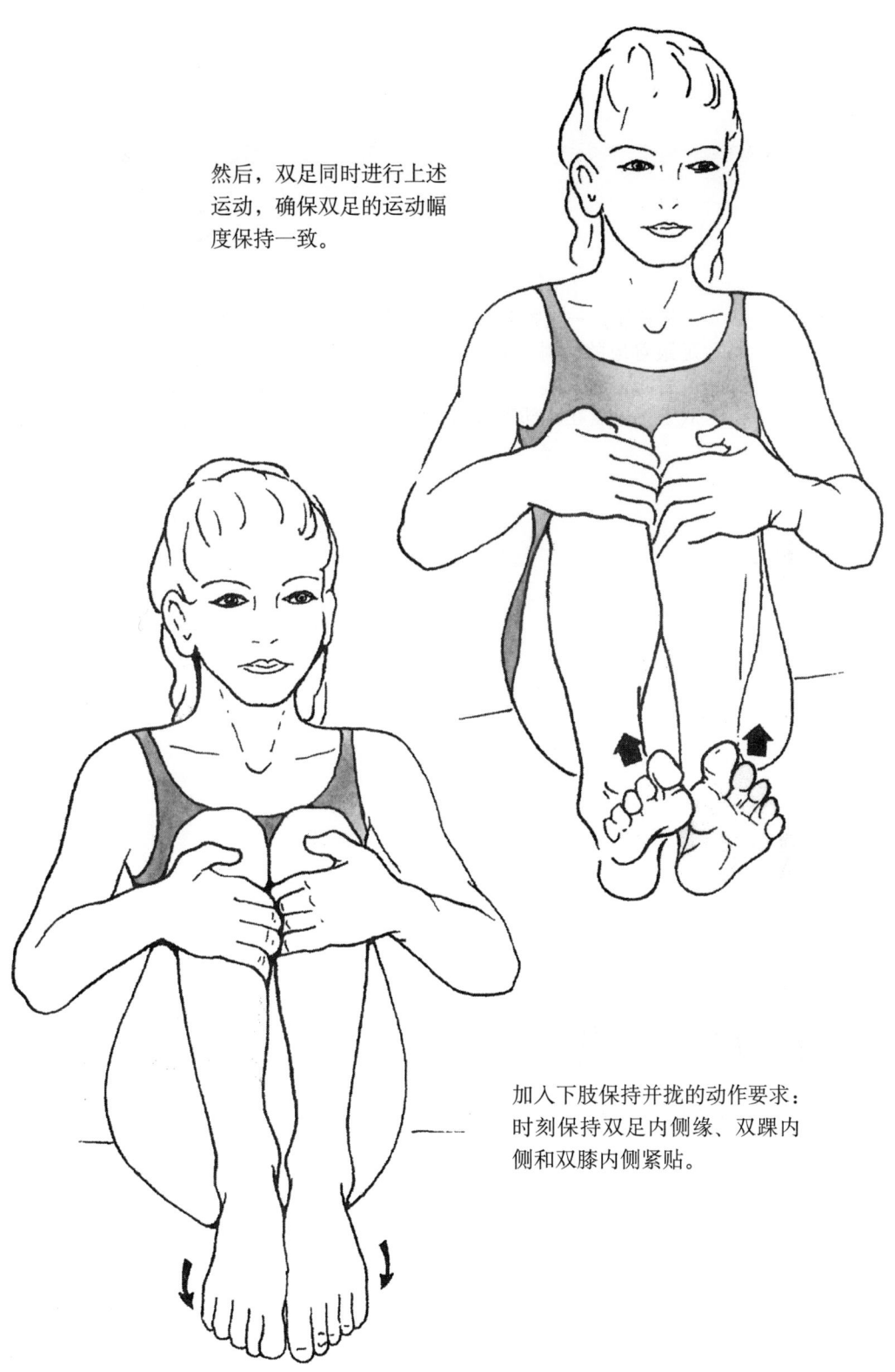

加入下肢保持并拢的动作要求：时刻保持双足内侧缘、双踝内侧和双膝内侧紧贴。

第九章　髋、膝、足的协调性

在接下来的实用练习中，所推荐的练习基于同一个目的：感受下肢的运动方向如何被引导。

－自髋部开始，由高到低。

－自足部开始，由低到高。

当运动有支撑时，这些练习对运动方向尤为敏感。首先是分部位的独立练习，接下来在所提供的协调性练习中，每个练习或者从足部开始发出动作，或者从髋部开始，甚至可以是从 2 个部位同时发出动作。

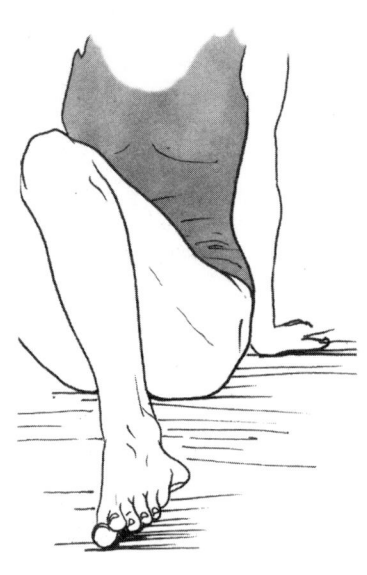

髋、膝、足协调性实用练习

下肢运动的引导

从髋部开始

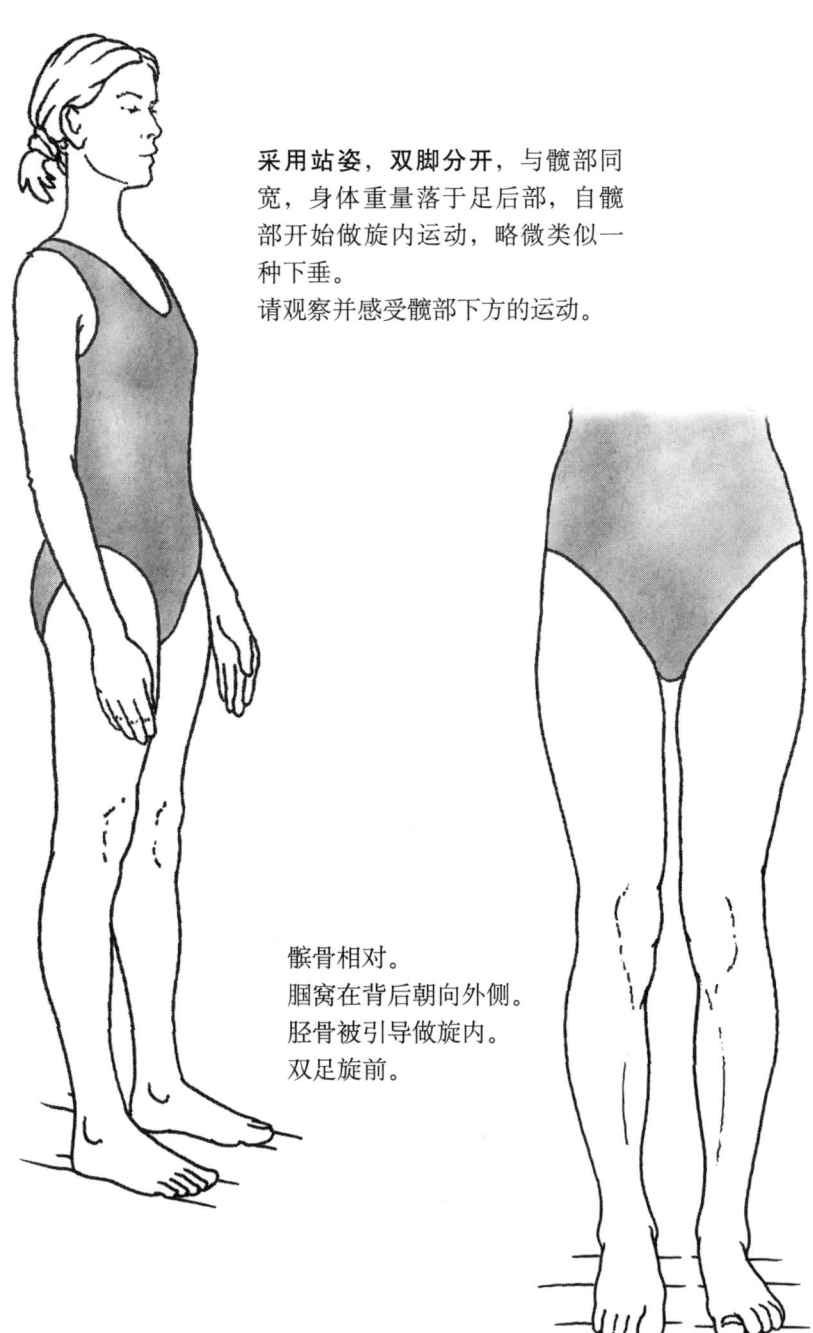

采用站姿，双脚分开，与髋部同宽，身体重量落于足后部，自髋部开始做旋内运动，略微类似一种下垂。
请观察并感受髋部下方的运动。

髌骨相对。
腘窝在背后朝向外侧。
胫骨被引导做旋内。
双足旋前。

接下来,反过来,自髋部开始用力旋外
(通过臀部肌肉的主动运动)。
观察并感受:
－髌骨朝外。
－胫骨从髋部开始被引导进行旋外,引起双足在后面旋后。
我们以此方式引导足部及下肢自髋部起做螺旋运动。

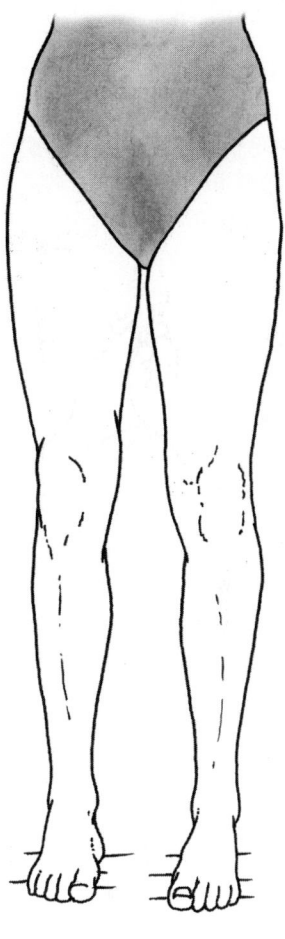

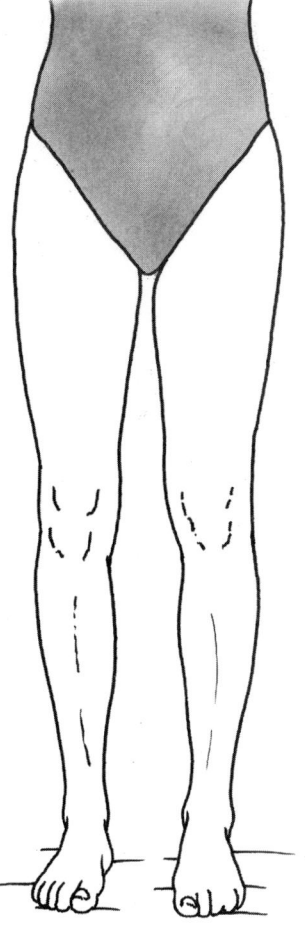

在这 2 个完全相反的姿势之间,
寻找一个适中的姿势。

轻微旋外,引导股骨,使髌骨向前。
以轻微运动的方式,可以感受源自骨盆的回旋。
感觉骶骨在骨盆后面变重,
感觉是这个重量在引导股骨旋外。

从足部开始

采用坐姿或跪坐方式,一只足平放于地面。

1)用足跟(足跟中部)支撑地面。
标记出足跟矢状面的中心线,就像踩在溜冰鞋的冰刀上。
略微转动髋部,带动膝关节向外侧或向内侧转动。

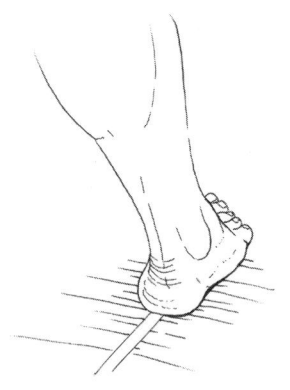 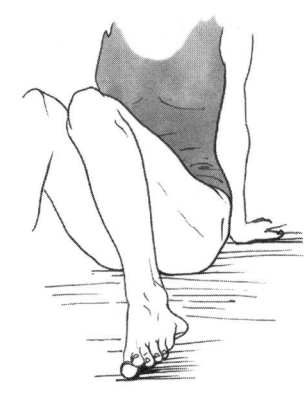 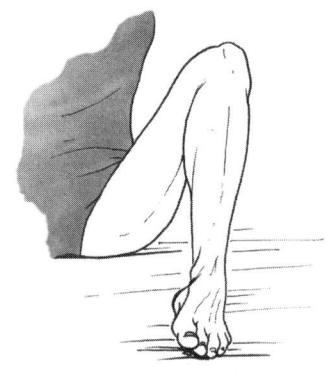

开始时,足跟趋向于向膝关节转动方向倾斜。

通过跟骨的主动维持运动来保持足跟中部的支撑。

这个动作为距跟关节本体平衡感练习。

2)用足部三角支架的3个点依次支撑地面。

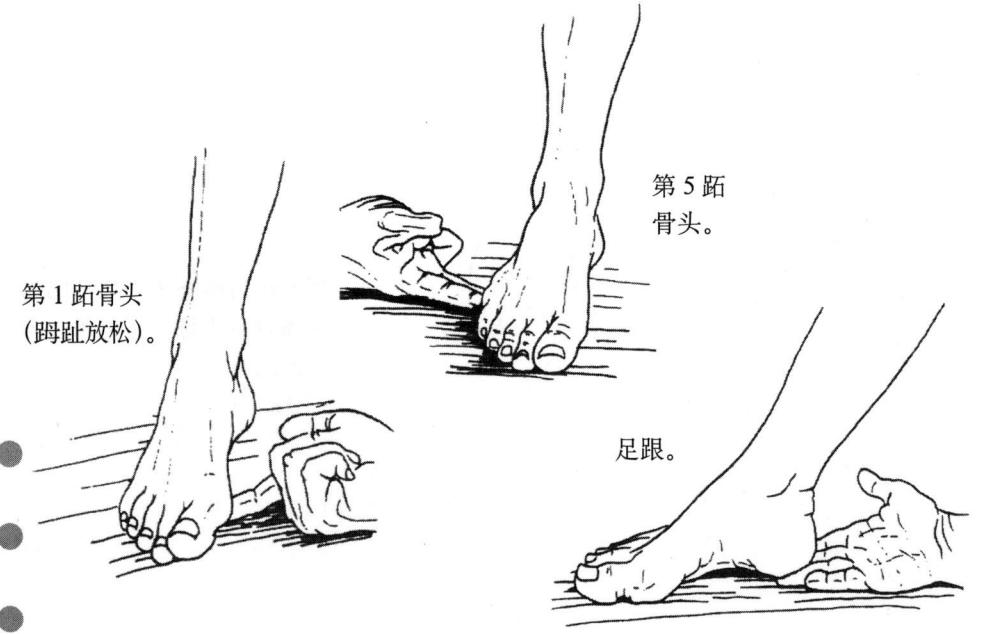

第1跖骨头
(跚趾放松)。

第5跖骨头。

足跟。

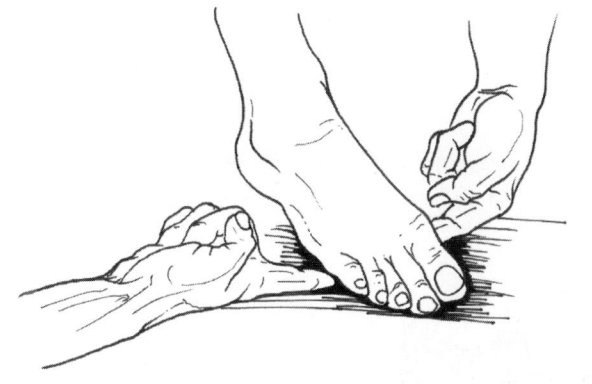

接着，寻找一个姿势，让3个支撑点受力相同（足趾放松）。再转动髋部，带动膝关节向侧边摆动。现在可以观察到是整个足部三角支架趋于改变支撑位置，向膝关节摆动的一侧倾斜。要尽量保持动作开始时的支撑点位置。

3）甚至可以在膝关节向一侧摆动时，尽量使足部向反方向支撑。
当膝关节向内侧转动时，要保持足部外侧的支撑点，反之亦然。

4）动作一开始，膝关节轻微向内侧摆动，不但要尽量保持支撑，还要使足内侧支撑点用力推地面。引导这股推力朝向膝关节，让膝关节向外侧摆动。

接着，做反向练习：
用足外侧支撑点用力推向地面，引导膝关节向内侧摆动。

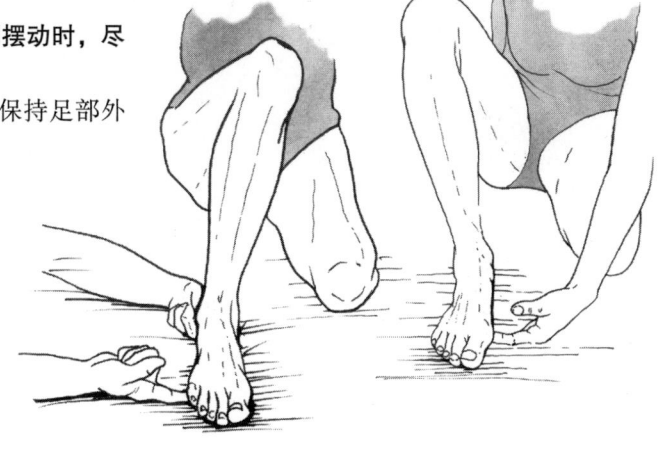

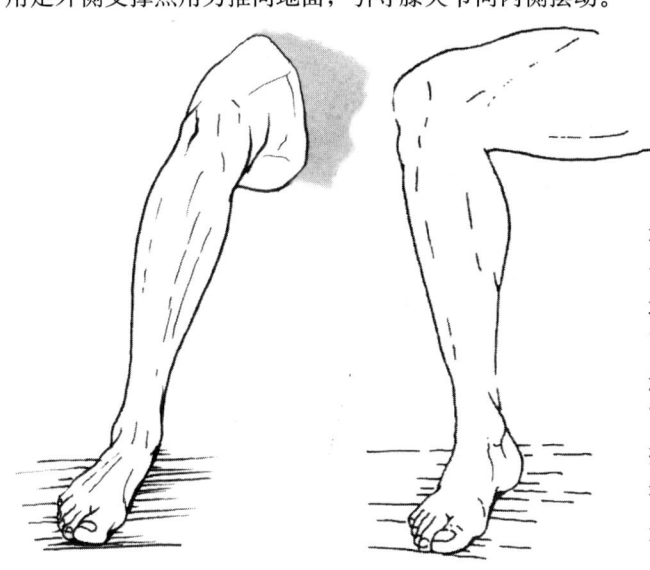

这个练习中会感受到足部不仅能进行支撑，还能通过向地面的推动力由下向上带动下肢运动。
这就是**自足部发出的动作对下肢运动的引导功能**。
接下来可以在负荷状态下进行练习，具体练习将在下面介绍。

屈膝

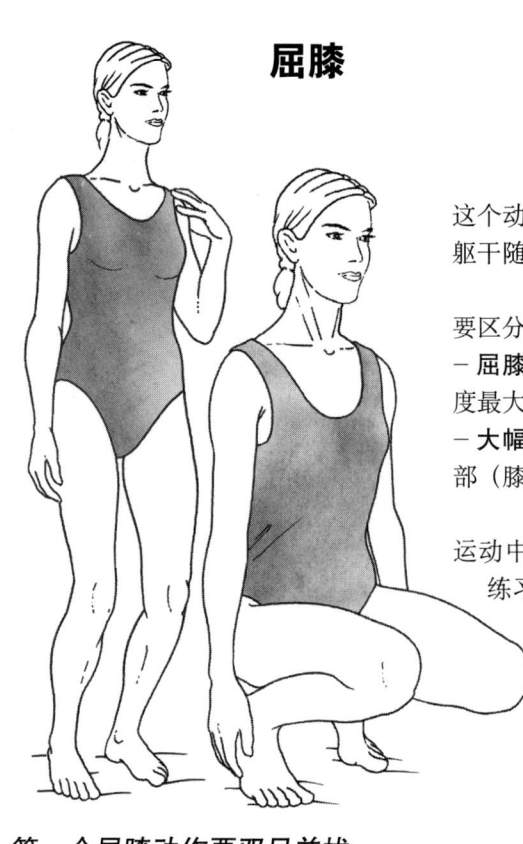

这个动作中，下肢的髋、膝及踝都要进行屈曲，躯干随着下肢动作垂直下落。

要区分：
- **屈膝成半蹲**，此时足跟接触地面（踝背屈程度最大）。
- **大幅度屈膝**，此时足跟抬起，骨盆下落到足部（膝关节屈曲程度最大）。

运动中要学会引导 2 根长骨的排列，每次都应练习该动作。

练习要遵循循序渐进、由简到难的原则，且每次练习中应只针对一个难点。

第一个屈膝动作要双足并拢

可以感受到相互触碰的部位有：足、踝、膝。
这样就有一些感觉定位点。
动作中要注意避免下面几处错误。

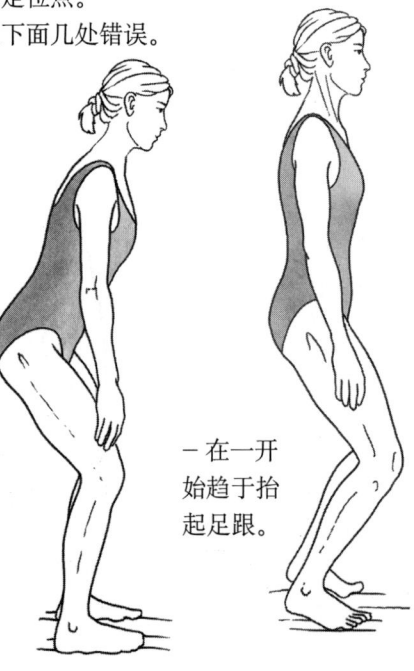

- 动作从臀部向后发出。通过想象背部沿着墙壁向下滑动或者想象坐在足上来进行纠正。

- 在一开始趋于抬起足跟。

- 趋于放低身体并因而向前倾斜背部。尽可能保持躯干的高度不变从而避免这种错误。

第二个屈膝动作要双腿分开，双足平行站立

新的难点在于双膝趋于靠近。
为使动作正确，注意以下几点。

－双足放于由第2足趾至足跟连成的轴线上，如同分别踩在2条轨道上，膝部位于第2足趾垂直线上。

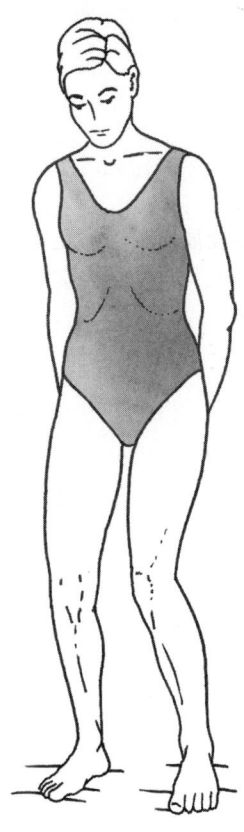

－想象一个球被同时置于双膝和双足之间，膝部位于第2足趾上方。从髋部开始带动动作进行。

接着，使股骨向外侧转动，同时胫骨向内侧转动。这个转动的动作是可以看见的，双手各放在一个部位上，感觉像拧毛巾一样。

－也可以把手放在大腿上，身体半蹲下降期间，双手轻微向外侧滑动，起身时双手再滑向内侧。
－身体半蹲下降时也可以伴随手臂运动：手臂稍微远离身体，向外画半圆。这与臀大肌动作相对应，为的是强化运动效果。

髋骨旋外时进行运动

这一练习总是跟在前面介绍的 2 种屈膝运动之后进行，因为必须知道如何引导这一矢状运动，以便在双足打开时仍能保持动作的精准度。

打开动作只能由髋部发出：起初双足并拢，足跟撑地，向外转动髋部，带动双膝与双足的转动，使它们之间呈 V 字形。然后双足恢复初始姿势，重新找到三角支架的支撑点。打开的 V 字不要超过髋部允许的范围。

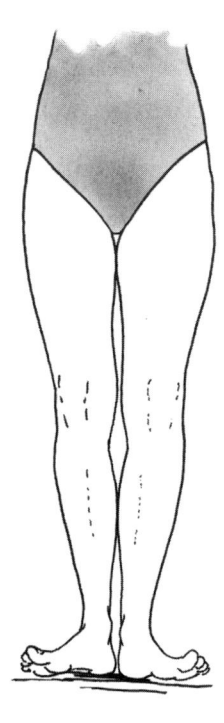

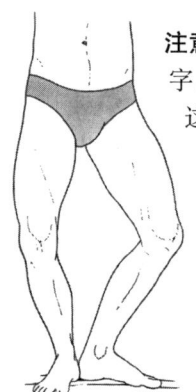

注意：经常可以观察到一个不对称的 V 字，即 2 块髋骨旋外幅度不同。保持这种不对称而无须刻意纠正，否则将面临骨盆及上方的脊椎进行补偿性旋转运动的风险。

双足分开的屈膝练习，同样要遵守几个**动作要点**：避免膝关节向双足之间下降，这样会导致膝关节内侧韧带拉伸（参考第 208 页）。

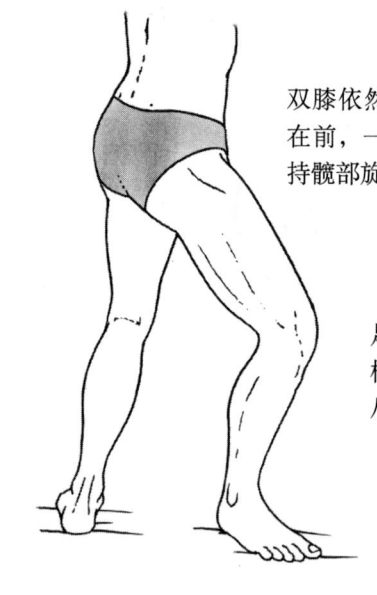

双膝依然打开，一足在前，一足在后。保持髋部旋外。

足跟前移是错误动作，这样会引起胫骨过度旋转，从而取代髋部旋外。

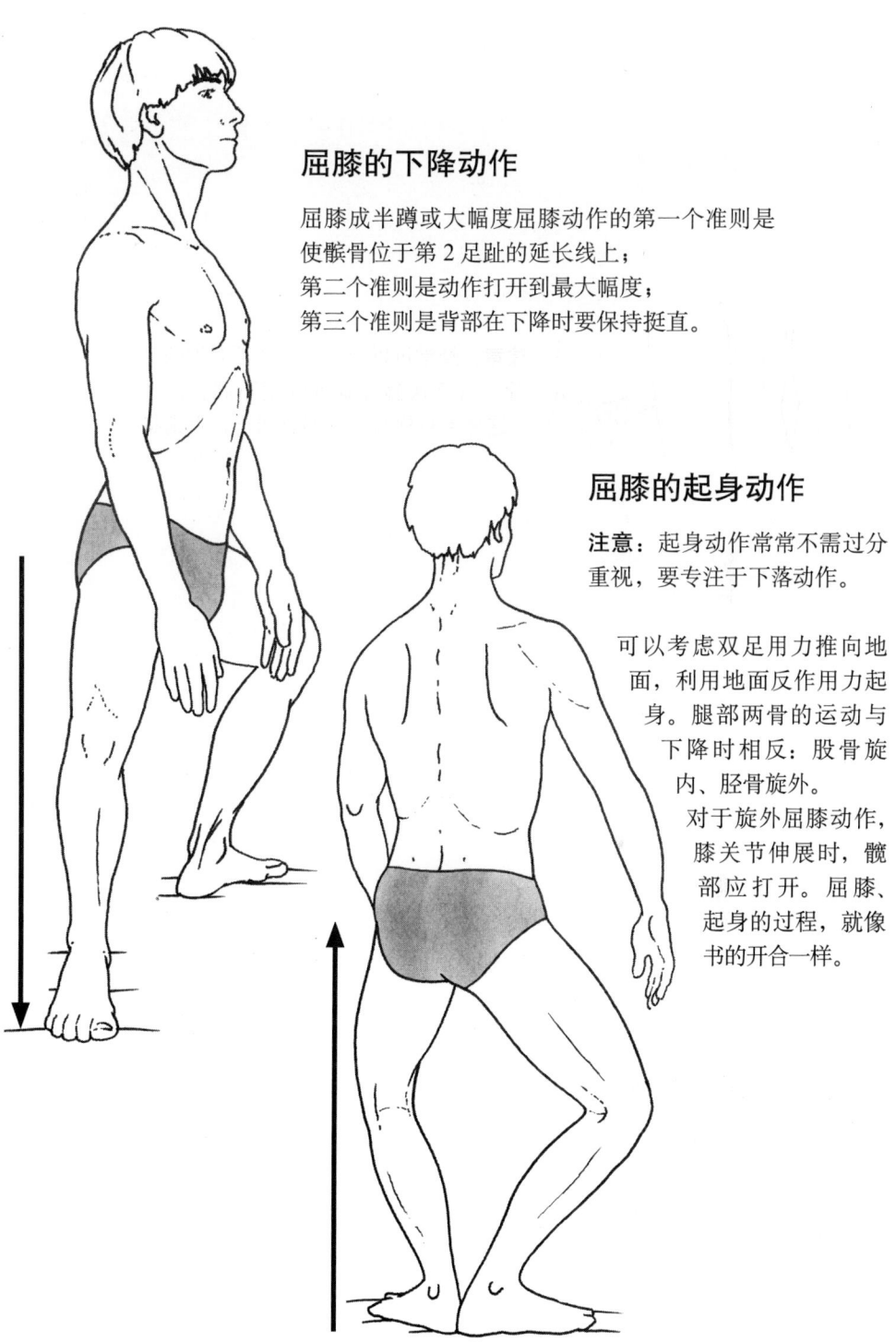

屈膝的下降动作

屈膝成半蹲或大幅度屈膝动作的第一个准则是使髌骨位于第2足趾的延长线上；
第二个准则是动作打开到最大幅度；
第三个准则是背部在下降时要保持挺直。

屈膝的起身动作

注意：起身动作常常不需过分重视，要专注于下落动作。

可以考虑双足用力推向地面，利用地面反作用力起身。腿部两骨的运动与下降时相反：股骨旋内、胫骨旋外。

对于旋外屈膝动作，膝关节伸展时，髋部应打开。屈膝、起身的过程，就像书的开合一样。

我们可以练习快速起身动作，并练习用足尖支撑起身。这是起跳的准备动作。

平衡运动

这一运动中,将身体从一足移动到另一足,并先于身体的移动屈膝,接着使身体回到原位(与步行时的移动不同)。

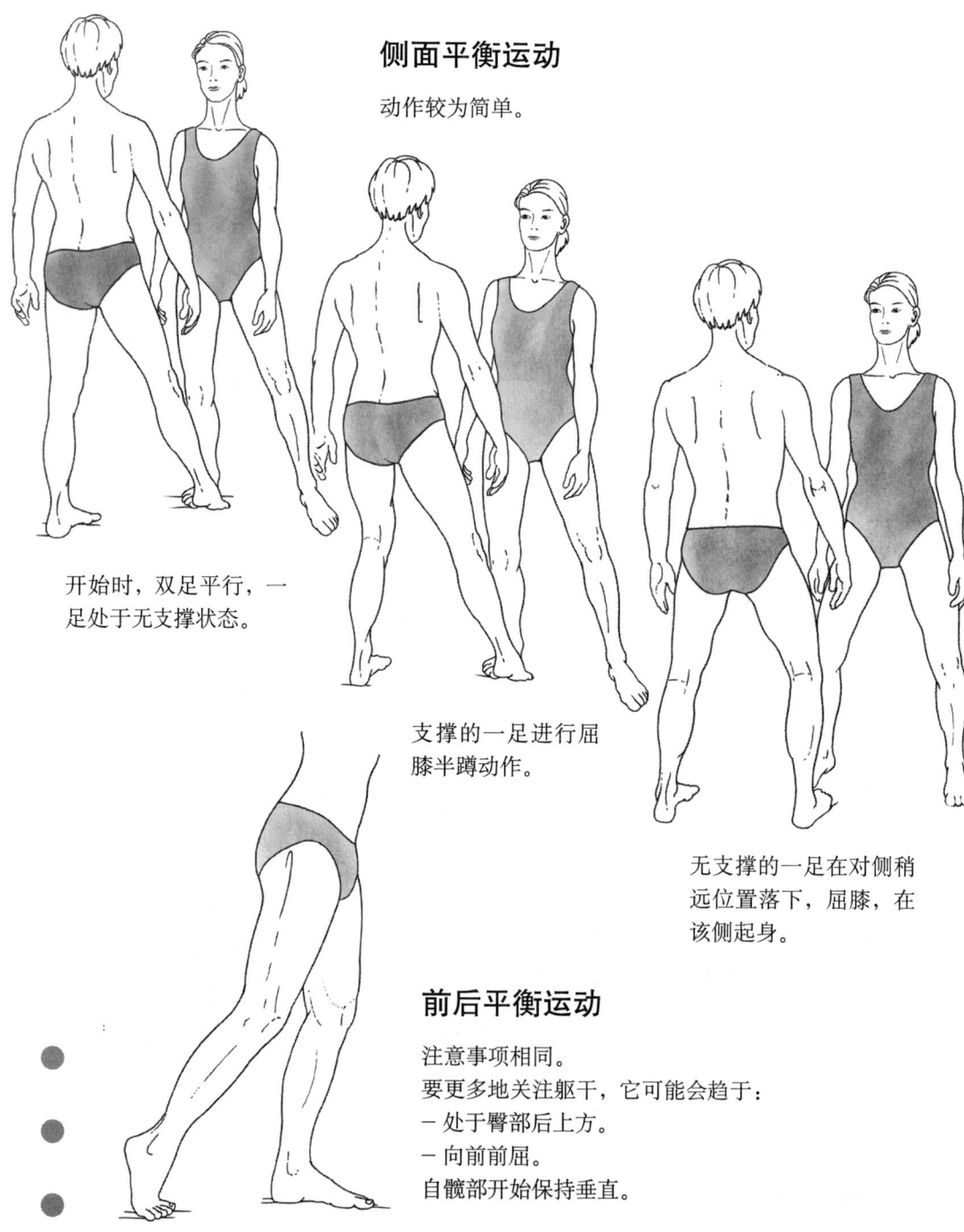

侧面平衡运动

动作较为简单。

开始时,双足平行,一足处于无支撑状态。

支撑的一足进行屈膝半蹲动作。

无支撑的一足在对侧稍远位置落下,屈膝,在该侧起身。

前后平衡运动

注意事项相同。
要更多地关注躯干,它可能会趋于:
- 处于臀部后上方。
- 向前前屈。
自髋部开始保持垂直。

动作过程中，注意以下细节。
下肢落地及弯曲时：
- 足从前向后放下。
- 髌骨位于第 2 足趾上方。
- 平衡状态时身体重量放在足部三角支架上。

骨盆在冠状面内画"U"字。

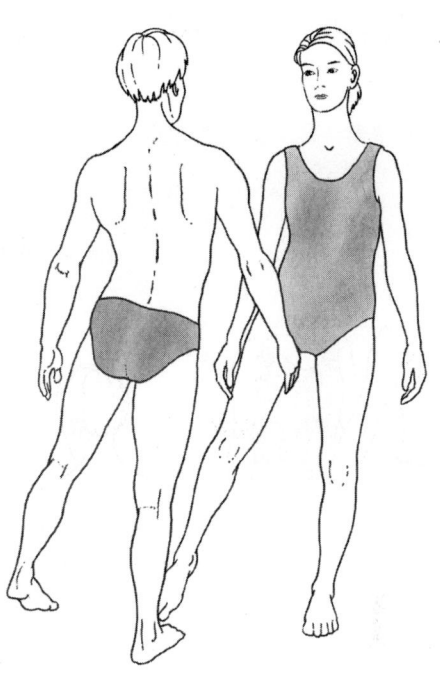

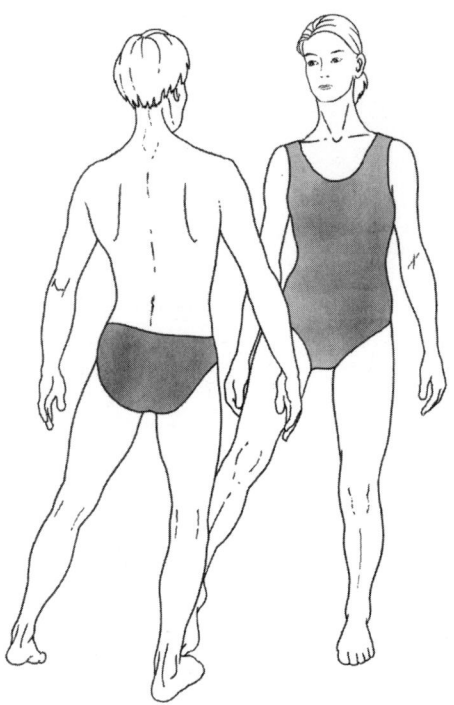

当身体离开支撑的那一侧，三角支架的3个支撑点按以下顺序依次离开地面：
- 足跟。
- 足外侧弓支撑点。
- 足内侧弓支撑点。
- 足趾。

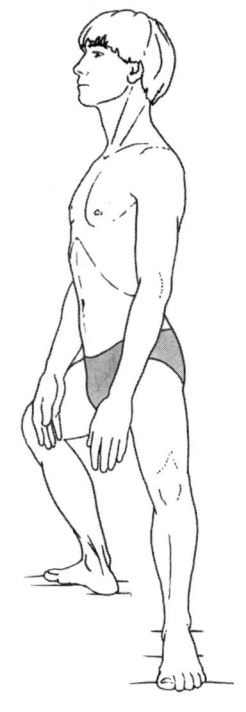

可以从髋部旋外开始进行这个动作。
髋部旋外经常会让下肢失去方向，膝和足会失去之前的定位点。
所以，必须注意旋外动作确实是由髋部发出的，并且是从髋部开始引导下肢运动，就如266页介绍的那样。
然后可以闭上双眼进行这些练习或者用足尖支撑起身的方式进行练习。

足尖踮立

和屈膝动作一样,这是个非常重要的基础动作,每次练习时都要重复,同时重点练习一个难点。

开始时,在有支撑的状态下练习,以减少平衡问题,并使动作在矢状面内进行。

双足并拢

抬起足跟,距骨头用力撑地,身体重量分布于第 2 足趾周围。第 5 足趾基本无支撑。

两踝相互接触,不要分开,这样可以避免踝分开导致的双足旋后。

这里需要体会一种重要感觉:
通过收缩小腿部两骨后方的深层肌肉,感受两骨收紧的感觉(要与股三头肌收缩的感觉区分开来,股三头肌收缩更靠近表面)。
这个肌肉收缩较深且为倾斜走向,起于膝关节下方,沿小腿部外侧下降,向踝内侧收缩。

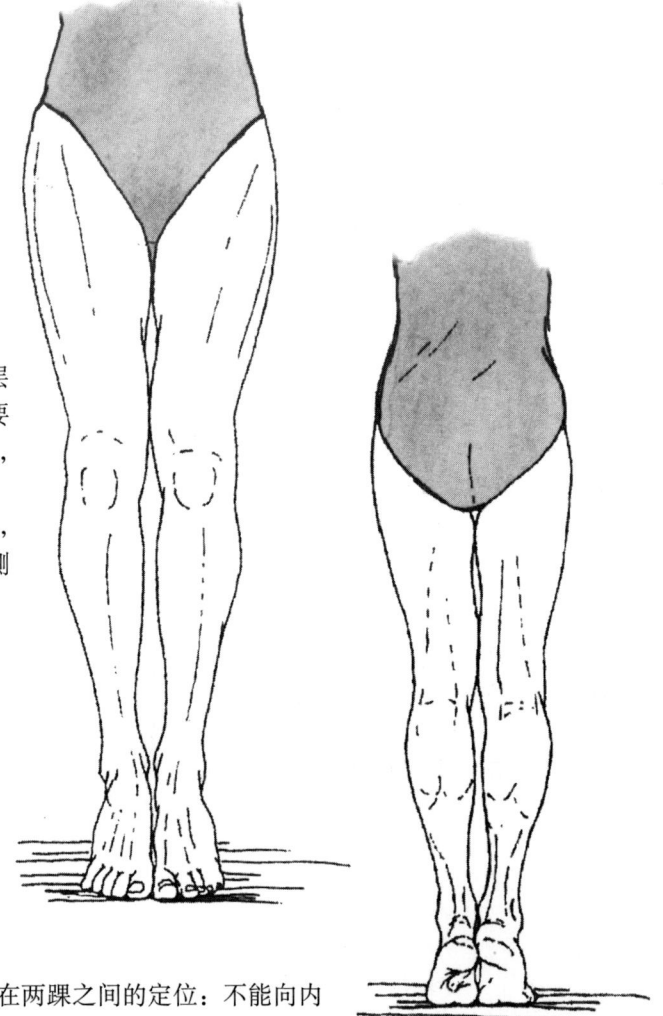

体会收缩的同时,感受距骨在两踝之间的定位:不能向内侧移动,更不能向外侧移动。

两腿分开进行练习

两踝分开,错误动作会变得更加明显。

可以在同伴引导下进行练习或者对着镜子找到与第一个练习中相同的定位点。

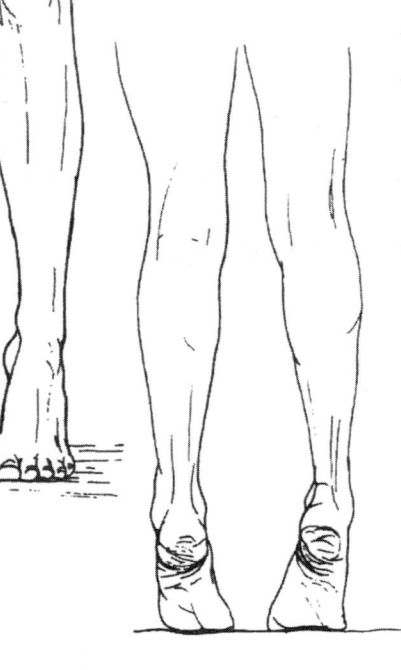

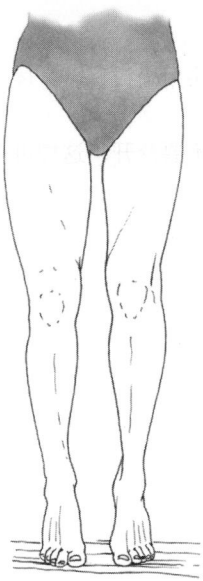

- 髌骨位于第2足趾上方。
- 面对镜子,看不见左足或右足足跟。

从髋部旋外开始

保持动作的定位点(足趾支撑,髌骨位于第2足趾上方,腿部肌肉收紧)。

明确足跟位置:刚起身时,足跟并拢。只在最后分开足跟,使足尖踮立的动作达到最大幅度。
下降时同前,足跟在触地之前并拢。

随后可以单腿方式进行练习,这可以作为很多旋转和跳跃运动的准备动作。接下来以无支撑方式进行练习。

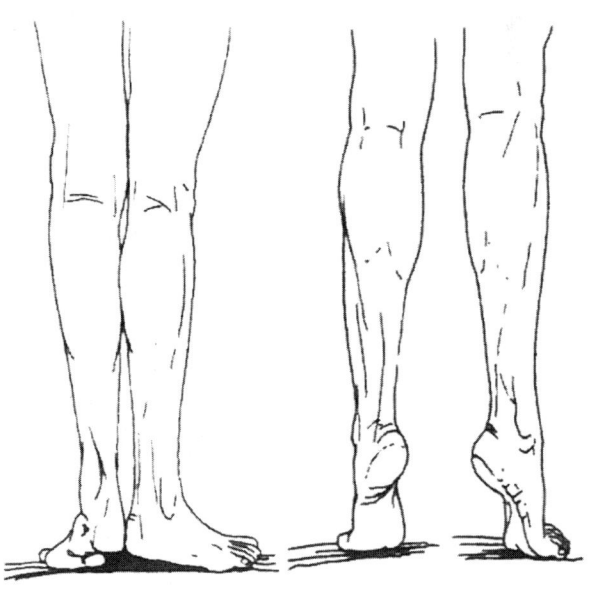

减震

减震在身体运动技能中意味着什么？

减震在弹跳运动的落地过程中产生（或不产生）。根据不同情况，这种与地面的接触可能会使身体受伤（或者不受伤）。

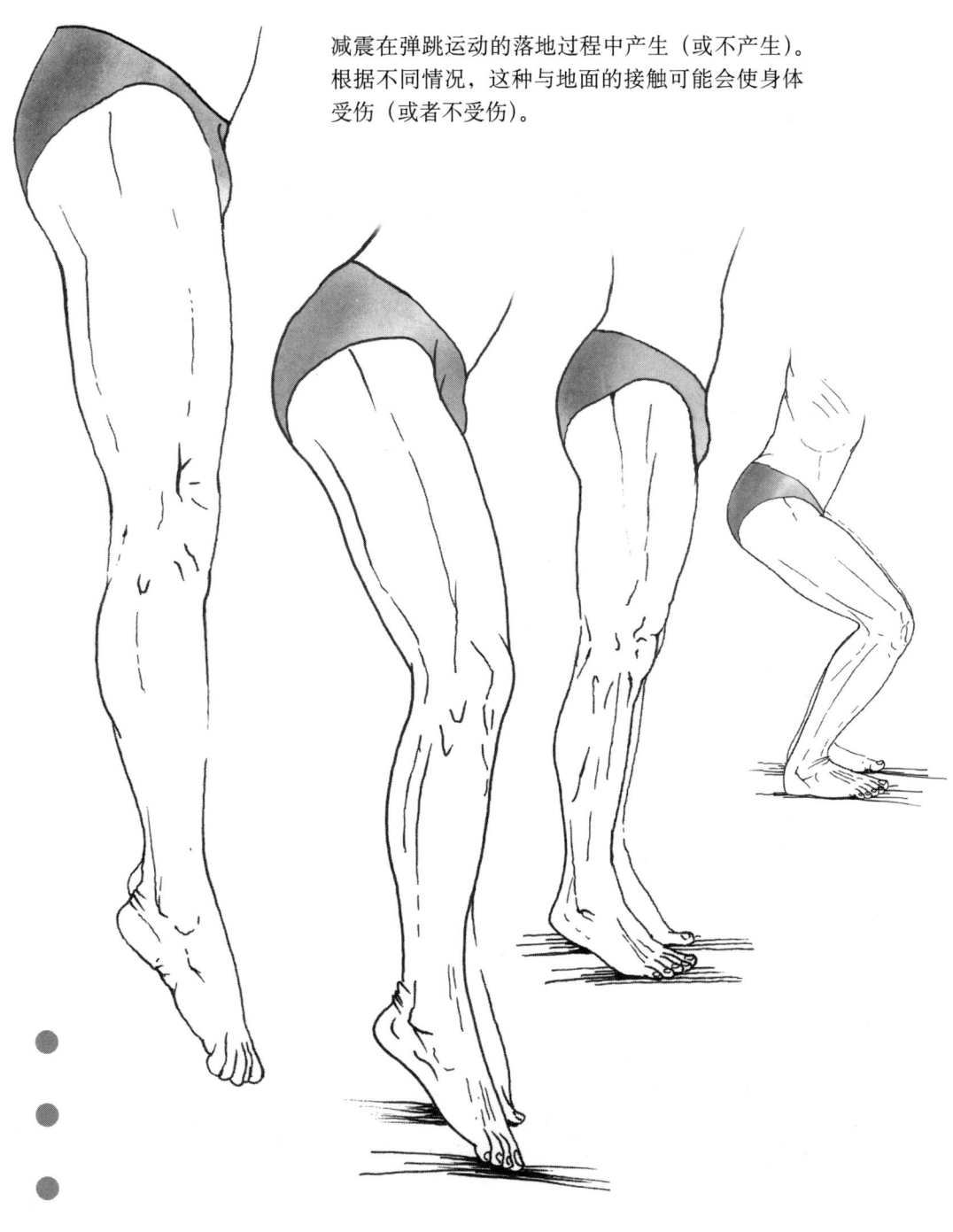

在身体运动中，存在 3 个减震因素。

− **地面的坚硬程度**，如混凝土地面，或者瓷砖地面，或者在混凝土地面上直接黏合的木板，它们都不能产生减震作用。
相反，被称为"漂浮"的地板，如剧院的一种舞台地板，略有弹性，有较好的减震作用。
我们建议练习场所应建造具有减震性能的地面。

− **穿着带有减震鞋底的鞋子**，如健步鞋或者一些体育项目的专用鞋。如果地面很硬，强烈建议练习者穿这类鞋子，因为练习中有很多跳跃动作。
可以在腰部围一件厚一点的套衫，以便在跌倒时提供保护。

− 最后，**身体通过运动，可以成为自身的缓冲器**，也就是说身体自备"减轻猛烈冲击的装置"，由此减轻了自身的冲击。这是最为重要的减震因素。

这种减震为运动器官提供当下或长期的非常重要的保护。

为了更好地理解，我们设想一下运动时不发生减震的情况。比如，一个人半小时内不断在混凝土地面上光足跳跃，身体不提供减震，那么，每次与地面的接触形成一系列冲击，所有运动器官都受到了撞击。这种撞击以从下到上的回射方式进行，尤其是在软骨层面，这就如同在软骨上进行重复多次的捶打。

软骨及其作用

（参考《运动解剖书》第 16 页）

软骨是一个为其所覆盖的骨骼提供基本保护的组织，所以，它是减震的构成部分。

如果软骨受到的应力超过了抵抗限度，它可能会受损，即变薄或者由于一些小的裂缝而断裂，这是日积月累造成的（或者是受到了非常强烈的冲击）。反复冲击和恶性减震使软骨变得脆弱，同时也造成了其过早的磨损。软骨组织基本上不含血管，它由附近的软骨下骨的血液以及关节滑液提供营养。

因此，如果软骨受伤，愈合或者恢复的过程将很漫长。

所以，在运动中，脆弱的软骨组织是最需要保护的，包括在日常生活中的活动也需要留意。

软骨损伤后形成骨关节炎。它逐渐引起疼痛反应和妨碍活动的僵直，甚至逐渐发展成严重的残疾。

通过这些简要解释，我们应意识到，对于初级练习者而言，掌握减震技能是十分重要的。

跳跃动作的减震

在这里，我们先研究减震的一种简单情况。

双腿在原地垂直跳跃，双足在髋部的宽度范围内平行分开。

这是减震的第一阶段，就如同一种"自动功能"一样，我们需要研究更加复杂的跳跃中的减震。

双腿分开跳跃，分开幅度或大或小。

髋部旋外时跳跃（古典舞蹈和一些武术动作中可见）。

单腿跳跃动作。

向前、向后、向侧面或者旋转推动的跳跃动作。

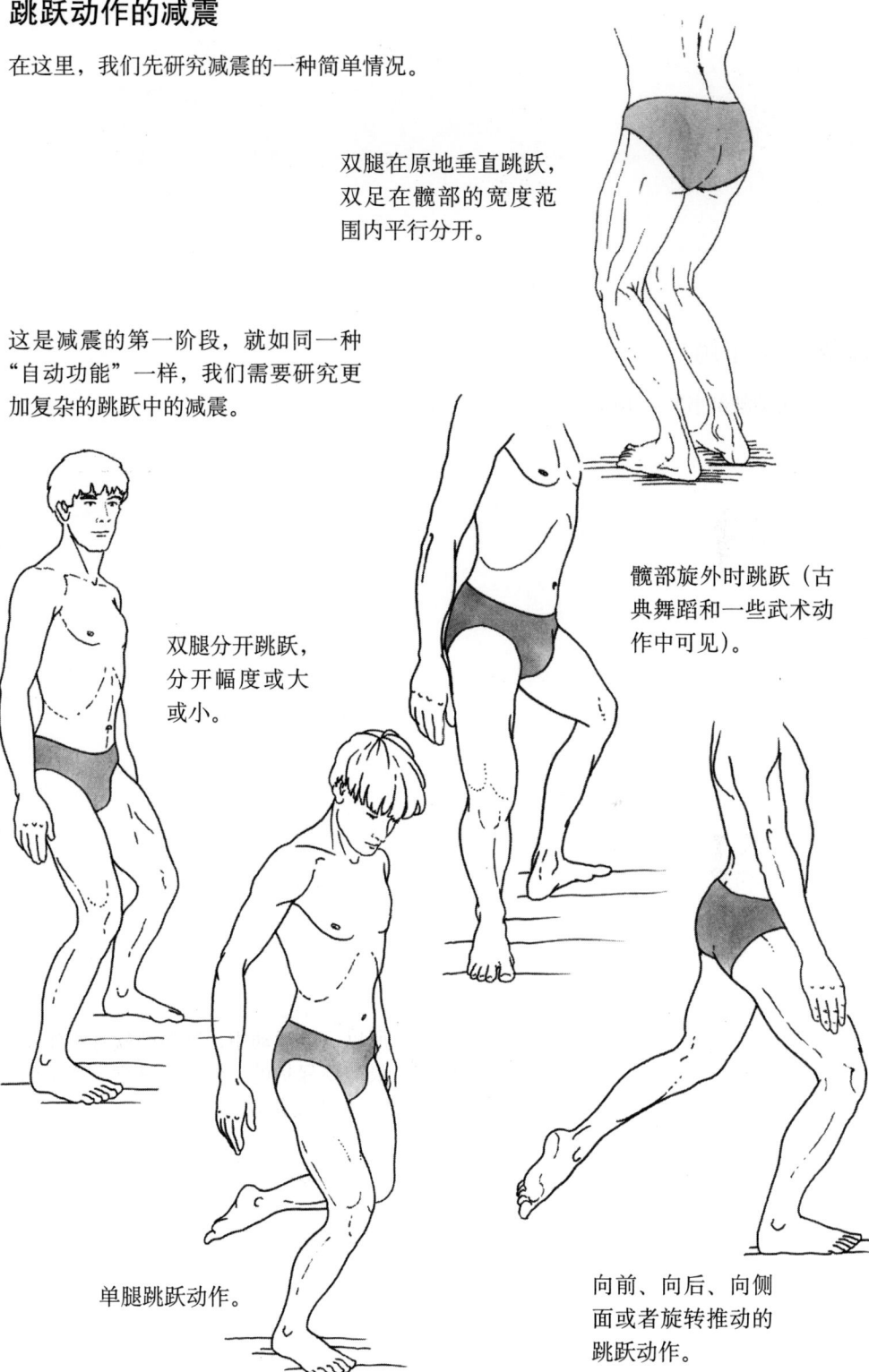

理想减震的"慢镜头"描述

— 身体跃起至动作最高点，离开地面一定距离，然后落地。

— 下肢重新触地，以连贯动作的方式依次落地。

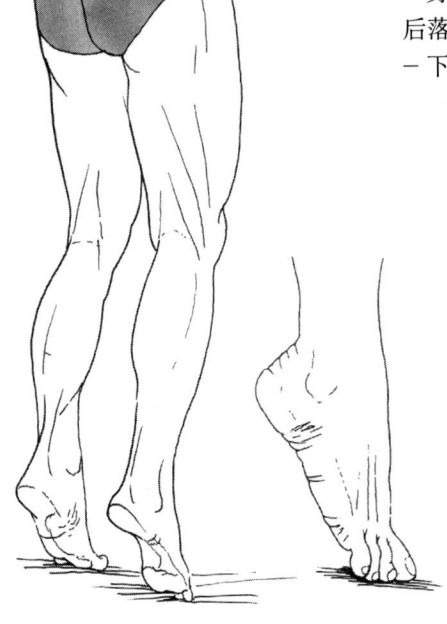
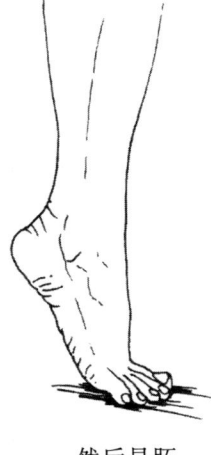
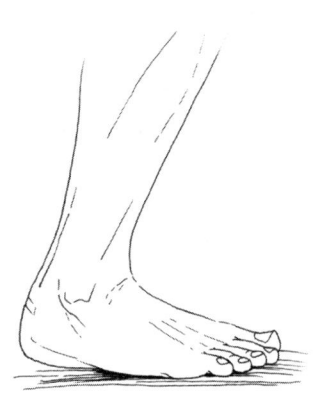

先是两大足趾的顶端。

接着是足趾的底部。

然后是跖骨头。

最后是足中部和足跟。

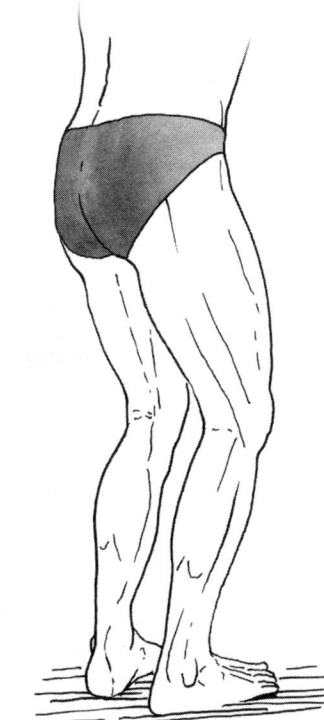

— 踝、膝和髋同时进行屈曲的动作。

躯干挺直，位于屈曲的下肢上方，与足跟垂直，如同准备坐在足跟上一样。

理想减震的主要障碍

减震过程中的一个主要问题可能是动作的幅度不够。
在身体僵直区域,运动无法进行,减震也无法实现。

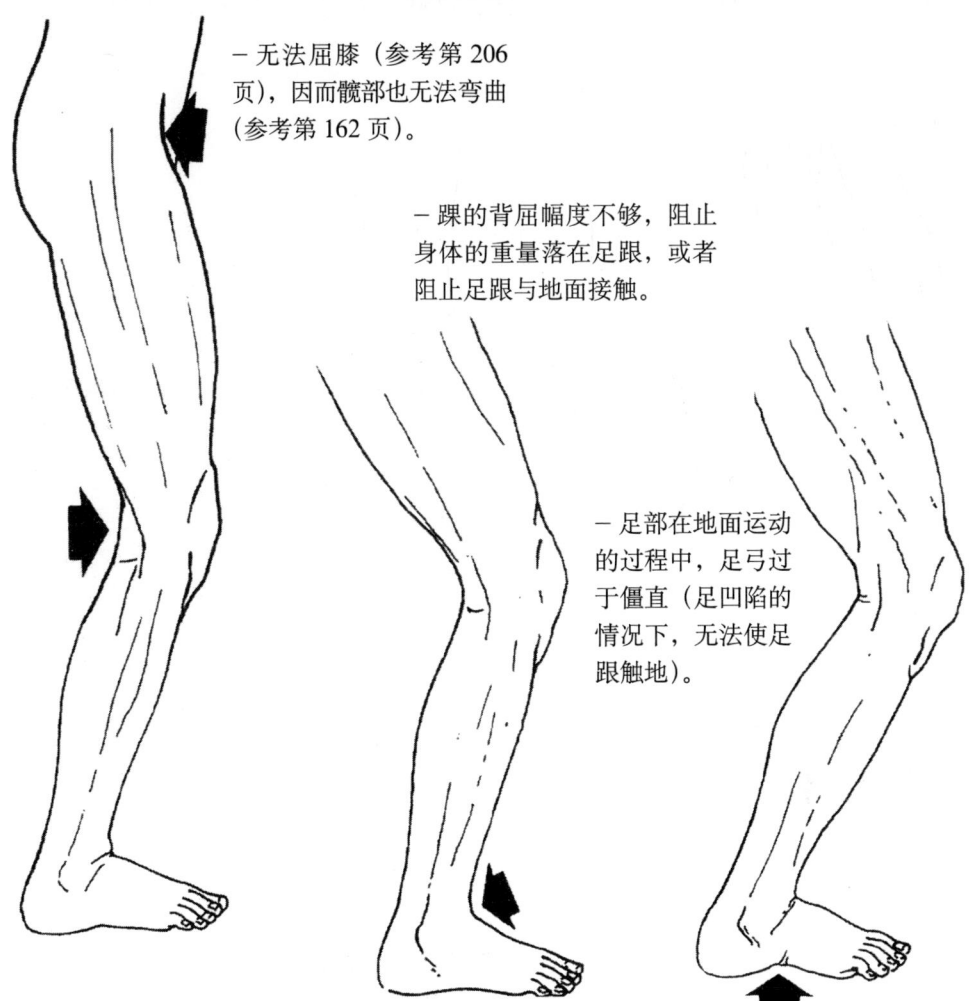

－无法屈膝(参考第 206 页),因而髋部也无法弯曲(参考第 162 页)。

－踝的背屈幅度不够,阻止身体的重量落在足跟,或者阻止足跟与地面接触。

－足部在地面运动的过程中,足弓过于僵直(足凹陷的情况下,无法使足跟触地)。

－肌肉组织软弱无力,或者不协调,后者更常见。

跳跃时没有减震是怎么表现出来的?

伴随声音,可以听到身体落地的笨重声音。
落地时足跟没有接触地面。
或者,正好相反,可以听到足跟触地声,也就是说足跟着地时与地面发生猛烈碰撞。
跃起、落下的动作看上去显得僵直。

跳跃减震的实用练习

关于关节幅度的运动

这里,我们重拾髋、膝、足部柔韧性的测试和练习(参考第 178、214、242 页)。

快速进行 2 个基础练习,要联合进行,而不单独分开练习。

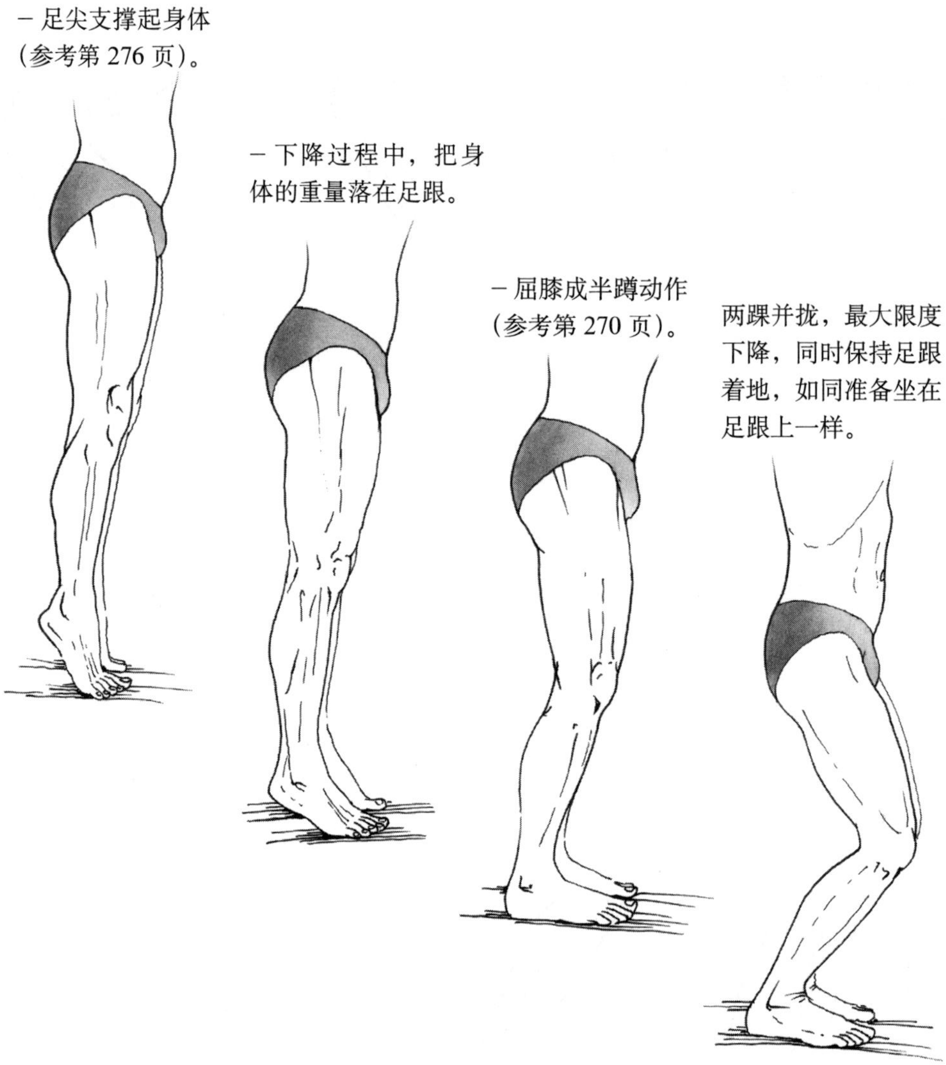

- 足尖支撑起身体(参考第 276 页)。

- 下降过程中,把身体的重量落在足跟。

- 屈膝成半蹲动作(参考第 270 页)。

两踝并拢,最大限度下降,同时保持足跟着地,如同准备坐在足跟上一样。

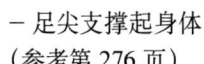

- 将上述 2 种练习结合起来。

- 首先从准备练习开始做起。
  站立,腿部绷紧,使身体的重量以连贯的方式从前向后,再从后向前移动。
  然后半跪起足尖支撑身体(身体重量落在足趾和跖骨头上)。
- 足部放平(身体重量落在足跟上),保持足跟紧贴地面的同时屈膝半蹲。

接下来是**基本的连贯动作**。
为了更好地实现从高位到低位的下降，
应该练习并掌握在足跟触地的前一刻
屈膝。
下肢由此得以用连贯的方式下降。

这是减震的关键练习。
正是这一准确的下降动作，使得减震
得以无声地进行。

跳跃准备：
足趾不离开地面，仅足跟离地并且每次都重新归位。
这里我们特别练习连贯的屈膝和足背屈（对于这个练习，应采用较快的节奏）。

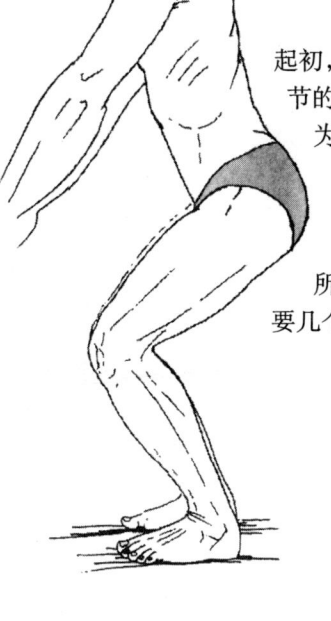

起初，最重要的是获得动作过程中及膝关
节的协调性。
　　为此，下列暂时的不足是可接受的：
　　臀部保持在后。这是在踝关节柔韧
　　性不足的情况下落地时保持平衡的
　　方式。
　　所以，当踝关节尚未准备好时（这需
要几个月的时间），可以让躯干向前倾斜。

一旦掌握良好的减震技能，则对于之后无论多么复杂的跳跃动
作都一样适用。相反，对于习惯以其他方式在跳跃中达到无声
落地标准的人来说，则并非如此。

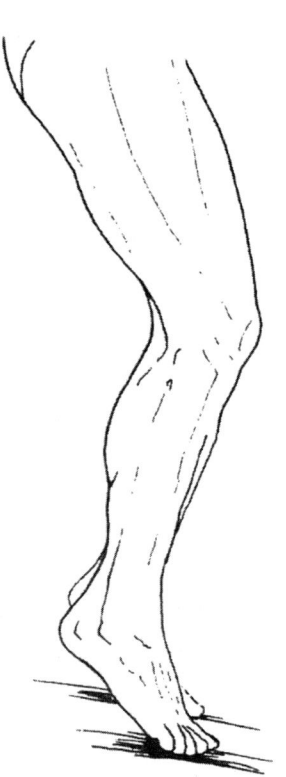

行走过程中的减震

跳跃时身体是纵向移动的。

在行走中，身体是沿着一条水平横线移动的（即使是在横线上出现轻微的上升与下降）。实际上，足部到达地面不是通过足尖，而是立即通过足跟。因此，行走时不是利用足的逐部位触地作为减震器，也不是利用踝、膝、髋3个部位的屈曲进行减震。

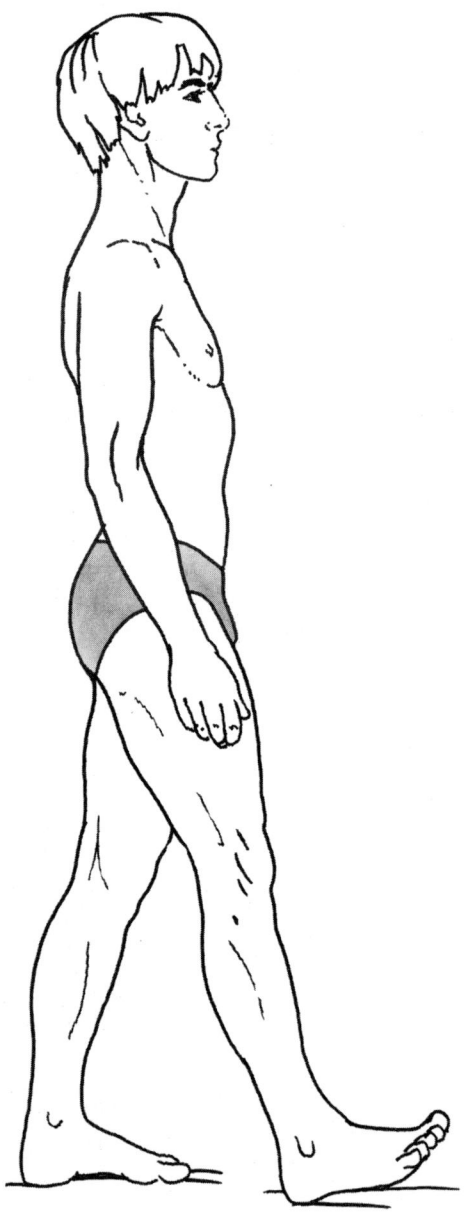

可以在一些人身上观察到他们的步伐，每一步在迈出时足跟置地，发出响声，如同一次撞击。在某些材质的地板上发出的声音很响，另一些材质的地板上则可能听不见，但现象是一样的。

这种步态给人一种笨重感，这在下楼梯时感觉更为明显。

为了更好地理解，请参考240、241页关于身体如何在站立时向前或向后倾斜的内容。

同样，在行走中，我们也可以发现身体这种前倾或后仰的倾向。这带来了减震方式的差异。

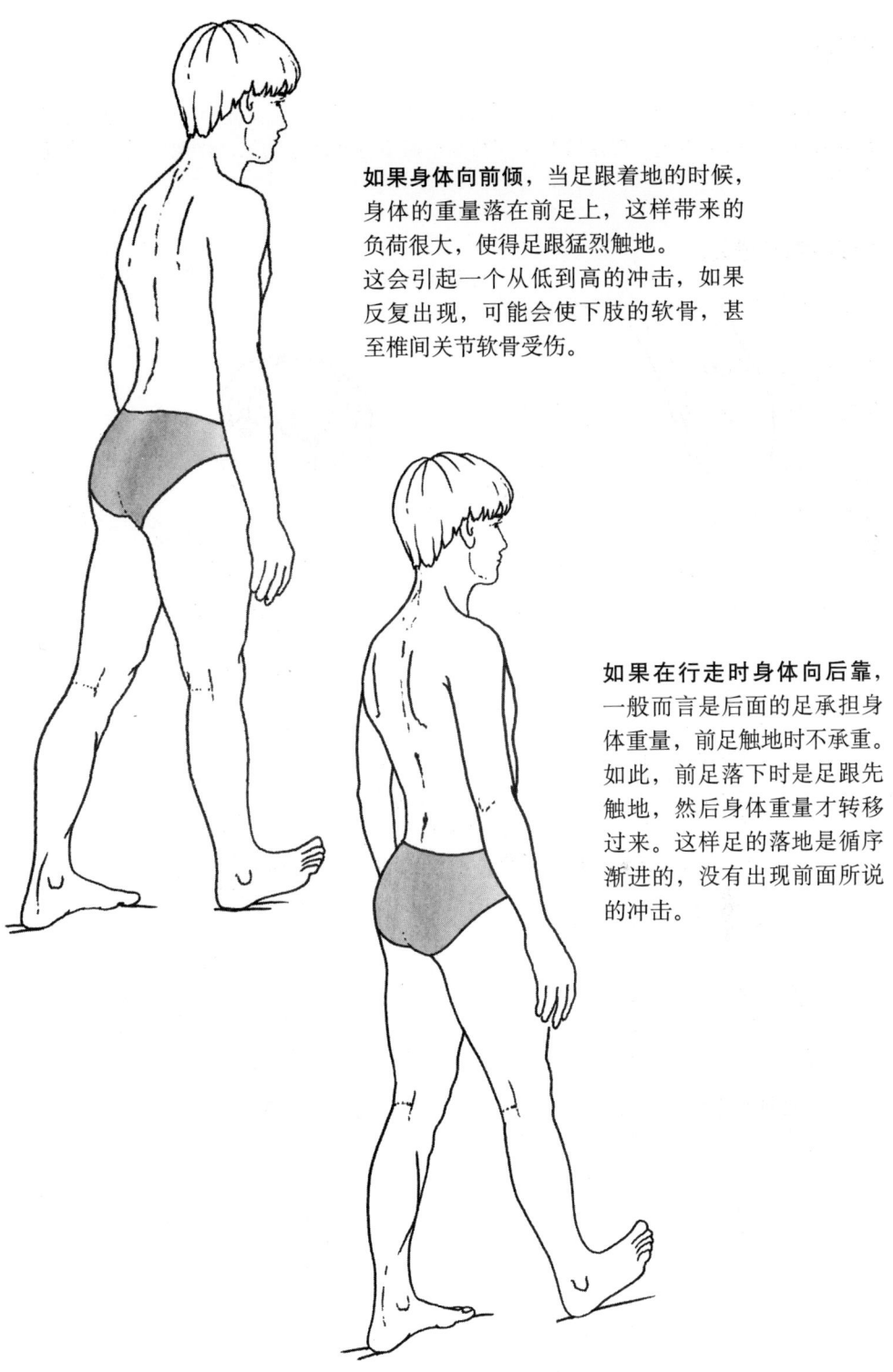

如果身体向前倾，当足跟着地的时候，身体的重量落在前足上，这样带来的负荷很大，使得足跟猛烈触地。
这会引起一个从低到高的冲击，如果反复出现，可能会使下肢的软骨，甚至椎间关节软骨受伤。

如果在行走时身体向后靠，一般而言是后面的足承担身体重量，前足触地时不承重。如此，前足落下时是足跟先触地，然后身体重量才转移过来。这样足的落地是循序渐进的，没有出现前面所说的冲击。

因此，行走时的减震不在于下肢的运动，而在于行走时身体重心要放在后足上。

推动

推动一词来自拉丁文 *propellere*，即向前方推。引申来看，该词汇也可以一种泛指的方式表示运动。我们这里讨论的是在行走和跑步中向前方做水平的推动以及在跳跃中做垂直的推动。

行走中的推动

有 2 个因素使身体可以向前推动。

— **身体上部向前方倾斜超过了足底的支撑结构。**

身体某部分（头部，或头部和肩部）向前倾斜。

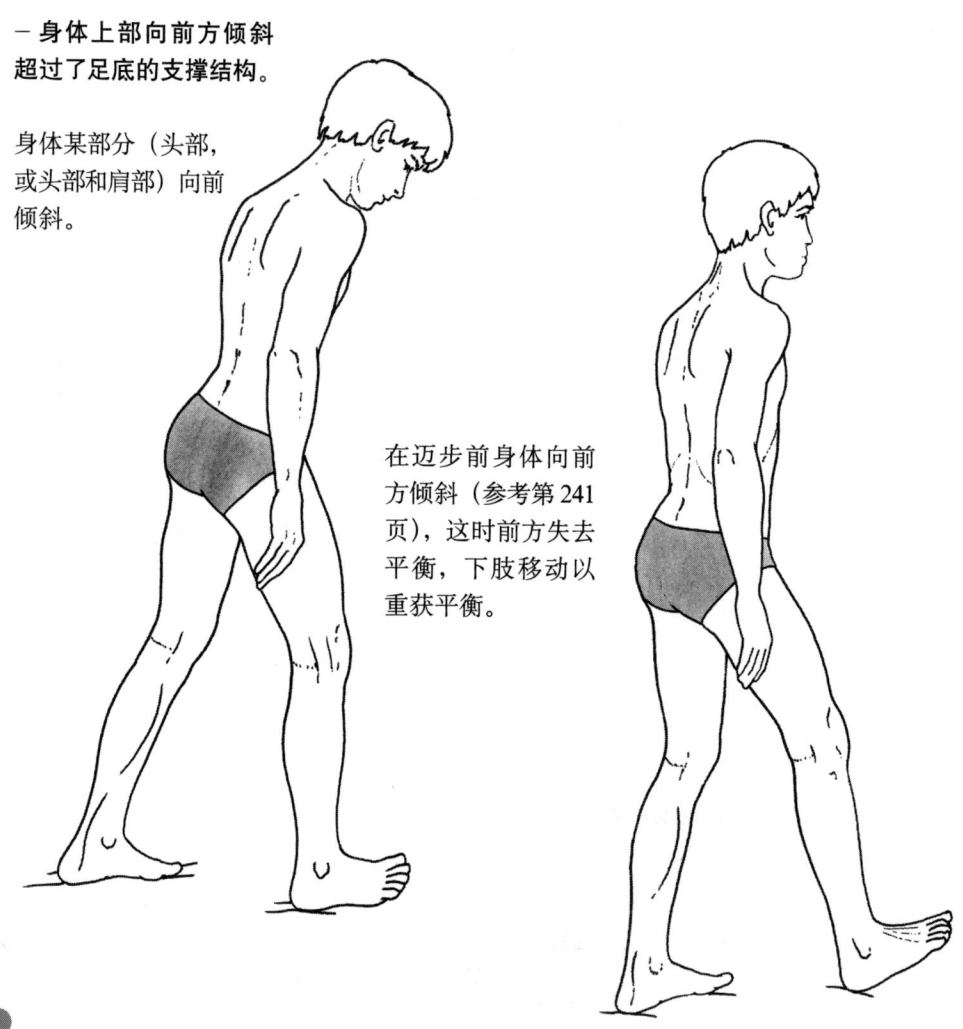

在迈步前身体向前方倾斜（参考第 241 页），这时前方失去平衡，下肢移动以重获平衡。

这种行走模式有点像双足在躯干后追赶，这使得只有很少的下肢肌肉参与运动，尤其是几乎没有足（踝）屈肌和臀大肌的运动。因此，这是一种让下肢放松的行走模式。然而，躯干向前方偏移的动作，即使是轻微的，也会引起躯干后部肌肉的运动。

- **重心位于足后部竖直方向上。**

此种情况下,并不是躯干带动双腿,而是相反的情况。推动来自下肢在地面上的从后向前推。有 4 个部位涉及这种推动,根据行走情况,或者是 4 个部位共同参与,或者是其中一两个部位参与。此处不是根据动作的先后顺序,而是按照其运动是否最容易被察觉的顺序进行观察。

足的跖屈

足通过其各个部位的依次支撑从后向前逐渐离开地面。

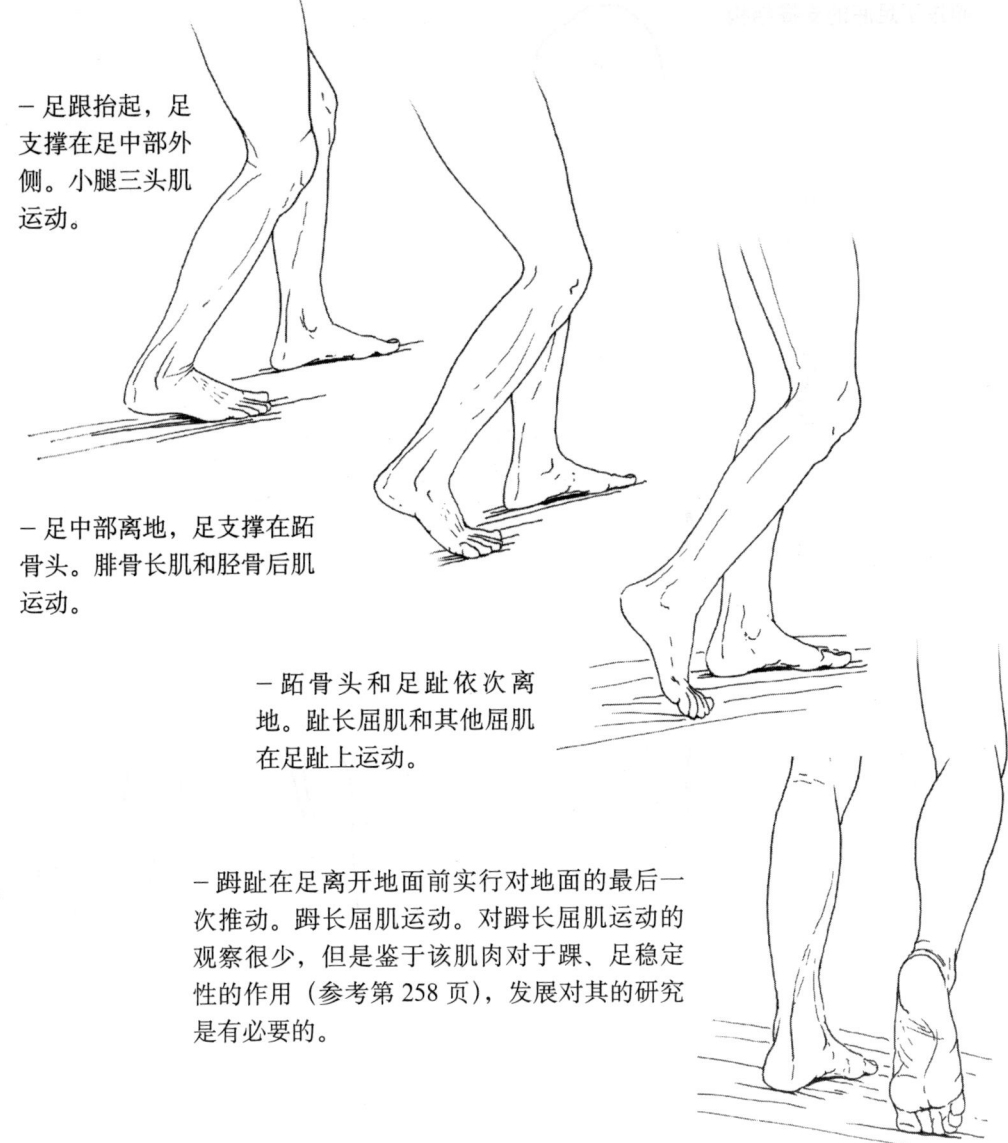

- 足跟抬起,足支撑在足中部外侧。小腿三头肌运动。

- 足中部离地,足支撑在跖骨头。腓骨长肌和胫骨后肌运动。

- 跖骨头和足趾依次离地。趾长屈肌和其他屈肌在足趾上运动。

- 踇趾在足离开地面前实行对地面的最后一次推动。踇长屈肌运动。对踇长屈肌运动的观察很少,但是鉴于该肌肉对于踝、足稳定性的作用(参考第 258 页),发展对其的研究是有必要的。

髋部的伸展

骨盆几乎是在股骨上从后向前水平推动,这意味着髋部的伸展幅度几乎不存在。因此,髋部推动时预先找回伸展的幅度是非常必要的(参考第180页的髋部柔韧性实用练习,以及第196页前屈、后伸的实用练习内容)。

这需要一块强壮的伸肌的参与,即臀大肌。

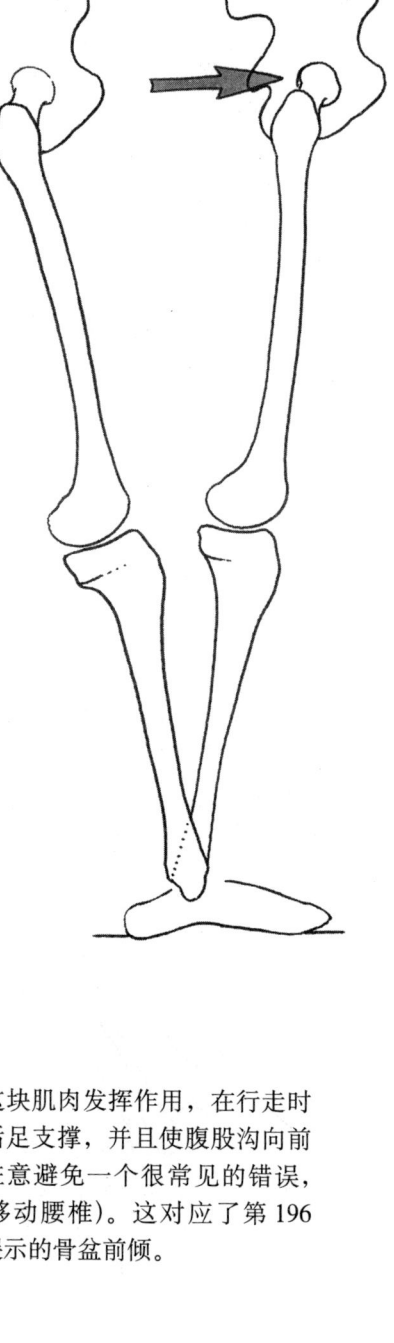

为了使这块肌肉发挥作用,在行走时尽量用后足支撑,并且使腹股沟向前移动(注意避免一个很常见的错误,即向前移动腰椎)。这对应了第196页中所展示的骨盆前倾。

膝部

膝可以在推动时处于伸展状态。为此，髋和膝的伸展幅度应当尽可能大。我们可以通过以下练习来做准备。

采用站姿，一侧下肢在后，另一侧在前，身体重量由后足支撑，膝微屈，使骨盆待在原位，尽量同时伸展膝后面（腘窝）和髋前面。

这时存在着一对肌肉运动：
- 髋部伸展使股直肌处于紧张状态，引起膝关节伸。

- 膝部伸展使腘绳肌处于紧张状态，试图引起骨盆后倾。

因此，这2种肌肉的运动互相促进并补充了臀大肌的运动。

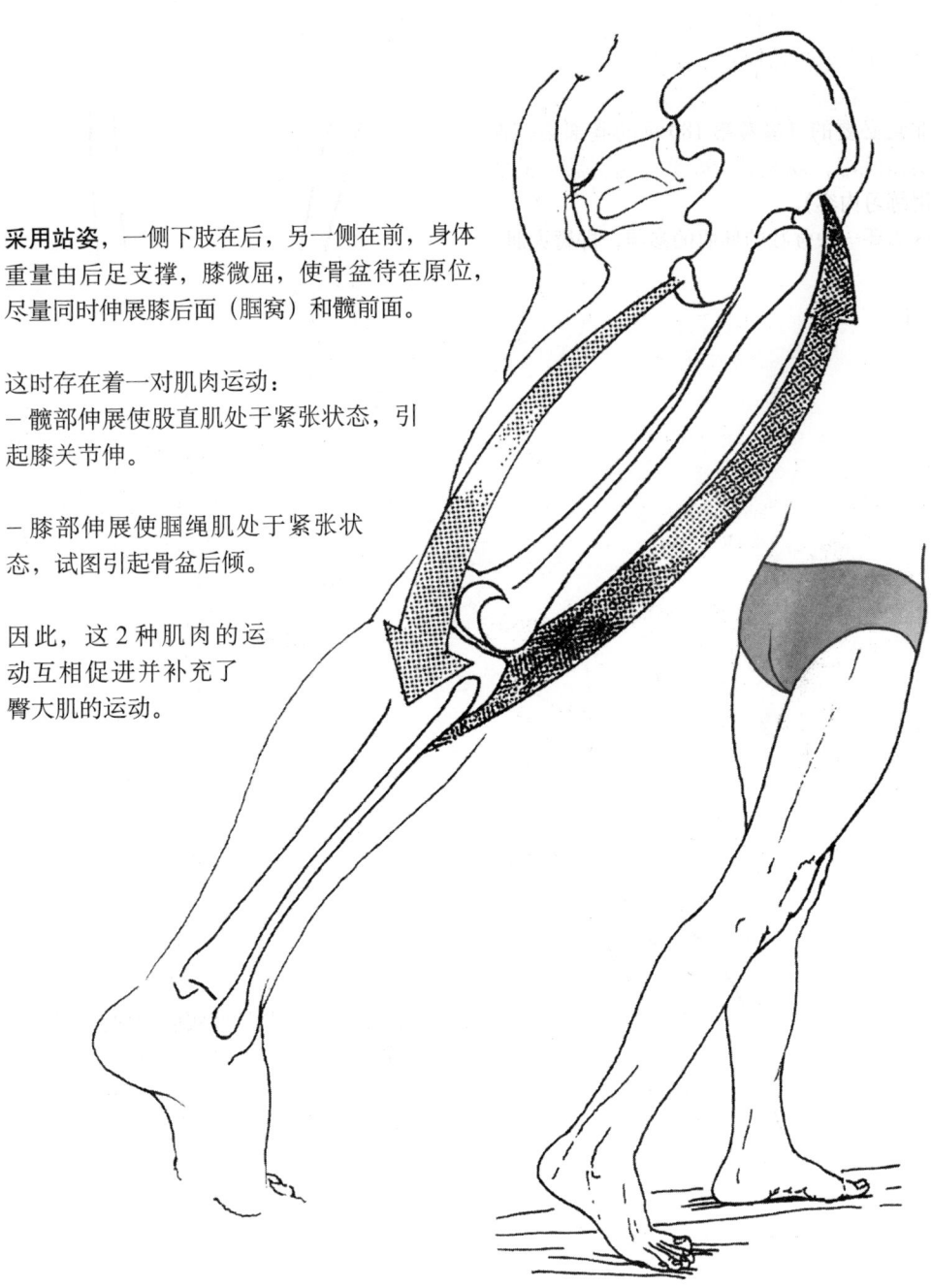

踝部

在前一个练习中,我们感受到用后足的足跟进行支撑时下肢的伸运动,以及用足跟的推力引起髋和膝的同时伸展。

这时,小腿三头肌的腓肠肌在起作用。
在足部不进行支撑的情况下,腓肠肌是膝关节的屈肌。

在这里,它的功能正相反:
由于踝背屈而绷紧的腓肠肌向后牵拉股骨髁,引起膝关节伸。
踝背屈从而利于膝关节伸,从而利于髋关节伸,从而又利于膝关节伸。

这样,我们可以感受到在推动行为中所有这些肌肉的收缩。
因此,应当尽可能保持用后足进行支撑,甚至在后足离地前用后足的足跟推地,这会引起上面提到的足的推动作用。

此处讨论的推动作用应当与自髋部和足部发出的下肢的引导运动(参考第 268 页)结合起来。如此展开的行走使自骨盆起下肢所有肌肉参与其中。

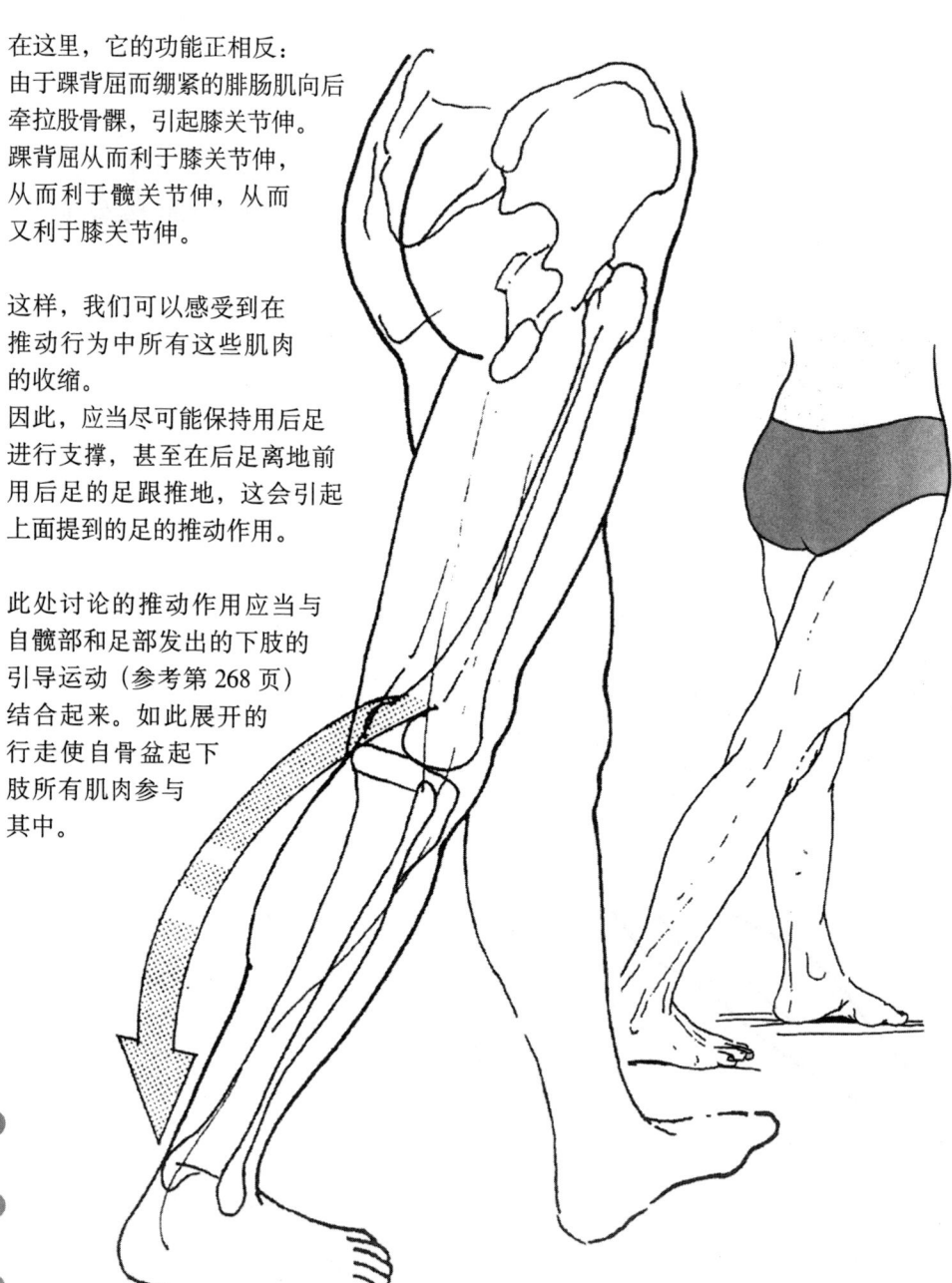

跑步中的推动

在行走中,身体会一直通过双足或单足,或足的一部分与地面保持接触。

跑步中存在身体不与地面接触的短暂时刻,这时的推动力更强。

先前观察到的 2 种推动因素在此可以合并。

－重心位于支撑结构前方:会失去平衡。

－存在下肢对地面的推动。

这会产生更快的速度。然而,足跟不能像在行走的第 4 个阶段中描写的那样推向地面,因此,会产生下肢的三重(髋、膝、足)伸展以及足的伸展。

跳跃中的推动

竖直跳跃

自下肢三重屈曲起,跳跃中竖直方向的伸展同时引起:
- 下肢的三重伸展。
- 从足背屈到足跖屈的足的伸展。

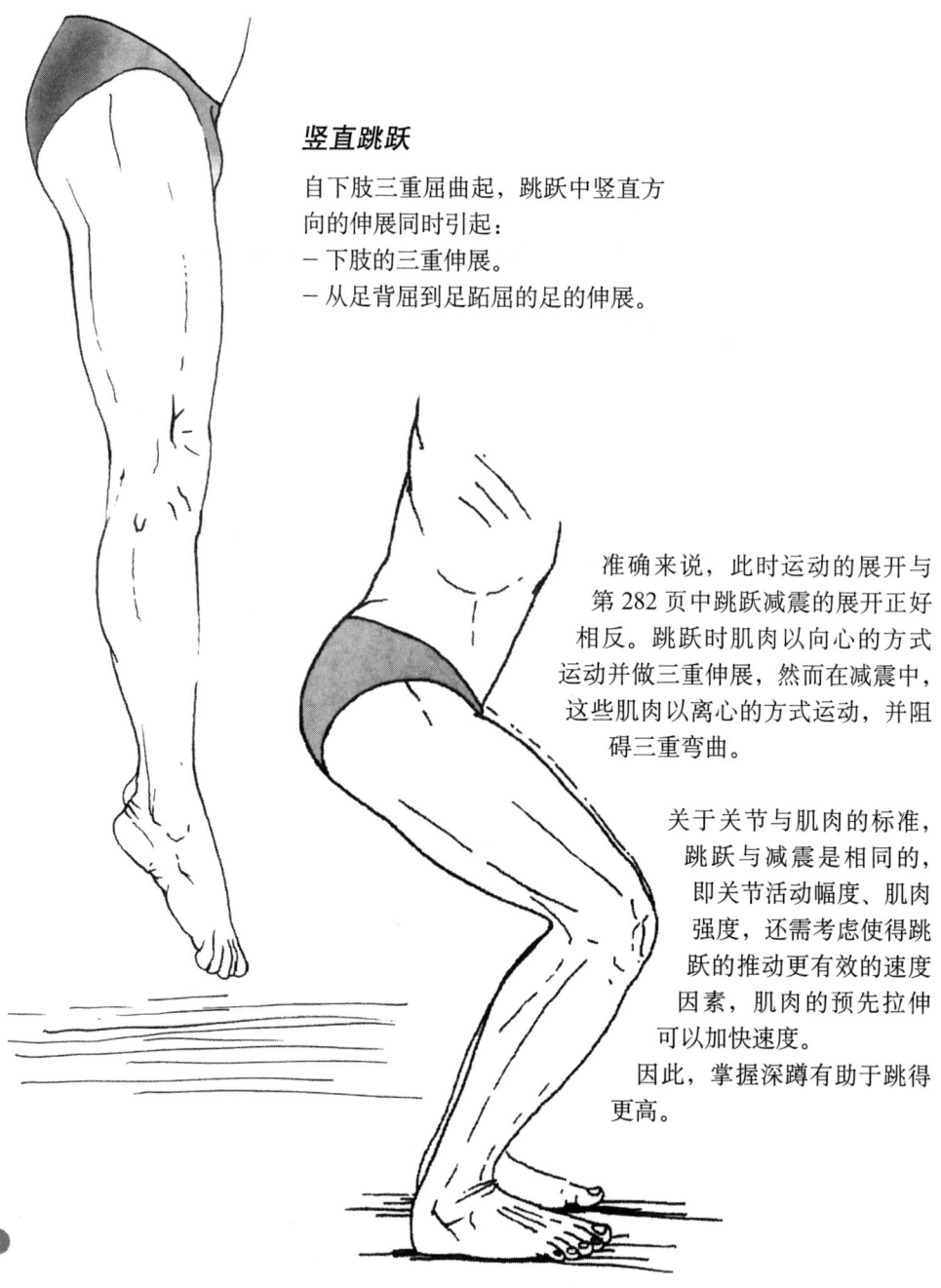

准确来说,此时运动的展开与第 282 页中跳跃减震的展开正好相反。跳跃时肌肉以向心的方式运动并做三重伸展,然而在减震中,这些肌肉以离心的方式运动,并阻碍三重弯曲。

关于关节与肌肉的标准,跳跃与减震是相同的,即关节活动幅度、肌肉强度,还需考虑使得跳跃的推动更有效的速度因素,肌肉的预先拉伸可以加快速度。
因此,掌握深蹲有助于跳得更高。

向前跳跃

在该运动中,行走和跳跃中的推动同时参与其中。

感谢以下机构为本书的绘图提供帮助：
莱伊克斯工作室（帕拉弗鲁赫尔，西班牙）
舞蹈创作工作室（里尔，法国）

特别感谢：
塞尔维·巴托
凯西·卡尔博讷
玛丽-伊莲娜·帕拉多斯基
贝尔纳·夸尼亚尔